中华慈善大典

刘　峰　吴金良 主编

浙江工商大學出版社
ZHEJIANG GONGSHANG UNIVERSITY PRESS

图书在版编目(CIP)数据

中华慈善大典 / 刘峰,吴金良主编. —杭州 :浙江
工商大学出版社,2017.12
ISBN 978-7-5178-2219-6

Ⅰ. ①中… Ⅱ. ①刘… ②吴… Ⅲ. ①慈善事业-概
况-中国 Ⅳ. ①D632.1

中国版本图书馆 CIP 数据核字(2017)第 135958 号

中华慈善大典

刘　峰　吴金良 主编

出 品 人	鲍观明
策划编辑	孙燕生
责任编辑	任晓燕
封面设计	林朦朦
责任印制	包建辉
出版发行	浙江工商大学出版社
	(杭州市教工路 198 号　邮政编码 310012)
	(E-mail:zjgsupress@163.com)
	(网址:http://www.zjgsupress.com)
	电话:0571-88904980,88831806(传真)
排　　版	杭州朝曦图文设计有限公司
印　　刷	杭州五象印务有限公司
开　　本	710mm×1000mm　1/16
印　　张	22
字　　数	395 千
版 印 次	2017 年 12 月第 1 版　2017 年 12 月第 1 次印刷
书　　号	ISBN 978-7-5178-2219-6
定　　价	98.00 元

目　　录

前　言

　　乐善好施、扶弱济困是中华民族的优良传统,"达则兼济天下"更是无数人追求和践行的理想。近现代以来,随着国门的敞开,西方先进思想的涌入,我国一些仁人志士、巨商大贾开始有意识地兴办以赈灾和抚恤孤幼贫老为主的各种慈善事业。世风教化,影响所及,慈善思想在中国逐渐深入人心,更被我国民主革命的先驱孙中山先生奉为圭臬。

　　清光绪三十年(1904),万国红十字会上海支会正式宣告成立。此为中国红十字会的前身,标志着红十字会这一国际性的慈善组织在中国正式落户。西方的人道主义首度与中国传统的仁爱思想交融为一体,成为当时灾难深重的中国人民的一个福祉。

　　1912年1月15日,红十字国际委员会通报各国,正式承认中国红十字会为国际红十字运动的成员。

　　1919年,红十字会国际协会成立后,中国红十字会于当年7月8日加入该协会。

　　百年来,以慈善为己任的中国红十字会和民族慈善家践行了救助危难、扶持贫弱的人道主义精神。在战祸频仍、灾害连连的旧中国,红十字会高擎人道主义的大旗,做了大量救护、赈灾及查人转信等工作,在战伤救护、赈灾救灾和国际人道主义救援等方面发挥了巨大的、不可替代的作用。

　　新中国成立前,在中国红十字会的组织、宣传和倡导下,国内涌现出一大批具有慈善意识的民族实业家和社会活动家,甚至不乏毁家纾难的高义之士。

　　新中国成立后,人道主义和慈善精神得以发扬光大,成为推动精神文明进程、创建和谐社会的巨大力量。慈善,这一最具中华文明传统的人性之光,正伴随着中华和平崛起而照亮全人类。

第一章　慈善事业源远流长

一、慈善释义

慈善，《现代汉语词典》（第7版）的解释为"对人关怀，富有同情心"。近代人对慈善的定义是：怀有仁爱之心，广行济困之举，是仁德与善行的统一。

中华民族是一个热情仁爱、乐善好施的民族。虽然现代意义的"慈善"一词传入中国为时较晚，但是关于"慈善"的概念，古已有之。

在中国的传统文化典籍中，"慈"是"爱"的意思。孔颖达疏《左传》有云："慈者，爱出于心，恩被于物也。"又曰："慈谓爱之深也。"许慎的《说文解字》也解释道："慈，爱也。"①它尤指长辈对晚辈的爱抚，即所谓的"上爱下曰慈"。《国语》中"老其老，慈其幼，长其孤"②的"慈"即是此义。"慈"亦可用作子女对父母的孝敬供养。如《礼记·内则》中说："……父子皆异宫。昧爽而朝，慈以旨甘。"③此处的"慈"即是"爱敬进之"。"善"的本义是"吉祥、美好"，即《说文解字》中所解释的"善，吉也"。后引申为和善、亲善、友好，如《管子·心术下》中所说的"善气迎人，亲如弟兄；恶气迎人，害于戈兵"④即是此义。"慈善"两字合用，则是"仁慈""善良""富于同情心"的意思，如《北史·崔光传》中所讲的"光宽和慈善"⑤。在"慈善"意义上的敬老爱幼、扶贫帮困、和睦仁良，已成为中国人民约定俗成的一种道德规范。

当代学者认为，"慈善"具有更广泛的内容。它是一个道德范畴，是人们建立在仁慈、同情和慷慨基础上的互助行为。

在中国传统中，慈善行为和慈善事业之所以长盛不衰，自有其坚实的社

---

① ［东汉］许慎：《说文解字　附检字》，中华书局1963年版，第218页。
② 邬国义、胡果文、李晓路：《国语译注》，上海古籍出版社1994年版，第579页。
③ 刘波、王川、邓启铜注释：《礼记》，《国学经典大字注音全本》第3辑，南京大学出版社2014年版，第261页。
④ ［清］李宝洤：《诸子文粹》，岳麓书社1991年版，第375页。
⑤ ［唐］李延寿：《北史》，中华书局1974年版，第1622页。

会基础和人文基础。仁爱同情与慈悲为怀是中国传统慈善行为和慈善事业的情感动力；积善成德与见义勇为是中国传统慈善行为和慈善事业的理性基础和道德实践；而福善祸淫与善恶有报则是中国传统慈善行为和慈善事业的普遍价值信念和可期望的赏罚机制。三者一起，构成了中国传统社会慈善行为和慈善事业的人文基础。在当前我们努力推动慈善事业发展的时候，批判地、有所取舍地继承中国传统慈善思想的合理因素，有助于推动现代慈善事业的进步。

一般认为，慈善概念的思想基础，是自西周以来的民本主义思想、儒家的仁义学说、佛教的慈悲观念与善恶报应学说，以及道家的天人合一思想之融合繁衍。上述诸方面的合力，加上社会因素的作用，推动了中国古代慈善事业不断趋向兴盛。

虽然现代意义的"慈善"一词是佛教传入中国以后才流行并见诸书面语言的，但是，慈善的思想理念和行为在中国早就已经出现了。因此，中国慈善事业的思想渊源不仅可以到佛教教义中去寻找，而且应该到中国传统思想宝库中去探求。

现代汉语词汇中"慈善"的含义，完全承袭了古代汉语的"慈善"概念。由此可知，慈善的观念自古至今是一脉相承、代有传人的。

不唯中国如此，西方的慈善观念，无论其内容还是精神实质，都与中国的慈善思想并行不悖。西方的慈善，更普遍的称谓是社会公益事业。这是一项需要道德伦理和经济实力支撑的普遍的社会事业。它努力追求实现社会的普遍幸福，相信公益事业是追求"共同的善"的高尚事业，是和每一个人的幸福紧密相连的重要事业。它需要每一个公民的积极参与和高度的社会责任感，特别是要充分发挥人与人之间的互爱互助精神。

慈善在西语中主要有两种翻译，即 philanthropy 和 charity。英语中的"philanthropy"来源于古希腊语，是由"phil"（爱）、"anthropy"（人类）两个词根缀合而成的。"慈善"一词的含义是爱人类，通过个人的善举，即通过捐赠、提供服务或其他爱心活动来减轻人类的痛苦和灾难，促进人类福利事业的发展，改善人类生活的质量。而 charity 在早期拉丁语及希腊语中，首先都意味着一种珍贵的情怀与高尚行为，它更强调针对穷人或困难群体的帮助和救济。philanthropy 则不限于仅仅帮助穷人，它还有博爱的含义。所以，美国著名经济学家、社会学家加里·S. 贝克尔（Gary S. Becker）对"慈善"的定义为："如果将时间与产品转移给没有利益关系的人或组织，那么，这种行为就被称为'慈善'或

'博爱'。"①

　　我们这里所说的慈善事业,严格说应该叫民间慈善事业,或者社会慈善事业。它的主要特征:一是无偿性;二是授受双方并无利益关系。具体体现在以下四个方面:(1)以社会成员的慈善心为道德基础;(2)以社会成员之间的收入差距和资源捐献为经济基础;(3)以社会性的民间公益团体或公益组织为组织基础;(4)完全以捐助者的意愿为实施基础。民间慈善事业的这些特征,有助于我们将它和政府从事的社会救助事业区分开来。政府主持并实施的社会救助事业以社会稳定为政治基础,以财政拨款为经济基础,以政府机构为组织基础,以法律制度为实施基础。这是两者的根本区别。

　　但是,无论是政府主持实施的社会救助事业,还是民间的慈善事业,它们都是公众以捐赠款物、志愿服务等形式关爱他人、奉献社会的自愿行为,是发扬人道精神,调节、救助困难群体的社会事业。

　　慈善事业的民生意义:有利于发掘社会资源,为完成社会保障体系和发展公益事业提供更广泛的支持;有利于调节贫富差距,缓和社会矛盾,维持社会稳定和谐。

　　慈善事业的人文意义:使民心向善;有利于弘扬传统美德,倡导团结互助、关爱奉献的慈善精神。

　　慈善事业的社会意义:有利于组织和调动社会资源,促进慈善事业与社会保险、社会救助、社会福利等工作的相互衔接、相互补充,为完成社会保障体系和发展公益事业提供更广泛的社会支持;有利于调节贫富差距,缓和社会矛盾,维持社会稳定,促进社会公平;有利于弘扬中华民族的传统美德,倡导团结互助、关爱奉献的慈善精神;有利于增强国民社会责任感,激发社会活力,增进社会各阶层之间的理解、交流和合作,营造团结友爱、和谐相处的人际关系。

　　因此,大力发展慈善事业对于推动社会主义物质文明、精神文明、政治文明的共同进步,不断提高构建社会主义和谐社会的能力,实现全面建设小康社会的目标,进而实现中华文明的伟大复兴与和平崛起,具有十分重要的意义。

　　总之,中外一体、古今同源的慈善思想,是人类文明乐章中最和谐、最积极的音符,也是人类共同与共通的价值观。

----

　　① 〔美〕加里·S.贝克尔:《人类行为的经济分析》,王业宇、陈琪译,生活·读书·新知三联书店上海分店 1995 年版,第 321 页。

二、古代的慈善思想之源

关于"慈善"的定义,比较广泛地为人们所接受的说法是:以仁义为特征的儒教慈善,以爱善、宽忍为特征的基督教慈善,以及以慈悲、禁欲为特征的佛教慈善,三者既有相通之处,又有偏重上的差异。由此可见,在中国的传统思想文化中,包括儒家仁义学说在内的爱民、助民思想与慈善的含义基本相通。

中国文化传承中的慈善理念和行为源远流长,其思想基础最主要的来源就是西周以来的民本主义思想。

所谓民本主义,即以民为本的思想。在中国传统的文化思想观念中,"民"历来是作为与"君"(统治者)相对立的群体概念而存在的。在经历了原始社会和奴隶社会漫长的黑暗中的摸索之后,可以说,一进入阶级社会,统治阶级便意识到了民的作用。随着这一社会形态的逐步完善,民的重要作用在历代君王心目中逐渐成为共识。

自商朝始,开国之主成汤对民的重要性已有所认识。成汤灭夏,在三千诸侯的拥立下称帝,宣告了商王朝的诞生。成汤建立商朝后,认识到夏桀是因为老百姓的反对才灭亡的,于是,他采取利民、保民之策,整饬朝纲,将阿谀奉承的奸臣赶走,重用忠心为国的大臣。这一系列措施深受各地诸侯的欢迎,也赢得了百姓的拥戴。商朝的建立和兴旺,有力地促进了生产力的发展,使古代文明的进步获得转机,因而代夏以兴。《管子·轻重甲》曾载:"桓公问管子曰:'夫汤以七十里之薄,兼桀之天下,其故何也?'管子对曰:'桀者冬不为杠,夏不束柎,以观冻溺。弛牝虎充市,以观其惊骇。至汤而不然。夷疏而积粟,饥者食之,寒者衣之,不澹者振之,天下归汤若流水。此桀之所以失其天下也。'"[①]商汤的赈饥恤寒措施,大概可视为中国古代慈善事业的发端。

然而,商代末期,纣王昏庸失德。身为一朝君主,商纣残暴无比,且好色荒淫。他宠幸妲己,酷刑于民,大修宫舍,以致民不聊生。与商纣的荒淫无道形成鲜明对比的是,周文王力行仁政,采取了惠民、保民政策,即所谓"怀保小民,惠鲜鳏寡"。

关于文王的仁政,《孟子·梁惠王下》中也有记载。孟子答齐宣王问:"昔者文王之治岐也……老而无妻曰鳏,老而无夫曰寡,老而无子曰独,幼而无父

---

① 李山译注:《管子》,中华书局 2009 年版,第 347 页。

曰孤。此四者，天下之穷民而无告者。文王发政施仁，必先斯四者。"①可见，爱护鳏寡孤独是周文王施政的核心。周文王因此得到了民众的拥护，文王一族日趋强盛，为武王剪灭商朝奠定了基础。

公元前1027年，周武王伐纣灭商（史称"周人翦殷"）的战斗胜利后，既"因于殷礼"，又"监于二代"，在"郁郁乎文哉"的基础上创立了周礼，把礼和礼制推进到鼎盛阶段。以"经国家，定社稷，序民人"为手段，使"民不迁，农不移，工贾不变"。因此，周朝建立后，更加重视民众的作用，继承文王以来的传统，注意采取惠民保民政策。《周礼·地官司徒》中称，西周王朝以六项保安蓄息的政策护养万民："一曰慈幼，二曰养老，三曰振穷，四曰恤贫，五曰宽疾，六曰安富。"这六项措施，几乎与今天的惠民政策毫无二致，足见当时西周王朝对慈善事业的重视。可以说，自西周始，后世历代统治者和思想家，无不从"民为邦本"即民本主义的指导思想出发，强调赈贫恤患，救助老幼孤寡，即慈善活动的重要性。

民本思想影响所及，春秋战国时代称霸的国家，大都实行了类似的政策。如《左传·哀公元年》载，吴王阖闾"食不二味，居不重席，室不崇坛，器不彤镂，宫室不观，舟车不饰，衣服财用，择不取费。在国，天有灾疠，亲巡孤寡，而共其乏困。在军，熟食者分，而后敢食，其所尝者，卒乘与焉。勤恤其民而与之劳逸……"②作为君王，生活如此简朴而又体恤下情，可见那时候的民本思想并非口头上说说而已。

我国道家的创始者老子早就阐明，"故贵必以贱为本，高必以下为基"，否则"侯王无以贵高，将恐蹶"。他指出，"天之道，损有余而补不足"，人之道则"损不足以奉有余"；要做到"有余以奉天下""唯有道者"，即人道服从于天道、天人合一。老子从"穷则独善其身"方面，为中国传统人格奠定了哲学思想基础。

孔子像

作为我国古代伟大的思想家和教育家，儒家鼻祖孔子创立了以"仁"为核心的人本主义思想体系。他的精辟论述和深邃的思想深深影响着后人。孔子的思想主要以"礼""仁"为核心。"仁"是什么呢？《论语·颜渊》载："樊迟问仁。子曰：'爱人。'"③孔子以"爱人"释"仁"，将能"爱人"作为人的一种本

---

① 任继愈主编：《国学读本》，商务印书馆2013年版，第547页。
② [春秋]左丘明：《左传》，蒋冀骋点校，岳麓书社2006年版，第338页。
③ [春秋]孔子：《论语　大学　中庸》，俞日霞译注，二十一世纪出版社2014年版，第135页。

性,所谓"仁者人也",是对氏族社会原始人道主义观念的阐释。不唯如此,孔子还向人们描绘了人与人之间以仁爱为价值原则的、具有原始共产主义特征的理想前景,也就是《礼记·礼运》中所描绘的"故人不独亲其亲,不独子其子,使老有所终,壮有所用,幼有所长,矜寡孤独废疾者皆有所养"①。这样美妙的一幅社会蓝图,可以说是我们人类至今还在为之奋斗的目标。

孟子是孔子衣钵的继承者,他在"仁"的基础上提出了"仁政"的主张。他认为,慈悲心、同情心,乃是"仁"的发端。"不忍人之心,斯有不忍人之政矣……恻隐之心,仁之端也。"②恻隐之心不但是行"仁政"之始,也是每一个人的行为准则。基于"人饥己饥,人溺己溺"的精神,孟子又提出了"出入相友,守望相助,疾病相扶持;则百姓亲睦"③的社会互助观。对于仁政措施,孟子主张:"明君制民之产,必使仰足以事父母,俯足以畜妻子,乐岁终身饱,凶年免于死亡。"④他还以伯夷为例,说明何谓"善养老"。由此可见,仁者爱人的精神到了孟子这里,已经更多地注重仁爱的实践意义了。

先秦诸子百家中,另一比较有代表性的慈善思想就是墨子的"兼爱"。墨子主张"兼相爱,交相利",提倡"天下之人皆相爱,强不执弱,众不劫寡,富不侮贫,贵不敖贱,诈不欺愚"⑤,诉求天下之大利。他所描绘的理想社会似乎比孔子描述的还要全面和具体,号召人们"视人之家,若视其家;视人之身,若视其身"⑥,进而又主张"多财,财以分贫也","有力者疾以助人,有财者勉以分人,有道者劝以教人。若此,则饥者得食,寒者得衣,乱者得治"⑦。这是一幅芸芸众生安居乐业、天下太平的美妙图画。其精神实质与我们今天的慈善的含义几乎完全一致。尽管墨家学说也有守旧

墨子像

和迂腐的内容,但其思想主旨无疑具有最广泛的人民性,而且有着殉道者般的自我牺牲精神。他们"赴火蹈刃""以自苦为极""摩顶放踵",利天下而为之。墨子这种兼善天下、苦难力行的精神,极大地体现了一种乐善好施、积极

---

① 宋一霖:《儒家精义·道》,中山大学出版社 2014 年版,第 214 页。
② 缪天绶选注:《孟子》,崇文书局 2014 年版,第 3—4 页。
③ 文心工作室:《孟子》,中央编译出版社 2014 年版,第 314 页。
④ 方勇、高正伟:《孟子鉴赏辞典》,上海辞书出版社 2012 年版,第 10 页。
⑤ [战国]墨子:《墨子》,蒋重母、邓海霞译注,岳麓书社 2014 年版,第 114 页。
⑥ 同⑤。
⑦ 同⑤,第 74 页。

参与的慈善风范。

到了战国时期,孟子对西周以来产生的民本主义思潮做了高度的理论概括,提出了"君轻民贵"的口号。至此,民本主义成为早期儒家仁政学说的基石。齐国宰相管仲在与春秋首霸齐桓公讨论如何"致天下之民"(即收民心为我所用)的问题时说:"请使州有一廪,里有积五窌,民无以与征籍者予之长假,死而不能葬者予之长度,饥者得食,寒者得衣,死者得葬,不资者得振,则天下之归我若流水。此之谓致天下之民。"①

基于这样的认识,管仲提出了"兴德六策"和"九惠之教"。"兴德六策"即"匡其急""振其穷""厚其生""输之以财""遗之以利"及"宽其政"。其中,"匡其急"是指"养长老,慈孤幼,恤鳏寡,问疾病,吊祸丧";所谓"振其穷",包括"衣冻寒,食饥渴,匡贫窭,振罢露,资乏绝"等内容。"九惠之教"的内容,在《管子·入国》中有详细的说明:"一曰老老,二曰慈幼,三曰恤孤,四曰养疾,五曰合独,六曰问疾,七曰通穷,八曰振困,九曰接绝。"实行了这些政策,百姓就得其所欲,"夫民必得其所欲,然后听上。听上,然后政可善为也"。②

当然,他是从治理国家的角度提出"兴德六策"和"九惠之教"的。也就是说,慈善事业的施行,与国家的治理振兴有直接的关系。管仲这些主张显然是得到了很好的贯彻执行的。当时齐国之所以国力强盛,能称霸诸侯,与管仲推行的以慈善为主要内容的爱民、惠民政策是分不开的。由于国力强盛,齐桓公被立为霸主,大会诸侯时,要求各诸侯国也施行"养孤老,食常疾,收鳏寡"的政策,足见这种极为有利于国计民生的政策影响之大、得人心之广。

从孔子到孟子,从仁爱到仁术,儒家文化形成了系统化的社会慈善思想,并成为其后千百年来我国慈善思想的源头。

结束了先秦诸子百家纷争一时的局面,汉代"独尊儒术"后,儒家思想就成为中国封建社会的统治思想,孔孟之道也得以承继接续和发扬光大。

大一统的封建帝国建立以后,历代皇帝效古仿贤,在赈贫恤患方面未尝有所懈怠。如汉文帝"赐天下孤寡布帛絮";汉武帝"遣谒者巡行天下存问致赐……鳏寡孤独帛人二匹,絮三斤";南朝梁武帝时,诏"孤老鳏寡不能自存者,咸加振恤";等等。此后,从韩愈的"博爱"到张载的"民胞物与",仁爱思想一脉相承,对中国传统社会的道德构建和慈善实践产生了深远的影响。虽然宋代以前的慈善事业未曾作为一项制度、一种政策固定下来而带有临时救济的性质,但这种慈善思想已经成为一种传统,为历代统治者所继承,并且终于

---

① 韩喜凯总主编:《民本·贵民篇》,齐鲁书社2001年版,第299页。
② 同①,第299—300页。

在宋代之后成为国家的一种制度固定下来,从而进入了中国慈善事业史的新阶段。

三、原始朴素的慈善观

溯源人类的慈善思想,大概要从原始社会时期算起。应该说,人类社会福利与保障的观念和措施,在遥远的原始社会时期就已经产生了。根据现有的考古学资料,中国的原始社会经历了 200 多万年的历史进程。这段漫长的历史,大致又可分为两个阶段,即原始群居时期和氏族公社时期。虽然有文字记载的人类历史尚不足 4000 年,致使史前社会的慈善观念没有确切的史料佐证,但我们仍可通过神话传说和现代考古等相关资料大致推断当时的社会福利及慈善观念。

氏族社会时期,生产力水平低下,物质生活资料匮乏,人们以血缘关系为纽带组成社会群体。他们共同劳动,平均消费,没有贫富分化,也就无须社会救济。在这种生产关系下,平等、互助、尊老爱幼,就成为氏族成员一种本能的意识和行为准则。对氏族内部老、弱、病、残、幼的供养和照顾也成为他们共同的责任和义务。这种社会行为的准则世代传承,逐渐衍化成为氏族的习俗,这种古朴淳厚的风俗,孕育了人类原始朴素的慈善观念。正如《礼记·礼运》所描绘的那样:"大道之行也,天下为公,选贤与能,讲信修睦。故人不独亲其亲,不独子其子,使老有所终,壮有所用,幼有所长,矜寡孤独废疾者皆有所养……"①

随着人类历史的发展,大同时代结束,阶级社会形成。但是,原始社会古朴淳厚的风俗代有传承、绵延不绝,终至成为后世慈善观念和慈善行为不竭的源泉。因此,早在先秦时期,中国社会的慈善观念和慈善活动即已初现端倪。

源自原始社会的尊老爱幼思想的慈善行为,均为历代统治者所重视,形成了一个代有传承和不断完善的良性机制。西周时期,社会慈善和保障制度即已初见规模,并初步形成了一种制度和模式。西周建立之初,便逐渐形成了一整套中央中枢机构和官制,这对周王朝推行包括社会保障与福祉在内的政治、经济政策和措施产生了重大影响。在西周王朝的统治机构中,按天地与春夏秋冬四时设置了六大官员。天官称冢宰,为百官之首;地官称司徒,掌土地和人民;春官称宗伯,掌典礼;夏官称司马,掌军政;秋官称司寇,掌刑狱;

---

① 宋一霖:《儒家精义:道》,中山大学出版社 2014 年版,第 214 页。

冬官称司空,掌工程。在六官之中,地官司徒虽位列第二,却在中央中枢机构里占有非常重要的地位,负责掌管荒政、安抚民众等,"使帅其属而掌邦教,以佐王安扰邦国"①。司徒之职,概而言之,即是"修六礼以节民性,明七教以兴民德,齐八政以防民淫,一道德以同俗,养耆老以致孝,恤孤独以逮不足"②。此外,地官司徒还负有督导各级地方政府安辑万民的职责,使王朝慈爱幼童、尊养老叟、赈济穷乏、扶助贫困等一系列政策措施得到切实的执行,使百姓得以养息。在大荒之年或大疫之时,地官司徒还负责移民避灾,移粟赈饥。

这些慈幼、恤贫、养老、赈穷之政虽未明确冠以"慈善"之名,但就其内容而言,已经孕育着社会慈善活动的萌芽,且成为宋明以来成立慈幼局、养济院等慈善机构最直接的依据。这表明,中国早在西周时期就开始倡行和发展社会慈善事业了。例如"养疾"政策的实施,即帮助国人消除灾难和疾病的惠政。首先,官方通过祭祀活动祈求苍天降福于民,保佑国人消灾祛疫。其次,由专设的疫医、疡医负责治疗患病的百姓。如《周礼·天官冢宰》云:"疾医:掌养万民之疾病。四时皆有疠疾……凡民之有疾病者,分而治之;死终,则各书其所以而入于医师。""疡医(相当于今之外科、骨伤科医生):……凡有疡者,受(授)其药焉。"③

另外,《周礼·地官司徒·大司徒》中所谓"宽疾",也就是对残疾人的优恤,不但残疾者本人可以宽免,其家属也因废疾者需要照顾可酌免差役。这种规定在《礼记》中也有记载:"废疾非人不养者,一人不从政……"④而春秋战国时期,各诸侯国对残疾人也各有恤优之策,如《礼记》所载:"瘖、聋、跛、躃、断者、侏儒、百工,各以其器食之。"⑤对待这一特殊群体,除进行收养,供以生活必需外,还根据各人的生理特征或技艺做出适当安排,用其所长,量能授事,使他们能自养生存,不觉得自己是于社会无补的人。列国当中,就常有瞽人充任乐师,刖者看管城门、宫门或仓库,等等。这些,可以说是对特殊群体实施的一种福利性照顾或者是带有慈善性质的工作安排。

春秋战国时期,慈善事业有了进一步的发展。这一时期,周王室名存实亡,诸侯各国合纵连横,你争我夺,兵燹不断,战事连连。战争带来的灾害和频发的自然灾害对农业生产和人民生活影响巨大,百姓苦不堪言。在这种情况下,救灾救荒的恤民政策就显得尤为重要,因为这不但关乎国计民生,还直

---

① 陈戍国点校:《周礼·仪礼·礼记》,岳麓书社2006年第2版,第20页。
② [唐]杜佑:《通典》上册,颜品忠等校点,岳麓书社1995年版,第759页。
③ 同①,第12页。
④ 白坤编注:《礼记选读》,浙江古籍出版社2013年版,第73页。
⑤ 贾德水译注:《礼记·孝经译注》,上海三联书店2013年版,第113页。

接影响着民心向背。因此,各诸侯国在救灾赈灾、降低灾害损失方面,无不各出全力。

灾荒发生后,首要的恤民之策就是要想办法维持百姓的生存。开仓放粮,实施灾后救济,无疑是最直接有效的方法。传说,夏代已有官家发钱救灾的举措,至两周时代,政府已设有专门职官大司徒从事救荒济民工作。其后,春秋时"郑饥而未及麦,民病。子皮以子展之命,饩国人粟,户一钟,是以得郑国之民"①。宋子罕因为放粮使万民归心,得以常掌国政。据《左传·襄公二十九年》载:"宋饥,司城子罕出公粟以贷,使大夫皆贷,司城氏贷而不书。宋无饥人。"②宋司城氏"贷而不书",一方面是他赈灾恤民的高义,另一方面也是他捞取政治资本、收买民心的招数。因为谁都明白,天灾流行之际施惠于民,是很能赢得民心的。正如《左传·成公二年》所言:"无德以及远方,莫如惠恤其民,而善用之。"③

此时称霸诸侯的强国之君无不深谙此理,所以,个个争相施舍鳏寡、济贫救乏、恩惠百姓,如吴王阖闾"天有灾疠,亲巡孤寡,而共其乏困……勤恤其民而与之劳逸"④。春秋之际,有善人立鄙食以守路,在道上设食救养饥民,成为官府开仓救助的一种有效补充。到战国时,一些心慈性善的殷实之家往往效仿这一善举,在城郊路上直接设粥食恤养灾民。

除沿袭前朝善政外,魏国宰相李悝还首创了平籴和通籴制度。所谓平籴制度,即诸侯国将丰年与灾年各分成大、中、小三等,丰年由官府买入粮食,以免谷贱伤农,灾年则由官府卖出粮食,以此平抑物价,量入为出,保障基本供给。此制度一经实施,即为各国效仿。

战国时期,诸侯并起,称雄争霸。各国为了安定社会、收揽人心,纷纷实施社会救济政策。如齐桓公时期采用的"振孤寡,收贫病"政策;楚庄王时期的改革也有"老有加惠,旅有施舍"的政策;晋悼公即位后,"始命百官,施舍,已责,逮鳏寡,振废滞"⑤,"养老幼,恤孤疾。年过七十者,公亲见之,称曰王父"⑥;越王勾践在复国过程中对贫困孤寡者的救助则是"越国之中,疾者吾问之,死者吾葬之,老其老,慈其幼,长其孤,问其病"⑦。在这样的政策之下,他

① [春秋]左丘明:《左传》,蒋冀骋点校,岳麓书社 2006 年版,第 218 页。
② 李文海、夏明方主编:《中国荒政全书》第一辑,北京古籍出版社 2002 年版,第 655 页。
③ 同①,第 129 页。
④ 同①,第 338 页。
⑤ [春秋]左丘明:《左氏春秋》,中国文史出版社 2003 年版,第 221 页。
⑥ [春秋]左丘明:《国语》,李德山注评,凤凰出版社 2009 年版,第 162 页。
⑦ 邬国义、胡果文、李晓路:《国语译注》,上海古籍出版社 1994 年版,第 579 页。

们或树立或恢复霸权地位,取得了国富民强的成就。

在恤老慈幼方面,各诸侯国进一步发展和完善了西周时期的政策,形成了一整套更加严格细致的实施方法。这些政策,不但使特殊群体如鳏寡孤独皆有所养,还对老年群体表现了格外的关注,对慈幼事业也十分重视。

至战国时期,我国古代对老人的养恤措施,经历夏、商、西周数百年的发展,已经臻于完备,并且形成了严格的制度。如对不同年龄的老人有不同的称谓,以示尊重,"六十曰耆,指使;七十曰老,而传;八十九十曰耄……百年曰期,颐"①;并给予相应的优恤,明文规定:五十不从力政,六十不与服戎,七十不与宾客之事,八十齐、丧之事弗及也。同时,还依年纪及生理状况的不同给予老人相应的饮食待遇和日常护理:"五十始衰。六十非肉不饱。七十非帛不暖。八十非人不暖。九十虽得人不暖矣。"②

百姓家里若有高寿老人,还可视情况减免征役:八十者,一子不从政;九十者,其家不从政。除此以外,各国还继承着三代以礼养老的遗制。即按三代先王的做法,将70岁以上的老人分为"国老"和"庶老",分别在不同的机构供养:"有虞氏养国老于上庠,养庶老于下庠;夏后氏养国老于东序,养庶老于西序;殷人养国老于右学,养庶老于左学;周人养国老于东胶(郊),养庶老于虞庠。虞庠在国之西郊。"③对于不同年龄的老人,也由政府按年龄差别照顾赡养,"凡五十养于乡,六十养于国,七十养于学,达于诸侯。八十拜君命,一坐再至,瞽亦如之;九十者使人受"④。

这一时期,有关儿童慈善方面的政令及措施也已相当丰富。爱护和养育幼小,可以说是全人类共通的天性,古代中国自然也不例外。自有文字记载以来,中华民族重视养育后代的思想和实例就史不绝书。以先秦的实际情况而论,各诸侯国对慈幼工作都极为重视,有关抚育儿童、慈善幼小方面的政令及措施不胜枚举。一方面,由于当时兼并争战日趋激烈,各诸侯国均需及时补充兵力;另一方面,各国也急需充足的劳动力从事生产,以期创造更多的社会财富。正如齐相管仲所说:"地大国富,人众兵强,此霸王之本也。"⑤

人口数量已成为衡量国力的一个重要指标,关系其盛衰存亡。因此,各诸侯国对人口问题、慈幼工作都极为重视。在这种背景下,鼓励生育,做好慈幼之政,便成了各国的普遍之策。据文献记载,越王勾践是春秋末期推行慈

---

① 贾德水译注:《礼记·孝经译注》,上海三联书店2013年版,第9页。
② 陈成国点校:《周礼·仪礼·礼记》,岳麓书社2006年第2版,第335页。
③ 白坤编注:《礼记选读》,浙江古籍出版社2013年版,第72页。
④ 陈成国点校:《四书五经》,岳麓书社2002年版,第537页。
⑤ 管曙光主编:《诸子集成(二)》,长春出版社1999年版,第51页。

幼政策最得力的。他曾制定条规,奖恤妇孺,"将免(娩)者以告,公令医守之。生丈夫,二壶酒,一犬;生女子,二壶酒,一豚。生三人,公与之母;生二人,公与之饩"①。不难看出,越王通过国家赏赐财物或为之雇乳母照料的方策,以期达到恤幼的目的。地处东南一隅的越国尚且如此重视慈幼,中原各诸侯国更是对生育的妇婴予以特殊照顾,推行鼓励生育的政策,免征幼儿的算赋。

总之,发端于原始社会,发展于三代、先秦时期的我国古代慈善思想,基本上是一种朴素的、政治目的和功利目的相对较弱的社会福利观念。它与西汉独尊儒术以后历代王朝所奉行的慈善观念有着明显的不同。

---

① 张永祥译注:《国语译注》,上海三联书店 2014 年版,第 405—406 页。

第二章　封建社会慈善事业概况

从秦统一中国,至清王朝覆灭,总计 2000 余年,中国基本上处于"大一统"的封建王朝统治状态。自西汉以后,历代王朝无不奉儒家思想为圭臬。儒家思想的核心是"仁",这也就为历代统治者构筑了执政的框架——"民贵君轻",实行"爱民""惠民"的政策。

应当说,惠民爱民的善政,对于统治者来说是职责所系。世界上任何一个国家,无论其社会制度如何,为了维持社会的安定,都必须关爱百姓,施惠政于民。

过去一些史学研究者习惯以"阶级斗争的眼光"看待历史,提到封建王朝的善政,必加以批判嘲讽,说封建王朝统治者是为了谋求长治久安、皇祚绵延,才在一定程度上对贫弱病疾等弱势人群进行救济,示以惠政,赢得民心。又说他们是因为自然灾害频仍,只好采取了一些备荒、救荒的措施来恢复社会经济,对灾民实施救济,以防止饥民变乱。言外之意,所有为善全是伪善,所有义举均为欺骗,人类社会无文明可继。这种否定一切的观念偏颇、极端,无益而有害。设若以此种观念衡量,那么全世界所有的善行义举都有可能成为"居心叵测"之举,乏善可陈,更不值得提倡了。

所以,我们必须以客观的、平和的心态看待一切善行义举,当然也包括封建统治者的惠民政策。

一、秦汉隋唐时期的善政

(一)灾荒赈粮救济

我国在秦汉时期建立了完整的中央集权制国家,这为实行救济政策提供了更为有利的客观条件。秦汉至魏晋南北朝,古代的救济政策基本形成并得到初步发展。

秦施暴政 10 年,酿成楚汉相争。经历大规模战争后建立起来的西汉王朝,面临的形势十分严峻。正如司马迁笔下所描述的那样:"汉兴,接秦之弊,丈夫从军旅,老弱转粮饷,作业剧而财匮,自天子不能具钧驷,而将相或乘牛车,齐民无藏盖……而不轨逐利之民,蓄积余业以稽市物……米至石万钱,马一匹则百金。"①这就是西汉刚刚建立时的社会面貌(主要是社会经济状况),到处是一片荒凉残破的景象。物资匮乏,连皇帝也弄不到四匹毛色一样的马来拉车,将相只能坐牛车;粮食、马匹的价格异常昂贵,一石米的价格高达一万钱,一匹马的价格则需要百两黄金。大都会尚且如此,可以想象,在广袤的国土上会有多少百姓流离失所、风餐露宿。

面对社会经济残破的局面,西汉王朝的统治者总结秦失天下的教训,立国之初即采取"与民休息"的政策与措施,宽刑薄赋,保养民力,增殖人口,以恢复和发展经济。这一时期,政府在灾荒救济、医疗救护、恤老慈幼方面的慈善活动十分活跃。到汉武帝刘彻时,他接受董仲舒的建议,"罢黜百家,独尊儒术",以民为邦本,"行仁义,法先圣"。这个"与民休息"的政策,几乎成了此后历朝历代初定天下时一律采取的国策。自然,一些惠民政策也就成为此后历代王朝的"成例"。

这些惠民政策,首要的就是灾荒救济。

中国幅员辽阔,是自然灾害多发的国家。秦汉两朝 430 多年中,水、旱、蝗、风、疫、雹、霜、雪、地震等被史书记载过的灾患竟达 375 次之多。那时候,生产力水平低下,人们抵御各种自然灾害的能力很弱。一旦灾荒发生,普通民众往往不堪冻馁,或大规模外出逃荒,使灾疫流布;或坐守枯城,啼饥号寒,甚至出现易子而食的人间悲剧。

面对频频发生的灾患,两汉政府不得不采取一些荒政措施来救济灾民,以稳定社会秩序。所谓"荒政",就是古代封建统治者在遇到荒年时所采取的救济措施。《周礼·地官司徒·大司徒》载:"以荒政十有二聚万民(防止百姓离散):一曰散利(发放救济物资),二曰薄征,三曰缓刑,四曰弛力(放宽力役),五曰舍禁(取消山泽的禁令),六曰去幾(停收关市之税),七曰眚礼(省去吉礼的礼数),八曰杀哀(省去凶礼的礼数),九曰蕃乐(收藏乐器,停止演奏),十曰多昏,十有一曰索鬼神(向鬼神祈祷),十有二曰除盗贼②"。南宋董煟总结历代荒政,曾著有《救荒活民书》,对此详有阐释。

相对而言,汉代荒政措施和制度已经比较完备,对于抵御自然灾害、安定人民生活、恢复社会生产、稳定统治秩序都有积极意义。甚至可以说,两汉荒政对整个汉代乃至中国古代文化都产生了深刻影响。它丰富和完备了汉代

---

① [汉]司马迁:《史记半解》,[清]汤谐编纂,韦爱萍整理,商务印书馆 2013 年版,第 92 页。

② 陈成国点校:《周礼·仪礼·礼记》,岳麓书社 2006 年第 2 版,第 24 页。

的礼乐文化,有利于封建统治秩序的道德化、规范化;促进了汉代思想文化的发达,使天人感应和阴阳灾异说具有了一定的合理性和实用性;既有利于汉代科学技术的进步,又影响了中国古代科技发展的思维模式和行为方式。

汉代的统治者已经深刻理解了赈灾救灾对于稳定社会的作用。正如贾谊上奏汉文帝的《论积贮疏》中所指出的:"民不足而可治者,自古及今,未之尝闻……夫积贮者,天下之大命也。苟粟多而财有余,何为而不成?"①

由于灾害频仍,汉王室对仓储机构的建立非常重视,把它作为一项安邦抚民的荒政救济措施。汉宣帝年间(前73—前49),大司农、中丞耿寿昌奏请在边郡普遍设置粮仓,"以谷贱时增其贾(价)而籴,而利农,谷贵时减贾(价)而粜,名曰常平仓。民便之"②。由此,政府开始大规模兴筑"常平仓",供备荒赈恤之用,谷贱时增价籴入,谷贵时减价粜出,在两汉政府对民众的慈善救济活动中发挥着重要的作用。

从这时开始,兴筑常平仓作为一项正式的制度推行于较大范围之内。这一制度一直伴随两汉王朝始终。每遇灾荒之年,朝廷往往颁布诏谕,或开仓调粟,或赈贫恤患,或减赋免役。如西汉文帝时发生了大蝗灾,文帝即令灾区的官员发仓廪,以赈民。汉武帝建元四年(前137),河南水灾为患,伤及贫

河北省蔚县常平仓

民万余家,甚至出现父子相食的惨状。太守汲黯闻之,立即"发河南仓粟以振贫民"③。东汉光武帝刘秀刚刚复兴汉室大业未久,即在建武六年(30)下诏,给遭遇水患无以自赡的百姓散发粟谷,以示惠恤。

汉安帝永初元年(107),诏谕调运扬州五郡的租米,赡给东郡、济阳、陈留、梁国、陈国、下邳、山阳;永初七年(113)九月,又调零陵、桂阳、丹阳、豫章、会稽租米,赈给南阳、广陵、下邳、彭城、山阳、庐江、九江等地的饥民。汉献帝兴平元年(194)秋,三辅大旱,连续三月不雨,献帝诏命"侍御史侯汶出太仓米

---

① ［汉］贾谊:《贾谊集》,上海人民出版社1976年版,第201页。
② ［汉］班固:《汉书》,山西古籍出版社2004年版,第42页。
③ ［汉］司马迁:《史记纂》,商务印书馆2013年版,第454页。

豆,为饥人作糜粥"①。可见,给粥赈饥、移粟救灾已成为汉代政府灾荒救济的普遍之策。尽管这种救荒政策的实施有不小的局限性,但它以人道主义精神为出发点,施济贫困,避免了民众因流离失所而死于道途,终归是一大善政。

魏晋以后,这种方法得到继承。大约南北朝时期,又有了义仓的设置。

曹魏黄初二年(221)、五年(224),冀州两度发生饥荒,民有菜色,官府均开仓廪发粟以赈之。孙吴赤乌三年(240),东吴政权也有"开仓廪赈贫者"的善举。魏明帝曹叡亦曾"遣侍御史循行没溺死亡及失财产者,在所开仓振救之"②。北魏时东郡(今河南濮阳)太守郑默在其任上时,恰逢岁荒人饥,见此情此景,心生怜悯之意。好在他曾在国家一级的政府部门任过职,深体上意,于是主动开仓散赈嗷嗷待哺的黎民。

那时,一旦有灾情发生,除中央政府有救荒措施外,地方州县和民间人士也会采取相应的慈善救济方式,以解百姓困危。如汉武帝元鼎元年(前116),江南水涝成灾,隆冬迫至,灾民不堪饥寒交加。这时,地方上就有"吏民有赈饥民,免其厄者。赋民鬻粥,所食六百人。这种舍粥济民的慈善之举,逐渐积习成风,"此后累代施行,未尝稍衰。无论其为中央或地方,又无论其为政府或法团所兴办,史籍记载,从不间断"③。如北魏太和七年(483),冀、定二州民饥,就是由地方贤良人士为粥于路以食之,救活了数十万人的性命。六朝之际,佛教寺院在灾荒救济过程中甚至起着举足轻重的作用,其影响不可小觑。

到隋唐时期,仓廪制度进一步完善,灾荒之年的民生问题得到了进一步的保障。

形成时间较早的仓廪制度是中国封建社会经济体系中的重要组成部分,也是古代中国传统慈善事业进一步发展的象征和标志。因为在以农业为经济主体的古代社会中,粮食赈济是进行社会慈善救济最重要的物质形式。社会经济的繁荣发达,粮食储备的丰盈,直接影响或促进仓廪制度的完善和发展,因而有利于慈善活动的正常进行。从仓廪制度的发展过程来看,早在西周时期就已重视仓廪的建设,积储粟谷,以备灾年救济之用。《周礼·地官司徒·大司徒》:"大宾客,令野修道委积。"④当时的"委积"设施,即是古代中国仓廪制度的初始形态。汉代设立的常平仓,由政府建仓进行平粜赈济灾民,使古代仓廪制度正式确立。

义仓开始出现于北齐,但其兴盛却在隋唐之际。这主要是由于隋唐时期

---

① [南朝宋]范晔、[晋]司马彪:《后汉书》,岳麓书社2008年版,第130页。
② [晋]陈寿:《三国志》上册,[宋]裴松之注,中华书局2011年版,第92页。
③ 邓云特:《中国救荒史》,台湾商务印书馆1987年第2版,第324页。
④ 陈成国点校:《周礼·仪礼·礼记》,岳麓书社2006年第2版,第25页。

权力一统,社会生产很快就得到了极大的恢复和发展,经济上呈现出空前繁荣的局面,才使得民有盈谷,足以纳入仓储以备凶荒。隋开皇五年(585),度支尚书长孙平向文帝献言,提出在诸州县广置粮仓,"令民间每秋家出粟麦一石以下,贫富为差,储之当社,委社司检校,以备凶年,名曰'义仓'"①。又

陕西省大荔县丰图义仓

云:"名之以义,则寓至公之用;置之于社,则有自便之利。"②隋文帝欣然应允,并下诏全国各州郡着力推广。从开皇五年至十六年(585—596),短短十年左右的时间,隋朝义仓即完成了从初建到逐步完善的过程,并建立起一套义仓粮入库、储蓄、管理和赈济制度。如隋代义仓制规定:每年秋熟时节,根据民间各户的贫富状况,纳粟、谷、麦入义仓,上户一石,中户七斗,下户四斗,储之里巷,备凶年济灾之用,不得挪作他用。

至唐朝前中期,这种具有慈善救济性质的义仓又有了较大发展。贞观元年(627),唐太宗采纳了尚书左丞戴胄的建议,重设鼎革之际废弛的义仓,"为百姓先作储贮……以备凶年,并令王公以下垦田,亩税六升,充实仓廪。高宗承其制,但不久渐弛。至玄宗即位,再复置之。到了天宝八年(749),天下义仓无虑六千三百七十万余石。这个数量,约占当时全国总藏谷量的四成。在义仓大幅度发展的同时,常平仓并没有完全废止,在粮歉之年仍平粜米谷给民众。

义仓和常平仓作为古代社会慈善赈济的两种基础设施,是对西周委积制度的传承,同时在新的社会条件下发挥着越来越重要的救济功能。如:咸亨元年(670),关中发生饥荒,万民鹄面鸠形,政府紧急转江南租米,以赈给之。开元十二年(724),蒲州、同州自入春以来偏旱少雨,贫民缺粮乏食,玄宗令太原仓出十五万石米付蒲州,永丰仓出十五万付同州,减时价十钱,粜与百姓;

---

① 〔宋〕司马光:《资治通鉴(十)》,中华书局2009年版,第7298页。

② 李文海、夏明方主编:《中国荒政全书》第一辑,北京古籍出版社2002年版,第630页。

开元十五年(727),河北各州县大水,"漂损居人庐舍",民无食,玄宗又诏令"转江淮之南租米百万石以赈给之"。①

总之,唐代义仓与常平仓的仓廪制度,通过赈济或放贷的形式对农民进行慈善救济,在一定程度上解决了农民生活、生产的难处,缓解了其困窘之状,有利于社会生产的恢复和发展,有利于社会秩序的稳定。由此,慈善在某种意义上成了社会和谐与进步的另一种推动力。

浙江省富义仓

当然,在人治色彩极为浓厚的封建社会制度下,许多措施都是得人而兴,失人而废,人亡则政息。因此,用于荒年赈济的仓廪制度也概莫能外。隋唐义仓和常平仓的发展就屡经反复,唐太宗在世时,义仓大兴,然"厥后弛于永徽,坏于神龙,随罢随复,亦无定制"②。至开元年间又有大的发展,尔后的"安史之乱"却使仓廪制度再遭厄运。经过了安史之乱,大唐一统的格局发生变化,出现了藩镇割据。从此,中央政府的政令难以贯彻实施,政局长期动荡不宁。这种政治上的动荡,极大地破坏了当时的社会经济,仓廪制度也因得不到统治者的重视与支持而逐渐废弛。尤其是中唐以后,随着唐代农业生产及商品经济的发展,庶族地主的发展壮大,与均田制相联系的土地买卖禁令屡屡被突破,土地兼并日益剧烈,最终使"不抑兼并"成为影响中国传统社会后期社会经济发展的土地制度。

地主制经济的壮大,使地主和国家的利益冲突逐渐凸显。法令实际上的废弛,致使以前行之有效的仓廪制度渐渐形同虚设。翻检史料典籍,已经很难找到关于中唐以后仓廪制度发展的载录了。可知,当时政府的灾荒赈济已经逐渐减少甚至消亡了。中唐以后,"至于五代,因之以饥馑,加之以战伐,而

① [后晋]刘昫等:《旧唐书》(第一册),陈焕良、文华点校,岳麓书社1997年版,第112—113页。
② 邓拓:《中国救荒史》,武汉大学出版社2012年版,第312页。

义仓不得不废矣"①。

(二)消灾祛疫救济

大灾之年,必有大疫。因此,赈灾的同时,封建时代的一些政府对民众的医疗救济工作也十分重视。

在医疗救济方面,非独封建统治者有此善政。早在西周时期,都邑中就有"养疾之政",即帮助国人消除灾难和疾病的惠政。首先是通过祭祀活动祈求苍天降福于民,保佑国人消灾祛疫。其次是专门设立疫医负责治疗患病的国人。

春秋战国时期,在各诸侯国繁华的都城中普遍设立了医疗机构。至于此时的医疗机构是否已实施慈善医疗救助,因史料不足尚难以定论。不过,先秦医学水平的发展,为汉代以后官府对贫民施医给药的慈善救济准备了条件,这一点却是可以肯定的。

西汉中后期,医疗救济的慈善行为已见诸史册。平帝元始二年(2),"民疾疫者,舍空邸第,为置医药"②。及至东汉,人们开始广泛重视对疾病的预防和医治;懂医术者普施药方,救人命于病危之中。建武十四年(38),会稽大疫,死者达万余人,钟离意亲自施给医药,救活者甚众。刘宋元嘉四年(427),京师疾疫,文帝刘义隆也"遣使存问,给医药"。南齐时,吴兴洪涝,竟陵文宣王萧子良开仓赈救,并在王府西北立廨收养贫病不能自立者,给衣及药。这些医药救疗措施,对于减轻贫困百姓的痛苦,无异于雪中送炭。

两汉时期,医疗救济事业获得了较大的发展,官方和民间的医疗救济慈善行为已十分普遍。这个时期,在以官方慈善救济为主的情况下,出现了一个史有所载的政府官员身份的善人——钟离意。

钟离意,字子阿,会稽山阴人。年轻时在郡中做督邮,太守认为他很贤能,于是让他在县里做事。东汉光武帝建武十四年(38),会稽郡发生大瘟疫,死者数以万计,钟离意独自一人,亲自抚恤灾民,筹集分发医药,亲自施给医药,救活者甚众。所属百姓多借此才得以保全并度过灾难。

此后,钟离意被推举为孝廉,第二次提升,被征召入大司徒侯霸府中,朝廷诏令他负责押送囚犯到河内府。时逢冬天寒冷,犯人染病不能前进。路过弘农(现在的陕西一带)时,钟离意转移到属县让其为犯人制作衣服,属县不得已把衣服交给他,却上书汇报了此事。钟离意也详细汇报了事情的经过。

---

① 董煟:《救荒活民书　附拾遗》,中华书局1985年版,第27页。
② [汉]班固:《汉书》,中华书局2007年版,第91页。

光武帝得到汇报后,把它拿给侯霸看,并赞扬说:"你任用的属下心地怎么这么仁慈!确实是良吏呀!"押解人犯过程中,钟离意竟然在半路上除去了犯人的枷锁,让他们去自己想去的地方,并与他们约定日期,让他们按时到达。这一大胆放任之举居然收到奇效,没有一个人违期。钟离意做官五年,清正廉明,用仁爱感化人,凡他所为官的地方,百姓多富足安逸,为后人所称道。

六疾馆

南北朝时期,还出现了专门收容贫病者的慈善机构——六疾馆。这在中国慈善事业发展史上具有划时代的意义,它标志着中国慈善活动正在迅速地兴起和发展,同时也表明中国慈善救济与福利制度正经历由以设官掌事为主,向因事设署(机构)、以署(机构)定职的方向发展变化。

六疾馆最初是由南齐文惠太子、竟陵王萧子良于5世纪末6世纪初创设的,因其信佛好释,奉其慈悲之心乃立六疾馆以养穷民。为什么叫"六疾馆"呢?此说源出《左传》。《左传·昭公元年》有云:"天有六气,降生五味,发为五色,征为五声,淫生六疾。六气曰阴、阳、风、雨、晦、明也,分为四时,序为五节,过则为灾;阴淫寒疾,阳淫热疾,风淫末疾,雨淫腹疾,晦淫惑疾,明淫心疾。"[1]大概古人由此而认为,人禀阴阳风雨晦明六气而生,失度则为疾,此谓"六疾"。

到了南北朝,"六疾"之名已成为通用语汇,用以泛指各种疾病。这在《宋书》《南齐书》等史籍中都有载录。如:泰始元年(465),刘宋明帝即位就下诏令:"鳏寡孤独,癃残六疾,不能自存者,郡县优量赈给。"[2]此外,南齐永明十一年(493)秋,"顷风水为灾,二岸居民,多离其患。加以贫病六疾,孤老稚弱,弥足矜念"[3]。齐武帝为此特遣中书舍人给"贫病六疾"者赐物惠恤。

"六疾"之所以在南北朝时期受到重视,或许与这一时期疫疾大流行有关。据《宋书·五行志》载,魏文帝时,全国各地重大疫情纷起,死人无数。大疫横行,医疗救济也就势在必行了,六疾馆就是在这样的情况下建立起来的。稍后一个时期,北魏宣武帝永平三年(510),官方也曾设立类似的慈善机构,救济患病的贫民。关于这个情况,《北史》中有详尽记载:"(永平三年冬十月)丙申,诏太常立馆,使京畿内外疾病之徒,咸令居处,严敕医署分师救疗,考其

---

① 刘勋:《十三经注疏集·春秋左传精读》,新世界出版社2014年版,第1302页。
② [梁]沈约:《宋书》,中华书局2000年版,第103页。
③ [梁]萧子显:《南齐书》,中华书局1972年版,第41页。

能否而行赏罚。"①

古代公共卫生条件十分不堪,一遇凶荒,民多疫疠。灾荒之年,灾民食不果腹,一旦瘟疫流行,根本没有条件问病求医。唐初,太宗对民众的这种疾苦多有体察,也曾屡施救恤。贞观十年(636),关内、河东发生疾疫,太宗遣医赍药疗之;贞观十六年(642),谷、泾、徐、虢、戴五州疾疫流行,疫情凶险,面积大、流布广,太宗令各州县郎中就近为民舍药防疫;其后不久,庐、濠、巴、普、郴五州瘟疫肆虐,官府也分别派医前往疫区施医授药,治疗感染疫病的百姓。这些措施拯救了无数脆弱的生命,也在一定程度上控制了疫情的传播和蔓延。

赈灾和医疗救济,这些社会救济措施便促成了我国早期慈善活动的发轫。

(三)尊老爱幼善政

汉初,连年的战争,造成人口锐减,社会经济萧条。为了尽快增加人口,加快社会经济的恢复和发展,恤幼养老的措施就必须予以加强。因此,汉朝政府采取了鼓励人口增长的措施和政策,诸如颁布胎养令等。

这自然涉及对婴儿幼童的慈恤与关爱。《汉书·高帝纪》所载汉代的胎养令中就规定,民产二子,复勿事二岁,即采取免征赋役的方式,以示对有幼婴之家的体恤。有些贫民生子者甚至可以在哺乳期得到官府的资助,给食一斛。东汉章帝对育婴事业也很重视,元和三年(86),他下诏要求各州县爱恤孤童:"盖人君者,视民如父母,有憯怛之忧,有忠和之教,煦妪之救。其婴儿无父母亲属,及有子不能养食者,禀给如《律》。"②以后的史籍中,有关恤孤幼的善政还有零星载录。如北魏和平四年(463),文成帝即通令全国,"前以民遭饥寒,不自存济,有卖鬻男女者,尽仰还其家"③,此一善政,使天下父母无骨肉分离之悲。

尊老敬老是中华民族优良的传统美德,其思想绵延已久。早在春秋时,人们就懂得"老有加惠"的道理。后代统治者也多有对老年人的优惠政策,如汉文帝就专门颁布养老令,要求人们尊老敬老,体恤孤寡,并赐天下孤寡布帛絮各有数。景帝继位后,也继承了文帝赏赐长老,收恤孤独之举,采取了赐粟、给帛等一系列措施,让老者以寿终,幼孤得遂长。汉武帝时,对鳏寡孤独幼童等特殊困难人群进行救助的慈善举措,也相当频繁。

据史书载,汉朝还为穷人设立了专门的收容机构。汉高祖统一全国后,

---

① 　[唐]李延寿:《北史》,中华书局1974年版,第139页。
② 　[清]严可均辑:《全后汉文》(上册),商务印书馆1999年版,第40页。
③ 　[北齐]魏收:《魏书》(卷五),吉林人民出版社1998年版,第81页。

向社会颁布了养老的法令。如"受粥法"中规定,民年九十以上者,不但自己生活有保障,就连他的子、孙、妻、妾也可以得到政府的食物救济,不致使其挨饿。对年老的人施以粥食,可以说是一种仁慈而又极具养生之理的善政。因为粥自远古以来便被认为是老年人的最佳食物。"受粥法"不仅仅是古代政府对老年人实施的一种"苟以活命"的简单救济,而且是充满了对老年人的尊崇与敬意的有针对性的颐养之政。

据《汉书·武帝纪》记载:民年九十以上,已有受粥法。在《礼记·月令》当中,也有"是月也,养衰老,授几杖,行糜粥饮食"①的说法。可见,中国人在2000年前便已经懂得为高龄老年人提供粥食,并作为一种社会福利。

古代政府专门针对老年人而颁布的善政,最著名也最具特色的莫过于汉文帝颁布的《王杖诏书令》:

(1)年七十以上,人所尊敬也,非首杀伤人,毋告劾也,毋所坐,即一般不起诉、不判刑。这条涉及老年人犯罪问题,给予老年人法律上的部分豁免优待。

(2)年六十以上、无子女的鳏寡老人,如果经商,免除一切捐税。如社会上有愿意领养孤寡老人的,对这些家庭要给以物质帮助。

(3)对孤独的盲、珠孺(侏儒)等残疾人,"吏毋得擅征召,狱讼毋得系",即不得派徭役,也不得抓捕,在法律上给予保护。

(4)对于"夫妻俱毋子男"的"独寡"家庭,种田、经商不收赋税,同时还允许经营特种行业,在市场卖酒。

(5)给年七十以上者"赐王杖"。杖长九尺,杖头以鸠鸟装饰。鸠杖与朝廷使用的符节一样,是一种优待凭证和地位标志,也可以说,这是我国古代最早的"老年证"。按《汉志》记载,鸠鸟吞吃食物而不会被噎着,以此来表示对老人的一种祝愿,祝老人吃饭不噎,身体健康。故此杖也称"鸠杖"或"王杖"。此外,王杖权益转让他人,他人也可以免租赋。

从考古发现的资料和有关史书记载来看,汉代赐给七十岁以上老人的鸠杖,是皇帝颁发给老人的信物和凭证。至于把它作为一项法令制度来确立,也是有它产生和形成的过程的。一般认为,汉代养老赐杖制度的实施始于汉高祖。东汉大学者应劭在《风俗通义》中记载,当年刘邦与项羽打仗,刘邦败阵逃走,藏在树林里。项羽追来,听到树林里有鸠鸟叫,以为不会藏人,使刘邦逃过一命,所以刘邦就认为鸠鸟是一种幸运鸟,故将此鸟雕在手杖上端赠予老人。

---

① 郭超主编:《四库全书精华·子部》(第一卷),中国文史出版社1998年版,第682页。

应劭以鸠鸟救刘邦之命来解释鸠杖的起源未必可信,可是他指出西汉赐鸠杖之制始于汉高祖还是有道理的。这是刘邦为稳定地方秩序,而对一些有特殊身份的老人采取的优抚政策。虽然还不能算是真正意义上的养老制度,但可视为后来养老制度的发端。按照《王杖诏书令》的规定,不论城乡,不分官民,凡七十岁以上者,都可以得到皇帝赐予的手杖。凡持鸠杖的老者,可出入官府节第,行驰道中;经商不收税;其地位待遇与"六百石"官吏(郡丞、小县县长)相同,入官府不趋,吏民有敢殴辱者,逆不道,弃市。

还规定:"具为令,有司请令县道,年八十已上,赐米人月一石,肉二十斤,酒五斗;其九十已上,又赐帛人二匹、絮三斤。"[①]至后汉时期,还多次颁布诸如贫不能自存者粟,人五斛的诏令。

如此看来,两汉时期,对贫苦无依老人的照顾,政府只是赐给鸠杖、肉、帛、棉之类的器物。魏晋之际,优恤孤老也还是局限在"赐粟"等方面的救助,只是保证饿不死而已,尚未形成正式的恤老制度,更没有设立专门针对孤老的慈善机构。到了南北朝时期,才出现了由政府出面组织的专门收容鳏寡孤独者和病人的机构。497 年,北魏孝文帝下诏,都城洛阳贫困无以自疗者,皆于别坊,遣医救护。521 年,南朝梁武帝下诏在首都建康(南京)设置专门赡恤鳏老的孤独园,并命令各郡县要保护无依无靠的老人和孤儿,不要让他们缺衣少食。

这算是政府开办的第一个专门的养老机构。诚然,当时这些机构还没有设置于全国各地,还没有成为一项制度,但就国家负责经营这一点而言,可以看作对弱势群体生活保障的雏形。《梁书》记载:"凡民有单老孤稚不能自存,主者郡县咸加收养,赡给衣食,每令周足,以终其身。又于京师置孤独园,孤幼有归,华发不匮。若终年命,厚加料理。"[②]孤独园的设立,可说是意义深远。它不仅上承殷周三代尊老恤老的传统美德,而且下启唐宋两朝的悲田养病坊、福田院等慈善机构。因此,它在中国慈善事业的发展过程中占有显著的历史地位。

无论在人类历史的哪个阶段,在人类社会的哪个角落,经济或社会弱势群体的存在是无法根除也无法回避的问题,保障这部分人的生存是国家必须承担的责任。在我国,很早就形成了"鳏寡孤独废疾者皆有所养""使民养生死丧无憾"的理念,并逐渐形成了"济贫""扶弱"性质的鳏寡孤独政策,由国家(主要是地方政府)设置专门机构"收养"鳏寡孤独无法自存者。

---

①　[汉]班固:《汉书》(上册),岳麓书社 2009 年版,第 35 页。
②　[唐]姚思廉:《梁书》,中华书局 1974 年版,第 44 页。

唐朝政府在恤老方面,一是针对养老、恤老制定了法律上和礼仪上的若干规定,根据开元二十五年(737)户令,诸鳏寡、孤独、贫穷、老疾不能自存者,令近亲收养。若无近亲,付乡里安恤,对于鳏寡、孤独、贫穷、老疾不能自存者等弱势群体,原则上应该由近亲或乡里照应。但实际上,当时对于流入京师长安的乞丐,曾全部收容进病坊(悲田养病坊)并由政府支给粮米。还有就是通过各地方行政机构,举行一些尊老敬老的礼仪或慈善活动,直接为某些德高望重或无依无靠、无家可归的老人提供物质上的救助。不过,在救济上仍然限于收容、收养,没有更多的发展。

在慈幼方面,唐初的措施主要是在灾荒期间由官府出资为饥民赎子,使贫家骨肉得以团聚,幼童得以成长无忧。贞观时关中大旱,饥民多卖子以接衣食,唐太宗即下令出御府金帛为赎之,归其父母,让那些曾离散破碎的家庭重享人伦之乐,结束骨肉分离之苦。说到这里,值得岔开一笔,无论凶暴还是宽仁,都是有所传承的。例如671年,唐高宗和武则天巡幸东都洛阳,留下太子李弘在长安监国。当时又逢关中大旱,闹起饥荒,李弘巡视士兵的粮食,发现有吃榆皮、蓬实的,心下不忍,就私下命令开仓放粮,以解民饥。其仁厚之心可见一斑。

综前所述,大抵是两汉至隋唐由政府出面组织的慈善行为或慈善机构的情况。其实,官方机构以外的私人的慈善行为,绝对应该比政府的慈善行为更早、更普遍。只是这样的事实,往往在正史里找不到记载。但我们却不能否认这种民间共济互助的慈善行为的广泛存在及其作用。

虽然我们还有专门的章节论及民间的、个人的慈善行为,但是在这里还是应该提上一笔:至盛唐时期,比较有影响的民间私人赈济的慈善活动已经开始涌现。如唐代仪凤年间,肃州等地飞蝗成灾,所到之处,禾苗菽麦嚼食一空,民多馁死。刺史王方翼"乃出私钱……以济饥瘵,起舍数十百楹居之,全活甚众"[1]。此类事件还可罗列几例:魏州饥荒,父子相食。张万福不忍乡间蒙此灾厄,便与兄长商议,将米百车饟之;崔立历知兖州时,正逢大饥之年,于是首倡义举,募富人出谷十万余石赈饿者,救活了民间不少垂毙者之命。

在唐朝中后期,民间社会的慈善活动还开始突破地缘和血缘的限制,救济范围有了新的扩大。这类善举多属"以己之便,予他人之便",或"救人之困,解人之危",故而多被人冠以"义"字,如义渡、义井、义浆等。《全唐文》就载有大历六年(771)春,河间公在城垣附近凿井济人以及有善人汲水作义浆之事。除义井、义浆外,民间社会的义行更多表现为下层人民在生产劳动和日常生活中的共济

---

① 李文海、夏明方主编:《中国荒政全书》(第一辑),北京古籍出版社2002年版,第662页。

互助。如柳宗元笔下所载的长安药市中的善人宋清，"疾病疕疡者，亦皆乐就清求药，冀速已。清皆乐然响应，虽不持钱者，皆与善药"[1]。值得注意的是，这是中国传统慈善事业发展到一定阶段而出现的新现象。

（四）佛教慈行善举

汉唐时期的慈善活动，值得大书一笔的还有佛教寺院的慈行善举。佛教的慈善行为，由于介乎政府官方慈善机构和民间自发慈善行为之间，所以在这里专门论及。

关于佛教传入中国的具体时间和年代，现在已经很难考定。但是可以肯定的是，佛教最初传入中国时，只是在少数人中流布、奉行，未必为上层官府和史官之流所注意。有记载的是，公元前2年，大月氏国（原居我国甘肃的一个强盛的少数民族西迁中亚后建立的国家）派遣使者伊存到了当时中国的首都长安（今西安），他口授佛经给一个名叫景卢的博士弟子。这是中国史书上关于佛教传入中国的最早的文字记录。

由此上推120年，由于汉武帝开辟西域交通，当时从印度传布到中亚细亚的佛教很可能早已通过行旅往来而向东方渐进。但这只是推断而已。据史籍记载，汉明帝永平七年（64）派遣使者12人前往西域访求佛法。公元67年，他们偕同两位印度的僧人迦叶摩腾和竺法兰回到洛阳，带回经书和佛像，并翻译了一部分佛经，相传就是现存的《四十二章经》，是《阿含经》的摘要译本。同时，在首都建造了中国第一个佛教寺院，就是今天还存在的白马寺。据说，这也是以当时驮载经书佛像的白马而得名。根据这个传说，佛教传入中国虽不始于汉明帝，但佛教作为一个宗教得到政府的承认崇信，在中国初步建立它的基础和规模，可以说是始于汉明帝年代。

由于得到统治者的支持，佛教传入中国后，逐渐由宫廷流布民间。佛教寺院乍一建立，济贫事业就发展起来。东汉时期佛教寺院的济贫事业相当发达，这是中国最早的非官方慈善救济事业。佛教慈善思想的核心是行善的功德论，有极其浓厚的"福报""修福"的观念，对社会上的一些富人有很强的吸引力，这

洛阳白马寺

些社会人士的捐施，是寺院财产最大的一个来源。汉唐时期佛教寺院的财产一直非常丰盈，寺院的慈善事业也就长盛不衰，这充分说明佛教对世道人心

---

① ［唐］柳宗元：《柳河东全集》，中国书店1991年版，第207页。

的影响之大。

有了丰厚的物质基础,寺院和僧侣就直接用来从事慈善事业,主要包括济贫、赈灾、医疗、劝导传播等方面。魏晋南北朝时期,中国社会处于分裂割据状态。频繁的战争动乱不仅给普通百姓带来了灾难,也使统治者们陷于朝不保夕的境地。于是,对人生失望的情绪在社会各阶层中蔓延,寻求精神寄托和灵魂安慰的渴望随之而生。佛教以其独具的教义,恰好迎合了社会各阶层人们的精神需要,因而流传日广,逐渐形成中国佛教发展的第一个高潮。在这一过程中,一些著名的高僧致力于将佛教教义与中国民族文化和习俗心理相结合,使佛教走上了中国化的道路。

佛教教义极为复杂,内容十分丰富,构成慈善事业动力机制的是因果报应学说与慈悲观念。因果报应学说是佛教伦理的理论基础。其基本原理是佛教伦理的"因果律",即认为宇宙间的万事万物都受因果法则支配,是由"业",即人们自身行为和支配行为的意志决定其性质,善因产生善果,恶因产生恶果。这种善恶报应,是在六道轮回中实现的。应该说,这种因果报应学说对于中国人来说并不陌生,因为在中国传统文化中早就有了"积善余庆""积恶余殃"的思想。《尚书·商书·伊训》中云:"惟上帝不常:作善,降之百祥;作不善,降之百殃。"[1]《周易·坤》谓:"积善之家必有余庆,积不善之家必有余殃。"[2]如后文所述,传统道教中也有积善得善、种恶得恶的善恶报应思想。所以,佛教因果报应学说一经传入中国,立即引起了广泛的共鸣。

客观地说,佛教思想对于古代慈善组织的发展起到了非同一般的作用。它促使慈善行为由自发变自觉,摆脱了应急性、个人性的特点,使人们的慈善思想和行为第一次拥有了清晰的文化理念。佛教一经与中国的传统文化相结合,便创立了许多延续至今的重要的慈善理念,比如悲田、福田思想。以这些思想为指导所产生的广泛存在于佛教寺院中的慈善组织,成为当时最有代表性的非官方慈善组织。

隋唐时期,由于统治者对佛教的态度不一,寺院中慈善组织的发展也多有波折。但是我们仍然可以说,佛教传入中国,佛教寺院甫一建立,民间济贫事业就开始发展起来了。宋代以前的民间慈善事业大多由寺院僧侣和佛教信徒从事。新儒学兴起后,这一状况才有所改变,个人慈善活动零星出现,并逐渐普及。

至隋唐时代,中国佛教的发展进入鼎盛期。佛教内部形成了许多宗派,

---

① 陈戍国点校:《四书五经》(上册),岳麓书社2002年版,第232页。
② 韩立平译注:《周易译注》,上海三联书店2014年版,第15页。

一人。"①首善之区的京师尚且如此,四方便可想而知了。明末养济院的奸弊如此深重,且日益滋长蔓延,难免会令善良人士忧虑。当时的文学家、政治家高攀龙就曾怒斥养济院:"近来竟成弊薮,茕独不沾实惠,皆繇吏胥添捏诡名混冒。"②言辞中虽不免带有愤激之情,却是一语中的。

针对上述问题与弊端,明政府也采取过一些相应的补救措施。比如派遣巡按、御史等官员赴各州县加强督查,"通行禁约,务使朝廷德泽下流,而颠连之民皆沾实惠。如有仍前怠忽者,巡按御史奏闻处治"③。同时要求"本县正佐官按月躬亲点阅给散,府官则一月二次巡视",希望通过加强主管官员的责任来杜绝胥吏冒领、克扣米粮之弊。再者,就是广泛提倡民间社会设善堂、善会,救济贫者残疾之人。但是,随着明朝后期各种社会问题的日趋严重,作为善政内容的养济院虽然仍得以存在,但其影响已远不如前,其式微之征兆也愈来愈明显了。

(二)清朝的慈善事业

综观历朝历代的慈善事业,大抵依朝代的兴亡更替而兴衰。基本规律是,开国之初,政府往往比较重视慈善救济工作,体现新朝新气象,各级官吏也相对比较清明用命。至中晚期,开始懈怠慵懒,直至衰微甚至消弭。清代的养济院,也没逃出这个规律。

满人入关之后,清朝政府基本上继承了明代的社会福祉政策,重视对鳏寡孤独残疾贫民的慈善救济。顺治五年(1648)十一月,清帝下诏,饬令"各处设养济院,收养鳏寡孤独无知之人,有司留心举行,月粮依时给发、无致失所。应用钱粮,察明旧例,在京于户部、在外于存留项下动支"④。顺治八年(1651),再次谕令对京城内外的鳏寡孤独贫苦无依者"酌量周恤",对于各省府州县原设的养济院,给足额定米粮,并委派官员"从实稽察,俾沾实惠"。此后,康熙、雍正、乾隆三帝都曾多次谕令重申,其措施也更加具体严格。于是,在清朝中央政府的推动下,全国各地都本着恤政为先的理念,陆续重建和新设了诸多养济院。

清代的养济恤老慈善事业有一个前代所不及的显著特点,即养济院已扩展到了中国西部的边陲地区。我国历史上有一个很著名的移民活动,史称

---

① ［明］沈榜编著:《宛署杂记》,北京古籍出版社 1980 年版,第 89 页。
② 张希清、王秀梅主编:《官典》(第 3 册),吉林人民出版社 1998 年版,第 418 页。
③ 李国祥、杨昶主编:《明实录类纂·北京史料卷》,武汉出版社 1992 年版,第 55 页。
④ 转引自黄永昌:《传统慈善组织与社会发展——以明清湖北为中心》,光明日报出版社 2012 年版,第 30 页。

"湖广填四川"。简言之,就是驱使湖广一带人口稠密地区的人民大量迁入四川盆地,直接增加该地区的劳动力。这种大规模的移民活动自元代始,明、清都曾有过。因此,清朝初年,在朝廷的敕令下,各地纷纷移民到巴蜀渝,四川境内一时"流寓最多"。

清政府考虑到四川"地处万山,险阻难行,若将远方流丐照各省之例一概送回原籍,其老病茕民举步维艰,既多跋涉之苦,亦非矜全之道"[①],因而饬令四川各府县官员多设养济院,并加稽核,"果系疲癃残疾无告穷民,准其一例收入养济院"[②];如是外省贫病流寓,其有隔省遥远,及本省相去至千里外者,准其一例加恩收养。再有,清军在平定南北疆回部叛乱之后,也曾在西北地区推行恤孤惠老之善政。乾隆四十四年(1779),迪化、奇台、昌吉、宜禾、阜康、玛纳斯等处各设有养济院一所,每名孤贫日给白面半斤,冬令时节另发棉衣一件。侗、瑶等民族聚居的广西地区在清康雍乾时期亦建有十余处养济院,如恭城养济院于雍正三年(1725)修建,当时收院赡养孤贫、盲、聋、哑、残者 15 名,由省拨给口粮,后来额定为 26 名。

清代的养济院设于州县一级,是由官府拨款经营的慈善机构。它一般只收养本籍的孤老,在乾隆初年还规定了各省应收名额。在这些方面,清代的养济院直接秉承了明代的传统。

当时,因为各省的人口数量和经济发展水平不同,各省养济院收养优恤孤贫的额数也有所差异。论收养的人数,以直隶为最多,曾达到 7000 多名,这大概与直隶为畿辅重镇,政治地位显著有关。其他各省额数多寡有异,大致在乾隆初年就成为定例。但有时也会根据各省自身情况稍做增减调整。既然朝廷会对各省份收养的孤贫人数做调整,各省对于省内各府县的收养额数也会做相应的调整。清代养济院,除额内孤贫(正额)外,还有额外孤贫,如云南、广东等地。广东的额外孤贫数还相当多,其九府二直隶州共有 2914 名,占了总额数的多半。不过,无论额内还是额外孤贫,其享受的待遇大体相同,均有口粮,支给本色或折色银两,大都"遇闰加增,小建扣除"。另外,冬令时节有棉絮,夏令时节给蚊帐。

鉴于明后期养济善政漏卮丛生,为确保仁政能落到实处,清朝历代皇帝曾经屡颁政令,推行养济院这项恤老慈善事业,而且管理制度愈来愈严明。其中,乾隆帝对这项事业尤其重视。如乾隆二年(1737)的诏令:"各州县设立养济院,原以收养孤贫,但因限于地额,不能一同沾惠。嗣后,如有外来流丐,

① 张祖平:《明清时期政府社会保障体系研究》,北京大学出版社 2012 年版,第 120 页。
② 同①。

察其声音,讯其住址,即移送各本籍收养。令各保甲将实在孤苦无依者,开明里甲年貌,取具邻佑保结,呈报州县官。除验补足额外,其有浮于额数者,亦收养济院内。动支公项,散给口粮。仍将散额外孤贫口粮名数,按年造册报销。如冒滥克扣,奉行不力,照例参处。"①

这项诏令显然对以前所收养的对象有了更严密的操作依据,以杜各项弊端。四年后的另一道诏令,则使养济院有了稽查责成之法。它要求各地方官时加督促养济院的经营,对经营管理不善者,予以相应的处罚:"各处额设孤贫,令该管道府。每年遇查勘公事之时,即带原送册籍,赴养济院点验。如房屋完整,孤贫在院,并无冒滥,出具印结,呈报上司。如房屋坍塌,孤贫不尽在院,或年貌不符冒给者,该管官照例支给列,降一级调用。道府不行查验,遂行加结转详官例,罚俸一年。若纵胥役及令为首之孤贫代领,以致侵蚀,该管官照纵役犯赃例,革职。道府不行查出,照预先不查出例,降一级调用。如道府徇庇容隐,及持同出结,照徇庇例,降三级调用。"②

这种严格的管理条例,反映出清朝政府当初恤孤济贫的理想主义色彩,务使鳏寡孤独残疾无助之人能得到真正的恩惠,实现"老吾老以及人之老"的慈善理念。然而理念毕竟不是现实,各地养济院的推行实施也并不能尽如人愿。其实,乾隆时期对养济院的严加管理及对胥吏舞弊贪污行为的严加防范,恰恰从反面说明此时养济院的积弊已深,在运营过程中滋生的腐败现象已十分普遍,并且愈演愈烈。因此,其衰亡的趋势也就难以遏止了。

养济院趋向衰败,而急需救济的孤贫者又为数众多,尤其是各地流民大量存在,这在客观上为新的救济形式提供了生存和发展的空间。普济堂就是在这样的情势下出现的。

普济堂,俗称"老人堂",是清代民间救济性的会社组织。据记载,清朝最早建立的普济堂出现在江西袁州,康熙五年(1666)即已创设。而产生深远影响的却是康熙三十六年(1697)捐资兴建于广宁门(今广安门)外的京师普济堂。收藏于北京石刻艺术博物馆的"普济堂功德碑",于1995年10月出土于北京城南莲花池南侧。该碑完好,座佚,为螭首立碑,边框雕饰攀龙,厚0.4米,宽1米,高2.93米,陈德华撰文,吴秉忠镌刻,乾隆十一年(1746)岁次丙寅五月十日立石。碑文载写了康雍乾三代北京著名的慈善处所普济堂的缘起及沿革,为后人展现了清前期社会的风貌。

---

① 转引自周秋光、张少利、许德雅等主编:《湖南慈善史》,湖南人民出版社2010年版,第176—177页。

② 周秋光、张少利、许德雅等:《湖南社会史》(1),湖南人民出版社2013年版,第380—381页。

　　根据碑文记载,普济堂位于广宁门(今广安门)外,建于清康熙三十六年(1697),是由北极庵的寂容和尚与居士关成悲悯修路夫役之饥苦而创建。初建时,名为"修路慈悲院"。继而又得处士王廷献倾其家产扩建了该处修路慈悲院,并经内侍高以喧协助,易名为"普济堂",使之成为名播京城的慈善之所。当时京师普济堂主要收养外地来京的孤贫残疾者,并收养六十岁以上无依无靠的老人,名额以千人为限。名额满后,有报名者写在签上,放竹筒内,俟有死亡空缺,摇签顶补。堂内每五人住房一间,每间房间有字号编列,以备查考。每天供应三餐,吃饭处如寺院斋堂,每月吃鱼吃肉小荤数次,平日大众菜一味,准许自备菜。每月准离堂三天,如三天不到,则除名。对未曾入堂收养的民间孤苦百姓,该堂也是冬施粥,夏舍茶。其慈悲为怀的境界,赢得百姓拥戴。

　　康熙四十四年(1705),顺天府府尹钱晋锡上奏此事,康熙皇帝颁赐御书"膏泽回春"匾,并御制碑文,后两赐帑金,以表彰普济堂之善举。至雍正皇帝时,岁赐千金。1736年,乾隆帝初御皇极,即赐帑金,并且干脆下诏顺天府接管普济堂。圣命岁赏粟米300石,并成为定制,且后代有加无减。从这时起,一个由民间人士义捐的普济堂摇身变为官办,财力、规模、名气自然大了许多,于是成了救助京城穷人的粥厂。乾隆年年遵例颁赐,还不时另有银米支援,确曾赢得百姓赞誉,体现了大清帝王"皇恩浩荡"、救助穷人的盛世情怀。嘉庆七年(1802),宫廷赏银5000两生息。同治五年(1866),又加赏小米500石,并成为定例。直至光绪皇帝时,普济堂一直得到清王朝的关怀和支持,加之社会贤达、官宦等的捐助,普济堂得以成为清朝北京最大的慈善场所之一。

　　这个民间社会自创的慈善机构得到朝廷的支持和褒奖,尤其是康熙帝极为关切地为之御制碑文,并赐"膏泽回春"匾额,这一来,影响逐渐扩大。所谓上有所好,下即效焉。1710年,苏州艺人陈明智、士绅顾如龙等募资在虎丘也创建起一座普济堂,"以收养病民,供给衣食药饵,略如京师善堂之制"①。

　　普济堂初创时期,全系民间力量筹资兴办,仅赖地方绅士、商贾的鼎力支持,并无国库公帑可以动用。然而因民间社会各阶层积极参与、协力合作,其绩效却远远超出官办的养济院,由此也便得到了统治者的首肯与赞许,遂劝谕各州、县官时加奖励,以鼓舞之。雍正朝以后,各地置设普济堂之举犹如刮起一股流行的善风,吹遍了大江南北。据日本学者夫马进统计,清朝河南109个州县建有普济堂所,山东101个州县卫所也设有普济堂所。

　　这固然与当时河东总督王士俊等官员采取强有力的行政手段来推动这

――――――――――

　　① [清]顾禄:《桐桥倚棹录》,上海古籍出版社1980年版,第84页。

项善政有关。清制,河东总督专管山东、河南两省内黄河事务,不涉及地方行政和官员的管理。但是由于王士俊在其他地方为政"直声久著",两省州府郡县官员,还是很敬畏他的。这王士俊有句名言:"官可不做,民命不可不恤。"所以,他推行的事情,很行得通。另一方面,普济堂在经济发展程度较为一般的华北地区都能普及到这种程度,那么在经济相对发达的江南一带就更不消说了。苏州、杭州、汉口等地都是商旅毕集之区,是清代前中期全国最重要的商业重镇,况且商贾士绅当中不乏乐善好施之人,这些地区普济堂的发展,较华北地区更为普遍,其数目也更加可观。

作为民间社会慈善组织,普济堂在社会控制方面所发挥的功能与作用也许稍逊于官办性质的养济院,但是在积功行善、普济众生等社会道德层面所产生的社会效应却远为养济院所不及。因为普济堂是由地方社会主持创设的,且由深孚众望的绅商负责管理,这就无形中起到了榜样示范的作用,调动了人们参与地方福祉和慈善公益活动的热忱,形成了民众普遍好善乐施的社会风习。普济堂的收养对象也是鳏寡孤独贫病者,但与养济院相比较,却是有所区别:养济院严格奉行地方主义原则,只收留本籍的孤贫老者,且由官府给粮,名额十分有限;而普济堂的收养施惠范围很广,无论本籍外籍,只要是孤贫,均在收容之列。被普济堂收容的百姓当中,有相当部分竟是未能进入养济院的"额外孤贫"。

除了京师普济堂因为有了皇帝赐匾而声名卓著之外,陈明智和顾如龙等人联合当地士绅们建起的苏州普济堂也十分著名。清康熙年间学人何焯有这样一段文字:"吴四达之会,地大齿繁,商贾行旅之所走集,其值流离困乏,待于赈赡者,宜不减于京师。又当积岁歉俭,土着之民亦失所者众。"①有鉴于此,众议倡言建堂,使之有以保其生而缓其死。从这段文字可以看出,苏州普济堂对于外来流丐孤贫者亦有相当之顾恤。近年来,王卫平先生在深入研究之后提出:普济堂和养济院都以孤贫为收养对象,却各有偏重,前者以收养贫病老人为主,后者则比较强调贫困的残疾之人。

至于性质和经费问题,普济堂的经济来源比养济院要复杂得多。养济院一般拨官款资助,因而是一种官办性质的慈善机构。而普济堂多为民间所建,在乾隆前期主要靠地方绅士和商贾的支持得以维持;在乾隆中后期,由于行政力量的介入,普济堂遂逐步由纯粹的民间慈善组织变为官督民办、官民合办的慈善组织(个别的甚至成了完全官办的慈善机构)。例如:乾隆四十二年(1777)创建的长沙府善化普济堂,就由湖南巡抚颜希深奏请皇帝批准,"动

---

① 同治《苏州府志》卷二十四"公署四"。

拨藩库银四万两",当然地方绅衿、普通民众的捐资也占了善化普济堂日常开支的较大份额。江西南昌县的普济堂也是"岁动公项及厘费银两,并节备仓谷石"。但无论其形式若何,许多普济堂虽有官方财政的资助,更多则是接受民间捐款,积微而成巨。

在组织管理上,普济堂是实行司事负责制,延请殷实的绅士轮流值理,期限为一月、一季或一年。一般地说,民办或官督民办的普济堂多采取董事制,而官办机构则是实行聘任制。民间慈善组织的负责人皆出自行善积德之念,故心中乐从;而官办慈善机构的首事,部分是迫于无奈而出任,内心并不十分情愿,多少带有点强制性,到后来竟变成富户服役的差事了。有记载称,苏州普济堂以郡城殷实富户轮年递充司事,而富户每视为畏途。这在一定程度上就变味了,既有悖于好善者的初衷,还可能挫伤乐善者从事慈善事业的积极性。不过,这种情况在全国并不多见,不带有普遍性。

在管理制度上,各地普济堂均订有堂规,以便于正常运作。长沙普济堂的堂规就极其完备,对堂宇安置、入堂名额、日常开销、医药、首事、书吏杂色人役、食米数、葬埋及银款来源都有详细记载。清代最流行的官箴《牧令书》也辑录了不少当时普济堂的基本条规。可见普济堂在救济社会弱势群体的过程中已渐臻于完善,影响也日益扩大。

养济院、普济堂是明、清两代恤老矜寡的重要慈善机构,它们是宋代居养院和元代孤老院的传承与发展。养、普二院堂的创设和推行,既是封建统治者惠施仁政的重要表征,又是我中华民族赡老恤孤、扶危济弱等传统美德的生动体现。尽管这两种慈善组织在推行过程中或因人为的、社会的各种因素,存在着诸多这样或那样的弊端,然而其乐善好施的初衷与功效却是得到充分体现并客观存在的。

(三)育婴慈幼事业

弃婴问题是中国封建社会长期存在的一个社会痼疾。

溺婴即所谓的"生子不举"。古代社会,由于避孕手段几乎没有,妇女生育的机会很多。但当时一般的家庭,规模大体保持在五口上下,这除了古代医疗卫生条件差、孩子自然死亡率较高、成长过程中易夭折等原因外,溺婴现象很普遍也是一个重要因素。在封建社会中,由于女子体力弱,生产收入相对较少,又不能读书做官,并且最终要出嫁,因此在实际生活中,很少有可能为家庭乃至家族的发达做出什么贡献,加上"不孝有三,无后为大"的观念深入人心,因此溺女婴的现象总体上要远远多于溺男婴。据记载,清代宁波有个男子,老婆连生了两个女儿,他都将其溺死,第三胎仍是女儿,这人居然改用火烧,其手段令人发指。

虽然"喜得贵子"是每个家庭都期盼的事,不过一般家庭男孩太多也可能会给家庭的生计造成困难,所以历史上溺男婴的情况也是时有发生的。特别是唐朝以前,老百姓从儿童时代就得负担人头税,长大以后,男子的徭役负担又非常沉重,因此溺杀男婴的情况就更多一些。比如西晋初年,在吴国被晋统一之前,邻近吴国的巴郡徭役特别繁重,人民为躲避征役,溺婴现象很严重。这时来了一个轻徭薄赋的太守王濬,"郡边吴境,兵士苦役,生男多不养。濬乃严其科条,宽其徭课,其产育者皆与休复,所全活者数千人"①。

王濬算是比较开明的,让生育者在一定时期内免除徭役,结果让几千家存养了男婴。唐宋以后,也有人出于经济上的考虑而不愿多养男孩。比如南宋时徽州地区,老百姓嗜好积蓄,以致不想多要男孩。怕儿子太多,小时候负担太重,大了分得的家产又太少。当然,溺男婴一般总是在家里已有两三个以上男孩的情况下才会出现。特别是宋以后,比起溺女婴,要少得多,这进一步导致了当时社会男女性别比例的失调。

古人溺杀婴儿的习俗起源久远,大家相沿成习,也就不把它看作是不道德的事了。不过溺杀自己的孩子,是件十分残忍的事,会对父母造成很大的心理伤害,同时还可能出现影响国家赋税收入,导致男女比例失衡等一些社会问题,所以受到一些开明统治者和文人的制止和反对。比如明初浙江遂安人"生女多不举",知县袁政严行禁止,以后百姓生女儿都取名"袁留"。一些文人也写成《溺女歌》劝告世人不要这样做。比如宋代何龙图的一首《溺女歌》言:"虎狼性至恶,犹知有父子。人为万物灵,奈何不如彼!生男与生女,怀抱一而已。生男则收养,生女顾不举。我闻杀女时,其苦状难比。胞血尚淋漓,有口不能语。咿嘤水盆中,良久乃得死。吁嗟父母心,残忍一至此!我因劝吾民,毋轻杀其女。"②

汉唐时期,民间溺男婴较多,溺女婴的习俗却在明清之际盛行,以至于在全国酿成陋俗。与此相伴生的,是政府和民间为拯救幼婴而设立的各种育婴组织,由此推动了这一时期育婴慈善事业的发展。为了制止和改变人们溺婴的习俗,从宋代起官方就开始设立慈幼局。明清时期,除了官方的育婴堂外,还出现了不少地方绅士和商人举办的民间育婴机构,通过收养弃婴来劝阻世人溺婴。

溺女成俗的原因,推究起来有多个方面,其中最主要的社会根源乃是男

---

① 李如龙主编:《〈百将传〉评注》,解放军出版社 2013 年版,第 394 页。
② 蔡尚思:《中国礼教思想史》,上海古籍出版社 2006 年版,第 151 页。

尊女卑、重男轻女的观念根深蒂固。众所周知,南宋以降,程朱理学的影响日深,封建的纲常伦理浸润着人们的言行举止,而对妇女的束缚与毒害尤深。"不孝有三,无后为大",众多女婴自然就成了这封建纲常礼教无辜的牺牲品。另外,某些地区盛行厚奁厚嫁之风,也使得父母思虑将来生计而动了溺女的念头,即所谓"奁资盛而溺女"。至于极贫之家,因添人丁而导致抚养维艰,故添丁不添喜反而增忧,也不得不抛弃自己的骨肉亲情。

相对而言,南方的溺女现象远比北方严重。如湖南零陵,"民贫俗弊,生女多不举,禁令无所施";长沙也"向有溺女陋习,至今相沿,牢不可破,溺死如莒,全不顾恤"。[1] 清顺治十六年(1659),都察院左御史魏裔介上呈清世祖的奏疏中,就直陈福建、江苏、安徽、江西等省"甚多溺女之风",应力除旧弊。江西一些地方官员也承认江省民俗淳朴,唯溺女之风视他省为甚。不难看出,溺女陋俗相袭,已成为明清之际一个十分普遍又亟待解决的社会症结。陋俗的盛行,不仅导致社会问题日趋严重,也使得人伦民德日渐浇漓。一些有识官绅为正人心、端世风,遏止溺婴陋俗,先后发起建立了育婴慈善组织。

从历史上看,两宋是我国育婴慈幼事业较为发达的时期。至元代,它走向了衰落。而到了明朝,育婴慈幼事业似乎终止了。直到明朝后期的万历年间,停顿三百年之久的育婴慈善事业才逐渐复苏。

明末慈幼事业的复苏,与耶稣教进入中国有一定关系。16世纪末17世纪初,利玛窦等传教士相继来华,了解到中国人弃子溺婴的情况,深表惊诧。他们在北京组织了一个宗教性质的慈善团体——圣母会,为孤儿洗礼,兼负抚养教育之责。随着基督教势力在中国的不断扩大,一些深受耶稣教义熏染的封建士大夫如李之藻、杨廷筠等人也成立了慈善会及育婴会等组织,以救生、放生为指归。

万历年间,周孔教在其所著《荒政议》中,即针对当时的俗风恶习,增"禁溺女"一条,并在苏州推行育婴慈善事业。"若实贫甚,不能举女者,取保甲两邻结状,日给米一升,三月而止。若见育三女以上者,每年终取结,给谷二石以旌之。"[2]对于收养弃婴的家庭,也给予物质奖励,男婴每日给米一升,女为每日二升,六个月为止。规定每月给米一次,并要将男女幼婴每三月送官验视一次。据称,苏州府属一时庶乎男女无夭折矣。

大约在明朝崇祯七年(1634),蔡琏在扬州创办了育婴社,当时许多文集对此事均有记述,后来也载入方志。蔡琏,江苏扬州人,他可以算是我国首创

---

① 周秋光、张少利、许德雅等:《湖南社会史》(1),湖南人民出版社2013年版,第392页。
② 李文海、夏明方主编:《中国荒政全书》(第一辑),北京古籍出版社2002年版,第509页。

育婴堂制度的人物。扬州育婴社是明末慈幼组织中的一个典型个案，影响甚为深远。这个育婴社纯粹是民间慈善机构，与政府毫无瓜葛。蔡琏办理育婴社，采取的是最原始的民间自愿集资的方法，以四人为一个组合，共同抚养一婴。那个时候的生活水平低，每人每月只要出银一钱五分即可。凡遇路遗子女，收于社中，招贫妇领乳，月给工食银六钱。每月初一，验儿发银，考其强弱比例，以定赏罚之数。三年之内，听人领养；但仍须调查清楚，方才核准。这个办法的推行，不但可以恤孤，并且可以济贫，既可消除一时溺婴的恶俗，又可兴起四方好善的慈心。这是人世间的一大功德，值得后人景仰。

育婴堂自从蔡琏首倡之后，各处郡邑村镇，就有不少仿行的，多是靠定期的集会来发展会员和筹募经费，救济贫家之婴。扬州是明清时期两淮盐务中心，富商云聚，其中不乏慷慨好义之人。他们踊跃捐输，共襄善举，促进了育婴社的正常运行与发展。

经历了三百年的沉寂之后，育婴事业在明朝末年才逐渐为人们所重视，其大力振兴则是在清朝立国之后。

清代是我国历史上溺女问题最严重的时期，同时由于统治者和地方士绅的重视，清代也成为继两宋之后育婴事业最为兴盛的时期。顺治年间，育婴组织首先在江南地区得到恢复和发展。顺治十三年（1656）前后，扬州府的江都县、高邮州相继建成育婴堂，它们都是靠绅商捐募而得以创立的。顺治十六年（1659），在御史魏裔介上陈江浙等地溺婴之风后，清世祖朱批云："溺女恶俗，殊可痛恨，著严行禁革。"[①]此后，各地州、县便依旨采取了一些措施来收养婴孩，以禁遗、溺之风。清初的育婴堂就是在这种大背景下兴起的。

至康熙、雍正两朝，江南各府州县治大都创设了育婴堂。随着育婴堂的兴起，需要聘请大批离开家庭以哺育弃婴作为生计的职业乳妇。而同时，贫家妇女为了生计离开家庭到育婴堂哺育婴儿。这样，不折不扣的职业妇女——乳妇便应运而生了。因此，考察乳妇这一职业的兴衰，也就能明白当时育婴事业的发展趋势。《大清会典》规定：各通都大邑的育婴堂，雇乳妇，善哺乳弃婴。

顺治十二年（1655），扬州育婴社由社员集捐以聘乳妇，而扬州多富商，富商买妾侨家乃平常之事，生育也特繁，多弃婴。因此，乳母之需求量亦随之增加。从康熙年间起，各地育婴堂陆续雇乳媪哺育婴儿。苏州较富有的士绅或商人捐款设立的育婴堂乳妇之记籍者三百余人。《清朝通典·贩卹》中记载，康熙元年（1662）于京师广渠门内建立育婴堂，由官方出资雇觅乳妇善为乳哺

---

① 转引自周秋光、张少利、许德雅等主编：《湖南慈善史》，湖南人民出版社 2010 年版，第 196 页。

抚养。京师广渠门外夕照寺育婴会请乳妇育养弃婴。广西各地陆续设置起来的育婴堂,由慈善家雇乳媪哺之婴儿。康熙二十年(1681),湖南邵阳保赤堂,凡有乳子女不能育者,雇觅乳母而养焉。康熙四十一年(1702),嘉定县南翔镇留婴堂,收留弃婴,雇乳妇乳养。乾隆九年(1744),广东惠州府陆丰县西门育婴堂,凡有遗弃婴孩,即给乳母抚养。

嘉庆年间,福建建育婴堂,凡有淹溺弃婴,雇乳媪分养之。福建政和县城中及东平育婴堂,收养弃孩,分别交给堂内的乳媪乳养一两年。嘉庆十年(1805),凤凰育婴堂为遗弃婴儿雇请乳妇。嘉庆二十年(1815),吴江县盛泽镇留婴处,收留弃婴,雇乳妇养;松江奉贤接婴堂、张堰镇济婴局,"旧例定额十名,向郡城育婴堂领取,分给乳母抚育,三年断乳,仍归郡堂,换婴即乳";江南枫泾接婴堂,雇乳妇,轮流哺婴。湖南各府州县设育婴堂 74 所,其中长沙设育婴堂 19 所,有乳妇 70 名,育婴 200 余名;湘潭有育婴堂 5 所,乳妇育婴 300 余名。邵阳育婴堂从道光二年至二十七年(1822—1847),雇乳母养活子女约10448 人。咸丰年间,湖南宝庆府育婴堂雇乳媪哺女婴 25 人。

同治年间,九江府德化县"凡生男女之家无力抚养,如有赴堂雇乳妇抚育者,每乳妇一名养婴儿一名"①。雩都县育婴堂雇乳妇育养婴儿,期限为 2 年。义宁州育婴堂雇乳妇堂养婴儿,每年养育婴儿 7—8 人。瑞州府平民李从益,组织育婴,雇乳母育。江西育婴堂雇人选乳妇,收养遗孩。南昌市育婴堂雇用乳妇在堂喂养和照顾婴儿,抚养期限从 3 个月到 2 年时间不等,多在 1 年左右。乳妇每年抚养婴儿名额多数在 20—100 名之间,有时 200 名,更有甚者抚养婴孩最高可达 1000 名。南浔镇育婴堂规定:极贫之家或产母生病、故世等不能自养(婴儿),可将婴儿觅乳寄养,由堂中出钱,以 2 年为期;或者由育婴堂出面觅乳寄养。南浔马要接婴公所,凡乡人之力难留养者,先送至公所,接乳数月,送至南浔育婴堂乳养。同治八年(1869),南浔育婴堂因婴儿众多,增雇乳母。松江育婴堂雇用了大批的乳母,同治九年(1870)十二月时就雇有乳母 443 名。

光绪四年(1878),江南地区的东关保婴局,收养弃婴,雇媪寄乳。"局内应雇老妪一名,日夜常驻接婴,遣送常乳之家。"广州肇庆府德庆州育婴堂,家无抚育之婴,准送堂代为雇乳,至 2 周止。张之洞 1903 年草拟的《奏定学堂章程》规定:蒙养院内设有保姆和乳媪。1905 年,张謇等人新建的

台湾淡水育婴堂旧址

①　同治《九江府志》卷十三"建置·育婴堂附"。

育婴堂配有保姆、乳母等。据台湾学者梁其姿统计，清代在 1646 年至 1911 年间，共创建了 973 个育婴堂。可以想象，如此大规模的育婴堂需要雇用多少职业化的乳妇来哺育弃婴。所以，这个数量庞大的职业乳妇群体为整个育婴慈善事业做出了巨大贡献。正如清代佚名《燕台口号一百首》有诗云："当官旧建育婴堂，京兆番番点簿忙。哺乳有娘师是父，渡人陆地得慈航。"①

从上述记载来看，清初的几十年间，江南育婴事业起步较早，普及面也大。一方面是朝廷严命，另一方面是流风所布，其他地区的育婴事业也逐渐兴起，有效地遏制了弃婴溺婴之类丑陋民俗的滋长。随着各地育婴堂的建立，育婴事业逐渐向偏远的州县扩张。慈幼机构不再局限于京城，逐渐遍及全国各省和各府州县。

清代育婴事业得以迅速发展，还应提及雍正帝对它的推动作用。雍正二年（1724）颁布的诏令曰，"养少存孤……与扶衰恤老同一善举"，希"倡率资助，使之益加鼓励，再行文各省督抚，转饬有司，劝募好善之人于通都大邑、人烟稠集之处"，"照京师例推而行之"。此后，各府州县官吏皆奉旨遵行，大张旗鼓地设置育婴机构。大约在雍乾之交，各地达到了兴办育婴事业的第一个高峰期，这固然离不开官方的政策支持及经费资助，也与慈善意识的普及（善书的广为刊布）和社会经济的发展紧密相关。乾隆以后，由于行政力量的介入，育婴堂也发生了一些变化，带有较浓厚的官方色彩，但又不是完全的官办性质，大多成为官督民办的慈善机构。

清前期，许多育婴堂的经费都是地方社会捐助的。如长沙育婴堂筹建之际，由时任湖南布政使朱纲捐俸银 600 两，后由布政使张璨向社会绅商"广为劝募，乐善之人无分士庶男女，莫不欢跃捐助，唯恐人先。其历年所募之资，悉实之质库"。地方有力者捐出了数千两白银，还有捐献田产、屋产、店铺等不动产的。由于士绅踊跃襄助，长沙育婴堂很快便建成并投入使用。再如苏州育婴堂，也是郡中士大夫捐建，所费又若干金，皆同志协力襄之，后屡有改建，所费若干金，诸同志于协济工食之外，不惜捐助，以襄其成。其他地方的育婴堂等慈幼机构，基本上也是皆士大夫助之。正是这些对社会福祉事业十分热忱的地方绅衿及其他有力者的捐输，才促成了清初育婴事业的振兴。只是后来官方的资助在逐渐加大，后期，甚至有些育婴堂的官产已占总经费的一半以上。

在管理运作上，育婴堂一般延请地方绅衿担任首事，轮季掌管，负责领发给乳妇的工役钱粮、婴孩的日用物品等事宜。地方官员也参与其事，每逢月望之日，还亲赴堂中督查婴孩的抚养情况，以消除怠惰、冒销等弊，或对经管

---

① 　丘良任、潘超、孙忠铨等编：《中华竹枝词全编》(1)，北京出版社 2007 年版，第 265 页。

堂务的看管等人员依其业绩"酌量给予旌奖"。育婴堂的收养办法因地而异，这在清代徐栋《牧令书》所收录的陕西、江苏等省的育婴机构的条规中有详明的记载。有人把清代湖南慈幼组织的育婴形式划分为堂养、寄养、自养三种，这种划分较为合理，大体上与事实相符。堂养即由育婴堂备养房，将弃婴收留在堂，雇请乳妇哺养；寄养是因育婴堂经费或屋宇有限，由首事在外雇觅乳妇，允其将幼婴带回家抚育，定期赴堂点视并领取相关费用；自养则是堂内不设养房，由生母领费自乳，悉心照料。后两种育婴方式，在江南苏州一带又称作散婴制。

因而，总的来说，各地的育婴方式无论采取何种形式，还是大同小异，各育婴机构都本着人道主义精神，贡献出自己的人力、物力、财力，千方百计地拯济弃婴溺女，提高幼婴的存活率。另外，不少育婴堂还制定了多项条规，对婴儿长成之后的事宜有周全的考虑。

清代江南地区的育婴慈善事业在全国范围内最为突出，充分显示出了兴盛发达的势头。这一个区域的育婴机构不仅立足于以县治为中心的城区关厢，而且延伸到了里甲。也就是说，城有育婴堂，乡村亦设留婴堂、接婴所、保婴会等慈幼机构，形成了一个结构合理、体系完善的育婴网络。如周庄保婴会、章练塘保婴局都接收附近村落的弃婴，盛泽留婴堂也是"收婴暂乳""雇妇乳养"。可见，这些留婴堂等慈幼组织实际上也承担了部分的育婴职能，只是因经费不够充裕暂且将弃婴先行收留在堂，而后再送往城区育婴堂抚养。

有学者提出，随着育婴机构在市镇的普及和育婴事业向乡村的拓展，经济较为发达的江南一带已形成育婴和保婴两大系统。同时还存在着一个以苏州育婴堂为中心的事业领域圈，苏州育婴堂与周边城镇的留婴堂、接婴所之间有着非常密切的联系，苏州成为其辐射的中心。这种说法是言之成理的，同时这也是江南育婴慈善事业最具特色之处。

清中后期，弃子溺女现象仍然存在，全国各地成立的育婴机构也多种多样，五花八门，如六文会、济婴堂、保赤局、救溺会、救婴局等，它们大都是由民间善士自发捐资而成。尽管有的局、会只是具有组织形式而无恒定的屋产，但仍以拯救幼婴为职志而恪尽其力。其中六文会从嘉道之际就开始盛行，它作为一种基金会组织，有其独特的筹资方式，即以六文钱为一股，任乐捐者量力认捐，少则数股，多至数千股，定期交纳，以便随时资助生育女婴之贫妇。如上种种育婴慈善组织均能因地制宜，多方筹措资金，基本上保证了育婴慈善活动的顺利进行，从而推动了清代整个慈善事业的向前发展。

尽管近代以前的育婴机构因经济实力和管理制度的欠缺，所收婴儿尚属十分有限，弊端也还客观存在，弃婴问题并没有因此而得到彻底的解决，但其承续前世的慈幼之政并努力推行而发扬光大，这本身就是难能可贵、值得大书特书的。清代各阶层人士(包括官吏、士绅、商贾和平民)都心存善念,即所谓"善与人同",并在社会生活中笃行之,力为之,这说明扶幼爱幼的传统美德和"保息慈幼"的思想早已浸润入微,并化作了实际行动。从汉高祖的"民产子,复勿事二岁"到两宋置慈幼局于京师,收养道旁遗弃初生婴儿,再至明清育婴机构遍设于各府州县,这都表明古代中国社会恤幼遗风绵延不绝,代代相承。

(四)明清时期的惠民药局、栖流所和漏泽园

生老病死,人生大事,是历朝历代的政府必须重视和关注的国计民生的大事。明清两朝,除养济院、普济堂和育婴堂外,政府还要求全国各地普遍建置惠民药局、栖流所(也称留养局)和漏泽园。这些慈善设施,与人的"病"和"死"密切相关,可谓须臾不可或离。数百年来,这三项慈善设施遍及全国各府、州、县,且数量众多,它们与普、育二院堂一起构成了明清两朝关注人们生老病死的一套较为完整的社会慈善救济体系。

先来说说惠民药局。我国古代公共医疗慈善机构的出现,一般认为大约是在汉代,南北朝时则出现了由朝廷主办的慈善救济机构"六疾馆"和"孤独园"。到了唐朝,出现了在我国慈善救济历史上有名的"悲田养病坊"。既然提到公共医疗,不妨回溯更久远的历史。事实上,唐朝还有一项政策,对当时的公共医疗产生了极大的影响。这就是"州境巡疗"。据《唐会要·医术》记载,唐开元十一年(723)七月五日,唐玄宗颁布了一道诏书:"远路僻州,医术全少。下人疾苦,将何恃赖。宜令天下诸州,各置职事医学博士一员,阶品同于录事。"①即鉴于偏远农村地区"医术全无"的严重状况,朝廷决定在全国各个州设置医学博士,这一举措对唐代医学事业尤其是对农村的巡回医疗队伍的组建和发展起了重要的推动作用。

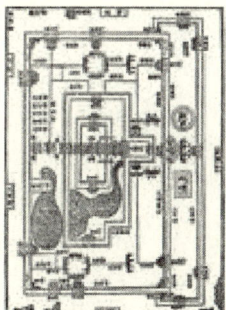

明代北京的惠民药局位置图

浙江衢州的惠民药局遗址

---

① 李希泌主编:《唐大诏令集补编》(下),上海古籍出版社 2003 年版,第 958 页。

医学博士均身兼医疗和教学之职。他们一方面"掌疗民疾"以百药救疗平民有疾者,同时在所配的医学助教协助下,培养各地方所需之医药人才,而所教之学生则担负着在所辖境内巡回医疗的任务。至开元二十七年(739),不仅官府明确规定医学生们"掌州境巡疗"的职责,同时唐玄宗也再次颁布诏书,强调数额分配与医疗职责,"十万户以上州,置医生二十人;十万户以下,置十二人。各于当界巡疗"①。

到了宋朝,作为国都的开封,商埠繁华,人口稠密。一旦发生瘟疫,不仅数百万人性命岌岌可危,甚至朝廷政治菁华也可能毁于一旦,令国本动摇。因此,救济穷困病者,防止瘟疫蔓延,向来为北宋统治者所重视。在这种前提下,开始出现了惠及百姓的"惠民药局"。

1076年,宋朝首创官办药局,取名卖药所,又称熟药(中成药)所,负责制药和售药。1103年,官府采纳各地设熟药所的建议,官办药局逐渐普及全国。1114年,卖药所改名为医药惠民局。此类官办的惠民药局遍及各州、府和军队。宋高宗绍兴十八年(1148),成立了惠民和剂局,专门制作药品,改熟药所为太平惠民局,发售官方成药。由于宋代中成药技术有了很大的发展,再加上惠民药局免费为病人诊断并提供处方,所以普通老百姓看医用药比较便利。而且惠民药局对穷人帮助很大,和剂局根据官方药方严格配置,用料足质、足量,严禁偷工减料,若药品囤积过久,超过保质期,要及时毁弃,保证药物功效。

药局出售的药物,由于得到政府巨额补贴,药价低于市价三分之一,民众买得起、用得起。要是遇到穷人和灾民,药局干脆分文不收。据史料记载,惠民药局的制药、售药均由朝廷派文武官员和士兵负责监督管理。地方上的熟药多半要从京城运来,运输药品也有一套相应制度,由朝廷派官员和士兵监督护送。对于过期的药品,实行及时废弃制度。南宋时,每到夏天,朝廷会派出翰林医官到京城(临安)内外施医送药,为穷苦的百姓诊治,并派士兵送药下乡,直到天气凉爽后才停止。每逢旱涝灾荒或疫疠蔓延,惠民局派出大夫携带药品,走街串巷,去"其家诊治,给散汤药",防止疫情蔓延。瘟疫发生时,惠民药局是通宵服务的,日夜都有专职人员值班,若"夜民间缓急赎药,不即出卖",则按"从杖一百科罪"。高明的医术和严格的管理使惠民药局名声卓著,许多地方大员患病时上书皇帝,要求赴京师惠民药局医治。

到了元朝,朝廷对作为慈善医疗机构的惠民药局依然非常重视。元政府甚至在记功政书《经世大典》的序录中把惠民药局单列出来,可见惠民药局受

---

① 陈登原:《国史旧闻(第二册)》《中册》,辽宁教育出版社2000年版,第216页。

关注的程度。虽然惠民药局设立的初衷是"以惠贫民",但在元代也有地方政府扩大了救治范围,如四明惠民药局就"惠济孤、老、病民、囚,并发各州县给散"。

北宋末年,都邑东京的惠民药局"多增五局,货药济四方,甚盛举也",其经费由户部拨银资助。入元以后,惠民药局得到较大发展,不仅在上都得以重设,而且扩展到各行省、路,散钞置药,遣医疗病。到了明代则沿袭宋元旧制。洪武三年(1370)朝廷在南京、北京及各府、州、县均设惠民药局。朱元璋早年遍尝人间辛酸,称帝后也颇重视医疗慈善事业,大力倡设惠民药局。史载:"太祖高皇帝统一四海,即诏天下郡邑,立养济院,立惠民药局,立义冢……以不忍人之心行不忍之政,无所不至。"[1]

正是由于统治者的积极倡导,惠民药局等社会慈善设施很快遍布全国各地,基本上是每州县 1 至 2 所,经费由常平仓支出。明嘉靖二十一年(1542)四月,都城疫疠盛行,死者枕藉。礼部左侍郎孙承恩经明世宗允准,"命太医院及顺天府惠民药局,依按方术预备药饵"施给,一济阽危。万历十五年(1587),北京城内外再度发生大疫,"小民无钱可备医药",明神宗诏令惠民药局"多发药材,分投诊视施给",并饬礼部从太医中精选医官若干,为民视诊。

《明史·职官志》载:"洪武三年置惠民药局,府设提领,州县设官医。凡军民之贫病者,给之医药。"[2]惠民药局是为平民诊病卖药的官方机构,掌管贮备药物、调制成药等事务,军民工匠贫病者均可在惠民药局求医问药。遇疫病流行,惠民药局有时也免费提供药物。但到了明朝中后期,惠民药局便开始慢慢衰弱。进入清代后,这一趋势也未随着新王朝的朝纲重整而得到扭转。因为清朝统治者在各地设立惠民药局的指令都没下达,所以江南地区明初建成的惠民药局到清代多已废而不用,仅少数仍在瘟疫之年作为临时施药之所而偶尔发挥作用。

历史上,惠民药局在救济贫民疾病性命方面发挥了一定作用。然而,惠民药局的兴旺期似乎仅在元明两朝,入清后便寂然消失了。这里面究竟有什么原因,已成为不解之谜。

所谓栖流所,顾名思义,也就是收容"盲流"的所在。

明清的州县,一般养济有院,育婴有堂,掩瘗有园。然而,这些例设的官方慈善机构,只收留或掩瘗本籍的鳏寡孤独者。而对于外来的无业或乞食之

---

[1]　转引自湖南师范大学中国近现代史研究所编:《近代湖南与近代中国(第 2 辑)》,湖南师范大学出版社 2008 年版,第 236 页。

[2]　[清]张廷玉等:《明史(2)》,中华书局 2000 年版,第 1209 页。

人,清代另设有专门慈善机构,这就是栖流所。栖流所是清朝统治者为应付人口剧增、流民日多这一严峻的社会问题而采取的安定社会、消弭隐患的措施。也就是说,栖流所的设置是基于大量流民的出现已对社会秩序的稳定构成了威胁而设立,是官府加强社会控制的产物。

顺治十年(1653),因京畿一带流民麇集,清政府在顺天府建成京师五城栖流所,俾穷民有栖身之所,免遭寒冬冻馁之虞。雍正十三年(1735),又大修五城栖流所,凡遇无依流民及街道病卧者皆收容之,并“日给柴薪等费制钱十五文,折仓米一升,制钱六文,立冬后人各给布棉袄一件,价银六钱,布棉被一条,价限一两”①。乾隆三十一年(1766),皇上曾下诏,着该地方官加意抚恤来自各省四方孤贫无依的流民,如无室庐栖处,酌设栖流所,以便栖处。嘉庆十五年(1810),清仁宗又拨官银赐给京城栖流所。栖流所作为专门留养来自外乡各地的贫苦流民的慈善机构,也和养济院一样,有一套完整的规章制度,并设监督经理,冬月留养,春融遣散。

清代的栖流所,在直隶一省多称为留养局。其时该省各州县共设留养局达567处,平均每县便有4处留养局,可见其设局数目之多。另据《畿辅通志》有关资料统计,京畿地区留养局设置的情况是:涿州3处,宛平县3处,大兴县4处,固安县4处,香河县6处,大名县9处,大城县11处,深州15处。留养局成了直隶一省与养济院同样遍及全省各地的社会慈善机构,也许数目还要多于养济院。另外,湖

清代的乞丐及栖流所

广、江苏等地亦仿京城之例,在城镇交通孔道都建有栖流所、栖流处,收容过往贫困的游民。

皖北淮南在明清两代历为频灾区,流民、丐民亦多,因而赈济流民的慈善事业也相对发达,当地的绅衿富室纷立善堂,在饥馑之年普济穷苦无告之民。清中期以后,中国的人口数量激增。有资料表明,康熙末年全国有记载的人口数量首次突破1亿,接着,乾隆二十七年(1762)达到2亿,乾隆五十五年(1790)达到3亿,道光十四年(1834)全国总人口数量又很快突破4亿大关。人口数量的迅猛增长,使得人口与土地的比例严重失调,而生产力低下,最终导致因人口过剩而产生大批流民,造成了社会的动荡。

---

① 转引自湖南师范大学中国近现代史研究所编:《近代湖南与近代中国(第2辑)》,湖南师范大学出版社2008年版,第237页。

　　乾嘉以后,因国家财力的日趋困竭,栖流所、流养局等慈善机构也开始由官办转为由民间有力者经营主持,即趋向民营化。光绪年间,北京一些官绅就有私家建立了类似功能的慈善机构,如资善堂、崇善堂、公善堂、百善堂等,都在饥年或隆冬,"栖息流民"或"收养寡民"。民间社会各阶层在收养流民及遣其回籍等事项上扮演着越来越重要的角色,成为民间慈善事业发展壮大不可或缺的重要因素。

　　漏泽园,是始于宋代的医疗慈善机构,专门用来掩埋贫而无以葬者,所以也称为义冢。北宋元丰年间(1078—1085),宋神宗曾诏令在开封府置漏泽园,以官地收葬尸骸。崇宁三年(1104),徽宗再次下诏推广,命各地择高扩不毛之地建漏泽园,掩埋贫无以葬者。漏泽园制定有应葬者登记制度,对葬穴面积、深度也有具体要求。《宋史·食货志》载:"三年,又置漏泽园。初,神宗诏:'开封府界僧寺旅寄棺柩,贫不能葬,令畿县各度官不毛地三五顷,听人安厝,命僧主之。葬及三千人以上,度僧一人,三年与紫衣;有紫衣,与师号,更使领事三年,愿复领者听之。'至是,蔡京推广为园,置籍,瘗人并深三尺,毋令暴露,监司巡历检察。"①漏泽园的建立,客观上改善了环境卫生,对防止疫病流行具有积极意义。

　　两宋之际,漏泽园之制甚为完备,设守园僧,并从常平库支给缗钱。元代有的州县也曾设置漏泽园,但见诸文字记载者不多。明洪武三年(1370),明太祖颁诏推行这项恤怜死者的善政:"令民间立冢,仍禁焚尸,若贫无地者,所在官司,择近城宽阔之地,立为义冢。"②其时,民间贫者屡有殁无棺柩、葬无茔地的情况发生,更惨的甚至暴尸露骨于荒岗野岭。于是,一些受儒家礼教影响的官绅,便遵循统治者的劝谕,纷纷于县治城厢荒地立园,以安逝者魂魄。例如永州地区祁阳的一处漏泽园,由明贡生钱中选"用价六十两买地一片,方广里许",捐建而成,以施贫无葬者。其时,由官府拨划官地置漏泽园,所在皆是,数量有多寡,面积大小不一。

　　明末清初,迭经兵燹战乱,百姓流离失所,社会秩序急需安定,漏泽园制度便顺应时运,得到了空前的发展。长沙六处较大的漏泽园,都是清顺治、康熙二帝在位时所立。至同治年间,衡州府清泉县立有漏泽园(义冢)10所,而衡阳县因系水陆交汇之处,流寓者甚多,所立漏泽园竟达26所之多。通观地方文献所记载的明清时期漏泽园,一般都只注明其处所、窄阔,而具体的管理制度并不明晰,恐怕尚不及宋元时期那么完备,仅知官府每年招募人员赴冢

---

　　①　[元]脱脱等:《宋史(四)》,中华书局2000年版,第2908页。
　　②　转引自周秋光、张少利、许德雅等《湖南慈善史》,湖南人民出版社2010年版,第209页。

地疏浚沟渠以避积水,偶或往坟头添泥培土以避骨露。这都是一些临时性的管理措施,其绩效恐怕还不如民间自发结成的丧葬会。不过,从地方文献来看,江浙一带的漏泽园似乎自宋至清都延续未衰,较全国其他地方的情况要好些。

惠民局、栖流所和漏泽园,这些慈善设施在明清或消或长。无论其消长,都是当时封建政府的善政,值得一记。

(五)明清两代的赈济活动

明、清两代是我国自然灾害的频发期,诚如史家所言,"灾害之频数,亦远超于其享祚之年数"。明代总计276年,而灾害发生竟达1011次之多,"诚旷古未有之记录也"。至于清代的水涝、旱荒、风、雹、蝗、疫之灾,也辄见于史册,其危害并不逊于明朝。

俗语云:民之所生,衣与食也;食之所生,水与土也。水多则成涝,水少则成旱,都会危害农业生产。明代武陵诗人陈乐光《湖湘五首》中就有一首描写农民因涝屡种无收的情形:"岁岁插湖田,见禾不见谷。昨夜没堤腰,今晨浸牛腹。"①岳阳诗人谭晓曙目睹了大水顷刻冲没禾田的场景:山洪同时发,水大没田畴。禾苗皆不见,但见起浮沤。去者既浩浩,来者复悠悠。禾田成水荡,农民心上忧。山洪暴发,农民近则有水稻无收之忧,远则有农田积沙之患。为了躲避灾害,农民到处逃荒,这不能不影响到农业生产的发展。农田是人们安身立命之所,农田的破坏阻碍或断绝了农民的生计来源。有一首民谣描写了明洪武元年(1368)湖南大旱的情景:"麻风细雨英怨天,记住戊申那一年。正月开始断雨脚,九月中旬才阴天。田塍干得节节断,青蛙口里吐青烟。"②农田干裂,农民无法下种,收获无望,造成历史上有名的巨灾——戊申大旱。即使农民已经下种,四处禾苗青翠,但遇上尘生井底蛙难活,坼遍田间蟹亦悲的干旱年景,也只能落个离离禾黍影全无的惨痛结局。

雹灾,一般作点线状毙畜伤人,摧毁农作物,但有时其破坏性也很大。例如清咸丰六年(1856)六月十九日湘阴的大雨雹:"石破天惊飞硬雨,雨所到处风雷从。坚如石子云中移,田伤禾稼园伤果。"③相对水、旱灾而言,尽管雹灾时间短,地域狭小,但其破坏性也不容忽视。

蝗灾直接以农作物为残害对象,而且大都与水、旱灾害伴生在一起。谚称:"水灾一线,旱灾一片,虫灾无边。"高温少雨特别适宜蝗虫生长、繁殖,所以蝗灾常与旱灾交乘,民间有"旱灾之后,必有虫灾"的说法。《诗经·小雅·

---

① ② [清]邓显鹤:《沅湘耆旧集5》,岳麓书社2007年版,第718页。

③ 杨鹏程等:《湖南灾荒史》,湖南人民出版社2008年版,第304页。

大田》曰："去其螟螣,及其蟊贼,无害我田穉。田祖有神,秉畀炎火。"①《诗经》中螟、蟊、贼都是对蝗虫的称呼。可见,蝗虫为祸古已有之。"长沙城头日色微,蔽天云墨秋蝗飞。举城惊愕仰天看,蚱蜢蜻蜓乱依稀。"②蝗虫具有群集性,凡其经过之地,禾苗都被吞噬一空,"君不见,秋蝗飞食尽晚稻,沅湘两岸无青草"。欧阳修曾以"口含刃锋疾风雨,毒肠不满疑常饥"来描写蝗虫惊人的啮食能力。康熙十八年(1679)湖南夏秋俱旱,"南方半赤地,猛烈无停鞭。螟贼接踵至,赤黑头竞先。嗟嗟苍赤子,日夜相熬煎"。严重的蝗灾与旷日持久的亢旱交替并作,使各被灾地区遭受的打击来得更为巨大和酷烈。

在农业生产中,地浮于人则地不能尽其利,人浮于地则人不能尽其利。灾荒导致伤亡、流亡、死亡,导致劳动力缺乏,田地荒芜。光绪十八年(1892)春,湖南北部饥荒严重,疾疫流行,差不多有三分之一的人死于疾病,荆江、沔水一带大批的劳动力出外逃荒,至今耕种地,不见一人归。耕地大量被抛荒,严重影响到生产恢复。

总之,不论是正史实录,抑或佚闻杂记,均有"四方灾异,奏报频仍"的载录。至于因灾荒而造成的后果,自然都很严重。"尝见流移者,始焉扶老携幼,接踵于道,及其既久,行囊告竭,弃其老幼,或恸哭于道,或转死于沟壑者多矣!"③目睹如此惨状,不能不令人深以为忧:"苟食之不足,则父子兄弟且不能相保矣,安望其守死而不去耶? 不惟不能相保,而且自相戕食矣,安望其畏法而不叛耶? 今以天下大势论之,则频年水旱相仍,谷价腾跃,天下无不荒之土,南北无不饥之民矣。"④为此,明清两朝的统治者也承续前世各代的荒政措施,从备仓积谷、发仓给粟、煮粥应饥等方面对灾民施以赈济。

官府对遭遇水旱各灾的平民施以救济,早在春秋战国时期就很普遍了。到了明朝,人们将长期以来同自然灾害不断斗争的经验加以总结,各项救灾措施遂逐渐得以确立,及至清前中期,在此基础上又有了进一步的发展与完善,形成了一套系统的、全面的赈济制度,对报灾、勘灾及施济的各项措施都有详备、细致的规章。

这种赈济活动,在近代民间社会大规模的赈济活动(即义赈)兴起之前,一直是封建政府居于主导地位,由官府投入大量人力、物力、财力,予以救济,

---

①　王新英辑校:《全金石刻文辑校》,吉林文史出版社 2012 年版,第 528 页。

②　杨鹏程、郑自军、郑利民、黄庆琳:《湖南灾荒史(1912—1949 年)》,中国文史出版社 2007 年版,第 148 页。

③　李文海、夏明方、朱浒主编:《中国荒政书集成》(第 1 册,)天津古籍出版社 2010 年版,第 243 页。

④　李文海、夏明方主编:《中国荒政全书》(第一辑),北京古籍出版社 2002 年版,第 331 页。

在帮助灾民恢复生产生活、重建家园等方面发挥了重要作用。为了与义赈相区别,这种赈济模式习惯上称为官赈。而这期间,灾荒频仍、灾区广阔、灾情严重,官府难以一一顾及,为弥补官赈的弊端与不足,渐趋壮大的民间社会力量便积极参与到赈济乡民的活动中来,构成了明清慈善救济事业的重要组成部分,并为后来近代新型的赈济模式的孕育、产生做了早期的准备。

明王朝甫一建立,各地的义、社、常平诸仓便在政府的督导下逐渐得到了恢复。每遇水旱灾伤,明太祖即令各州、县官员勘实灾情,或免豁欠税粮,或开常平等仓给粮济食,以纾民困。明成祖时,也常有"诏有司发仓赈济贫民"的上谕颁布。洪熙元年(1425)及宣德九年(1434)亦如之:"被灾伤之处,人民乏食,命所司给赈。"①在明宣宗宣德以后,明代又出现一种新名目的仓廪制度,即济农仓、预备仓。

明朝济农仓的兴置,有赖于时任工部右侍郎的周忱。周忱,字恂如,江西吉水人。明前期大臣,以善理财知名。永乐二年(1404)进士,补翰林院庶吉士。翌年进学文渊阁,寻擢刑部主事,进员外郎。洪熙元年(1425)迁越府长史。宣德五年(1430)授工部右侍郎,奉命巡抚江南,总督税粮。他有经世之才,在巡抚任上,厘奸革弊,抑制豪右,进行了一些有益于社会生产的赋役改革。创"平米法",均平官、民田耗米;请官铸铁斛,统一征粮斗式,防止粮长利用职权从中牟利;设"水次仓",由民径往交纳,官为监收,杜绝粮长贮粮私家,为奸作弊;核减苏州等府税粮,以纾民困;立兑军解运之制,使不误农时,节省漕费;折征改纳金花银,每两当米四石,解京兑俸,民出甚少而官俸常足。故当时言理财者,无出忱右。

宣德九年(1434)正月,周忱奏请置"济农仓",储粮备荒。周忱上疏云,江南省苏、松、常三府每年运北京职俸粮米 100 万石,耗损甚大,"计其船脚耗费,每石须用六斗,方得一石到仓"②,不如转运南京各卫上仓,听候支给。这样,"既免劳民,且省耗费米六十万石"③;请于三府所属县设置济农仓,收贮前项耗米。若此,则农民有所存济,田野可辟。"盖曰农者天下之本,是仓专为赈农设也。"④明宣宗极为赞允此议,遂准苏、松、常三府所属长洲等 12 县,各设济农仓一所,敛散有时,储蓄日增。就在设立济农仓的当年夏秋间,江南大旱,"苏州大发济农之米以赈贷,而民不知饥,皆大喜"⑤;苏州府属七县,"独崇明县在

① 李文海、夏明方主编:《中国荒政全书》(第一辑),北京古籍出版社 2002 年版,第 214 页。
② 李文海、夏明方、朱浒主编:《中国荒政书集成》(第 1 册),天津古籍出版社 2010 年版,第 253 页。
③ 同②,第 80 页。
④ 周銮书、王伟民选注:《江西古文精华丛书·碑记卷》,江西人民出版社 1996 年版,第 242 页。
⑤ 同③。

海中,未及建置,遇歉岁,则于长洲县仓发米一万往赈焉。其为惠亦遍矣"①。

而后,周忱还详订有《济农仓条约》,分劝借则例、赈济则例、稽考则例三部分,以预漏卮、止流弊。搜诸史籍,当时在全国其他府、州、县也设有济农仓。赈济方式大体若此,即遇有青黄不济之时,人民缺粮者,支给赈济食用;孤贫无倚之人,验勘是实,赈济适用;若修筑圩岸,疏浚河道之人夫乏食,也验口量支给食,可免于加倍举债度日;或有起运远仓粮储,中途遭风失盗、纳欠回还者,亦可向济农仓赈借,秋成后抵斗还官。这种济农仓的设置,称得上是一项便民利民的惠举,救济了相当多的贫困者。

明正统年间,朝廷又设置了预备仓,其办法大略与常平仓相似,可视为常平仓变换名目而已。如遇丰年,依例支给官钱,蓄积谷粮,收籴备用,"民有饥窘,即时验实赈济""秋成时间,抵斗还官,不取其息"②。收支之际,并委掌印官员专理。弘治三年(1490)三月初二,户部官员上奏明孝宗,要求推广预备仓制,称"预备仓粮系救荒至计,合无查照州县大小,里分多寡,积粮难易,斟酌举行"③,并提出各地应积粮数:百里以下,积粮 5 万石;二百里以下,积粮 7 万石;三百里以下,积粮 9 万石;四百里以下,积粮 11 万石;五百里以下,积粮 13 万石。类此屯粮,且以之作为稽考官员政绩的标准,如其数方为称职。

明孝宗依议颁行这项政策,在一些州县也得到切实施行,这种举措有助于灾年救济灾民,发挥慈善功效。万历十二至十四年(1584—1586),河南连旱三年,百姓缺食。河南巡、按两司商议,决定在开封城南朱仙镇新置预备仓 1 所,动用官银,买谷 2 万石,半贮于此仓,半贮于府仓。彰、卫、归、汝、南等府也各买谷 1 万石贮仓。"年岁小歉,则许小民平籴;大荒,则发仓赈济。"④由于官佐处置得当,依时散给,饥民定期赴领,避免了彰德、开封、汝州等地人民颠沛流离之苦。

清入关以后,一方面镇压关内反清政治力量和武装力量,一方面也积极采取安政抚民措施,务求长治。仓储作为一项重要的备荒救济措施,可以说关乎国计民生。因此,清廷延续前朝旧例,在全国各府、州、县或设置,或恢复,或新立常平仓、义仓、社仓等,以做备荒济民之用。在饥荒年月,各地官府也依然开仓赈济灾民。如顺治八年(1651),"山左,江浙水灾,以仓谷赈穷民"⑤。

---

①　李文海、夏明方、朱浒主编:《中国荒政书集成》(第 3 册),天津古籍出版社 2010 年版,第 1593 页。

②　李文海、夏明方主编:《中国荒政全书》(第一辑),北京古籍出版社 2002 年版,第 218 页。

③　吴艳红主编:《明代制度研究》,浙江大学出版社 2014 年版,第 272 页。

④　同②,第 219 页。

⑤　邓拓:《中国救荒史》,北京出版社 1998 年版,第 274 页。

清代的仓储制度,历经康、雍、乾三朝,最终得以确立并不断发展,至18世纪后期已达到相当完备之境。清代由政府控制的官仓,除例设的常平仓以外,又新设有京通仓、旗仓和营仓等,这些仓均各有不同的职能与功用。

京通仓设于京师通州,主要用于贮存漕粮,以保证官俸、兵粮之需。清代,各地运抵京师的漕粮,收贮于仓场,由户部仓场衙门掌管。户部仓场衙门设于顺治元年(1644),最高长官称总督仓场侍郎,为正二品,辖坐粮厅、大通桥监督、京仓监督、通仓监督等。仓场在京城者曰禄米、南新、旧太、海运、北新、富新、兴平、太平、储济、本裕、丰益11仓,加上通州中仓、西仓,共13仓。以上这些仓名,多数已成为北京市区的地名,至今沿用。

旗仓、营仓主要供应和赈济旗人及绿营兵士。在灾年也兼有平粜、赈济的功用。歉收年岁,老百姓的民食救济也还有赖于建于乡间的社仓和设在市镇的义仓。这类民仓,在清代经过较长时间的发展,在制度上比前朝各代都更为严密、周详。

"备荒莫如裕仓储",朝野上下对此都有较一致的认识。因而,在立仓之后,当时的人们均着力筹措仓谷及麦粟。清代常平仓主要通过采买、捐纳和截漕三种方式来丰裕仓储。采买即由财政经费拨款,在每年秋收后采购仓谷,填补出粜、放赈后仓额的不足。这是清代常平仓积谷最主要的来源。因财政困难,清嘉庆以后有些地方官府也常常采用鼓励士绅富室捐输谷粮获取功名、官职的办法来增加仓廒的积谷数。如果某些地区遇到严重匮粮乏食的情况,清廷还会下令截留漕米,以补常平仓收贮之缺。为保证荒年救济的需要,乾隆十三年(1748),朝廷还具体规定了各省常平仓的仓储额。每年青黄不接之时,或每遇水涝干旱之年,常平仓即平粜仓谷,惠济灾民。由于社仓主要是以本地之谷济本地之民,其仓谷仍以民间自行输纳为主,州县只负责盘查监督。

清代在沿袭旧制的基础上,对于赈济的实施,又有了进一步的完善,形成了一整套详备、严密的救灾济民制度。灾害发生后,朝廷即通过从县州到府、从府到省,自下而上的逐级报灾机制,了解各地的灾情。根据规定,一俟天灾出现,地方官员应将灾害发生的时间、地点,以及造成破坏的程度等情形上报州府和督抚司道,后者汇总后再"飞章题报"。顺治十七年(1660),清政府就严格规定了夏、秋各灾题报的期限:夏灾限六月下旬,秋灾限九月下旬,逾期缓报、漏报或瞒报者,一经查知即以罚俸、降级处分。

接到灾报之后,如遇奇荒,清廷则派员会同地方官员亲赴灾区,深入田间地头,逐村、庄、区、图,实地勘查灾情,并要灾户填写"灾单",最后将各村落情况汇总,以确定该区域"被灾分数"。勘查灾情的另一项重要工作是查赈,即核实灾民人数，区分极贫、次贫等级，以便赈济，避免丁口冒充滥领之弊发生。以上事务完毕，就开始放赈了。清代的赈济是根据各地的灾情、灾民的受灾情况（也即前述的灾分、灾等）分为正赈、加赈、补赈。正赈也称普赈或急赈，时间多为一个月。

清代督抚大吏在向朝廷飞章题报灾情的同时，一般可开仓赈济，凡乏食饥民不论成灾分数，均先发一月的钱米。在勘灾查赈的基础上，再根据灾分、灾等放赈，此为加赈。被灾十分至六分者，还能得到不同时限的赈济，被灾五分者则可酌借口粮以度春荒。乾隆七年（1742），清政府重新统一、厘定了正赈、加赈的期限，以利惠及于民，后永为定例。

放赈有时散给米谷，有时亦发给银两，情形特殊者，或钱、米同时发放。清嘉庆年间工部尚书、湖广总督汪志伊曾述及赈济散放的一般原则："如系一隅偏灾，四周皆熟……则给赈银，留米以备急需。如系大势皆荒，米少价贵之处，则多给赈米，少给赈银。"[①]。也就是说，在灾区范围较小，可以粜到米谷的情形下施给赈银；若是灾区成片，米价昂贵，有钱也无处买购，则宜赈米以帮助饥民度过灾荒。清代赈米的标准因灾情轻重及社会经济的状况而有所变异。清初，大口日给赈米三四合，灾重时亦有给七八合的，并无统一之例。及至乾隆五年（1740），大清承平近百年，社会经济得到恢复并有了较大的发展，粮食丰裕，朝廷乃规定，大口日给米五合，小口三合五勺。

为了便利灾民往还，赈米按日合月计量，一次放给，每月大建大口给米一斗五升、小口七升五合；小建大口给米一斗四升五合、小口七升二合五勺。以后遂成定例。赈银在清代各时期也不尽相同，一般按当时的米价折算发给，米一石约折银一两，谷折银约五钱，亦照一月折赈之数按户发放。在施赈中，放赈人员还比较注意赈厂地点的选择。除多设赈济分厂外，一般择灾区适中的图、圩进行放赈，以便远近灾民都能及时领到。

应该说，从明至清前中期建立起来的一整套慈善赈济制度还是比较完善的，每逢灾荒降临，官府通过或施米，或赈银，对众多无衣无食的灾黎实施救济，使得灾民能够休养生息，使得灾区能够恢复生产，尽早走出灾荒岁月造成的衰败、萧条景象。赈济举措的落实、推行，对于经济发展、社会稳定无疑起到了一定的积极作用，对于国计民生也是十分有利的。

由于自然灾害过于频繁，饥馑连年，清中期以后籴谷入仓实属艰难，官方仓廪所具有的赈济实力已经相当有限，到了博施济众犹病乎的地步。嘉庆、

---

① 李文海、夏明方、朱浒主编：《中国荒政书集成》（第5册），天津古籍出版社2010年版，第3375页。

道光时期,随着吏治日益败坏,赈济钱粮屡屡被各级胥吏侵吞、挪用、贪污,漏卮丛生,荒政体系也由此而逐步走向衰败。这一时期,贫民在平时以及轻微的荒歉岁月必须自己解决自身的生计问题,官府鲜能协济,即使遭逢中等以上灾荒,官府采取的慈善救济活动也难以满足灾民所需。

显然,沿袭上千年的官赈模式已经不太适应时代的需要,渐趋衰微与没落。因此,在当时经济文化最为发达的江南地区,社区赈济民间化的倾向就越来越显著,或者说,表现出强烈的赈济行为社区化的发展势头。由民间社会力量倡导的以都、图、里、甲、庄、圩、乡或镇等为单位的小社区的赈济活动不断兴起,并担负起赈济的重要责任。

这种变化,自然是中国社会进入封建末世之后,国家粮食积贮有限,无力再承担大规模的救济责任而调整慈善救济政策的结果,不得不由官府直接救济转变为劝民佐赈,"或示乡间殷户先行借贷接济",或"劝各绅富捐金发粟任恤",仍不足则"纳粟补官以继之"。于是,在官方的允准、鼓励之下,地方社会的民间赈济活动由此而兴。

第三章　古代民间慈善事业和慈善家

我国民间的慈善活动,其最早的形式应该发源于氏族社会中人与人之间的互助合作。在原始社会里,平等、忠诚、团结互助、尊敬老人是氏族成员共同遵守的行为准则。他们认为,对氏族内部的老、弱、病、残的供养是每个成员共同的责任和任务。在氏族内部,每个成年者都尽自己的能力去创造社会财富。老有所养,少有所托,孤寡残疾之人都得到氏族的供养,童叟之辈都得到氏族的关爱,享受着一定的社会福利保障。

这些纯美的社会生活和风俗,蕴含了原始社会人民淳朴的道德观念和福祉共用的原始朴素的福利观。原始社会中图腾崇拜也在一定程度上反映着当时互助共济的社会生活和社会理想。图腾崇拜这种原始宗教不仅禁止杀害和食用被奉为图腾对象的动植物,还要求崇拜同一图腾的人要互助互爱,共同生活,等等。

进入阶级社会后,原始社会中人与人之间的互助、友爱、尊老爱幼等人性中自然属性的东西被总结为以“仁”为核心的儒家学说。儒家鼻祖孔子倡导的“仁”,内涵丰富,在不同的场合可以有多种解释,但“爱人”是“仁”的基本出发点。以此为基础,孔子主张“养民也惠”,即要求统治者施行惠民政策。孟子继承并发展了孔子的“仁”的学说,把“仁”和“义”当作基本的政治范畴和道德规范,并把施行仁政提到极端重要的地位,认为“三代之得天下也以仁,其失天下也以不仁。国之所以废兴存亡者亦然”[①]。

孟子的仁义与仁政学说,是建立在“性善论”基础上的。在他看来,人生来就有善性,只是这种善性是作为“善端”存在于人心之中。他说恻隐之心,人皆有之;善恶之心,人皆有之;恭敬之心,人皆有之;是非之心,人皆有之。恻隐之心,仁也;善恶之心,义也;恭敬之心,礼也;是非之心,智也。仁义礼智,非由外铄我也,我固有之也,弗思耳矣。所谓人皆有不忍人之心者,今人乍见孺子将入于井,皆有怵惕恻隐之心——非所以内交于孺子之父母也,非所以要誉于乡党朋友也,非恶其声而然也……恻隐之心,仁之端也;羞恶之

---

① 王卫平、黄鸿山、曾桂林:《中国慈善史纲》,中国劳动社会保障出版社 2011 年版,第 3 页。

心，义之端也；辞让之心，礼之端也；是非之心，智之端也。人之有四端者，犹其有四体也。他认为"恻隐之心"就是仁，是仁之端，是根本。而这种所谓的"恻隐之心"，无非是指人类情感中的同情心、怜悯心和爱心。这与西方思想家强调的"慈善"的含义是一致的。

休谟在《人性论》一书中指出："慈善（也就是伴随着爱的那种欲望）是对于所爱的人的幸福的一种欲望和对他的苦难的一种厌恶。""怜悯就与慈善关联……慈善借一种自然的和原始的性质与爱发生联系。"①从"人皆有不忍人之心"出发，孟子完成了从道德到政治的推导，指出："先王有不忍人之心，斯有不忍人之政矣。以不忍人之心，行不忍人之政，治天下可运之掌上。"即是说，君主有了仁爱之心，方能施行仁政。这种仁政当然包括老吾老以及人之老，幼吾幼以及人之幼。把三代时先王之所以治天下的表现归结为五点，即"贵有德、贵贵、贵老、敬长、慈幼"。具体言之，"贵有德，何为也？为其近于道也。贵贵，为其近于君也。贵老，为其近于亲也。敬长，为其近于兄也。慈幼，为其近于子也……先王之教，因而弗改，所以领天下国家也"②。

综观中国古代的慈善救济活动，有几个比较突出的特点：

第一，同丰富而久远的慈善思想和由政府推动的慈善救济工作相比，中国的民间慈善事业相对滞后。即使是在民间慈善事业相对活跃的明清时期，民间慈善活动也只局限于工商业发达的江南地区。这种状况的形成与儒家思想的羁绊有很大关系。在儒家看来，个人的慈善活动与政府的仁政是不能并存的。因为个人慈善活动的存在会从一个侧面印证政府的"不仁"，等于说政府没有负起应当担负的责任，因而不是一个好政府。在这种观念的主导下，将儒家思想作为统治思想的中国封建王朝对民间慈善活动有很大的排斥心理。早期宗教团体从事的救济活动就不断遭到非议和政府的严格监督。唐代宋憬反佛教时，就举出了孔子禁止子路在卫国出私财济民的故事，指出私人慈善活动可能会引起政治性猜忌。宋憬据此说："人臣私惠，犹且不可，国家小慈，殊乖善政。"③意思是说，只要政府施行仁政，根本不需要民间的小慈。这样，在唐代以后，宗教团体的济贫工作逐渐被政府接管，民间慈善活动鲜有作为，直至明清之际江南慈善活动的兴起。

第二，中国古代的慈善事业基本上是一种精英事业或富人事业。无论是朝廷推动的慈善救济工作，还是民间慈善活动，一般都由地方上有影响的士

---

① 休谟：《人性论》，商务印书馆1980年版，第419—420页。
② 陈戍国点校：《周礼·仪礼·礼记》，岳麓书社2006年第2版，第397页。
③ ［宋］王溥：《唐会要》（上册），上海古籍出版社2006年版，第1010页。

绅或官员主办,经费主要来源于少数富人的捐献,平民百姓很少参与,这主要是因为大多数老百姓普遍比较贫困。即使有少数日子好过些的老百姓想做善事,也要以当地某位名人的名义捐献,否则是得不到承认的。也就是说,从经济实力和社会地位两方面来看,士绅等所谓的社会精英享有独占社会慈善的特权,平民的参与只能是陪衬。因此,中国古代的民间慈善事业是很难发展的。

第三,中国古代的慈善活动基本上是一个内敛的、封闭的系统,这与慈善事业开放性、社会化的实践特征是背道而驰的,因而制约了民间慈善事业的发展。中国古代的社会精英大多是儒学的接受者,儒家学说讲求个人修养,自我完善,注重修身、齐家、治国。在自我—家庭—国家的链条中,始终没有社团这个概念。慈善始于家是行善的最高原则,如果有能力不先照顾家族,而行善于外,会被说成沽名钓誉。范仲淹的"义田"、朱熹的"社仓"都是为族人而设。宋代刘宰三设粥局赈济灾民,由于没有社团的帮助和支撑,最终也没有建立起永久的制度。从封建制度本身来看,为了维护封建统治的稳定,历代对民间结社都控制得非常严。尽管在明清时期,士人喜好结社,但社团与社团之间很少联系。虽然当时的政府欢迎士绅从事社区慈善工作,但是这些活动仅限于灾年开展。承平时期,政府是不主张他们串联的,以免造反。清代的慈善机构大部分是"官督民办",多少也有点这个意思。

第四,中国古代的慈善事业除了救济功能外,还有社会控制的功能。这一点从明末清初的同善会身上也看得非常清楚。嘉善同善会的条款规定:同善会以劝善为主。善款得优先发给孝子、节妇等无靠之人;其次救济养济院不收但又不愿沦为乞丐的贫老病人,所谓知廉耻者。而"不孝不悌、赌博健讼、酗酒无赖及年少强壮、游手游食以致赤贫者"[①],一律禁止施济。条规还列举了四种"宜助而不助"的人:一是衙门中人,因为这些人年轻时不劳而获,年老时如果贫困,只是"稍偿其孽";二是僧道,因为他们不耕而食,而且可自行广募;三是屠户,因为这种人"仁心必短";四是败家子,因为其败坏风俗。由此可见,同善会有特别明显的道德取向。封建士绅自幼接受儒学教育,胸怀"平天下"之志,当见到社会秩序混乱、人心道德败坏、民不聊生时,总是身先士卒,匡世济民,在一定程度上缓和了当时的阶级矛盾,稳定了社会秩序。同时,他们将慈善机构作为道德教化的场所,扮演了封建卫道士的角色,有利于封建王朝的社会控制。由于慈善组织有如此独特的社会功能,因此,即使是在封建专制主义统治进一步加强的明清时期,统治阶级也能容忍民间慈善组

---

① 姚中秋:《国史纲目》,海南出版社 2013 年版,第 424 页。

织的存在和发展,且不时推出一些慈善仁爱的楷模供世人效仿。

在这样的情势下,古代民间的慈善活动寥若晨星就比较容易理解了。

一、隋唐之前的民间慈善家

历史上,第一个以个人名义列入慈善家排行榜的,应该说是范蠡。他是春秋后期越国的大政治家,同时也是我国道德经商——儒商之鼻祖。他曾经帮助越王勾践复国雪耻,后流落江湖经商。他胸藏文韬武略,治国有术,在商业经营方面也是一个千古罕见的奇才。更难能可贵的是,范蠡三次将经营所得的巨额钱财悉数散尽,接济穷人。《史记》称他"十九年之中三致千金,再分散与贫交疏昆弟"①,是说他十九年间三次获得千金之富,但三次用这些钱财接济他周围的穷朋友与困难兄弟。后世史家称赞他是一位"富好行其德"的大善人、大慈善家。

范蠡像

范蠡(前536—前448)字少伯,春秋末期的政治家、军事家和经济学家。楚国宛(今河南南阳)人。范蠡出身贫寒,但聪敏睿智,曾拜大学问家计然为师。计然(前550—前494)又作计倪、计砚、计研,辛姓,字文子,春秋时谋士,蔡邱(春秋宋地,今河南濮阳)人,博学多才,无所不通。计然对治理国家的策略极有研究,善于从经济学的角度来谈论治国方略。范蠡师事计然,胸藏韬略,既能治国用兵,又能齐家保身,成为先秦时期罕见的智士,史书概括其平生与时逐而不责于人。周敬王二十四年(前496),吴国和越国发生了槜李(今浙江嘉兴)之战,吴王阖闾阵亡,因此两国结怨,连年战乱不休。周敬王二十六年(前494),阖闾之子夫差为报父仇与越国在夫椒(今江苏太湖中洞庭山)决战,越王勾践大败,仅剩5000兵卒逃入会稽山。

公元前496年前后,范蠡于勾践穷途末路之际投奔越国,献"卑辞厚礼,乞吴存越"之策。吴越议和后"人待期时,忍其辱,乘其败……"他向勾践慨述"越必兴、吴必败"之断言,进谏:"屈身以事吴王,徐图转机。"被拜为上大夫后,他陪同勾践夫妇在吴国为奴三年,"忍以持志,因而砺坚,君后勿悲,臣与共勉"②。三年后归国,又与文种拟定兴越灭吴九术,是越国"十年生聚,十年

---

① 吕洪业:《中国古代慈善简史》,中国社会出版社2014年版,第24页。
② 邹斌编译:《增广贤文》,线装书局2010年版,第96页。

教训"的策划者和组织者。

范蠡事越王勾践 20 余年,苦身勠力,终于帮助勾践于公元前 473 年灭吴,成就越王霸业。范蠡因此被尊为上将军。"吴王亡身余杭山,越王摆宴姑苏台。"在举国欢庆之时,范蠡审时度势,自知大功盛名之下,难以久居,遂急流勇退,携家眷乘舟泛海而去。后辗转来到齐国,为了避免不必要的麻烦,范蠡改名换姓,到了齐国就化名为鸱夷子皮,到定陶(今山东定陶西北)又化名为朱公,带领儿子和门徒在海边结庐而居。父子勠力垦荒耕作,兼营副业并经商,不数年,就积累了数千万家产。因其定居于陶,后人称之为"陶朱公"。他仗义疏财,施善乡梓,声名远播。

范蠡的贤明能干受齐人赏识,齐王把他请进国都临淄,拜为主持政务的相国。齐王喟然感叹:居官致于卿相,治家能致千金。这对于一个白手起家的布衣来讲,已经到了极点。久受尊名,恐怕不是吉祥的征兆。于是,为相三年后,范蠡再次急流勇退,向齐王归还了相印,散尽家财给知交和老乡。

挂印辞官后,一身布衣的范蠡第三次迁徙,这次到了陶。陶地东邻齐、鲁,西接秦、郑,北通晋、燕,南连楚、越。在这个居于"天下之中""便于贩贸"的最佳经商之地,范蠡运用计然传授的经商之道,根据时节、气候、民情、风俗等客观条件的变化,施展"人弃我取、人取我与,顺其自然、待机而动"的经济方略,治产行商,不出几年,又成巨富。但他把金钱看得很淡,又一次把钱财都分散给穷朋友和远亲。

范蠡既能发家致富,又能散财行善,在人们心目中威望越来越高,民间开始尊陶朱公为财神。史学家司马迁称"范蠡三迁皆有荣名";世人誉之"忠以为国,智以保身,商以致富,成名天下"。强则戒骄逸,处安有备;弱则暗图强,待机而动;用兵善乘虚蹈隙,出奇制胜。范蠡的处世哲学为后世称道并沿用。

范蠡辞官务农经商后,"劝农桑,务积谷",主张"农末兼营","务完物、无息币",认为"平粜各物,关市不乏,治国之道也",并总结经商之道:"夏则资皮,冬则资绨,旱则资舟,水则资车,以待乏也。"①

范蠡认为,在社会经济生活中,各种商品各有用途,发生战争需要军备,日常生活需要各种货物。透彻了解这些情况,才能掌握商品流通的规律。作为生意人,商品的质量要完善无疵,手中的资金要不停地周转。买卖货物,要注意其特点,易腐败的食品不要久留,尽快脱手。只有掌握了市场的供求情况,知道哪种商品过剩,哪种商品短缺,才能对其价格贵贱了如指掌。凡商品贵到极点必反贱,贱到极点必反贵。掌握住这一规律,对于"贵"的商品也可

---

① 张永祥译注:《国语译注》,上海三联书店 2014 年版,第 400 页。

以像对待粪土似的尽快出手,对于"贱"的商品则可视如珠玉一样收取过来。经商者手中的资金不要闲置不用,要使其像流水一样运转流通。另外,还要懂得储备各种货物——干旱时期要生产舟船,洪水时期要备好车骑。农业生产变化无常,丰收时要多留储备粮,以备灾荒时用。粮食价格要保持合理标准。粮价低,农民受害,失去种田积极性,田园荒芜,杂草丛生;粮价高,商人没有收购能力,粮食卖不出去。只有让农民和商人都得利,粮食交易市场才能兴旺。这既是生意经,也是治理好国家的重要道理。

这些经验和观点,至今对现代经济活动仍有积极的现实意义。

但是,在我国封建传统意识中,社会各阶层的地位向来是以"士、农、工、商"为排列顺序,士为首,商为末。直至宋朝,还有商人穿鞋必须一黑一白的劣规。所以,范蠡一生虽有辉煌业绩,却终因弃官经商的经历而为士大夫阶级所不容。

如前所述,封建统治者历来不太重视民间慈善事业的发展,更有排斥个人慈善的倾向,因此,载入史籍的慈善家寥若晨星。范蠡之后,史有所载的慈善家就要数汉代的樊重了。

樊重,字君云。他家世代为农,擅长稼穑耕种,并且喜欢做生意。樊重性情温和厚道,为人处世讲究法度。在樊重的影响下,樊家家风敦厚善良,三代没有分家析产。虽如此,但子孙们都相互礼敬,家庭成员之间常常像身在官府一样讲究礼仪。樊重精于计算,无论务农还是经商都非常得法,做到了"人尽其才、物尽其用",直至拥有田地三百余顷。致富以后,樊重便经常周济本家同族,并施惠于乡里。樊重的外孙何氏,兄弟之间为一些财产而争斗,樊重为他们的行为感到羞耻,索性送给他们两项田地,解决了他们兄弟之间的相互愤恨、相互诉讼问题。本县的人都称道樊重的行为和品德,将他推为"三老"。所谓"三老",也就是古代执掌乡邻教化的乡官。《汉书·高帝纪上》云:"举民年五十以上,有修行,能帅众为善,置以为三老,乡一人。择乡三老一人为县三老。"①

樊重在八十多岁的时候去世。生前,他乐善好施,有求必应。借给别人的钱财多达数百万,但他在遗嘱中叮嘱子女将那些有关借贷的文书契约全部烧掉。向他借贷的那些人听说后,都感到很惭愧,争先恐后前去偿还。樊重的子女谨遵父亲的遗嘱,一概不接受。

由于政府对个人慈善行为抱着不支持态度,汉代出现了不少以地方官吏身份悲悯行善的民间慈善家。如西汉宣帝时的黄霸,可算是这种人物的代表。

---

① [汉]班固:《汉书今注》(1),凤凰出版社2013年版,第16页。

黄霸（前130—前51），字次公，淮阳阳夏（今河南太康）人。黄霸幼年时学法，汉武帝末年被选为侍郎谒者，后来又在离国都不远的地方任财粮小吏。他由于执法不同于其他官员，彰宽大与教化，受人称颂，并处理了不少疑案，因此官位屡屡上升，先后任河南太守丞、廷尉正（掌管刑法）和扬州刺史等职。后汉宣帝亲点黄霸任颍川（禹州一带）太守。

黄霸为治理地方，多次颁发刑律均告之于民，以使家喻户晓，使犯罪率大大降低。同时他还制定安民条款，规劝黎民遵章守法，弃恶从善，勤事农桑，节约资财；还动员乡亭小吏畜养鸡猪，到时候施舍给那些鳏寡贫穷户；并制定相关条令，有鳏寡孤独者死了没被安葬的，乡里的官员写信一说，黄霸都给予妥善安置。这样细小繁杂的事情，虽然烦琐零碎，然而黄霸能殚精竭虑地把这些事推行下去，起到了教化民风的作用。

他还常派官员微服私访，并亲自以平民身份深入民间，了解官吏情况，关心百姓疾苦，不时"养视鳏寡，赡助贫穷"，大行慈善事业。因此，在颍川任职的八年间，颍川一片"太平盛世"之象。朝廷下诏赞扬："黄霸能上达圣意，下顺民心，加强教化，孝子、悌弟、贞妇、顺孙增多，耕者让畔，家庭和睦，道不拾遗，夜不闭户，赡养孤寡，赞助贫困，八年内无重大案犯。"①

另如西汉名臣召信臣，为官时在治内倡兴水利，"躬劝耕农"，大行善事，以致郡内殷富，他也因此被百姓尊为"召父"，载入史书。

召信臣，字翁卿，九江寿春人，西汉元帝时期南阳（今河南南阳）太守。召信臣为官清廉，治政以"务在富民"为旨。他为人宽厚善良，喜欢替老百姓兴办有益的事。做南阳太守时，召信臣孜孜不倦地劝农耕桑，经常深入田头村野，巡视阡陌之间。当时南阳一带农业耕作水平低下，百姓靠天吃饭，经常受干旱的困扰，丰歉无时。召信臣亲自带领属员四出寻找水源，察看水情，然后率领百姓开通沟渠引水灌田。

为扩大灌溉面积，召信臣还年年延伸渠道，逐渐形成网络，并且修筑陂塘，筑堤闸数十处。其中有著名的钳卢陂，溉田达三万多顷。考虑到农忙季节用水骤增，深恐引起矛盾，他又为百姓们定下了"均水约束"的管理用水条例，规定了各地放闸引水的顺序，有效地防止了纷争。水利工程的兴修，使百姓深受其利，丰稔之时，蓄积大坛，南阳渐富。

当时，南阳旧俗流行，民间遇婚丧嫁娶事宜，都要大操大办，风俗之奢靡、破费之巨大，非一般百姓所能负担。许多人家为图一时颜面好看而借贷负债，数年不振，甚至有因此破产的。召信臣深感恶习旧俗的危害，于是下令禁

---

① 　郭瑞增编著：《读透〈素书〉》，中国纺织出版社2013年版，第196页。

止嫁娶送终时铺张浪费，提倡勤俭节约、量力而行。在他的大力倡导下，南阳风尚大变。

东汉的大臣和地方官中，也有不少慈善家，如光武帝时的名臣宣秉，他官至三公九卿，被皇帝尊为"三独坐"（东汉时，百官朝会，一般接席而坐，唯尚书令、司隶校尉、御史中丞均专席独坐，以示皇帝优宠，故称），权势很大，但他一生节俭，从不乱花钱，"服布衣"，"蔬食瓦器"，却把历年所得薪俸，尽数赠予贫苦亲族和孤寡之家，以致逝世时，"自无担石之储"。

光武时期另一名臣王丹，虽"家累千金"，但将财富全部用来周济贫困百姓，博得了"好施周急"的美名。最有意思的是，他"每岁农时，辄载酒肴于田间，候勤者而劳之。其堕嬾者，耻不致丹，皆兼功自厉"[1]。意思是说，每当农忙时节，他就带着酒菜到田间，专门奖励那些勤于耕作的人，以示奖励。他以这种方法鼓励人们勤耕，多打粮食以备荒年。

南北朝时，民间也常有慈善家，在地方大行善事。例如北魏时就出了一位良吏路邕。

路邕，阳平清渊人。史书说他："世宗时，积功劳，除齐州东魏郡太守，有惠政……邕莅政清勤，善绥民俗。比经年俭，郡内饥馑，群庶嗷嗷，将就沟壑，而邕自出家粟，赈赐贫窭，民以获济。虽古之良守，何以尚兹。"[2]为官一方，从家中自出粟谷去赈济贫苦百姓，这样的官吏实不多见。

南北朝时期还有另一位良吏闫庆胤。此人任东泰州敷城太守时，正遇荒年，便拿自家千余石粟米"赈恤贫穷"，使无数灾民得救。

公孙景茂，是一个历史上比较有名的循吏。公孙景茂，隋河间阜城（今属河北）人，字元蔚。史书说他博涉经史，仕西魏为太常博士。入隋，任汝南太守，迁息州刺史，转道州刺史。以执法令、倡教化知名。隋文帝时，曾有一场著名的战争，史称"伐陈之役"。这场战争中，有许多兵士因为不服水土而患病。景茂自求用自己的薪俸为这些患病士兵求医煮粥熬药，因之存活者达一千多人。后来他任道州刺史时，又动用自己的薪俸和家产购买大量鸡猪牛犊，"散惠孤弱不自者"。

另一位隋朝著名循吏辛公义，其慈善行为甚为感人。史载，他出任四川岷州刺史时，当地多灾多病，而百姓又极怕染病，每每"一人有疾，即合家避之"，以致"父子夫妻，不相看养"。辛公义查知这个情况后，决定用自己的模范行为感召百姓。暑月疫情严重时，他让部下将境内所有疾病患者都用麻板

---

① ［南朝宋］范晔：《后汉书》，中华书局 2000 年版，第 621 页。
② ［北齐］魏收：《魏书》，吉林人民出版社 1998 年版，第 1168 页。

抬到自己家来，最多时病人达到数百，自家厅堂和走廊都住满了。他自己则亲设一榻与病人住在一起，终日连夕与病人相对相询。这期间，他把全部薪俸用来买药给病人医治，还亲自料理病人饮食起居，结果病人全部痊愈。其善行也从此改变了地方上"一人有疾，即合家避之"的陋习。

隋唐宋金元时期是中国传统慈善事业发展的一个重要时期。隋朝于公元 581 年建立至 589 年灭陈，结束了东晋以来近三百年的分裂割据局面。进入隋唐，中国封建社会已发展到鼎盛时期。政府高度集权，官吏制度日益严谨完善。在这种社会背景下，隋唐之际的慈善事业主要以官办形式出现，民间的慈善组织和个人慈善行为记载较少。继隋唐封建鼎盛之世兴起的是赵宋王朝。两宋在长达三百多年的统治中，均以文立国，重仁政，因而其慈善事业在对唐制损益的基础上多有创获，先后设立福田院、居养院、慈幼局等慈善机构，慈善之政逐渐趋向日常化、制度化，这大大推动了传统慈善事业向前发展。

二、宋代的民间慈善家

宋元明以后的民间慈善家，史上记载不少，在慈善史上有名的大善士则可推北宋时期的大峰和尚。他大约生活在北宋徽宗宣和年间，事迹已记载在中国和东南亚各国史籍中，慈善事业以修桥为民造福为主。北宋徽宗政和六年（1116），这位佛学大师从福建来到广东潮阳，自己募捐筹集资金，在潮阳修建和平桥，含辛茹苦十二年，至宣和末南宋初年建成。当地居民感恩戴德，在桥旁建立了"报德堂"以祭祀他。

从此广东潮汕地区慈善事业和慈善机构日渐兴盛，都源于这位佛教大善人。清朝至民国，受大峰法师影响而兴起的汕头市存心善堂，成为南方声望最盛的慈善机构。1929 年当地人所写的《祖师纪录碑》，详细地记载了这位距今约千年的慈善大家的生平善事："宋大峰祖师，闽人，为宣和时高僧，劝喻潮人造桥、修路、施棺、殡殓、救人、赠药、赈灾、恤困等善举，毕生不倦，开化潮人无数。各县遂风起云涌，奉祖师神像，力行善举。"[①]大峰慈善思想还流传海外，在泰国曼谷也建立了大峰祖师庙，成立了有关民间慈善机构，在此基础上于 20 世纪 90 年代兴办了泰国华侨崇圣大学。可以说，大峰是一位国际性的慈善家。

---

① 叶建华：《大爱中国——抗震救灾彰显中华民族文化与精神》，经济管理出版社 2009 年版，第 67 页。

两宋时期，除了朝廷重视赈灾救济事业之外，惠风所及，也带动了部分官吏和士绅积极参与慈善救济活动，形成了一种良好的社会风气。这类活动，有的因为首创人是当时比较著名的政治家或豪绅富贾，有的因为慈善活动本身影响深远，一直为后世人敬仰、称道。

这类慈善活动，首推范仲淹在苏州创设的义庄。

范仲淹（989—1052），字希文，原名朱说，北宋政治家、文学家、军事家，谥号文正。范仲淹祖籍陕西邠州（今陕西咸阳彬县），生于平江府吴县（今江苏苏州）。真宗大中祥符八年（1015）进士，恢复范姓，后官至参知政事（副宰相）。范仲淹是北宋时期著名的政治家、文学家，曾给我们留下了"先天下之忧而忧，后天下之乐而乐"的千古名句。这既是他忠贞爱国情怀的自然流露，也是他慈善思想的实践写照。他身居庙堂，心系黎民，忧其所忧，困其所困，甚至不惜犯颜直谏，为民请命。

明道二年（1033），京东和江淮一带大旱，又闹蝗灾，为了安定民心，范仲淹奏请仁宗马上派人前去救灾，仁宗不予理会，他便质问仁宗："如果宫廷之中半日停食，陛下该当如何？"[①]仁宗悚然惭悟，于是派范仲淹前去赈灾。范仲淹赈灾归来时，还带回几把灾民用来充饥的野草，送给了仁宗和后苑宫眷。正是因为这份爱民之心，他在身居高位、文名显赫之时，于家乡吴县创立了范氏义庄。这大概是中国最早的一处私人义庄。

范氏义庄的产生源于宋代经济、社会的重大变化，这种变化使慈善组织成为一种社会需求。在宋以前，虽然贫富的差别一直明显存在，但是贫穷更多的是与个人的社会身份地位相关，"贫"与"贱"并称，"贱"必然"贫"，穷人并不构成一个具体的、对国家经济有影响的社会群体。在此之前，中国的慈善机构与西方类似，也是同宗教联系在一起，是以佛教种善可得福报的"福田思想"为基础，为了出家人、在家人的修善，而不是以解决因贫穷而造成的社会问题为出发点。

大约从宋代开始，贵贱与贫富脱离开来，社会摆脱了门第大族的支配。在科举制与政权的紧密结合下，读书人居于最高贵的位置，他们不认为贫

范仲淹像

---

① ［三国］刘劭：《人物志谋略全本》，湖南文艺出版社 2012 年版，第 31 页。

穷涉及道德问题,甚至甘心安于清贫。而在这个阶段,经济有了空前发展,社会积累了相当的财富,随之带来经济思想层面的变化,贫民作为一个阶层首次被政府"发现"。

在贫穷清楚地有别于卑贱的时候,贫民问题对宋政府来说就成为一个重要的行政问题和社会问题。因此,自 11 世纪开始,宋政府开始尝试制定一些长期济贫的政策。由家族或政府创立的非宗教的慈善组织开始出现。这些慈善组织与以往的宗教慈善组织有很大不同,它更着眼于解决实际的社会问题,而不再过分强调"福报"的佛家思想。

范仲淹本人出身贫寒,读书时每日只能以粥果腹;富贵以后,他依然生活简朴,只有在宴请宾客时餐桌上才会出现肉食。贫寒的出身使范仲淹对平民比较关注,他的改革方略也包含着"厚农桑""减徭役"等降低社会底层贫穷程度的措施。范氏义庄是范仲淹及其后人以自身力量体恤族人、以家族纽带解决一部分人的社会福利问题的尝试。抛开巩固宗族的目的,也是对政府济贫政策的支持。从这个角度说,范氏建立义庄不仅是对家族的保护,也是以服务社会、减轻国家负担为目的的。因此,义庄也受到了政府的欢迎、支持和保护。

江苏苏州范氏义庄

范氏义庄创建于宋仁宗皇祐二年(1050)。初始,范仲淹在平江府长洲、吴县置良田十余顷,将每年"所得租米,自远祖而下诸房计其口数供给衣食及婚嫁丧葬之用"①。为传之久远,在管理上,范仲淹亲自订立《义庄规矩十三条》,并规定从各房中择一子弟来执掌、负责义庄的经营。为保持义庄的规模,义庄所置的庄田不许卖,如"遇有人赎田,其价钱不得支费,限当月内,以元钱典买田土"②,即若有外人赎回以典当方式所置之田,须及时置补被赎去的田数。这样,经过范氏数代子孙的积累和经营,义庄产业逐渐增多。至南宋嘉熙年间,范氏义庄已由初创时的 1000 亩发展到 2000 多亩。

---

①　方健:《范仲淹评传》,南京大学出版社 2011 年版,第 416 页。
②　"国立编译馆"主编:《宋史研究集》(第 17 辑),"国立编译馆"1988 年版,第 440 页。

由此可见,范氏义庄以大量田地为财产基础建立,田地由范氏子孙有能力者捐助,所有权移交给义庄,也就是不再归任何特定的人所有。这样,义庄就有了财产基础。义庄还有详备完善的管理条例和专门的管理人,独立运作,具备了财团法人的基本特征。

义庄作为宗族的经济实体,其设立因由就是赈济和安抚贫穷不能自给的族人,适当供给一些日常生活及婚丧喜庆所需之物,因此它也在一定程度上、一定范围内发挥了慈善救济的社会功能。以往,人们普遍强调义庄的经济性质,而忽略了它固有的慈善活动内容,是有失偏颇的。这一点,我们从范氏义庄所进行的救济活动即可略见一斑。

范氏义庄的救济方法是:凡贫困族人中五岁以上者,逐月支给每口米三斗;成人每岁冬衣一匹,十岁以下五岁以上者减半;如遇婚丧大事及天灾人祸等再临时赈济。所有收入支出,义庄存有总簿详加记载,各房"请米"也有细账,每月末领米时由掌管人如实填写所支米额。受儒家思想"施由亲始"观念的影响,义庄所施惠的对象虽仅限于同姓宗族成员,对族外之人一般不予赈济,但是倘若有"乡里外姻亲戚如贫窘中非次急难或遇年饥,不能度日,诸房同共相度诣实"者,便也一无例外地"即于义田米内量行济助"。[①]

义庄这种宗族性质的赈恤组织,除了贫困救助、生育扶助和婚丧扶助外,慈善教育也是其中一个重要的方面,其作用也是十分明显的。比如设义学、义塾等资助本族贫寒子弟入塾习业,并贷给廪膳书籍,对勤勉学业而取得功名者多有奖励。范氏义庄熙宁六年(1073)续颁规则云:诸位子弟待大比试者,支钱一十贯文。这笔奖励费用至南宋嘉熙年间又有所增加。这种激励机制,使得范氏家族累世簪缨,科名仕宦相继不绝,而及第者又竞相慕效,捐赠金帛以扩充义庄。这种良性循环进一步促成和巩固了范氏家族在江南地区名门望族中的显赫地位。清初学者顾炎武有赞语称:"至今裔孙犹守其法,范氏无穷人。"[②]范氏义庄世泽绵长久远,迄至清末亦不曾中辍,成为江南地区封建士大夫设置义庄的典范。

慈善业的发展需要有适当的经济、社会背景。范氏义庄在宋代产生,它的出现是非宗教、非政府办慈善事业的首创。与它同时,官方也创办了一些慈善机构;在它之后,民间创办的义庄、善堂等次第出现。这表明当时因贫穷而导致社会不稳定的问题已经引起社会的关注,政府和有识之士都逐步认识到发展社会福利的重要性,而当时政府和民间也都具备了搞慈善的经济实力。

---

① 程伯群编:《中国社会思想史》,世界书局 1937 年版,第 101 页。
② [清]顾炎武:《日知录集释》,[清]黄汝成集释,岳麓书社 1994 年版,第 223 页。

　　范氏义庄存续之久远，也是世所罕见。范仲淹去世之后，他的二儿子宰相范纯仁、三儿子尚书右丞范纯礼又续增规条，使义庄维持下去。此后的宋金战争中，范氏义庄遭到了一些破坏，南宋时范之柔对义庄又加以整顿，恢复了原有规模。后世范氏子孙也对义庄屡有捐助，如明末范允临捐助田地 100 亩，清前期大同知府范瑶捐助田地 1000 亩。

　　可以说，范氏义庄是中国慈善史上的典范，它是最早的家族义庄，更重要的，它是我国史料记载的第一个非宗教性民间慈善组织。它还创造了一个奇迹，虽然朝代更迭，历经战乱，但一直到清朝宣统年间义庄依然有田 5300 亩，且运作良好，共持续了 800 多年。之所以延续如此之久，首先在于范氏义庄有着比较严密的运作机制和内部规范管理措施。义庄设有管理人，负责经营管理。管理人有权处理义庄事务，不受他人干扰。但是，管理人以工作好坏领取报酬。在领取报酬前，要有族人证明他工作有效。族人有权告发管理人的不公正行为，由公众做判断。由此可见，义庄有一个独立的决策机制和与之相配合的监督机制。

　　在财产管理方面，义庄也有严格的制度，例如：义庄以田租为财政来源，为了公正，不许族人租种义庄的田地。义庄也不买族人自有的田地。

　　义庄还对受益人即族人有一些监督措施，对于违反义庄规矩的人，有不同的处罚措施，比如罚款、取消获得救济资格、送官等。另外，义庄有明确具体的工作目标，它只保证族人的基本生活需要，而不是无限制地提供支援，以防止族人在应得的经济权益之外侵占义庄的财产。义庄给族人提供的救济有七个方面：领口粮、领衣料、领婚姻费、领丧葬费、领科举费、借住义庄房屋、借贷。但这些救济都是有限的，粮食、衣料、各种费用的领取是定时定额的；借住房屋如果需要修理又确实无力修缮，义庄才给予资助；借贷不能是经常行为，到期也必须归还。

　　重要的是，义庄还得到了政府的支持。在义庄建立之初，范纯仁为了防止破坏义庄的行为发生，曾向宋英宗上奏，报告义庄设立的情况，在政府立案，请求政府对损害义庄利益的人按国法判处。宋英宗批准了范纯仁的请求，下令由苏州地方官对义庄进行备案，给予保护。后人范之柔对义庄进行整顿，范允临、范瑶向义庄捐助田地，也都是经过政府批准的。

　　自宋代范仲淹首设义庄之后，其口碑、实效流播广远，许多封建官绅纷纷效仿，置田产，设义庄赡家族，蔚成风尚。宋理宗时，漳州通判王必正亦"仿范仲淹以郭外五百余亩置办义庄，资族人冠昏丧葬之费"[①]。北宋末年，成都施

_____

　　①　同治《福建通志·孝义传》。

杨休在受官封禄之后，"积累二十余年，然后得田六百亩，既资其第及其从昆季矣，又念经远之计，复割二顷为义庄，遵文正公旧规矩"①，赡养族党。至明清以后，富有之家设置义庄更成为一种社会风习，遍行于大江南北，成为民间慈善活动一道独特的风景线。

大约与范仲淹创办义庄同时，富弼在青州赈济流民的事迹也成为载入史册的善行义举。

北宋仁宗庆历八年（1048），河北遭遇水患，流移之民如潮水般涌入"青、淄、潍、登、莱五州丰熟处，逐处散在城郭乡村"②。时任青州知府的富弼认为，虽非本界灾伤，然同属天下之民，亦应一体救济。由此，富弼采取了一系列措施，调动了青州等五州人民发扬"人饥己饥、人溺己溺"的慈善精神，患难与共，赈灾恤邻，慷慨救助河北各地流民。结果成效卓著，为朝野所瞩目，称誉于一时。其慈善救济的主要措施是：

富弼像

首先，广措屋宇，安置流民。当流民潮水般涌入青、淄等州时，"渐向冬寒，切虑老小人口别致饥冻死损"③，于是富弼张榜《擘画屋舍安泊流民事》，晓示各州赶紧筹措房屋，分与流民暂住。其按城乡各户逐等措置出屋舍：州县坊郭人户，第一等五间，第二等三间，第三等两间，第四、第五等一间；乡村人户，第一等七间，第二等五间，第三等四间，第四、第五等三间。短时间内共募得屋舍十余万间，任"流民来者，随其意散处民舍中"④。根据富弼的筹划，若民屋仍不够安置全部流民，则可安置他们寄居于各地的僧寺、道观、门楼、廊庑等处，总之，"务要流民安居，不致暴露失所"⑤。这样，大批已逼饥寒、将弃沟壑的流民暂时有了栖身之所，社会流动纷乱之象初步得以安定。

其次，筹募义粟，分赈流民。河北流民在青、淄等五州稍稍安定，起初多入山林打柴刈薪，货卖籴米，"并于沿河打鱼，取采蒲苇博口食"，但屡被土著以诸般名目遮阻。富弼遂出文告晓示："不拘系官系私有主地分，自随流民诸般采取，养活骨肉。其耆壮地主，并不得辄有约拦阻障。"⑥此为应急救济流民

---

① 胡寅：《成都范氏义田记斐然集》（卷21）。

② 李文海、夏明方、朱浒主编：《中国荒政书集成》（第1册），天津古籍出版社2010年版，第244页。

③ 同②，第40页。

④ 同②，第247页。

⑤⑥ 同②。

之法。因青、淄、潍、登、莱五州是年自入春之后"风雨时若,夏已大稔,秋复倍登,咸遂收成,绝无灾害"①,富弼又告谕如上五州乡村人户可分等第并量出口食,以济急难,其文称:"施斗石之微,在我则无所损;聚万千之数,于彼则甚有功……敛本路之物,救邻封之民,实用通其有无,岂复分于彼此。"②救危恤患、分灾共度的人道精神跃然纸上。随即逐家均定所出斛米数目:第一等二石,第二等一石五斗,第三等一石,第四等七斗,第五等四斗(后改为三斗),客户三斗。这次劝谕,民甚乐捐,共募得粟米十五万斛。在接下来进行抄札支散的过程中,富弼也订有详细规则,以杜流弊。其规定:流民所支米豆,十五岁以上,每人支一升;十五岁以下,每人日给五合;五岁以下男女,不在支给之列。城坊之中流民,由差委官员并耆老每五日一支。同时,考虑到流民安泊不均,经县司勘会后,将流民从丛聚处酌量分拨人数发遣至流民稀疏处,以便均匀支配散放救济。此外,所有发散米豆处,均派出监散官员进行督查。由于筹划措置周密细致,又有诸官执行得力,支散米粮的慈善救济工作进展十分顺利,使得"流民至者安居,而日享食物"③。到翌年五月麦熟为止,约三十万河北流民在青、淄等五州获得了冬春两季的赈粮,免去了死于道途之厄运。

再次,资助路粮,行遣归乡。夏麦将熟之际,各处流民思欲还乡。富弼也对流民的遣归做了统一安排。他将见籍入册的流民,"据每人合请米豆数目,自五月初一日算至五月终,一并支与流民充路粮,令各任便归乡"④。同时,富弼还发出告示,令青、淄等州的河口及道店,"免流民税渡钱,仍不得邀难住滞"⑤,亦不得要流民房宿钱。这样,流民归途畅通,得以顺利返乡复业。

富弼主持的这次青州流民赈济,实际上是借民之财以救民之灾,即调动青、淄、潍、登、莱五州人民慷慨救助河北各地流民,故而仍属于民间的社会慈善救济。这次救济在一定程度上舒缓了严重的灾情,稳定了地方社会秩序。

自范仲淹始,民间慈善义举流布广远。灾荒之年,各地均有开明乡绅主动协助官府放粮赈灾。诗人刘宰在金坛三赈饥民的事迹就是比较典型的代表。

刘宰,字平国,自号漫塘病叟,谥文清,镇江府金坛人,南宋时期深孚众望的乡绅和慈善家,同时也是一位诗人。在金坛诸多杰出人物中,如段玉裁、华

---

①② 李文海、夏明方、朱浒主编:《中国荒政书集成》(第1册),天津古籍出版社2010年版,第244页。

③ 李文海、夏明方、朱浒主编:《中国荒政书集成》(第3册),天津古籍出版社2010年版,第1544页。

④ 董煟:《救荒活民书》卷3《富弼青州赈济行道·支散流民斛斗画一指挥》。

⑤ 同①,第44页。

罗庚等皆以学问得名,而刘宰之得名,却在其品德。他是一位知行合一的理学家,也是一位清廉爱民的清官;是一位见义必为的慈善家,也是一位耿直爱国的贤臣。

刘宰于绍熙元年(1190)中进士,授江宁尉。绍熙四五年间,江宁府旱魃为虐,久无甘霖,作物歉收。沿途乞讨者无以计数,饿殍盈道。刘宰奉帅守之命"振荒邑境",主持赈饥事宜,饥民"多所全活"。通过这次办赈,刘宰了解了世情民疾,初步积累起一些赈饥的经验,对其后来赈济活动的开展起了较大的作用。

之后,刘宰又先后担任真州法曹、泰兴县令、建康通判等职。因时事多变,嘉定元年(1208),刘宰决意辞官归隐,不复出仕,拟专致力于当地的社会慈善救济事业。他乡居期间,凭借自己的名望和财力,多次"施惠乡邦"。并率众修桥补路,"桥有病涉,路有险阻,虽巨役必捐赀先倡而程其事"①,同时还"置义仓,创义役",用自己所置田产减租粟米,补助役户,在一定程度上减轻了同邑人的赋役负担。除上述善举外,刘宰又三办粥局,规模宏大,影响甚为深远。

嘉定二年(1209),因荒歉严重,百姓流离失所,辞官归里的刘宰便联合其他乡绅首设私人粥局,先"欲收养孩稚之遗弃者",至于老人、病人及婴幼之母,因财力不甚丰裕,"皆谢未遑",后来幸得浙西常平使移文金坛,发义仓米300石相助。邻郡旁邑闻此善举,亦慷慨解囊。粥局遂得以继续维持,救济对象也扩大到老者、疾者、妇人与少壮者。这次赈饥始于冬十月,止于翌年春三月,历时5个月,施粥最多的一日有4000人就食,为此次慈善救济的花费计米926石,钱2022缗,薪1800束,苇席3460床,食器690皿,其他琐碎花销无算。如此大规模的私人赈饥,不仅在宋代救荒史上鲜有人能够与之相当,就是在中国慈善史上也极为罕见。

嘉定十七年(1224)春,刘宰再次开办粥局,捐出自家历年积谷百余斛,运至岳祠"舂而麋之,以与饥者"②。初始,前来就食者仅数百人,然"尽三月,乃盈万人"③。这时,刘宰以个人财力应付,顿感粥局难以为继。正在进退维谷之际,有友人赵若硅闻之,主动登门,热心相助,并求得众多宦僚乡绅的大力支持,"未几,钱谷沓至"④,粥局又得以维持长久,继续赈济灾民,极大地发挥了其慈善救济的作用。这次赈饥的规模更是前所未有,不仅人数众多,而且时间也长,"以是远近流传,来者至万有五千"⑤。这次善举,刘宰首捐米约500

① [元]脱脱等:《宋史(27)》,吉林人民出版社2005年版,第8477页。
②③④⑤ 转引自李华瑞:《宋代救荒史稿》,天津古籍出版社2014年版,第448页。

石,贡献尤大,得到了官宦旧好的支持,也带动了一批有力善士的踊跃捐助。为纪念这次赈饥所取得的良好成效,刘宰在事后写了《甲申粥局谢岳祠祝文》以记其事:

> 某奉而行之,所储将罄,又赖乡曲好事行义者之君子赵若硅等捐金谷以继。比大麦可屑,小麦可燎,乃已。夫羸老废疾妇人孺子所萃,其声孔哗,其气甚恶,非神道所宜。宜降大庥,而历日五十有六,役工数十,服食薪水之供,夜以继日,而无汤火疾厄之虞,聚食之人日以万数而无纷争踩践伤残之患。

这次大规模的粥局开设成功,表明在宋代官办慈善事业隆盛的同时,民间社会的慈善活动开始崛起,并独树一帜,成为一支不可忽视的力量。刘宰两次开设粥局,不久得到朝廷的关注,宋理宗还特赐予刘宰官职以为奖赏,但刘宰婉辞不受,不得已乃领仙都观虚衔以应之。

绍定元年(1228),因邻邑涝灾,众多流民乞讨于金坛,刘宰"乃用甲申故事,列釜鬻"于岳祠。这是刘宰第三次开粥局以赈饥民。置局月余,大麦将熟未熟之时,刘宰渐感财力不济。幸有溧水县知事王遂、国子监赵崇帆、乡贡进士王文虎等人竭力援助,"复合众力以续",致未中辍。其时建康太守冯侯也特捐米百斛以助粥局。粥局又得以持续月余,直至麦熟为止而竣事。此次粥局赈济的情形,在刘宰的文集里尚缺乏详细的记载,但以"乃用甲申故事"一语推测之,其规模当不小,受惠的贫民估计应有万人。

作为一代理学宗师,朱熹在慈善救济方面也做出了较大的贡献。

朱熹(1130—1200),字元晦,一字仲晦,号晦庵、晦翁、考亭先生、云谷老人、沧州病叟、逆翁,南宋江南东路徽州府婺源县(今江西婺源)人。朱熹19岁进士及第,曾任荆湖南路安抚使,仕至宝文阁待制。他为政期间,申饬令,惩奸吏,治绩显赫。朱熹是南宋著名的理学家、思想家、哲学家、教育家、诗人、闽学派代表人物,世称朱子,是孔子、孟子以来最杰出的弘扬儒学的大师。

朱熹为官、治学之外,还创设了"朱熹社仓法"。这个社仓法始于南宋孝宗乾道四年(1168),其时朱熹居福建崇安县开耀乡五夫里,时逢建宁府一带闹水灾,灾情严重,正如朱熹在《杉木长涧四首》诗中曰:"阡陌纵横不可寻,死伤狼藉正悲吟。"[①]朱熹为了救灾济贫,上书建宁知府,乞得粟六百斛。是年冬丰收后,百姓如数归还县仓。朱熹欲以粟留藏民家,以备饥歉,又恐久贮必有

---

① 束景南:《朱子大传》,商务印书馆 2003 年版,第 261 页。

腐烂,乃许民家每年贷借一次,实行借谷还谷,息率二分,歉收息减半,大荒年免除,并仿古制设仓于社。后经建宁知府沈度允许,拨钱六万创建社仓,自乾道七年(1171)五月动工至八月完成,仅四个月崇安县开耀乡已建成社仓三所。

五夫里在朱熹的精心策划下,以常平仓赈济为社仓赈济。淳熙八年(1181)十一月朱熹奏请孝宗在各地普遍实施"社仓法"。是年十二月孝宗皇帝将朱熹的"社仓法"颁诏于诸州,并奉准于婺越、镇江、建昌、袁潭诸邑设立。朱子社仓法就此产生,它是社会救济项目中以实物形式救济灾民的社会保障制度之一,不但在中国古代社会保障方面起了积极作用,而且对现代社会保障制度仍有它的现实意义。

蔡京,虽然此人以反面形象出现于历史画卷之中,但不能因其人而废其事,他对宋朝慈善事业是有突出贡献的,确实可以被称为慈善家。他当权期间倡建居养院、安济坊,推广官置公墓,设置漏泽园,推广慈幼事业,使慈善事业受到了前所未有的重视。

真德秀也是宋朝著名的慈善家,他在任官之地多次发布谕俗、劝学等文告,推动当地慈善事业的发展。

真德秀(1178—1235),字景元,号西山,建州浦城(今属福建)人。庆元五年(1199)真德秀中进士,授南剑州判官;继试,中博学宏词科。嘉定年间,官至江东转运副使,后又知泉州、潭州、福州。在任泉、潭、福三州太守时,真德秀多次发布谕俗、劝学等文告,为这些地区慈善事业的发展做出了积极的贡献。嘉定初年,真德秀出任江东转运副使,适逢"江东旱蝗,广德、太平为甚"①。真德秀便大力赈灾救荒,亲赴灾区发廪赈食。待事竣回返治所时,"百姓数千人送之郊外,指道傍丛冢泣曰:'此皆往岁饿死者。微公,我辈已相随入此矣。'"②真德秀赈济措施得力,善举所收效果极佳,赢得了江东人民的普遍赞誉和敬重。

除赈荒外,真德秀在江东转运副使任上还创办了建康慈幼庄,立有条规,利用官设田产的租息佃钱收养遗弃幼婴。建康慈幼庄组织完备,管理周全,成为宋代众多慈善机构中创立较早而维持时间较长的一个机构。

嘉定十五年(1222),真德秀任湖南安抚使兼知潭州(今长沙)。他复立惠民仓,又谕所隶十二县置社仓,以致赈恤机构遍及乡落。此后,他还"别立慈幼仓,立义阡。惠政毕举"③。慈幼仓的建立,拯救了众多婴儿的性命,使潭州一带溺婴陋俗渐渐衰息,或在一定程度上得到遏制。真德秀的慈幼之政影响

---

①② [元]脱脱等:《宋史》(卷432—496),吉林人民出版社1995年版,第8985页。
③ 同②,第8986页。

久远,直至数百年后的清朝,其业绩仍为湘人所称颂:"宋真文忠公安抚湖南,建慈幼仓,当时传为仁政。而育婴堂之设,遍及荒州下邑。"①这足以表明真德秀对于推动宋明以后湖南婴幼慈善事业的发展做出了积极的贡献。

真德秀所从事的慈善活动是多方面的,他对病者、丧者、孕妇等但凡需要救济之人,都尽力救助。《宋史》记载他在潭州、福州等任上,"凡营中病者、死未葬者,孕者、嫁娶者,赡给有差"②。这体现了他作为一个理学大师对于民瘼生计的关注。此外,真德秀还曾为《太上感应篇》等劝善书作序,大力宣传积德修善,也有助于民间社会积德行善风气的培育和养成。

黄震是宋朝著名的慈善改革家,他改革慈幼之政,不仅仅注重幼婴的抚养,还开始重视教育,使慈幼事业发展到南宋末年已经臻于完善。

黄震(1213—1281),字东发,世称于越先生,庆元府慈溪(今属浙江)人。他曾参与编修宁宗、理宗二朝《国录》,后出任通判广德军,知抚州,改提点刑狱,皆有惠政。度宗朝,黄震升江西提举常平仓司。任上,见为贫民弃婴而设的慈幼局趋于荒废,久而名存实亡,遂提出一些改革办法和措施。

黄震任常平仓司时对慈幼事业的改革,从《宋史》里依稀可觅其踪迹:"震谓收哺于既弃之后,不若先其未弃保全之。乃损益旧法,凡当免(娩)而贫者,许里胥请于官赡之,弃者许人收养,官出粟给所收家。"③黄

黄震像

震认为百姓生男育女,没有真忍心遗弃亲生骨肉的父母,间或有之,也都是迫于生计无法自养。因而在分娩未弃之时采取及时措施比弃后再为收养要好些。缘于此,他依西汉盛世的胎养例和南宋酌给孕妇粟米之法,稍作"损益旧法",变通慈幼之政,提倡"保产"。也就是对贫困而无力养育的孕妇之家,在临产分娩之前,"经坊长保明申上,支保产米一石,会子五贯"④。通过支发钱米给生产之贫妇,防止弃婴溺女悲剧的发生。这种保产之法是将原绍兴年间支常平米给贫家孕妇的政策稍加变通,以扩大推广慈幼事业,这较官府设局收养弃溺婴儿的效果更佳。

黄震改革慈幼之政,也考虑到了慈幼局的婴儿长大之后的生计问题。鉴于

---

① [清]郭嵩焘:《郭嵩焘诗文集》,岳麓书社1984年版,第522页。
② [元]脱脱等:《宋史》(卷432—496),吉林人民出版社1995年版,第8986页。
③ 同②,第9006页。
④ 周积明、宋德金主编:《中国社会史论》(下卷),湖北教育出版社2000年版,第270页。

原慈幼局收养的婴孩,"既已长成,每日坐守两餐,自少不学事艺"①,重养不重教,结果使被收养者将来无以谋生,没有就业出路,贻误一生的情况,黄震提出慈幼局要变消极救济之法为积极自立谋生之策,即教养并重,使幼儿长到一定年岁后能够习学一二独立谋生之道业,以为将来糊口养身之计。这表明,慈幼事业发展到南宋末年已经臻于完善,不仅仅使婴孩得以哺养,还开始重视教育。

自古中国民间就有一些忠孝节义、慈善仁良的楷模,他们通过民众口口相传,或地方表彰传颂,乃至受到赐封而声名远播,甚至被奉为神祇而受到崇拜,进而影响到人们的效行。

宋代最负盛名的民间救护女神就是妈祖林默娘了,至今她在我国东南沿海及海外还拥有大批信众。妈祖生于宋太祖建隆元年(960),祖父林孚,官居福建总管,父林愿(惟慤),宋初任都巡检。在她出生之前,父母已生过五个女儿,盼望再生一个儿子,因而朝夕焚香祝天,祈求早赐麟儿,可是此后一胎又是女婴。因为她出生至弥月间都不啼哭,便得名林默,父母又称她为林默娘、默娘。林默幼年时就比其他姐妹聪明颖悟,八岁从塾师启蒙读书,不但能过目成诵,而且能理解文字的意旨。长大后,她决心终生以行善济人为业,矢志不嫁,父母顺从她的意愿。她专心致志地做慈善公益事业,平素精研医理,为人治病,教人防疫消灾,人们都感颂她。她性情和顺,热心助人,只要能为乡亲排难解纷,她都乐意去做,还经常引导人们避凶趋吉。人们遇到困难,也都愿意跟她商量,请她帮助。

生长在大海之滨的林默,洞晓天文气象,熟习水性。湄洲岛与大陆之间的海峡有不少礁石,在这海域里遇难的渔舟、商船,常得到林默的救助,人们传说她能"乘席渡海"。她还会预测天气变化,事前告知船户可否出航,所以又传说她能"预知休咎事",称她为神女、龙女。

宋太宗雍熙四年(987)九月初九,是年仅二十八岁的林默与世长辞之日。这一天,湄洲岛上群众纷纷传说,他们看见湄峰山上有朵彩云冉冉升起,又恍惚听见空中有一阵阵悦耳的音乐……此后,航海的人又传说常见林默身着红装飞翔在海上,救助遇难呼救的人。因此,海船上就逐渐地普遍供奉妈祖神像,以祈求航行平安顺利。

妈祖一生在大海中奔驰,救急扶危,在惊涛骇浪中拯救过许多渔舟商船;她立志不嫁,慈悲为怀,专以行善济世为己任。根据史料,北宋、南宋、元、明、清几个朝代皇室对妈祖有多达三十六次褒封,封号从"夫人""天妃""天后"到"天上圣母",并列入国家祀典。但民间对她最亲切的敬称还是"妈祖"。

---

① 张文:《宋朝社会救济研究》,西南师范大学出版社 2001 年版,第 216 页。

妈祖逝世时乡人感其生前恩惠,于同年在湄洲岛上建庙祀之,这就是闻名遐迩的湄洲妈祖庙。妈祖庙于天圣年间(1023—1031)扩建,日臻雄伟。明永乐年间(1403—1424),航海家郑和曾两次奉旨来湄洲主持御祭仪式并扩建庙宇。至清康熙时,已形成了具有五组建筑群的"海上龙宫"。近年来,湄洲妈祖庙进行了大量的复原修建工作,另投资1亿多元兴建了妈祖新殿,新殿宏伟壮观,被世人誉为"海上布达拉宫"。如今台湾地区及东南亚各地的众多妈祖庙都由莆田湄洲及泉州天后宫等"分神"。

林默(妈祖)塑像

妈祖作为民间神祇、护航海神,自宋经元、明、清等几代传播迄今已历千年以上。奉祀妈祖的宫庙,遍布我国沿海各省、市,例如潮州、莆田、汕头、泉州、漳州、雷州、湛江、海南(除青海、新疆、西藏3个省和自治区以外的其他省份,都有妈祖庙)。随着元、明、清航运交通的日益发达,也随着华人足迹遍及全球,日本、东南亚各国、加拿大、美国乃至法国巴黎、丹麦、南美的巴西等国家和地区都有了妈祖宫庙。莆田湄洲岛上的妈祖庙,泉州天后宫,天津的天后宫,澳门的妈祖阁,台湾北港的朝天宫和鹿港妈祖庙,为我国天后宫有名的大庙,每年都举行盛大的祭典。

与妈祖齐名的民间神祇还有"保生大帝"(俗称大道公),是周代秦伯的后裔,列国时分土金陵,建国吴县(现在的江苏),传到三十一世的时候,遂以吴为姓。后来吴姓子孙繁衍,才分出一支,迁入福建泉州府同安县白礁乡定居,这白礁乡就是日后保生大帝生长的故乡。

据载,大帝名夲(音滔),字华基,闽南、台湾、广东潮汕地区人民所奉的地方守护神。

明太祖时,敕封其为昊天御史医灵真君。明道二年(1033),漳州、泉州两地瘟疫蔓延,民众相继而死,吴真人带领徒弟江仙官、张圣者等奔波于漳泉疫区,施医送药,拯救灾民无数,平息了一场灾祸。漳泉两地民众永怀吴真人的恩德。旧时福建泉州多建庙奉祀。传入台湾后,建庙亦多,为当地医师及泉州籍民所信奉。历史上,台湾闽籍子弟常举行一年一度的"上白礁"祖庙祭典活动,在两岸隔绝时则隔海祭祀。

中国的中医与道家有着难解难分的渊源,其中不乏济世救难的慈善家。妈祖和保生大帝即是道家慈善代表。

总之,两宋时期出现了一批著名的慈善家,他们以不同的慈行善举传播扶危救难的理念,挑起了宋代慈善事业的大梁,推动了宋朝慈善事业的发展。

三、明清时期的民间慈善事业

在儒家思想一统天下的格局中,历朝历代的统治者都在有意识地强化政府救济的作用,而忽视或者限制民间慈善组织的发展。至于个体的慈善行为,则更是常常处在尴尬的位置。就是在这样的情势下,民间的、个体的慈善活动也从来没有停止过。

随着商业经济的日趋活跃,至明朝中后期出现了中国早期资本主义生产关系因素的萌芽。与此同时,市民思想也得到了初步发展,人们开始反思自身的价值,并重新审视个人的社会责任。应该说,明末清初地方社会及民间赈济活动的兴起,与早期资本主义的萌芽及市民思想的产生都有一定的关联,这些构成了明清时期民间慈善事业发展的社会因素。

明朝中叶,民间慈善事业迅速崛起,成为在官方之外兴办慈善事业的又一重要力量。随着社会经济的发展,清代的民间慈善事业在明朝的基础上呈现出更加兴盛的局面。民间慈善组织的数量进一步增加,各种慈善组织的数量难以计数;其功能比较齐全,基本上涵盖了社会福利中所需救济的方方面面;而且经费相对充裕;参与的社会阶层也比较广泛,从地方乡绅到工商业者及普通老百姓都乐此不疲;善举活动开展得非常频繁。

这方面,唐甄是比较典型的代表人物。

唐甄(1630—1704),清初期的思想家和政论家,初名大陶,字铸万,号圃亭,四川达州人。唐甄出身官僚地主家庭。清顺治十四年(1657)中举人。他曾在山西担任过十个月的知县,因与上司意见不合被革职。后曾经商,因赔本流寓江南,靠讲学卖文维持生活。

唐甄像

他认为人类社会的一切进步与文明都是为了人类自身,只要是以人为本,对他人生存和发展有益的事,无论大小,都是有功的。"救一时之民,保数世之安,其功亦大矣……其时守一方,惠一邑者,皆有功于人者也……即不齐施者,饥与之一饭,寒推之一衣,亦有功焉。"[1]这样,"泽被四海,民无困穷,圣人之能事毕矣,儒者之效功尽矣"[2]。这种思想

---

① [清]唐甄:《潜书》,古籍出版社 1955 年版,第 203 页。

② 同①。

对于都市里的新富者——传统社会中处于四民之"末"的商贾来说无疑产生了重要影响,也成就了他们实现自己的人生价值,提高自身的社会地位与威望的大好时机。于是,在明末清初灾荒频繁发生的情况下,这些殷商富贾便同地方士绅一道,纷纷捐输,积极参与到地方社会的灾荒赈济中来。

彼时自然灾害频发,而且当时情况下多为靠天吃饭,往往灾情一发就很严重,如果仅仅依靠政府自身的力量赈灾,会显得力不从心。此外,明清时期财政的支绌及官赈过程中日趋严重的贪污腐败现象,也大大降低了赈济的实际功效。在这种情形下,政府只能借重于民间社会的力量来完成赈灾,以维持地方社会的安定。恰在这一时期,随着社会商品经济的发展,富裕绅商出现极其强烈的慈善参与意识,足可为政府所信赖和倚重。两相契合,民间赈灾活动便得以迅速发展起来。

实际上,自明中期开始,大灾期间的赈济及灾后的重建恢复过程中,地方上士绅、商贾都发挥了极大的作用,占有越来越重要的地位。

明宣德十年(1435),江西普遍出现饥荒,地方渐有米贵民愁之虞。官府曾考虑开仓平粜,然而存储有限,无法满足四乡灾黎的需要。正当地方官府进退踌躇之际,忽有"义民鲁希恭及新淦郑宗鲁各出粟二千石助赈济,吉水胡有初千五百石"[1]。随后,又有众多绅民献捐,暂缓了饥民的乏食之困。明正统五年(1440),江右再度发生灾荒,吉安等府的绅商亦慷慨认捐,"吉安府诸县民,庐陵周怡、周仁,吉水盖汝志、李惟林,永丰杨子最、罗修龄、萧焕圭,永新贺祈年、贺孟琏,安福张济,泰和杨梦辨,各出粟二千,左豫备仓赈济"[2]。

对于政府而言,正亟须倚重地方绅商的这种赈济行为以补充地方政府之不足,故往往予以嘉勉,希望能在地方社会形成一种乐善好施的风尚。例如上述绅商的助赈,当时官府就"特遣行人赍敕,旌为义民,劳以羊酒,蠲杂徭"[3],以示优待。再如明嘉靖八年(1529)春的河南岁饥,也是由官府倡捐,地方乡绅富商参与合力救赈,"杞县义民张廷恩、王廷珮各输粟赈济饥民,先后以万计"[4]。

明崇祯三年(1630),江浙各地闹春荒,嘉善县即由居乡间的绅宦陈龙正主持、指导地方的救赈工作。陈龙正根据对地方民情的熟悉程度,从全县二十区中各推选出一名勤敏诚实的乡绅主持救荒,分圩逐村查核灾情,将极贫人户、次贫人户分别登记入册,以便"酌量地分,派定日期",展开赈济。

---

①② 吕洪业:《中国古代慈善简史》,中国社会出版社 2014 年版,第 119 页。
③ 李文海、夏明方主编:《中国荒政全书》(第一辑),北京古籍出版社 2002 年版,第 714 页。
④ 同③,第 231 页。

明中叶以后,商品经济日渐繁荣,商人也就成为地方社会赈济活动的一支重要力量。明、清两朝几支重要的商帮,如晋商、徽商、粤商及江西商帮等中,不乏富甲一方的巨贾豪室。不少商贾在致富之后,便踊跃输捐办理慈善公益事业。时人赞曰:"此不过以商贾之余财,拯苍生之急困……赈邻近之小民,其势为甚便,而其理为甚宜者。"①在众商中,徽商素以仁义著称,其慷慨解囊之举历来为人们所称颂。

明嘉靖九年(1530),三秦大地发生蝗灾,正在榆林经商的歙县盐商黄长寿闻讯后,立即"输粟五百石助赈",为救灾民贡献其力。而在江南地区,徽商的经济实力更盛,几乎渗透至每个市镇,有所谓"无徽不成镇"之说。徽商在江南各地经营的典当业(也有佃农将米质于当铺换成银两),获利颇丰。在饥荒岁月,徽商亦见利不忘义,慨然出米平粜,或捐米赈济本地灾民。明天启年间嘉善出现歉收,地方乡贤达人士周知微、魏子一等人就与徽商各典业主共议,希望为乡民平粜米谷。最后,"徽典各户上报赈荒米数有一千六百石",超出了原议的几百石之数,避免了当地灾民陷入米珠薪桂的窘境。

众多载录表明,绅商大规模地参与地方社会的灾荒捐助及赈济应是在入清以后。清代绅商捐输赈济的情形较明代更加突出,几乎全国各地皆有例证。歙县人汪应庚便是一个典型的范例。

汪应庚原籍安徽歙县潜口村,出生于康熙十九年(1680)。他早年到扬州淘金,掘到了第一桶金,雍正年间,成为拥资百万的大盐商。盐商不缺钱,但怎么个用法,因人而异。汪应庚热心慈善事业,且出手大方。《扬州画舫录》记载:"(应庚)居扬州,家素丰,好施与。如放赈施药、修文庙、资助贫生、赞襄婴育、激扬节烈、建造桥船、济行旅、拯覆溺之类,动以十数万计。"②

不图回报,真心实意,长期做好事、做善事,持之以恒,项目涉及民生的方方面面,汪应庚真有一副菩萨心肠。两淮地区,地势低洼,昔日防洪设施简陋,灾害频仍。雍正年间,海啸成灾,灾民急待赈济,汪应庚设粥厂于淮南,救济灾民,历时三个月之久。乾隆三年(1738),扬州发生旱灾,扬州盐商出资赈灾,汪应庚一人独捐四万七千两白银,设八个粥厂,赈济灾民历四个月之久。乾隆五年(1740),扬州闹水灾,汪应庚以天下苍生为念,又捐银六万两救灾,救活数十万饥民。乾隆七年(1742),扬州府属淫雨成涝,官府紧急劝募众盐商捐钱助赈,汪应庚一次性捐银六万两,使灾民受惠,所活不少。

汪应庚慷慨解囊的美名传到朝廷,乾隆尊呼他是"大勋卿",赐给光禄寺

---

① 李文海、夏明方主编:《中国荒政全书》(第一辑),北京古籍出版社 2002 年版,第 332 页。
② [清]李斗:《扬州画舫录》,山东友谊出版社 2001 年版,第 420—421 页。

少卿的荣誉称号。除了救灾,捐资助学也是汪应庚投身慈善事业的经常性项目。乾隆三年(1738)他出巨资重修年久破败的江都、甘泉学宫,又出资二千余两白银为学宫购置祭祀乐器,还另外出资购置1500亩沃田捐作学田,以年租充作学宫岁修开支和生员乡试的路资。此举被称为"汪项",在当地传为美谈。

当时,一旦发生自然灾害,官府赈济当然是题中之义,而在地方上,可以说是绅商踊跃应命,或纳谷或入田或输钱,积有成数,赈济灾民的事例是屡见不鲜的。清道光三年(1823)常州府宜兴县发生旱荒,乡民杨襄绩不但自己拿出全部家产及千余石粮食,还组织当地乡民捐款,并建成一座义仓,使几万人免于饿死。

四、明清是民间慈善组织最为活跃的历史时期

明清时期是中国传统慈善事业中民间慈善组织最为活跃的一个历史阶段。明清时江南各地修纂的地方志人物传里大都列有善行、义举之类,据此,我们很容易找到许多这方面的事例。如歙商汪光晃,在清乾嘉年间"设义馆以教无力延师者,岁费数百金"[1]。黟县人汪承嘉,"生平勇于为义,尝散粟以周族人……值岁旱,赤地千里,嘉为粥于路,以食饥者"[2]。

值得注意的是,这时期,乐善好施者已不再限于显宦重臣、富商巨贾和地方望族豪门,众多普普通通的老百姓也加入了民间慈善事业的行列,纷纷成立了各类慈善组织。这就使得民间社会的慈善活动发生了显著的变化:一是由个别人的善行义举趋向众多平民百姓乐善好施而呈现出大众化的倾向;二是由临时一般性的善举趋向常设的慈善机构而呈现出组织化的倾向,如明末最著名的同善会即如此;三是由官营慈善机构为主趋向民办慈善机构普遍设立而呈现出广泛化的倾向。

检视明清时期众多的灾荒及赈济方面的史料,我们不难看出:面对愈演愈烈的自然灾害,单靠封建国家各级官府的赈济,显然已无济于事了;再加上一些利欲熏心的墨吏污官又乘散赈之机大肆克扣侵吞,"假公委以济私情,冒官物以充己橐"[3],民间对官赈表现出的不信任感已越来越强烈。中央政府行政效率的低下及管理地方事务能力的削弱,便使得清初以来官方对民众赈济

---

① 王卫平主编:《明清时期江南社会史研究》,群言出版社2006年版,第259页。
② 王日根:《中国会馆史》,东方出版中心2007年版,第193页。
③ 李文海、夏明方主编:《中国荒政全书》(第一辑),北京古籍出版社2002年版,第332页。

的介入不得不逐渐淡出，而非官方的民间社会力量组织随之崛起，并在地方社会发挥着主要的赈济职能。

两者彼消此长，为清代民间慈善事业的大规模兴起提供了广阔的发展空间。这类民间慈善事业，主要有以血缘关系为纽带的宗族慈善组织，如义田、义庄；有以传统道德规范为指导的慈善组织，如善堂、善会；还有以地域为基础的义赈团体等。至于民间个别善人的慈善活动，诸如修桥补路、赈灾济贫、捐资兴学等，中国自古以来即已存在。只是到了明朝中叶，这种情况就变得相当普遍了。

民间社会的慈善组织迅速崛起，成为在官方之外兴办慈善事业的又一支重要力量。入清后，原成立于明末的一些慈善组织仍然相当活跃，照常开展相关的慈善救济活动，即便因战火一度中断了活动的慈善组织也逐渐得到恢复。随着社会经济的发展，清代民间社会的慈善活动在明朝的基础上呈现出更加兴盛的局面。

入清以后，民间慈善组织的数量进一步增多。明代的慈善组织，除官办的养济院、惠民药局外，只有少数地方存在育婴社之类的慈善团体，且数量不多。而在清代，各种慈善组织的数量难以计数，较前代有了很大的发展。

从施济内容看，清代民间慈善组织的功能也比较齐全，有的对患者施医给药，有的对死者施棺代葬，有的对贫民施粥给衣；从救济对象看，有打捞和赈济落水者的救生局，有收容流民的栖流所，有抚恤节妇贞女的敬节会、儒寡会、清节堂、恤嫠局等，有收养遗弃孤儿的育婴堂、恤孤局、广仁堂、留婴堂等，还有恤及生灵万物的放生局、惜字会之类的善堂善会。清代这些慈善组织基本上囊括了社会福利中所需救济的方方面面，范围十分宽广，功能极为齐备。

自清以后，民间慈善组织的经费较前朝相对充裕起来。明代的慈善机构主要靠入会者的善捐，数额不大，用于慈善活动的开支也就十分有限。而清代各慈善机构的经费来源的渠道扩大了，有官员捐养廉银，有士绅百姓捐赠房屋、田产，也有耆老移献生日筵席费。同时有不少善堂、善会将屋产租赁出去或把银款存典生息来维持日常的开支。

相对来说，一些省城善堂的经费来源更广，资金更充足。如善化育婴堂，自雍正八年至十二年（1730—1734），共获捐银5870.8两，雍正十三年至乾隆七年（1735—1742），又陆续募得白银1200余两，并存典生息，充作日常经费用度。该育婴堂靠雄厚的经费，长年收养产妇溺婴，拯救了众多幼小的生命。

明末清初，我国江南地区的民间慈善事业形成一个高潮。那时许多具有进步思想的知识分子纷纷成立地方慈善组织，一方面互相联络感情，反对宦官黑暗统治，集会抨击腐败政治；另一方面对社会实施有效救济，遇寒者给衣,饥者给食,病者施药,死者施棺,有的还筹集经费,给贫困儿童办学。由著名的东林学派主将高攀龙、钱一本、陈幼学、叶茂才等组织的同善会,便是这样的一个民间慈善团体。

高攀龙(1562—1626),明代文学家、政治家,初字云从,更字存之,别号景逸,南直隶无锡(今属江苏)人,明万历十七年(1589)进士,授行人。高攀龙因疏论辅臣王锡爵,谪官为广东揭阳县典史,后卸职归故里,与顾宪成修复东林书院,讲学其中,世称"高顾",为东林学派的代表人物。天启元年(1621),他入朝为光禄寺少卿,后因弹劾宦官魏忠贤,被削籍为民。天启六年(1626),因锦衣卫追捕东林党人,高攀龙从容赴水而死,崇祯元年(1628)得以昭雪。高攀龙同顾宪成、顾允成、安希范、刘元珍、钱一本、薛敷教、叶茂才合称为"东林八君子"。

同善会最早出现于万历十八年(1590)的河南虞城县,但它的流行却是在江南地区。从万历后期到崇祯年间,武进、无锡、嘉善、太仓、昆山等地先后创立了同善会。江南地区最早的同善会是由东林党人钱一本在其家乡常州府武进县创立的。根据高攀龙《同善会序》的说法,钱一本创立的同善会每年聚会四次,筹集经费,实施救济。此后,东林党人高攀龙和陈幼学等又在无锡、陈龙正等在嘉善、顾士琏等在太仓相继成立了同善会组织。同善会慈善事业主要内容是向社会宣扬良好的道德风尚,收养生活无着的贫困孝子、节妇和贫老病者,资金由同善会会员集体募捐。

同善会在施行救济时,除了贫穷这一物质标准外,还往往对救济对象提出道德品质方面的要求。高攀龙制订的《同善会规例》和陈龙正所作《同善会式》中都提出,对于贫困无依的孝子、节妇,要优先给予救济,其次才考虑那些未被养济院收容,贫困潦倒而不愿为乞的贫老病人。至于"不孝不悌、赌博健讼、酗酒无赖,及年少强壮、游手游食以致赤贫者"[1],则一律不予救助。

高攀龙像

---

[1]　王卫平、黄鸿山、曾桂林:《中国慈善史纲》,中国劳动社会保障出版社 2011 年版,第 57 页。

辽宁沈阳的奉天同善堂

　　同善会是由地方绅士创立的，创立者一般都具有进士、举人或者生员（即秀才）的身份，有些人还有过为官的经历。他们往往结成团体，利用群体的力量从事慈善活动。如无锡同善会的创立者高攀龙、陈幼学等都是东林书院的骨干，高攀龙不仅是进士，且官至都御史；嘉善同善会的陈龙正、周丕显都是举人，魏学濂是生员；太仓同善会的主要人物顾士琏是生员，而且同善会组织与太仓知州、复社领袖张采也有密切关系。因此，同善会创立后，能够不断扩大影响，吸收的人数持续增加。无锡同善会成立仅三年，成员已达 100 多人。嘉善同善会开始时有会员近一百人，十年后更增加到数百人。

　　同善会的经费主要依赖会员捐献。每次捐献的金额，按照嘉善同善会的规定，从银九分到九钱不等，在聚会日由会员交给会计。随着申请救济人数的增多，每次筹集的捐献已不敷支出，时有捉襟见肘之忧。鉴于此，陈龙正时已开始置办土地，以地租收入来维持同善会的运营。

　　在同善会的基础上，清代江南民间慈善事业向更大规模发展，据有关史料统计，仅苏州一地即有各种名目的社会慈善团体 120 多个，上海地区也有 80 多个慈善组织。这些慈善组织有的建起育婴堂，专收弃婴抚养，有的办起仁济堂、同仁堂，给穷人免费供给医药。明清由士大夫筹办的慈善组织，还定期向广大群众讲学，宣传他们的慈善主张。

　　清朝还有两位慈善家也是应当提及的，一位是陶澍，另一位是大名鼎鼎的林则徐。陶澍是清朝道光年间的封疆大吏，他曾官至两江总督，在慈善事业方面以主持丰备义仓而知名。道光三年至五年（1823—1825）时，陶澍任安徽巡抚，恰逢大火灾，他开始考虑建立一座防备灾荒的民间义仓，定名为"丰备义仓"，意思是"以丰岁之有余，备荒年之不足"。

　　至道光十五年（1835），陶澍已任两江总督，终于和时任江苏巡抚的林则徐把丰备义仓建成,地址选在江宁、苏州地区。这年年初,林则徐在苏州城里修筑了十间大小仓库,从无锡买粮存放。因为地在江苏长洲、元和与吴三县,历史上把这座民办公助的救灾仓库命名为"长元吴丰备义仓",从 1835 年至 1860 年二十多年间,这座义仓有效地起着荒年赈灾的作用。鸦片战争后,林则徐被流放到新疆。他在边区伊犁又一次自己捐款兴修了龙口渠,为新疆人民谋福利,完成了一生中最后一次为国为民的慈善业绩。

清朝晚期,长元吴丰备义仓完全由官民合办转手为当地士绅联办,慈善事业规模越来越大,不仅灾荒时赈济粮食,还筹建"协济粥厂",后来又兼管失业机户的救济。清末光绪二十二年(1896),还创办了一所专收贫困家庭孤苦儿童的"儒孤学堂"。最后又扩建了一所解决流亡人口和贫民子弟就业的"贫民习艺所",相当于现在的技工学校。这样长元吴丰备义仓就成了一个综合性的慈善机构。

五、明清参与慈善活动的社会阶层日益广泛

明末,社会慈善活动主要还是靠有影响力的地方衿绅主持。随着清代商品经济的发展,工商业者对善行义举也乐此不疲,参与民间慈善组织的社会阶层越来越广泛,成为这一时期民间慈善事业中至关重要的一个组成部分。而普通老百姓的广泛参与、捐资积德、好善乐施,更是扩大了慈善事业的影响力。

明清时期的民间慈善团体和机构主要有普济堂、会馆、义庄及各种善堂善会。

普济堂大多数由地方乡绅集资创办,影响最大的是京师普济堂。

普济堂的创建者是地方士绅或地方有力之家,即所谓的邑人、郡人。因此,开始的时候,它是作为民间慈善机构开展活动的。但普济堂创建不久,即得到了官方的资助。这种资助表现在三个方面。一是供经费。如虎丘普济堂创立后,得到朝廷表彰。康熙五十五年(1716),圣祖玄烨赐给御书匾额。乾隆二年(1737),地方官府"奉旨拨给没官房价银,置田八顷四十四亩有奇"[1]。到同治年间,共有田产 12905 亩有余。其中也包括士绅捐赠的土地。女普济堂创立 6 年后,即乾隆九年(1744),江苏巡抚陈大受奏请朝廷,拨给大量田产,至同治年间,女普济堂共有田产 14987 亩(大多是沙田),其中也有少部分是士绅捐赠的。二是增建。乾隆三十一年(1766),江苏巡抚高晋又增建

---

[1] [清]顾禄:《桐桥倚棹录》,上海古籍出版社 1980 年版,第 84 页。

虎丘普济堂病房 51 间。三是监察。即对普济堂的财务"出纳之数"行"调济之法",委派专人进行稽查。这就使普济堂带上了浓重的官方色彩。但是,不管普济堂的官方色彩多么浓重,其主持人即所谓的"董事者"仍然是地方士绅,所以它仍具有民间慈善机构的性质。

普济堂在全国各地非常普遍,清代在河南 109 个州县建有普济堂 129 所。

会馆最早出现在明永乐年间,是各省缙绅为便利同籍应试士人旅居而在京师与各省城要地创设的。入清以后,由于流官制度的实行和社会经济的繁荣,会馆之设再趋兴盛。凡官宦商贾、工匠流寓足迹之所至,皆有各地乡贯(指籍贯、本籍)建立的会馆。会馆通过举办各种慈善活动来联络乡人,敦洽乡情,促进同籍人事业的发展。一般来说,各种会馆都设置有慈善机构,力行善举。会馆主办的慈善活动主要有助学、助丧、施医、济贫等四个方面。

义庄由北宋范仲淹首创,此后,各地设义庄置族(义)田渐成风气。据统计,明代大约设置了 200 个,清代义庄的设置更是数以千计。至于义庄的慈善活动范畴,主要是赡贫、恤病、助婚丧、养老、劝学、救急等。

宋明以来,佛教、道教的劝善书在江南地区的民间社会非常盛行。劝善书的广泛流行以及社会各阶层的回应,使得善堂林立,善会风行。明清期间比较著名的善堂、善会主要有同善会、放生会、惜字会、救生局、义渡局、清节堂、丧葬善会等。

需要说明的是,各类慈善机构的创办动机也有很大的差异。育婴事业的兴起,同民间弃婴溺子的陋俗相关,而义庄的盛行无疑又与江南显宗望族众多、宗法观念强烈及"施由亲始"的儒家传统思想有密不可分的联系。

会馆出现在明初,盛行于明清和民国时期,是一种地缘或业缘性的传统社会组织,是各省缙绅为同乡人或同业人在京城或都市里创建的聚会寄居场所。旧时的学子、商人或进城闯荡的漂泊者,都可凭同乡或同业的关系免费或少费寄居在这里,形成了一种独特的会馆文化。入清以后,由于流官制度的实行及经济的繁荣,会馆之设再趋兴盛,"走通都,过大邑,见夫士商云集,或游宦,或服贾,群然杂处其地者,罔不设立会馆"[1]。凡官宦商贾、工匠流寓足迹之所至,不论是北京、苏州、上海等懋迁之区,还是秦陇、川渝、滇黔等边陬之地,皆有各地乡贯建立的会馆。

由此,会馆成为明清时期一道独特的社会景观。它是一种以乡土为纽带、流寓客地的同籍人自发成立的社会组织。它根植于传统市场经济扩展、人口迁移和流动频繁,以及商人子弟不断入仕的经济社会大环境中,形成整

---

① 彭泽益选编:《清代工商行业碑文集粹》,中州古籍出版社 1997 年版,第 93 页。

合流动社会的功能和机制,既是明清社会变迁的产物,又对传统社会结构的更新起了一定的作用。

会馆的早期形成大致可以分为官绅会馆和商人会馆两种类型,不同类型的会馆不仅仅兴起时间有差,而且在功用方面也不尽相同。

追溯历史,安徽人俞谟在北京首先建立了芜湖会馆。

俞谟,字克瑞,永乐元年(1403)选贡,任南京户部主事,转北京工部主事。明永乐十九年(1421),明成祖把首都从南京迁到北京。不久,一家名叫"京都芜湖会馆"的公所就在皇城根下的前门外长巷上三条胡同内挂牌面世。这是当今历史学者们公认的目前所知最早的中国会馆。会馆有东西两院,各矗立着一株高大的香椿树。正厅有 3 间,各式厢房小屋 16 间,沿街铺面房屋 7 间,灰棚房 6 间,面积约 100 平方丈,规模在当时十分了得。此处会馆系俞谟"在京师前门外置旅舍数椽并基地一块,买自路姓者,归里时付同邑京官晋俭等为芜湖会馆"。当时会馆是作为京官购置的旅舍,而俞谟离职后把会馆交付同乡以便同乡之人所用,这可看作是最早出现的官绅会馆。

关于早期的官绅会馆有这样的记载:"会馆之设,始自明代,或曰试馆。盖平时则以聚乡人,联旧谊,大比之岁,则为乡中试子来京假馆之所。"[1]正是基于这样的原因,封建官僚倡导和资助会馆的创设便促成了会馆如雨后春笋般地建成。自此以后会馆在京师便不断出现,但自永乐到正德、嘉靖年间,会馆仍主要是官绅聚会的一种场所,有的官绅甚至长期寓居其中。明清时期,科举制度发展到鼎盛,加之不同地区的教育水平差距较大,使科举与地域的关系紧密起来,供士子京试的会馆随之出现。作为安顿来京应试子弟的理想场所,服务于士子科举的会馆得到了迅猛的发展。此类会馆的迅速发展,使得那些专供官绅聚会的会馆在其后发展起来的会馆总数中相对比例日益减小。一般来说,那些偏重于服务士子科举的会馆也属于官绅会馆的范畴。

商人会馆的形成则和明清商品经济的高度发展密不可分。作为商人,经商的目的在于赚取商业利润,而利润的实现则需要克服诸多障碍。而商人会馆的构建就是应对这种情况的产物。同一会馆的商人可以通过相互的联合和帮助,增强其市场竞争力,这样,同一地区或同一行业的商人在会馆的旗帜下团结起来凝聚为一个整体,就可以使同乡共业的商人都有生存机会。

事实上,官绅会馆的构建相当一部分是有商人在其中起重要作用的,商人服务于官绅和科举的会馆这一现象反映出商人对封建政治的依附和投靠。在官绅会馆的影响下,为求得社会对其地位的认同,商人自然而然也会建立

---

① 陈清义编著:《中国会馆》,华夏文化出版社 1999 年版,第 4 页。

起服务于经商的会馆。当然,商人会馆创建之初还有出于同乡人交往的需要以及其实施自我管理和自我约束的目的。一般认为,商人会馆初见于万历时期的苏州。在清人顾禄《桐桥倚棹录》里就有关于苏州岭南会馆、冈州会馆的建设的记载。明清时期很多地方都已经出现了资本主义生产的萌芽,商业非常繁荣,到清朝更是出现了诸如晋商、徽商等一些享誉全国的商帮。而商业的繁荣促成了商人会馆的涌现。很快,商人会馆就已经遍布于北京、天津、上海、广州等地,继而向其周边各地扩散,以至最终散布于全国各大都市和工商城镇,一跃成为明清会馆中数量最多的一类。

值得注意的是,仕商合建的会馆也屡有出现,这既可以看作是商人势力壮大后士大夫与商人团体的妥协,也可以看出商人依旧无法摆脱对官府的依附。另外,在明清时期还有因人口迁移而兴起的移民会馆,这些会馆也较多地将经济因素放在首位。

虽然官绅会馆和商人会馆有着不同的功用,但作为会馆却都有着"祀神、合乐、义举、公约"的基本功能。"祀神"为会馆树立了集体象征和精神纽带;"合乐"则为流寓人士提供了聚会与娱乐的空间。官绅会馆总的来说是为官绅提供歇息的场所,为同乡邑的僚属提供聚会的地方。那些专为举子创建的会馆则可以为赶考的举子们提供相关的服务,并为他们提供歇息的地方。相比之下,商人会馆的作用确有不同。商人会馆首先是出于为同乡共业的商人创造更强的市场竞争力的目的,联络乡情也是必不可少的功用。另外,商人会馆还有举办义举和提供后勤服务的作用。首先,举办义举即对遇到困难的同行提供帮助,对团结同行增强凝聚力有重要作用;其次,提供后勤则可以构建商人团体之间的网络,完善市场机制。这样,在外的商人通过会馆不但可以形成一个强有力的竞争团体,而且可以共叙乡谊,满足对其在外经商孤独的心灵的慰藉。

总之,会馆作为明清社会政治、经济、文化变迁的特定产物,不仅是明清时期商品经济蓬勃发展的必然,亦与明清时期的科举制度、人口流动相伴随。明清时期,会馆作为在这一时期出现的多形态的社会组织发挥了极大的作用,而诸如官绅会馆、商人会馆这样的分类也使得会馆在功用上可以有进一步发挥的余地。

徽商会馆

作为一种地缘性组织,会馆均以"答神庥、笃乡谊、萃善举"为宗旨,通过举办各种慈善活动来联络乡人,敦洽乡情,促进同籍人事业的发展。清代以降,许多同乡仕商合建的这种地缘性会馆,都创设了相应的慈善机构,力行善举,有的甚至在正式建馆之前就建有义冢等慈善设施。至19世纪中叶,各地会馆及其所附的慈善设施已经比较完备,救济功能、范围和形式都有新的扩展,其慈善活动也愈趋活跃。

从会馆初创时勒碑的条陈规章及其刊印的征信录等资料来看,会馆举办的慈善活动主要有助学、助丧、施医、济贫四个方面。助学会馆的设立,原本就是明清两代科举制度的产物。明清时最初的会馆,即在一定程度上服务于科举教育,为同籍举子旅居应试提供便利。正如陈宗蕃在创建福建同乡会馆时所言,会馆之设,"盖平时则以聚乡人,联旧谊,大比之岁,则为乡中试子来京假馆之所"①。例如京城的漳州会馆,除将其所得经费留出一定的修缮费外,余资作为应试卷资。龙溪会馆在乾隆年间亦有类似善举,对本邑参加乡试、会试的书生均设卷费二金。在江南一带,殷实的商贾捐建会馆时还立有义塾、义学,延请先生教育自家弟子和同乡贫苦少年。

康熙三十八年(1699),徽商张佩兰在吴江捐建了新安义学,"以课新安人居盛泽之孤寒子弟",鼓励其读书入仕。后来的吴江徽宁会馆即在此基础上扩建而成。清代,会馆建立起的这种义塾、义学之类的慈善教育机构,培育了不少贫儿成长为社会有用之才。清光宣之际,江浙商人创建的会馆对慈善教育事业依然情有独钟,致力于近代新型学堂等教育活动的建设,功业甚伟,对会馆慈善活动在近代的转型与发展也起到巨大的推动作用。

会馆里附设殡舍、义冢或义园等慈善设施,这是明清两朝会馆慈善事业中最重要的一项善举。素有仁义之称的徽商尤热衷于此。据统计,江南各地会馆所设的寄柩所、义冢等慈善设施多达70余所,其中又以徽商的义冢等设施为最多,计24所。时人有谓:"皖江多好善,所在辄置义冢。"②清乾隆前期,徽商先后在苏州虎丘等处建积功堂、积善堂殡舍,对病殁于苏州的同乡人施以棺木,埋入义冢地。后因徽商经济实力日渐殷富,遂自乾隆三十五年(1770)正式创设徽郡会馆,有司事专门董理前两处善堂义冢。清道光八年(1828),徽郡会馆又以巨额银款将积功堂扩建为诚善局,设司事人负责其慈善事务。

当然,会馆的殡舍、义冢等慈善设施并非徽商所独有,北京、杭州、上海等地都有同类的慈善机构。清朝中后期,汀州会馆、江南会馆相继在北京设立义冢或义园,供病殁旅邸不能还乡的同籍人停厝。还有漳郡会馆,即由旅京

---

①　陈清义编著:《中国会馆》,华夏文化出版社1999年版,第4页。

②　吕洪业:《中国古代慈善简史》,中国社会出版社2014年版,第141页。

的陈、吴官人于清康熙五十五年(1716)购得永定门外地 12 亩,立为义冢。旅居杭州的宁波人也捐资购得凤山门外地,建立义局,称"四明同义集",又"设庄屋以停旅梓,立冢地以瘗羁魂"。而佛山的江西会馆早在乾隆初年就设立义山,用来义葬同籍客旅。除上面所提及者外,上海的徽宁会馆(思恭堂)是最有名的殡葬慈善机构,其慈善活动广泛而持久,颇具影响力。

一般而言,同乡会馆附设的殡舍、义园、义冢等慈善设施,只暂厝同籍棺柩,对异籍的不予接纳。对于本籍年老病故者的善后事宜,必定是"买棺成殓,安送归乡"[1],但由于送柩回籍路途遥远而颇需时费力,于是更多的便是在客居之地购置义冢,暂时就地瘗埋,迁葬之事以待异日。这也说明:会馆慈善机构由于设立宗旨和服务对象的特殊性,与明清两代地方性慈善机构(如育婴堂、养济院、普济堂等)在运作管理上迥然相异,带有相当浓厚的地缘色彩。

会馆的另一个重要功能就是施医舍药给旅居异乡的人们。无论其为商贾,或为官宦僚属,凡有不测之虞,遍设各地的会馆念及桑梓情谊,也往往要给年壮染病和年迈体虚的同乡人延医治病,上汤敷药,以疗伤痛。清乾隆六十年(1795),徽商在虞山建立存仁堂,"以为徽人寄栖医药之所"。佛山的江西会馆,也虑及同乡病危者无人照顾会生不测,于清同治时添置义庄一所,供患者养病。

清代后期上海著名的慈善医疗机构——徽宁医治寄宿所,就是由旅沪徽州、宁国二府商人在原来的徽宁思恭堂(即徽宁会馆)基础上捐资兴建的。该会馆建成后,广施医药,为社会做了一些有益的事情。

济贫各会馆既以"聚乡人,联旧谊"为主旨,因而其司事或董事都比较顾恤、赈济乡中贫困者,以增强客地同乡之间的凝聚力。清朝中期以后,灾荒相继,兵燹迭起。为避天灾人祸,人们不得不背井离乡,情形十分凄惨。面对众多的流寓之人,像苏州、杭州等地的会馆大都在章程中规定,如遇"有老病废疾不能谋生者;有鳏寡孤独无所倚藉者;有异乡远客贫困不能归里者……令司月者核实,于公费中量为资助"[2]。由此可知,会馆及其慈善机构总是及时向同乡伸出救援之手,竭力扶助。

具体言之,对流寓他乡衣食无着落的同籍人,会馆常给衣御寒,施粥糊口;对贫困失业者,会馆量其财力大小适当给予生活救济;对那些年迈不能经营者,会馆则给予路资,助其返乡归里。如果家乡遭遇天灾岁月,有的会馆还

---

[1] 吕洪业:《中国古代慈善简史》,中国社会出版社 2014 年版,第 141 页。

[2] 苏州博物馆、江苏师范学院历史系、南京大学明清史研究室编:《明清苏州工商业碑刻集》,江苏人民出版社 1981 年版,第 28 页。

召集同乡人集会,充当起为家乡筹办义赈进行慈善救济的重要角色。清光绪年间,黄河在山东决堤,上海的山东会馆就多次募款赈灾。

还值得一说的是,某些会馆还设有专门救济寡妇的慈善机构。在四川,浙江会馆就建有贞节堂,并附设恤嫠局,规定恤嫠名额为 30 名,官场、幕场、商贾之家的寡妇各 10 人。这类慈善机构专门救济同乡中的孤寡急难之家庭,往往给资赡养,俾使"老赢者冻馁无虞,幼稚者生成有望"①。这充分体现了中国民间社会相帮互助的传统善德,也有助于协济有忧戚事故的同籍之人。

六、慈善事业向教化民众的转化

兴起于明清的各种民间慈善组织,除前文所述同善会、慈幼局、同乡会馆之类会所之外,还出现了一些分类更趋细化的慈善组织,如放生会、救生局、义渡局、清节堂等等。这说明我国的慈善事业已经由单纯的赈灾救济向教化民众方面转化。慈善,不仅作为一种行为,也可以作为一种思想而在大众当中广泛传播了。

放生会,是一种带有浓厚宗教色彩的慈善团体。将被捕获之鱼、鸟等生灵放生于池沼或山野之中,使其不受人类宰割、烹食,此之谓"放生"。佛教徒在放生之时依仪式进行的法会,即为放生会。《梵网经》卷下云:"若佛子,以慈心故,行放生业。应作是念:一切男子是我父,一切女人是我母,我生生无不从之受生,故六道众生皆是我父母,而杀而食者,即杀我父母,亦杀我故身……故当行放生业。生生受生,常住之法,教人放生。若见世人杀畜生时,应方便救护,解其苦难。"②

放生会即依上述经文之精神所形成的法会。我国自南朝齐、梁以来,佛家即盛行断肉之说。梁武帝曾下诏禁止杀生,又废除宗庙供献牺牲之制。《金园集》中记载,梁朝有一高僧,法名慧集,他遍历州府,劝人放生。为了乞钱放生,他曾自烧手指以劝世人,后来手指烧得没有了,又继续自烧两臂。"或远于廛市村落,无乞钱处,遇鱼船者,辄便翻于水中,将身抵鱼人殴打。"③《隋天台智者大师别传》亦载,智者大师曾于天台山设放生池,并劝临海渔夫放生,又向鱼类传授三皈依,讲《金光明经》《法华经》等,以结法缘。此乃我国天台放生会之滥觞。此后即盛行不衰,在今日之台湾地区佛教界,仍然风行。

① 曲彦斌:《行会史》,上海文艺出版社 1999 年版,第 10 页。
② 戴传江译注:《梵网经》,中华书局 2010 年版,第 259—260 页。
③ 曾枣庄、刘琳主编:《全宋史》(第 5 册),巴蜀书社 1989 年版,第 525 页。

这种活动在南朝时主要表现为僧尼间的善举,元明时走向了衰落,直至明中期又开始兴起。当时,随着江南社会经济的繁荣,临近江海的杭州、宁波一带,盛产水产,民众喜好进食,加速了水产和肉食的消耗。同时,江南蚕丝业发达,势必伤害许多生命。针对江南社会的生活方式,明清佛教界积极提倡放生,尤其是云栖祩宏,如憨山德清《云栖莲池宏大师塔铭》所说,"极意戒杀生,崇放生,著文久行于世,海内多奉尊之"①,对明清佛教界影响极大。

"戒杀护生"是佛教生命观的重要体现,云栖祩宏提出"畜生有佛性""畜生有知觉""畜生能轮回往生""畜生也会伤心痛苦"等思想,试图改变社会民众对动物的观念,以达到戒杀护生的目的。祩宏从"凡厥有心,定当作佛"的佛性论出发,表示动物念佛亦能往生,他在《阿弥陀经疏钞》中说:"善男子女人者,善有二义:一是宿生善因,一是今生善类。男女者,通指缁素利钝,及六道一切有缘众生也……又鬼畜地狱,雌雄牝牡,亦可均名男女。但念佛者,俱得往生,是通一切众生也。"②祩宏劝导民众反思自己的生活与感受,想象动物亦有类似的感受,从而引发同理心、同情心、不忍心。在《戒杀放生文》中,他要求民众在生日、生子、祭先、婚礼、宴客、祈禳、营生时都不可以杀生。

在明代结社风气的影响下,祩宏成立了放生会,依《上方善会约》可知有"上方善会""西湖放生社"。《上方善会约》规定了上方善会的宗旨、定期、读诵、治供、议论、主会等事项。上方善会的宗旨是"读诵大乘戒经,兼之放生念佛,是诸上善人同会一处"③。"大乘戒经"是指《梵网经》,可见上方善会是一个持戒、念佛、放生的在家修行聚会。在每月朔望前一日,聚集于上方寺,愿意参加者签名于本上,以记录参加人数,可见其有固定的参会日期。众人到齐后,由一位僧人领众,诵《戒经》一卷,念佛五百声或一千声。

诵经完后,饼果三色做茶供;念佛后,饭菜三色做斋供。茶供、斋供的费用由每位参加者各出五分银,由守院僧置办。法会后,大众可以交流佛法义理。对于放生银,则各自随便出,不拘多少或者有无,或者自己购买来放生。在上方善会的组织里,会首是轮流依次做主,因为会资是固定的五分钱,会首的主要工作是准备香烛茶汤,记录参加的会员。总之,祩宏是希望保持放生会的平等、简单、易操作等特点,这样才能久存。

在祩宏的影响下,放生盛行于明末清初的佛教界。湛然圆澄、密云圆悟等高僧,以及冯梦祯(1548—1605)、虞淳熙(1553—1621)、陶望龄(1562—

①　李森主编:《中国净土宗大全》,长春出版社1996年版,第1005页。
②　[明]祩宏述,古德演义:《阿弥陀经疏钞演义》,上海佛学书局1992年版,第434—435页。
③　觉醒主编:《觉群佛学2011》,宗教文化出版社2012年版,第128页。

1609)等居士,亦多支持放生之业。虞淳熙在西湖组织胜莲社,鼓励社友放生救众,《武林掌故丛编》收有虞淳熙撰《胜莲社约》。陶望龄、张子云等亦曾在万历二十九年(1601),于杭州城南创放生会。

因此,明清的放生会就有了比较明显的结社性质,从佛教的放生理论发展成文人雅士的闲逸乐善之举。放生的理念对慈善的普及具有积极意义,也不失为一种环境友好型社会的雏形。

我国古代救生组织中,最著名的当数救生会(也称救生局),它设于江河湖泊险滩暗礁之处。有救生船,由水保、水手日夜巡查,遇有失事即往救护。水枯季节,则遣水手炸凿暗礁,以利航运。因此,救生局被誉为现代救助的起源。自唐以后,在我国的大江大河上就逐渐出现一些拥有水驿船的船站,具有一定的救生功能。到了宋代,救生会开始创立,并建造专门的船只用于救生。《丹徒县志摭余》称:"救生会在京口(指镇江)昭关,创自宋乾道(1165—1173)间。"据至顺《镇江志》记载,南宋太

救生会遗址

守蔡洸曾经购置 5 艘大船专门用来拯溺救生,并且仿照旧制,分别插着带"利""涉""大""川""吉"字样的旗子。既然是"仿照旧制",那么可以推论,这种设置的出现年代应该更早。

到了清代,无论是从规模上还是从组织的严密程度上,救生会的发展都达到了一个前所未有的高度。如清代京口救生会由镇江地方人士蒋元鼐等发起,成立于康熙四十一年(1702),专事江上救生慈善活动,持续活动达 200 年之久。

镇江西津渡是长江上著名的交通枢纽,又是南来北往的唯一渡口。它北对瓜洲渡,江阔而险。隋唐以前,江面宽 40 多里,到了唐代宽还有 20 多里。每遇疾风来临,江上黑浪如山,顷刻间樯倾楫摧,落江遇难者呼救之声惊天动地,船覆人亡的惨剧频频发生。清初,镇江、瓜洲的绅士为了救生济渡,发起成立了京口救生会。因为镇江当时的商业繁华兴旺,水上交通频繁,但是过江的环境却非常混乱和危险,亟须建立有效的救助红船以抢救覆江濒危者。无奈当时的社会异常黑暗,封建官厅置若罔闻,熟视无睹。

在这样的情况下,清康熙四十二年(1703),由京口蒋元鼐、朱用载、蒋尚忠、张迈先、林菘、袁玺、吴国纪、左聃、毛鲲、钱于宣、何如橡、毛耆、朱元逊、蒋元进、赵宏谊十五人集体协商,决定成立京口救生会。他们四方奔走,"劝邑中输钱,以救涉江覆舟者……积白金若干,于京口观音阁为会",着手建造救生红船,进行救生事宜,解救了不少溺江的百姓。京口救生会的义举,引起社

会各界的关注和支持,"慕义者益多",收到的捐助金额也越来越多。

五年后,救生会购得西津渡昭关晏公庙旧址,建屋三间作为会址。会中祭祀晏公像,后又建楼祭祀文昌神。救生活动的范围也越来越大,受京口救生会的影响,江宁府齐济寺设救生红船一艘,观音门设救生红船一艘,扬州县与丹徒丰乐桥间也设有救生红船。

从京口救生会开始,丰都、宜昌、安庆、南京、镇江等港口,先后出现了好善富户捐船雇人,成立从事水上救捞的救生站、救生会以及救生局之类的组织,其中规模最大的当数南京救生局。

南京救生局最早由叶钊培于 1803 年创立,由于经费不足,附属于通过募捐集资周济孤寡贫困之人的民间慈善组织同善堂。从 1841 年开始,捐助救生会的富户大增,添置了救生专用设备,购置了大批与救捞有关的设备,从同善堂中分离出来,改称南京救生局。南京救生局设总局于城内,在滨江沿河地带设 7 个分局,分段负责。南京救生局虽然属于民间慈善组织,但得到了官方的大力支持,有官方颁发的凭证。更重要的是,救生局所订条规由官方颁布,凡违反救生局条规者由地方当局究办,该条规具备官方法令效力。

南京救生局设立的主要目的在于打捞落水者,减少船舶翻沉事故的发生,同时还担负保证船舶航行安全的职责。

史料表明,南京救生局可以进行船舶登记,限定船舶载重量。他们对境内船舶逐个进行检查,并将它们划分为江船和凉棚船两大类。江船允许在长江航行,分为大船、中船、小船 3 个等级。凉棚船只能在小河内航行,分为大号凉棚船和小划子 2 个等级,大号船可载 10 人,小划子视船体宽窄分别额定载客 6—8 人。各类船舶都由救生局分别编号,登记造册,建立船舶档案。为了便于识别监督,救生局派人在各船两侧涂上标记,用白漆大字写上船舶编号、船主姓名、限定人数,并加红色边框,相当显眼。新造船舶或变更船主的船户,为了取得编号标记都主动到救生局申报登记。

那时候,有些不良船户为了多捞钱,往往会在江心制造种种险情,威胁乘客多交资费,或与乘客争执斗殴,不仅使乘客经济受到损失,而且常常因此发生船舶翻沉事故。为此,救生局在条规中专门做出规定:收费地点必须在渡送过江泊岸后,禁止在江心收费。对有敲诈勒索行为的船户,一旦查实即给予严惩。救生局在恶劣天气可以发布禁航令。救生局条规中规定:"摆江渡船遇风狂浪大之时,除公文驿马相机行止外,惟行人当俟风平浪静过江,不得冒险抢渡。"救生局还备有大信号旗,由官府颁发,称为"止渡旗"。每当出现大风浪等恶劣气候影响航行安全时,沿江各救生分局将此旗高高升起,各船必须立即停航泊岸,"倘敢抗违,由局禀请拿究"。

由上可知,救生局虽属民办,但是在许多方面俨然已经取得了官方管理者的权限。

南京救生局成立以后,给长江南京水域的行船带来更多安全保障,史载:"二十余年来,行有成效,(落水者)全活不可枚举。"清道光年间,由于屡次发生洪水泛滥和坍岸,救生局的各种设施遭到严重破坏,损失惨重。虽然经过再度集资,重整旗鼓,但终未恢复元气。

义渡局,是濒江临湖州县的一项善举,主要是为过往行人及商旅摆渡,过河涉湖,护送客人及行李,不取分文。同治年间,为方便南来北往的旅客,浙江商绅魏昌寿等筹资设立义渡局,数十年如一日,给渡江者提供免费服务。

当年救生会的兴起,在江南一带影响很大,一时大家争做救生善事,其影响遍及大江南北。但是,江上虽有救生义举,平安渡江仍是百姓所期盼的大事。因太平天国起义失败,清廷大批裁减湘、淮军,着令他们解甲归农。无家可归的散兵游勇流落在镇江江面上,便成为"船民"。表面上,他们靠片帆双桨的小船营生,而实际上很多人干着江上盗匪的勾当。由于小船出没无常,行踪飘忽,过江商旅屡受其害,地方官厅对此也束手无策。

从地理条件上来看,当时的西津渡口"乃南北冲要之地,江浙闽海物资悉由此以达京师;使命客旅络绎往回,日不暇给"①。当时的长江,因江面辽阔,南北往来渡船必须经过江中金山。"金山屹立中流,盘涡漩激,号为大簰,险恶尤甚。"西津渡口常有舵工水手"视人性命轻若蝼蚁"。对客旅邀阻横索,又民间的小船渡载,每遇风涛,必有覆溺之患。历史上曾经在此发生多次惨剧:宋绍兴元年(1131)西津渡一渡船载客44人,离岸之后还没到金山,风作舟没,旅客和篙工无一生还;明万历十年(1582)十月,江上起大风,刮翻漕舟民船计千余艘。

过江条件如此恶劣,生活在社会最底层的村姑婆媳、贩夫走卒,面对滔滔的长江,往往视渡江为艰难高险且时刻有性命之忧的大事。在这样的情况下,清同治年间,在镇江经商的余姚县人魏寿昌主动邀请同乡魏铭、严宗延等五人集议研究,决定成立镇江义渡局,并共同集资建造大型渡江帆船,帆船漆成红色,免费渡客,取名"义渡红船",开行于瓜洲、镇江之间,载渡南来北往的旅客,以免惨剧继续发生。清同治十年(1871)九月报地方政府批准,次年(1872)四月建成大船十艘,分泊南岸镇江西津渡,北岸瓜洲渡、七濠口,每日按时对开,并设立机构管理,总局设在镇江西津渡街(当时叫义渡码头街)。另于瓜洲渡、七濠口各设分局,管理其事。自从有了这种渡船,大江南北过往

---

① 严其林、程建:《京口文化》,南京大学出版社2001年版,第81页。

官民商贾,甚感方便。由于不收渡费,渡江的肩挑负贩、引车卖浆者,以及广大劳苦百姓,尤其受惠不浅。

镇江义渡局的规章制度非常精练、实用。(1)五业(洋货、洋药、洋行、杂货、钱铺)推举兼任的义渡局董事,虽然长期为义渡局服务,循例概不支薪,也不会领取车马费,纯属义务性质。(2)义渡局日常开支遵守节俭原则,每届董事会开会研究问题,只供应清茶一杯,职员薪金和待遇均低于其他机构职员。(3)行驶时间:每日黎明开渡,上灯止渡。一年中只有农历腊月廿一至除夕准许夜间开航,如有特殊情况(因急病需送医就诊以及妇女临产需雇唤产婆或单身客商携带巨款,急待过江),虽在上灯止渡之后,经报告,局值班人员查实同意后,也可开渡专送。(4)装载人数:为了保证行船的安全与及时,各班渡轮装载渡客以二十人为限,最多不得超过三十人。如不足二十人,历时已满一小时,即行开船,以保证南北两岸码头不脱船只。(5)兼带救生:平时,装客行驶途中,在不妨碍本船安全的情况下,遇有他船失事,可以顺道救援。救起遇难人员,另有奖赏。(6)不借用、不应差:义渡红船是专门为了利济行人而开设的,对来往于大江南北的官绅、商贾永不借用,"文武衙门"军队,概不应差。这一点特别报请当时的镇江、扬州"文武官署"出示明谕。上述这些规定,除当时报准地方官厅布告周知外,恐怕"日久玩生",还曾经将主要内容勒石公布,以垂久远,起到了向社会宣传,让百姓监督的作用。

清节堂的大量出现和兴起已在清代的中晚期,当时的社会风气催生了这类性质的慈善组织。一是传统道德日渐式微,引发了士绅阶层的不安,所以极力提倡。像清节堂这样的组织,可以成为妇女的贞节观教育基地,堂内的节妇贞女更是妇女们的学习楷模。所以清节堂组织如雨后春笋,纷纷破土而出。二是社会上有太多的青年寡妇急需施以援手。清代中晚期天灾人祸不断,社会的动荡制造了一大批孤儿寡母。失去顶梁柱的家庭如果缺乏外援,其生活的困苦不忍卒睹。这种窘境引起了热心人的注意,清节堂也就应运而生。

清节堂之类的善会、善堂名称很多,又称"敬节会""儒寡会"或"贞节堂"等。主要收养和抚恤青年孀妇贫苦无依,年在三十以内者,及未嫁夫立志在夫家守节之贞女,同时还兼有旌表其操行的功能。

清节堂与其他善堂最大的区别就是以户接纳入堂,允许妇女带母亲或婆婆及未成年的子女一并入堂,彻底解决节妇的后顾之忧。

有些地方的清节堂还设立义塾,入堂的男孩到上学年龄就进入义塾中就读,堂方提供免费的纸墨笔砚等学习用具,后来附近贫家子弟也可在此免费附读。女孩则跟随母亲学做女红,长大的择配出嫁。清节堂后还建有节妇坟,堂内有节妇祠,堂内人的身后事也早被安排得十分妥当。

子女安排好了,日常温饱有保证,身后事不必自己操心,妇女们剩下的事就是安安心心地在堂内生活,闲暇时间做些缝纫编织之类的手工活,换取零用钱贴补家用。这些活由堂方统一承接,自己是不可以私下交易的,因为清节堂实行的是封闭式管理,妇女不得私自走出堂外,除了清明节离堂祭扫亲人,其余时间都必须在堂内消磨。这也是清节堂的特色之一。

清节堂的宗旨是创造一个能让妇女安心守节的环境,妇女守节满一定时间或亡故,由堂方统一向官方请旌。据俞樾撰写的《虎阜清节堂碑记略》称,至光绪二十九年(1903)已有150位节妇贞女得邀旌表;查民国《吴县志》,朝廷在道光十六年(1836)、道光二十年(1840)、道光二十六年(1846)、光绪二十四年(1898)、宣统三年(1911)分批次旌表过清节堂的节妇贞女。道光二十一年(1841),清节堂还曾为32名女子立旌表节孝贞女总碑亭。

清节堂除了抚恤节妇外,还曾参与其他公益慈善活动,如光绪元年(1875)和光绪六年(1880)就曾和另一慈善机构昌善局合作,先后在山塘一带建造了通贵桥和万点桥,便利行人来往。

清朝灭亡后,清节堂依然存在,只是再不会得到旌表了。据民国《吴县志》记载,清节堂未得到旌表的节妇有325名,这里有已故未及请旌的,也有当时尚在世的。这些密密麻麻的姓名,隐藏着无数人悲惨的人生。尤其是那些还未出嫁的所谓贞女,人生之花还没有绽开就枯萎了,只好在清节堂内孤寂落寞地度过一生,可悲可叹。清节堂受旌名单中就有8个贞女,有的是为未婚夫守寡,有的是为侍奉母亲守贞,也有的是父亲殁后不愿嫁人,也许她们是看多了妇女不幸的婚后生活而不愿嫁人,也许还有别的什么原因,反正最终她们成为节妇清单中冷冰冰的名字。所以,这一类贞洁组织,虽救助了一些妇女,但其违反人道的非人性化,还是深受现代社会谴责的。

丧葬善会,是由民间善人捐资成立的以施舍棺木、掩埋尸骨为专责的善会、善堂。这些善会、善堂名称五花八门。在明朝以善会为主,如掩骼会、白骨会;在清朝以善堂为主,如恻隐堂、锡类堂、积善堂、怀善局等。各类善堂、善会,有的功能单一,有的众善并举,是多功能的综合性慈善机构。

丧葬善会在明代已非常普遍。明代盛行的掩骼会、白骨会,从名称即可看出,无疑是一种典型的丧葬善会,它残留着宋明儒佛融合的印痕。在明朝,儒家士大夫与释门弟子均有掩骼埋骨的善举。明崇祯十年(1637),北京出现了掩骼会。在江南也有乡贤名僧捐资创立"为死者谋"的掩骼会、白骨会等。入清以后,丧葬善会仍大量存在。如天津的掩骨会、安徽桐城的葬会等。然而更多的则是成立了助人收埋义葬的善堂,如思豫堂、不忍堂等,也有的称恻隐堂、体仁堂等等。名称虽不一,却都以施舍棺木、掩埋尸骨为专责。苏州收葬性质的善堂颇多,府属的吴县、元和、长洲三地也有同类性质的善堂。它们都是民间善人捐资成立的丧葬性质的善堂,或施棺代葬,或埋瘗瘞骨,构成了地方社会慈善活动不可或缺的部分。

明末清初,是我国古代慈善组织发展最快的一个阶段。这一时期出现的民间慈善组织,最接近现代意义上的"慈善"。至此,中国古代慈善组织的发育达到了最高点。

在明清之前,以捐谷赈灾、修路建桥为主要内容的个人慈善活动早已存在。即使是在官办慈善事业鼎盛的宋元时期,私人慈善活动也不少见。至明清,出现了同善会、广仁会、同仁会或善堂等各种民间慈善团体。它们既不同于宋朝以前国家干预的慈善事业,也有异于此前出现的民间慈善活动(包括宗教的和世俗的),它们是中国历史上一种全新的非宗教性的、非宗族性的、持续性的、志愿性的慈善救济事业,是现代慈善事业的萌芽。这类社会保障制度的形成不仅时间较早,而且出现了法制化倾向。国家政权、民间社会和宗族在实行社会保障、救助社会弱势人群方面进行互动,形成合力,织就了笼罩城乡的社会保障网络,促进了传统社会保障体系的发展。

通过对中国古代传统社会慈善事业的考察,可以发现,中国传统社会保障制度植根于中国社会深厚的土壤,因时发展,日趋完善。因此,在当今建设有中国特色的社会保障制度的过程中,我们还应该从具体国情出发,体现中国特色,而中国古代传统社会保障制度这一遗产,可以成为很好的借鉴。

第四章 晚清慈善事业概况

中国近代慈善事业发轫于晚清光绪初年。

1870年以后，洋务运动已在创办近代军事工业初见成效的"自强"基础上，开始向创办近代民用企业"求富"阶段过渡。这个阶段，洋务派除了继续兴办军工企业并编练新式海军外，又创办了一批涉及采矿、冶炼、纺织、航运、电报等部门的民用企业。这些新式民用企业的创办，在引进西方先进的科学技术和开通社会风气方面起了重要作用。另外，两次鸦片战争后，国门敞开，西风东渐，半封建半殖民化的社会形态促使了民族工商业的迅速发展，这些都为近代慈善事业的发展创造了条件。

近代慈善事业兴盛发达的重要标志是什么？

一是慈善家群体的出现。在传统慈善事业中，虽然也有少数绅商开展过赈灾救济等善举，但赈济的对象多限于施善者原籍和邻近地区，因而基本属于个别的、临时性的慈善活动。同治光绪年间，随着近代慈善事业的兴起，各地慈善机构纷纷设立，许多绅商善士相继投入济贫赈灾的慈善活动，他们之间相互联络呼应、声气相通，于是慈善家群体开始出现。19世纪80年代初，以上海协赈公所为中心，聚集了经元善、谢家福、李金镛、盛宣怀、郑观应、严佑之等十余位江浙绅商。他们在办理义赈的过程中，分别负责募捐、司账、转运、放赈、查赈等环节，既各司其职，又和衷共济，密切合作，形成了清末第一个慈善家群体。随后，一些慈善家群体在江南一些区域陆续涌现。

但慈善家群体的大批涌现还是在民国时期。如民初湖南慈善界，绅商沈克刚、李祥霖、汤鲁、胡棣华、周馨祥、劳鼎勋、朱恩绶、傅宗祥等人构成了当时湖南声誉最隆的慈善家群体，主持湖南省城慈善总公所、湖南救济贫民工艺厂等机构，募捐、司账诸事均有专人负责，善举不辍。1920年华洋义赈会成立后，也很快聚集了孙仲英、严兆濂、傅筱庵、余日章、唐少川等一群声誉卓著的慈善家。而中国红十字会在民初兵灾赈济中也逐渐形成了一个包括沈敦和、施则敬、任凤苞、吕海寰、盛宣怀、吴重熹等人在内的慈善家群体，其声誉扬于海内。

上海为近代中国慈善事业的发源地，不仅其慈善机构之多居全国首位，而且慈善家也层出不穷,灿若群星,形成一个又一个慈善家团体。如顾履桂、杨逸、张嘉年、吴馨、莫锡纶等人发起创办了济渡社;姚文楠、王一亭、朱葆三、李平书、熊希龄、徐乾麟、宋汉章、施则敬、虞洽卿、周金箴等人于 1919 年发起成立了中华慈善团全国联合会;熊希龄与钱能训、徐世光、杜秉寅、王芝祥、杨圆诚、郑婴芝、王人文等人在 1922 年 10 月发起成立了世界红卍字会。由于慈善家群体的形成,原来分散的各不关联的慈善家,通过相互联络,初步形成了一个社会组织网络,从而众擎易举,扩大了慈善事业的社会影响。从社会学角度看,近代慈善家群体的形成,拓展、协调了慈善组织的内部结构与外部关系,不仅提高了社会慈善救济活动的效率,而且有利于动员社会力量来促进近代慈善事业的发展。

二是慈善组织的多样性。近代以来,由于连绵不绝的天灾人祸,社会矛盾日益凸显,慈善救济十分迫切。由此,作为社会调节器的慈善组织与日俱增。仅上海一地,1930 年前后慈善团体就多达 119 个。如此众多的慈善机构的涌现,一方面表明近代慈善事业的发达与兴盛,另一方面也反映出慈善机构呈现多样性的色彩,其组织形式、功能都不再单一。

在组织形式上,近代慈善机构已发展演变为以民间慈善团体为主体,辅之以附于其他社会组织的慈善团体。明清以来的养济院、普济堂等传统善堂,多为官办或官督绅办,烙有官方印痕。尽管民间社会也创设有善堂、善会,但规模小、数量少,尚未完全成为社会慈善事业的主体。但是到了近代,特别是民国年间,随着政府救济能力的衰减,民间慈善组织迅速发展,成为中国慈善事业发展的基本力量。1920 年北方五省大旱,积极参与灾荒赈济的民间慈善团体就有京畿农民救济会、北京民生协济会、华北救灾协会、北方工赈协会、山西旱灾救济会、陕西义赈会、上海女界义赈会、中华慈善团、国际统一救灾总会、华洋义赈会、中国济生会等数十个。这些独立的民间慈善团体,无论其数量抑或其慈善资源及社会影响,都已大大超过官办慈善机构,成为近代中国慈善事业的主力。另外,附属于其他机构的慈善组织也有一定发展,如申报馆协赈所,经常在《申报》刊登告示,劝心慈性善之人慷慨解囊以襄善举,或节游观之费,或省宴会之资。筹得赈款后,即分批汇解灾区,并将所募收解清数逐年登报公布,以资征信,在近代社会的历次赈灾中产生了良好的社会影响。

在组织功能上,近代慈善机构可分为募捐机构、实施机构与协调机构三类。为避免各慈善团体各自募捐而浪费有限的慈善资源,清末时已出现专门从事募捐活动的机构。这些专门性募捐机构将筹募的善款悉数解汇给实施慈善救助的机构,从而形成了募集捐资与实施救济相分离的体制。光绪初年,经元善等人在上海发起主持的协赈公所,实行募赈分离,是为近代慈善事业中募捐机构之雏形。又如前述的申报馆协赈所,实际上也是一个运作规范、制度完善的专门募捐的慈善组织。这类专门募捐的慈善机构革除了传统善堂因胥吏染指而导致的贪污挪用等弊端,因此赢得了绅商民众的信赖,捐输源源不断,进而扩大了慈善事业的功能和影响。在慈善事业从传统向近代转型的过程中,各种慈善团体因需要进一步合作,于是产生了协调各慈善团体的机构。1912年9月,上海市区原有的同仁辅元、清节、普育、果育等慈善机构合并成为上海慈善团,"酌盈剂虚,统一办理"[1],并置文牍、会计、庶务等科负责全团事务。

三是慈善资源的广泛性。概括地说,近代慈善资源有官款和社会捐助两大类。官办慈善机构在晚清依恃的主要是官款,像湖南省城的养济院、百善堂,"向由盐道衙门、牙厘局、督销局拨款"[2],民间的捐助只是其经费中的一小部分。不过时至光绪后期,因巨额赔款和浩繁军费,清廷财政日益枯竭,各地用于慈善事业的官款就十分有限了。而对于民间慈善组织而言,几乎全靠社会捐献。19世纪末20世纪初,个人捐助的名目甚为繁多,像移助靡费、义演、义卖等都是新的筹捐方式,拓宽了近代慈善事业经费的募集渠道。

移助靡费是近代慈善组织善款来源的重要渠道。节靡费以救灾黎,在清末已得到有识之士的响应。他们纷纷捐献出各种筵资、迷信之资及娱乐应酬费,帮助灾民糊口度日。1912年,张謇逢花甲寿诞,"念乡里老人固有失所而无告者,愿以觞客之钱,建养老院"[3],即把个人的安享之资捐出来,建成南通第一养老院。当时,不独社会名流、政府要员倡行此举,还有众多的平民百姓也怀着积德行善的传统理念,捐资献款,以求益寿延年或祛禳祈福。

义演是近代慈善机构筹措经费的又一个新渠道,它是随着近代都市的发展和市民文化娱乐生活的丰富而出现的。义演筹款在清末社会已很普遍,收效也佳。1906年底,上海女子中西医学堂学生在张园为淮、徐、海三地灾区举行义演,"来宾约有千人捐输,颇为踊跃","争以银券、洋块遥掷之"[4]。民国以后,由于民众意识的普遍提高,义演助赈之举更盛。1912年,中华全国义赈会因筹赈维艰,而各处请款甚急,于是商请上海伶界名角在大舞台剧院义演一天,"所得券项,除一切开销外,悉数充赈"[5],以济燃眉之急。梅兰芳先生也于1926年在沪义演京剧,所得券资悉做冬赈之资,赈助贫民。

---

① 杨团、葛道顺主编:《中国慈善发展报告(2009)》,社会科学文献出版社2009年版,第53页。
② 周秋光、张少利、许德雅等:《湖南慈善史》,湖南人民出版社2010年版,第549页。
③ 杨立强、沈渭滨、夏林根等编:《张謇存稿》,上海人民出版社1987年版,第613页。
④⑤ 余日昌编著:《中华传统美德丛书·慈善卷》,南京大学出版社2008年版,第34页。

义卖字画是民间慈善组织筹集善款的第三个渠道。1906 年后,张謇多次义卖字幅,补助竭蹶的慈善经费。清末民初还有许多社会名流也挥毫泼墨,倾情义卖。如 1920 年,著名国画家吴昌硕献画助赈,为南北义赈会筹措善款;康有为、杨度也先后鬻字,义卖之款或捐赠慈善团体,或赈济桑梓百姓。

发行彩票是清末民初慈善组织经费来源的一个全新渠道。以彩票做慈善机构募捐手段始于戊戌时期。1899 年淮、徐、海三地发生饥馑,官赈款额不敷,粤商庞乃鋆即以报效巨款义赈灾区为名,呈请设立广济公司,发行江南义赈彩票。受其影响,华洋各商都竞设彩票公司,兼办赈务。1901 年 4 月,黄秉璋、胡长林在上海设立普济公司,发行顺直义赈彩票,“月缴厘洋,报效赈款,先行开办,自于赈需不无裨益”[①]。5 月,绅商郑雍也在沪开设广益公司发行山西义赈彩票。

购买股票也是近代慈善机构经费来源的崭新渠道之一。1913—1919 年是民族资本主义发展的一个黄金时期,许多公司为壮大经济实力纷纷发行股票。一些刚设立的慈善机构为保证恒定的岁入,除采用存款生息的传统方式外,也购买公司股票,参与其利润分成。

四是救济手段的先进性。近代慈善事业已广泛运用当时较为先进的通信方式和交通工具。首先是电报、电话等信息技术的运用。洋务时期设立的上海电报局最初只是为传递军情而立。19 世纪七八十年代之交,随着经元善、郑观应、盛宣怀等绅商兼慈善家进入洋务企业,电报很快被运用于近代慈善事业中。1883 年山东发生灾荒,严佑之即发电报告知上海协赈所,催请将款电汇扬州,“以便携赴”。之后,经元善、谢家福、严佑之等众多慈善家又在上海陈家木电报总局、四马路文报内设立赈捐收解处,通过电报了解灾情,指挥救灾。民国初年,电话逐渐在大城市普及开来,人们即用比电报更为便捷的电话来报灾,在一定程度上加快了慈善事业走向近代化的进程。再有就是报刊媒体的介入和推动。随着近代新闻出版事业的兴起,各类报纸、杂志对慈善事业给予了极大关注,表现为对各地的灾情及其救济情况做详细、及时的报道,扩大了慈善的社会影响,有利于赈款的募集。

新式交通工具的运用也是近代慈善事业飞速发展的一个重要因素。历代临灾治标的通行之策,不外乎赈济、调粟、养恤三项。赈济、调粟都以谷粟赈民,即从邻近州县调运谷物。受古代交通条件的限制,传统的运粮方式十分落后,多为肩挑马驮、水运车载,不仅运输时间长,运载量有限,而且成本高昂,耗费巨大。19 世纪 70 年代初,李鸿章在上海创办轮船招商局,成为近代

---

① 转引自王继平主编:《曾国藩研究(第 1 辑)》,湖南人民出版社 2007 年版,第 291 页。

交通运输事业的发端。至 19 世纪 90 年代,中国又开始修筑铁路,新型交通工具火车出现了。

民国以后,各地大规模修筑公路,又有了汽车等交通工具,这就使得远距离运输救济物品成为可能。近代轮船、火车等新式交通工具,具有速度快、成本低、载量大等特点,也使得中国慈善事业渐渐由传统向近代转换。民国时期的历次大灾赈济都是凭借现代化的交通工具来疏散、救济难民。1938 年武汉会战前夕,国民政府也是依靠近代化的交通工具,运输大批战略、救援物资,并将大批灾民转移至重庆,脱离险境。

总而言之,经济发展和近代科技因素对慈善事业在近代社会的兴起、发展起着至关重要的作用。而这些新经济因素又多产生于近代都市中,城市工商业日益繁荣,为募集充裕的善款善物提供了良好的经济基础,使慈善事业的发展具有了物质条件。从某种意义上说,经济环境变动最剧烈的城市不仅是近代慈善事业的主要舞台,而且是"慈善事业近代化启动的动力源"。

一、惨绝人寰的"丁戊奇荒"

19 世纪 70 年代中后期,正当洋务派"自强""求富"活动紧锣密鼓地进行之际,一场罕见的特大灾荒洗劫了中国大地,特别是中国北部。直隶、山东、河南、山西、陕西等省持续大面积干旱,这次大旱的特点是时间长、范围大、后果特别严重。从 1876—1879 年,大旱持续了整整四年。受灾地区有山西、河南、陕西、直隶(今河北)、山东北方五省,并波及苏北、皖北、陇东和川北等地区。大旱不仅使农作物绝收,田园荒芜,而且"饿殍载途,白骨盈野",饿死的人竟达 1300 万以上! 由于这次大旱以 1877 年、1878 年为主,而这两年的阴历干支纪年属丁丑、戊寅,所以人们称之为"丁戊奇荒";又因河南、山西旱情最重,史上又称"晋豫奇荒""晋豫大饥"。

这场大旱灾是在光绪元年(1875)拉开序幕的。这一年,北方各省大部分地区先后呈现出干旱的迹象,京师和直隶地区在仲春时节便显示了灾情。一直到冬天,仍然雨水稀少。与此同时,山东、河南、山西、陕西、甘肃等省都在这年秋后相继出现严重旱情。

光绪二年(1876),旱情加重,受灾范围也进一步扩大。以直隶、山东、河南为主要灾区,北至辽宁,西至陕甘,南达苏皖,形成了一片前所未有的广袤旱区。

京师及直隶地区,因旱情加重,收成减半。旱灾引发蝗灾,从天津以北至河南各地,蝗虫遮天蔽日,把枯萎的残存庄稼吞食精光。到夏秋之间,又因阴雨连绵,大清河、滹沱河、潴龙河、南运河、漳河、卫河同时泛滥,致使遭受了旱、蝗之灾的土地又被水淹。这一年,直隶省遭受水、旱、风、雹的地区达63个州县。

河南省的灾情和直隶相近。从春到夏,旱情日重,尤其是黄河以北的彰德、怀庆、卫辉三府,旱情更为严峻。入夏以后,旱情稍有缓解,但彰德、卫辉和光州等地又遭水灾,田地被淹。不过,就全省情况而言,仍以旱为主。全省农业歉收,减产一半左右。因此,"乏食贫民,所在多有",仅开封一地,靠赈灾粥厂就食的灾民即达7万余人。

这一年,山东省全年皆旱。除章丘等小部地区有一段时间略遭水灾外,绝大部分地区均遭旱灾,全省收成不到常年的三成。《山东通志》称该年全省"大旱、民饥"。据当时《申报》载,由于旱灾,山东各地灾民纷纷逃荒、闹荒或祈雨。但祈雨无济于事,各处饥黎鬻妻卖子流离死亡者多,其苦不堪言状。

旱魃向南为虐,祸及苏北和皖北。苏北各地这一年开春到年底,一直未下透雨,海州(今连云港)、棉田等地大片大片的农田减产或绝收。旱灾引发了蝗灾,禾苗被吞噬一空。旱蝗交迫之下,灾民逃亡饿死者不计其数。一些灾民甚至饥则掠人食,致使旅行者往往失踪,相戒裹足。苏北的社会秩序,因严酷的旱灾而变得动荡不安。为了活命,饥民纷纷渡江南下,由苏南的地方官员和士绅在苏、松、太,以及江阴、镇江、扬州等地收容的流民达9万余人。

皖北的旱情与苏北相似。入夏之后,持续干旱,许多地方连禾苗也未能栽插。此后虽下过一些雨,但又复连日烈日,连补种的庄稼也大多枯死,当年全省收成减半,有的地方颗粒无收。于是,成群结队的饥民,汇成了四出逃荒的人流。

这一年,北方的陕西、山西、辽宁等省,也遭受到旱灾的威胁。陕西全年干旱,夏秋歉收,冬春多数地方种不下去。山西因旱灾严重,秋禾收成歉薄。介休、平遥等地几乎颗粒无收。奉天的义州(今辽宁义县),因大旱无雨,饥户多达10万,广大农民在饥饿中痛苦地挣扎。许多灾民"不得不逃亡四出,扶老携幼,号泣中途,带病忍饥,跟跄载道"[①]。走投无路的饥民甚至铤而走险,聚众抢粮。他们打着"王法难犯,饥饿难当"的旗号,拦路抢劫,粮价因此又陡增10倍以上。直隶地区也有灾民组成"砍刀会",专门抢粮。

而在甘肃东部、四川北部及山东地区,旱灾同样严重,以致炊烟断缕,鸡犬绝声……父弃其子,兄弃其弟,夫弃其妻,号哭于路途。是冬及次年春,或

---

① 李文治编:《中国近代农业史资料 第1辑 1840—1911》,生活·读书·新知三联书店1957年版,第745页。

举家悄毙,成人相残食,殣殍不下数万。

经过近两年的大旱之后,华北大部分地区的灾情在丁丑年(1877)达到了前所未有的状态,尤其是山西省,旱荒空前。山西巡抚曾国荃在奏议中说灾区"赤地千有余里,饥民至五六百万之众,大祲奇灾,古所未见"①。毁灭性的旱灾,使山西农村长时间大面积减产与绝收。连续两年的饥荒使农户蓄藏一空,将愈来愈多的灾民推向死亡的边缘。饥饿难当的灾民为了"苟延一息之残喘",或"取小石子磨粉,和面为食"或"掘观音白泥以充饥",结果"不数日间泥性发胀,腹破肠摧,同归于尽"。②

随着旱情的发展,可食之物罄尽,"人食人"的惨剧发生了。大旱的第三年(1877)冬天,重灾区山西到处都有人食人现象,吃人肉、卖人肉者,比比皆是。有活人吃死人肉的,还有将老人或孩子活杀吃的……无情旱魔,把灾区变成了人间地狱!

河南的灾情,与山西相似。经过连续两年的大旱,富饶的中州平原,已化为千里赤地。当年的《申报》刊登消息,说河南全省"歉收者五十余州县,全荒者二十八州县"。奉旨帮办河南赈务的刑部左侍郎袁保恒抵豫则宣布:全省报灾者87个州县,饥民五六百万。

旱灾的阴影,同时还笼罩着陕西全省。大荔、朝邑、澄城、韩城、白水及附近各县,灾情"极重极惨"。走投无路的饥民铤而走险,聚众抢粮,有的甚至拦路纠抢。

甘肃东部、四川北部,也发生了百年不遇的大旱。《南江县志》对川北的旱灾有翔实的记载:"丁丑岁,川之北亦旱,而巴(中)、南(江)、通(江)三州县尤甚……赤地数百里,禾苗焚槁,颗粒乏登,米价腾涌,日甚一日,而贫民遂有乏食之惨矣:蔬糠既竭,继以草木,面麻根、蕨根、棕梧、枇杷诸树皮掘剥殆尽……登高四望,比户萧条,炊烟断缕,鸡犬绝声。服鸠投环、堕岩赴涧轻视其身者日闻于野。父弃其子,兄弃其弟,夫弃其妻,号哭于途……是冬及次年春,或举家悄毙。成人相残食,殣殍不下数万。"③

包括京师在内的直隶和鲁西北地区以及江苏、安徽的部分地区,依然有较严重的旱灾。以直隶为例,仅河间一府就有200余万灾民。灾荒之年,社会动荡,许多灾民为死里求生铤而走险。武强、霸州、通州等地多有灾民组织武装,进行抢粮。

---

① 《曾忠襄公奏议》卷八。

② [清]曾国荃:《曾国荃全集》(第1册),岳麓书社2006年版,第197页。

③ 王宗礼、孙启忠、常秉文主编:《草原灾害》,中国农业出版社2009年版,第231页。

连续数年,北方大部分地区仍然持续干旱。山西省自春至夏,旱情未得缓解,中间虽然有过短暂的雨水期,但之后又连续亢旱,一直延续到次年七月。不过从整个灾区来看,旱情开始减轻,陕西、山东、河南、直隶等省,旱情都趋于缓解。但是,经过连续三年的特大旱灾,老百姓对于天灾的承受能力已近乎极限,因旱灾带来的各种人间惨剧,并未因旱情的缓解而相应地减少,反而更多、更严重了。在山西,越来越多的村庄和家庭毁灭于天灾之中。在河南,侥幸活下来的饥民大多奄奄一息,一些气息犹存的灾民,倒地之后即为饿犬蚕食。在直隶河间府,一些壮年饥民"竟在领受赈济的动作中倒死在地上"。这一年的春夏之交,一场大面积瘟疫向灾区袭来。河南省几乎十人九病,陕西省"灾后继以疫疠,道馑相望",山西省百姓因疫而死的达十之二三。

进入光绪五年(1879),尽管山西省仍然大旱如故,但在东起直鲁、西迄陕甘的广阔土地上,甘霖已降,干涸的河床里重新荡漾起清波,龟裂的土地开始滋润,并重新泛起了绿意。旱灾已进入尾声,苦难的岁月就要结束。可是,正当死里逃生的人们准备重建家园之时,一场新的灾难骤然而至,这就是7月1日发生在甘肃武都的震级达8级、烈度为11度的大地震。在地震中受到破坏或受到影响的地区,大部分在旱灾区域之内。

瘟疫和地震,把"丁戊奇荒"推向惨绝人寰的境地。据不完全统计,从1876—1878年,仅山东、山西、直隶、河南、陕西北方五省遭受旱灾的州县就有955个。而整个灾区受到旱灾及饥荒严重影响的居民人数,估计在1.6亿—2亿,约占当时全国人口的一半;直接死于饥荒的人数在1300万左右;从重灾区逃亡在外的灾民不少于2000万人。

山西灾区是重中之重,1877年,曾国藩的弟弟曾国荃说:"询之父老,咸谓为二百余年未有之灾。"[1]

大灾使山西元气大伤。1879年,大灾过后,曾国荃还奏报说:山西旱灾和随之而来的瘟疫让老百姓损失惨重,一直到今天,集市都荒凉无人,连鸡狗的声音都听不到,肥沃的田地上长满了茂盛的草。

灾中实有人祸在前。当时正是清政府吹嘘的"同治中兴"开始的时候,太平天国、捻军这些农民起义已经平息,洋务运动给这个暮气沉沉的政府以一定的活力,但

曾国荃像

这背后是田赋的加重。为了多征20倍的田赋,清政府竟允许种植鸦片。这次灾情最重的山西,是种植鸦片非常多的省份。1877年山西省耕地面积约为

---

① [清]曾国荃:《曾国荃集》,岳麓书社2008年版,第181页。

530 万亩(当时全国耕地约 8 亿亩),有 60 万亩好地种鸦片。曾国荃说:"此次晋省荒歉,虽曰天灾,实由人事。自境内广种罂粟以来,民间蓄积渐耗,几无半岁之粮,猝遇凶荒,遂至可无措乎。"①继任山西巡抚张之洞也指出:"垣曲产烟最众,饿毙亦最众。"②此外,还有曾国荃的前一任山西巡抚鲍源深对灾情的隐瞒。光绪二年(1876),鲍源深对山西的旱灾选择了沉默,等到附近省份都开始抗灾、赈灾的时候,他才向朝廷提出要重申禁种鸦片禁令,这已是农历八月。

清代末年这场特大旱灾,是中华民族历史上的一场大劫难!当年清朝官员提起这场旱灾,称其为清代以降"二百三十余年未见之惨凄,未闻之悲痛"。

"丁戊奇荒"为什么会造成上千万的人死于非命?考察一下清朝当时的政治和社会现实,不难发现,这场触目惊心的大灾害,诚如曾国荃所说,"虽曰天灾,实由人事",或可说"既是天灾,又为人祸"。

二、江南社会参与救灾的巨大意义

自古以来,完善的仓储制度和充足的粮食储备是国家稳定的重要保证。与历朝历代一样,清王朝也在各省、州、县设置了粮仓,并形成了一套较为完备的管理制度。但随着清王朝的日益腐朽,仓储制度也渐趋衰败。各级官吏非但没有及时采买仓谷,反而借机变卖、挪用、侵盗粮食。

1830 年,户部检查全国粮仓储备情况时发现,实存粮仅 1400 万石,缺额达 1800 万石。到 1860 年,全国只存 523 万石了。无怪乎"丁戊奇荒"爆发之际,灾区缺粮,不但无树皮草根可采摘,"抑且无粮可购,哀鸿遍野,待哺嗷嗷"③,很多人因此活活饿死。

同时,自 1840 年鸦片战争以来,清王朝腹背受敌,内外交困,元气大伤。仅鸦片战争就耗去了国库存银的四分之三,镇压太平天国运动又至少耗掉 4 亿多两白银,此外还有对列强的巨额赔款和其他大小战事的军费,以致在 1864 年,清王朝国库仅有 6 万余两白银。"丁戊奇荒"发生时,"海内穷困已极","内外库储俱竭",尽管清政府多方筹措,仍捉襟见肘。所筹赈款中,属于部拨、协拨及截留的公款很少,受惠最多的山西也只有 317 万两,不足全部赈款的三分之一。

---

① 李文海等:《中国近代十大灾荒》,上海人民出版社 1994 年版,第 110 页。
② 郑振铎编:《晚清文选》,吉林人民出版社 1998 年版,第 284 页。
③ 山西省史志研究院编:《山西通志 政务志·政府篇》,中华书局 1999 年版,第 110 页。

虽然光绪初年爆发的"丁戊奇荒"主要打击了华北地区,但其对中国的另一个重要区域即江南同样造成了重大的社会影响。影响江南的首要表现,便是北方灾区的大批饥民纷纷涌入江南地区,给当地带来了很大的不安定因素。江南地方精英很快动员起来抵御难民潮,其中,苏州绅士谢家福于光绪三年(1877)二月初便做出了越过本籍地界救荒的尝试。

谢家福(1847—1897),字绥之,号桃源主人、望炊楼主人、兰阶主人等。他是清代洋务运动的积极参与者,是开拓和推进中国交通电信事业的先驱者之一,也是苏州电报通信的创始人。由于北来的难民潮是最明显的不安定因素,所以在"丁戊奇荒"的最初阶段,江南地方精英的基本努力方向就是解决这方面的问题。这种努力的第一步,就是江南民间力量像江苏官府一样大力开展就地留养难民活动。其中最突出的地方,则是苏南地区的苏州和常州两地。在苏州,早在北方难民刚刚抵达该地的光绪二年(1876)十月初,作为江南著名善士谢蕙庭之子、有名望的地方士绅,谢家福就已投入赈济北方灾民的工作。他和一些士绅一起"帮同端整灾民牌厢",并拟订灾民产婴、给药、给棺、筹捐章程四则。此后直到次年二月上旬,赴苏州从事发赈工作几乎成了谢家福的一项日常性活动。

其后,谢家福等人鉴于山东灾民中的儿童无法妥善安置的状况,曾计划将其中的无家可归者运回南方,"分送江浙"收养。不料这个计划在执行时却发生了一波三折的变动。谢家福一行到达山东后得知,此前西方传教士曾试图从山东运送儿童南下上海收养,这在当地引起了很大的风波。鉴于此,谢家福认为"似不可先开其端,江浙分养之说,宜改就地设局矣"[1],这样方能"俾免教堂藉口"[2]。其他许多

江苏省苏州市谢家福故居

同仁却认为"小孩只得运南,此间绝无绅士可托,商富可捐"[3]。

因此谢家福只好先全力办理抚教留养局,"抚教者就其资质之高下,分别教以读书;留养者收养残疾及生病之婴孩"[4],准备等时机成熟再行南运。而此后出现的一个新情况,彻底打破了他们实施南运计划的最后希望——当他们与青州知府富文甫酌商此事时,富文甫极为明确地表示反对:"小孩运南,

---

①②③④ 转引自常建华主编:《中国社会历史评论(第6卷)》,天津古籍出版社2006年版,第41—42页。

事则甚好,兄弟脸上太下不去,须请大哥在此地想一法儿,总要长养在青州才好。"①这样,谢家福等人不得不另谋他途。不过,谢家福的这种努力构成了李金镛等人苏北救灾行动的一个重要背景。

李金镛(1835—1890),江苏无锡人。少时务农,不久赴沪经商,他将经商所得常用于救灾及家乡公益事业。1876—1879年,他因多次倡导义捐赈灾,安抚各地灾民,被提升为知府。1882年,吉林将军铭安很赏识他的才华,向上奏请,留他在吉林府任事,并让他担任了第一任知府。1883年,李金镛代理长春厅通判。1887年,由李鸿章推荐,李金镛从吉林被调往黑龙江筹建漠河金矿。从此,他把毕生的心血全部献给了这片"北极之地",后人称他为"黄金之路辟路人"。

李金镛像

李金镛为道光、咸丰年间江南著名善士余治的及门弟子,从咸丰、同治年间起即为江南慈善圈子中的活跃人物。光绪二年(1876),由于旱蝗严重,大批饥民纷纷南渡,加上鲁、皖流民亦集江南,造成很大社会问题。有关运司、李金镛传记云:"淮、徐、海、沭大饥,官赈勿给,而民气刚劲,饥则掠人食,旅行者往往失踪,相戒里足。金镛独慨然往抚视,至则图饥民流离状,驰书江、浙、闽、粤募义赈,全活无算。"②

李金镛通过义赈开矿安边,
被称为"金圣"

随着灾情的进一步加重和蔓延,受灾最重的山西、河南两省民众困苦流离,纷纷外出逃荒活命。面对大量涌入的灾民,同时在西方传教士救济灾民的刺激下,江南士绅开始了跨地域的长期、大规模、有组织的义赈活动。这时候的义赈之举,就超出了"保境安民"的范畴,使整个江南赈灾的义举升华为一种跨地域的人道主义救援活动,涌现出了谢家福、李金镛、经元善、严佑之、熊其英等著名的社会救济人士,并相继成立了专门的救济机构。苏松地区成立了桃花坞筹赈公所、上海果育堂、上海协赈公所等救济机构,在河南、山西各地设立赈局,同时开展救济,并且在《申报》刊登募捐公告,绘制了《河南奇

---

① 转引自常建华主编:《中国社会历史评论(第6卷)》,天津古籍出版社2006年版,第41—42页。

② 赵明奇等编著:《徐州自然灾害史》,气象出版社1994年版,第354页。

荒铁泪图》进行宣传,号召全社会参与救济。捐款由协赈公所汇聚,并派遣专人前往灾区建立赈局,发放协赈款项,同时开展救济。协赈公所并不满足于单纯的生存性救济,而且致力于维护灾后灾民的生活和生产。

以此为起点,义赈发展成为在整个晚清时期都具有广泛影响的一种大规模民间赈灾形式,其基本内容是以江南社会为中心,针对全国范围内的重灾地区开展彻底"民捐民办"的赈济行动。这种跨地方义赈不仅大大打破了传统民间赈灾活动所受的地方限制,而且实现了前所未有的社会动员,从而标志着中国赈灾机制的重大变动。

与此同时,江南士绅还向官方的留养活动提供了大力的支持。例如,苏州官办留养厂所需的不少款项就"出自绅商而悉由官办,委员均不给薪水"①。光绪三年(1877)正月间,因苏州天气连日严寒,各厂留养的北方灾民时有冻毙,由于"既无尸亲认领,又无姓氏可稽",所以"皆由善堂收殓从葬"②。在上海,早在光绪二年(1876)十一月底当地官府刚刚开始举办留养活动时,益善堂就因这些难民衣履单薄,故"施送衣帽并稻草数百担,为御寒之具"③。而上海辅元堂则在官方遣送难民回籍时,向那些被留养的灾民"无分大小,每口给钱六百文"④,益善堂亦"报明有隐名善士捐卡钱八百千,均俟难民到泰州时发给"⑤。而扬州留养活动开始后不久,就有"好善者三日中盖茅屋百间,令灾民暂避风雨。以后又有施稿荐八千条者,送衣裳与盐菜者。且虑柴薪之贵也,有运送来者,减价以售与灾民。又有一老者,运麦饼一船,每重二斤,上驶遇灾民船只,令其停泊上岸,大口给一枚,小口半之"⑥。

对义赈初期活动起到重大组织作用的机构,正是在江南地区有着长久历史且相当繁盛的传统慈善组织——善会与善堂。面对如潮水般涌来的难民,一些善会、善堂在一段时间内起到了代理义赈领导机构的作用。它们不仅是义赈初期活动最主要的日常办事地点,而且以自身的独立名义使义赈获得了广泛的社会认知和认同,因此成为这一时期义赈实际上的中心组织机构。还有一些善会、善堂则构成了义赈初期分支机构中最重要的组成部分。尽管起不到与前一类相同的作用,但是它们也经常以自身的独立名义来主动承担和开展义赈活动中某一部分的工作,提供义赈不容忽视的社会支持。由于这两个方面的工作正是后来专门性义赈组织的基本职责之所在,所以就义赈初期

---

① 光绪二年十月二十六日《申报》,9 册第 557 页。

② 光绪三年正月二十六日《申报》,10 册第 213 页。

③ 光绪二年十一月二十八日《申报》,10 册第 41 页。

④⑤ 光绪三年二月十七日《申报》,10 册第 285 页。

⑥ 光绪三年三月初三日《申报》,10 册第 337 页。

组织机构的整体结构而言,江南善会、善堂在其中的主导地位是毋庸置疑的。

代理义赈领导机构的江南善会、善堂,主要是分别位于上海、苏州、扬州和杭州的四家善会、善堂。其中,最早且最清楚地显示出这种代理作用的善会、善堂,当数上海的果育堂。

果育堂是清道光年间(1821—1850)由名士江驾鹏、费培镇、欧锡麟等人在上海创建的。当时租用庄家桥民房创办义务学校,吸收贫民子弟入学,取"蒙启子以果行育德"之意,取名果育堂。因教育有方,受县衙署嘉奖。咸丰八年(1858)迁袁(祖德)公祠旁空地(庄家弄),增设施棺、掩埋、赡老、施药、消防等慈善项目。同治八年(1869)与普育堂合办闸北粥厂。翌年与船捕盗捐局在杨家渡创办轮船救生局,负责水上治安救难。同治十一年(1872)在半段泾创办清节堂,收留守寡30年以上且家境贫寒的妇人。果育堂的历史虽不算十分悠久,却是当时上海一家相当著名的善堂。其前身是江驾鹏等人在庄家桥南借民房开设的义塾,后邑人刘枢又以"果育"名其堂。

咸丰八年(1858)间,该堂迁往上海城内淘沙场袁公祠后添建的新楼。从此除义学外,"若施赊棺木、掩埋义塚、恤嫠赡老等事,皆仿同仁堂行之。又集捐资添备水龙、水担,施医药衣米,立达生局以济产妇,置苏太谊园以瘗旅魂"[1]。同治二年(1863),清军收复昆山、太仓后,巡道吴煦曾谕果育堂董事葛绳孝、瞿世仁(即瞿绍依)前往收埋,"并设粥厂,苏城克复亦如之"[2]。另外,该堂正式建成后不久,作为江南名士的苏州绅士冯桂芬就特地作《上海果育堂记》以志之,并称"果行育德,孰大于是"。因此,该堂的名声早已不限于上海一隅。

光绪二年(1876)初冬,时任轮船招商局总办的唐廷枢打算将自己募集的赈灾物资委托该堂董事瞿绍依前往山东散放,时人皆称为合法得人。此后不久,果育堂便为赈济苏北淮徐一带的灾民,主动派遣其堂中司事赴该处"相机接赈"。到光绪三年(1877)初,当山东灾荒的惨烈情形传到江南以后,果育堂便在光绪三年三月二十二日(1877年5月5日)的《申报》上以独立名义刊登了一份劝捐公启。值得强调的是,这也是整个江南社会为赈济华北灾民而发布的第一份捐启。此次公启收到了良好的社会效果。在其刊出后不到三天,果育堂就收到捐款共计现银600余元。该堂除立即遣人携此捐资赶往山东外,又在续启中声明:"他时赈务告园,自当汇刊征信以昭信实,此外并不立簿

① 陈荣广:《老上海(下)》,泰东图书局1919年版,第2页。
② 陈伯熙编著:《上海轶事大观》,上海书店出版社2000年版,第331—332页。

劝捐,杜绝假冒。至司事赴东川资,由堂自备,并不在赈银内开支,庶几涓滴归公。"①所有这些做法表明,果育堂已经成为一个颇为完善的义赈组织。

在苏州,最早综理义赈事宜的机构是苏州安节局。该局最初由冯桂芬等苏州绅士为"收养名门孀妇"而创建于上海,同治三年(1864)清军克复苏州后,该局方从上海迁移至苏州。该局在苏州义赈活动中的中心地位,主要体现在这样几个方面:首先,苏州同人议定山东之行后,便托安节局董事徐子春一手经收赈捐,且各处捐款一律由"经募送至平江路新桥巷安节局内徐子春处,守取收票为凭"②。而这时苏州绅士谢家福在桃花坞的寓所虽然也开始经收捐款,但很可能只是安节局的一个协助机构。因为这是谢家福鉴于"输捐者如此踊跃,子春一处填写收票决不济事"的情况,方决定"将西路各捐归我家经收"。③其次,从桃花坞协赈公所于光绪七年(1881)刊刻的征信录中可以发现,苏州义赈同人在东赈过程中的所有解款事务都是安节局经手的。再次,在东赈期间,安节局成为苏州义赈同人最重要的日常议事处所。这方面最显著的一个例子是,谢家福刚刚返回苏州,"即往安节局告到"④。最后,严保之、孙传鸰等人公布的河南赈账表明,苏州义赈同人于光绪三年(1877)十月间初次前往河南助赈的行动,也是在安节局主持下的结果。

扬州和杭州情况更为简略,两地的义赈活动起初都集中在各自的同善堂内。扬州当地早在雍正七年(1729)间就曾出现了以同善堂为名的善堂。证明该堂主持作用的证据是,在该处义赈同人于光绪四年(1878)底正式宣布扬州协赈公所成立之前,其在《申报》上一直是以扬州同善堂的名义单独发布扬州的收捐清单。杭州同善堂的建立是在太平天国战争末期的同治三年(1864),与扬州相同,该堂具有主持作用的证据也是个有力的孤证,即该处义赈同人不仅将办理募捐事宜的协济局附设在了杭州同善堂之下,而且直至"丁戊奇荒"结束,他们对外宣传和联络时使用的名义也始终是"杭州同善堂"或者"浙江同善堂"。

在救助"丁戊奇荒"灾民的善举中,代理义赈分支机构的江南善会、善堂数量很多,分布地区也十分广泛。尽管这些善会、善堂只能对义赈起到某些辅助作用,或是承担义赈活动中某一部分的工作,比如在社会上对灾况和义赈活动进行宣传,以及为义赈中心机构代募捐款或向其捐助赈款,但是这些活动同样对义赈的迅速壮大起着重要作用。这是因为这些善会、善堂都濡染着江南的慈善传统,从而在相当程度上增强了义赈在江南地区动员和获取社

---

① 光绪三年三月二十六日《申报》,10册第417页。

②③④ 转引自常建华主编:《中国社会历史评论(第6卷)》,天津古籍出版社2006年版,第38页。

会资源的能力。

　　此类特性表现最明显的善会、善堂出现在上海。首先值得注意的就是同仁辅元堂,因为其最初向华北提供援助的一次活动甚至还发生在果育堂首次刊登捐启之前。在光绪三年(1877)三月上旬,同仁辅元堂的一位董事梅益奎就"经劝淮阴、东鲁赈捐银五百两,其银均交招商局汇至镇江,转给灾区,以济赈用"①。不过,同仁辅元堂的这种行动最初的效果和影响并不大,直到光绪三年(1877)秋,它解往山东的赈银一共才 600 两。其真正开始发挥较为重要的作用,大约是在次年三月底四月初。当时同仁辅元堂首先创设了桶捐之法,其先于上海南市拣热闹处共设木柜 20 只,后又在租界设桶劝捐,从而承担了上海城内的大部分桶捐事务。这种桶捐之法在很短的时间内就在江南一带流行开来,苏州、杭州、盛泽、扬州、宁波和绍兴等地都予以仿照施行。另外一个有着类似表现的是邑庙保婴局。光绪四年(1878)三月初,该局单独在《申报》上刊布"拟办河南保婴劝捐启",称:"……某等因思往查户口,而婴孩必难惠及……拟推保婴之法,又可补赈之不及。"②虽说保婴局此举附在赈局内,但由于它"即请办赈诸公于查户口时查办",所以是专款专用,亦非他人所能染指,可见具有相当的主动性和独立性。

　　上海以外的江南各地,也有主动向社会发布捐启的善会、善堂。光绪三年(1877)九月间,苏州某善堂司事即以"河南、山西两省荐饥",故"缮无数副启,各处劝捐,欲集资以往赈"。③ 由于除苏州安节局外,苏州义赈同人并未在《申报》上声明过由其他善堂出面募捐,因此这个善堂的行动应该独立于安节局。不仅仅是大城市,就连一些江南市镇中也出现了这类善会、善堂,比如黎里镇的众善堂和昆山的正心崇善局。前者于光绪四年(1878)七月间自行刊布"勺水枯鳞捐册",其募捐款项交桃花坞赈所,却没有使用后者刊刻的各种捐册;后者同样以自己的独立名义发布了"一命愿捐启"。

　　还有一些善会、善堂甚至主动从自己的经费中拨助义赈,尽管为数不多。比如,绍兴城内的乐生会向来以租息所入买物放生,闻知华北灾荒后,会中人士即将"冬季田租钱五十千文提先筹垫,捐入灾赈",《申报》对此举动还特地称赞道:"洵得先人后物之义矣。"④而锡山忠敬堂则于"苏、申协济晋豫款"时,"解囊不吝"。⑤ 上海保安会在光绪四年(1878)和五年(1879)间,两次从自己

---

①　光绪三年三月十七日《申报》,10 册第 385 页。
②　光绪四年三月初七日《申报》,12 册第 314 页。
③　光绪三年九月二十八日《申报》,11 册第 433 页。
④　光绪四年六月二十日《申报》,13 册第 66 页。
⑤　光绪四年十月初一日《申报》,13 册第 406 页。

的经费中向义赈共移助赈银150两。

在积极参与义赈活动的江南善会、善堂中,前文所述的例子只是其中很少的一部分。在光绪五年(1879)三月间,赴河南助赈同人向官方禀报募捐情况的时候称:"绅等来豫之际,不过因同乡善士中有以百文、千文助赈,与夫隐行其惠、不愿著名邀奖者,均无可投交捐局,议由各处善堂承收……至于南中各善堂局经收捐款者,约不下二百处。"①由此可见,关于善会、善堂对义赈所起的巨大组织作用,义赈同人自身就有着极为清楚的认识。

历史上罕见的"丁戊奇荒",首次打破了赈灾的地域限制,其意义深远,非同小可。这一时期,官方也公开承认了善会、善堂在赈济中发挥的巨大作用。光绪五年(1879)六月底,官方一次就向江南18家善会、善堂颁发了嘉奖的匾额,它们是:杭州同善堂,上海同仁辅元堂、果育堂、保安堂、保婴堂,苏州安节局,松江全节堂,扬镇同善堂,吴江众善堂,震泽广善堂、保赤局、丝业公所,常熟水齐堂,昆山正心崇善局,松江辅德堂,青浦县积谷仓,常州保节保赤局,湖州仁济堂。光绪七年(1881)八月,又有11家江南善会、善堂因协助直赈而获得官方颁发的匾额。另外,当籍隶山西的给事中郭从矩在光绪六年(1880)上奏,请饬下江苏、浙江各督抚将"救灾恤邻"的苏杭善局纂入志书时,也得到了朝廷的允准。而郭从矩提到的6个义赈机构中,除4家协赈公所外,苏州安节局和杭州同善堂也赫然在列。应当指出,无论此前还是此后,官方一次以如此力度来表彰如此之多的善会、善堂,都是没有出现过的现象。

正是由于一大批江南善会、善堂大力促成了跨地区义赈活动,江南善会、善堂才得以向华北移植。这种移植随着义赈的不断深入而向华北地方社会渗透,虽然与江南的善会、善堂并无任何组织上的关联,但是它的意义却是十分深远的。

19世纪70年代后期兴起的义赈活动,在某种程度上也借鉴了西方传教士"洋赈"的运作模式和管理经验。它既以善堂、善会、会馆、行会等传统组织为依托,又突破了以往狭隘的乡土观念、地域观念,开始在全国范围内开展大规模的劝募与救济活动,最终形成了网络化的义赈。义赈的兴起,可以说是中国近代慈善事业产生的一个重要标志,在近代慈善事业发展史上具有里程碑式的意义。在西方慈善思想与文化的影响下,中国许多传统善堂也都在改弦更张,扩充传统慈善活动的内容和服务范围。

---

① 光绪五年三月二十三日《申报》,14册第349页。

三、晚清慈善事业及其组织

两次鸦片战争后,中国长期以来封闭自守的国门被迫打开。国际贸易渠道的开通、国外先进的生产和科学技术的涌入,不可避免地把西方的各种思潮(包括宗教的、文化的、伦理的、社会道德的)带入中国,西风东渐已经成为大势所趋。影响所及,首先是经济环境的改变,受到影响最大的,又是开放口岸辐射范围内的中国沿海诸城市。我们的历史教科书中,把这一时期称为中国走向半封建半殖民地社会形态的肇始,把这一时期的改变称为西方对中国的经济侵略和文化侵略。但是,如果我们换一个角度来审视这一时期中国经济环境的改变的话,那么,近代资本主义这一新的经济形态在中国的产生与发展,在客观上则为中国近代慈善事业的兴起创造了有利条件。

以上海为例,自 1843 年开埠后,上海以其特殊的地理位置,很快取代广州、汉口等地,成为全国新的工商业中心,贸易繁华,十倍于昔。光绪年间,有商界人士称:"溯自海禁大开,欧风美雨之浸淫于我东亚大陆者,盖有日矣。我上海扼全国商业之中枢,尤为五洲商战之争点,试朝步浦江之滨,则帆樯千列;夕游商贾之市,则灯火万家。是可知四方人士之操奇计赢于是土者,盖不可以更仆数。"[①]一些新兴的富有阶层,如充当中外贸易中介人的买办,即是伴随着这种新经济因素的产生而出现的。除商业之外,洋人还利用特权在上海、广州等沿海商埠直接开办了船舶修理厂和出口产品加工厂,使之成为中国最早的近代资本主义工业。在机器化大生产的西方近代工业的示范下,中国人也自办了火柴厂、缫丝厂、面粉厂等企业,中国民族工业由此缓慢起步。这些变化,直接催动了洋务运动的兴起。

洋务运动旧称"同光新政"。1860 年后,在中外联合镇压太平天国革命的过程中,清朝封建集团中逐渐形成了一批具有买办性的官僚军阀。他们在与外国资本主义打交道的过程中,不但认为清政府与外国侵略者的矛盾可以调解和妥协,"借洋助剿",镇压国内人民的反抗,而且还可以采用一些资本主义生产技术,以达到维护摇摇欲坠的封建统治的目的。这部分人就是当时清政府内当权的洋务派。所谓"洋务",是指诸如外事交涉、订条约、派遣留学生、购买洋枪洋炮,以及与按照洋法操练军队、学习外洋科学、使用机器、开矿办厂等对外关系和外洋往来的事务有关的一切事情。

咸丰十年(1860)十二月,曾国藩上奏折说,目前借外国力量助剿、运粮,

---

① 　上海博物馆图书资料室编:《上海碑刻资料选辑》,上海人民出版社 1980 年版,第 413 页。

可减少暂时的忧虑;将来学习外国技艺,造炮制船,还可收到永久的利益。第二年,他对上述看法加以发挥,主张购外国船炮,访求能人巧匠,先演习,后试造,不过一两年,火轮船必成为官民通行之物,那时可以剿发(指太平军)、捻(捻军),勤远略,这是救时第一要务。同治元年(1862),李鸿章到上海后,得到外国侵略者帮助,训练洋炮队,设洋炮局。他认为,清军作战往往数倍于外敌,仍不能胜,原因在于武器不行,如能使火器与西洋相埒,则"平中国有余,敌外国亦无不足"①,今起重视,最后可达自主。

他们的这些主张,得到了实际上以慈禧为首的清廷统治者的支持。因此,19世纪60年代初,洋务运动兴起,安庆军械所、江南制造总局等军用工厂先后创设。而后,上海轮船招商局、上海电报局等一批民用企业也相继兴办。这标志着中国产业技术革命和中国经济近代化的开端。而轮船、铁路、电报等近代交通通信工具恰是近代慈善事业在救济过程中有别于传统善举所应用的新手段与技术。

在李鸿章、左宗棠等洋务大臣的罗致下,许多买办、绅商纷纷进入洋务企业。他们资财雄厚,既投资近代新式企业,又捐资兴办各种社会公益事业。有记载称:"叶澄衷商也,杨斯盛工也,以寒微致富,自痛其少贱失学,叶捐数十万,杨捐十数万,亟亟兴学。"②此外,虞洽卿、王槐山等绅商也多有义行善举,在社会上有着广泛的声誉。在近代史上,盛宣怀、周学熙、张謇等人有着多重身份,既涉足政治,沉浮宦海,又经营或创设铁路、煤矿、纺织、农垦等多项官办和民营企业,融官、绅、商于一体,一身而三任。

同时,他们也热衷公益、关心桑梓,屡屡用其实业所得盈余赞襄慈善事业。这方面,以张謇最为典型。甲午战败,国难方殷,民生日蹙,状元及第的张謇却毅然走上了实业、教育、慈善三结合的救国之路。他于1896年在通州开始创办大生纱厂,获得成功后,又陆续开办通海垦牧公司、广生油厂和天生港轮步公司等企业,形成了庞大的大生集团。在实业蓬勃发展之时,张謇乃用企业的部分盈余及他个人的捐资在南通等地相继创办了通州师范、女子师范、幼稚园等十余所慈善教育机构,以及海门溥善堂、南通养老院、贫民工场、盲哑学校、更俗剧场、博物苑、公园等慈善公益设施。这使得南通的地方慈善事业在清末民初的中国社会卓尔不凡,产生了广泛的社会影响。

---

① 曹聚仁:《中国近百年史话》,生活·读书·新知三联书店2014年版,第99页。
② 张謇研究中心、南通市图书馆、江苏古籍出版社编:《张謇全集》(第4卷事业),江苏古籍出版社1994年版,第73页。

绅商及其经营的近代工矿企业成了近代慈善事业发展的重要善源之一。19 世纪八九十年代大规模的义赈活动的兴起,更是依靠江浙一带绅商经元善、谢家福、盛宣怀、李金镛、严佑之、施则敬、李秋坪等人率先以倡,慷慨解囊,踊跃倾箧,发起成立了上海协赈公所。随后,他们又凭借其广泛的社会联系向全国各地的士绅商民劝捐,为慈善事业吸纳和集聚了新经济体的不少资财。尤其是中国近代经济中心上海,为慈善事业的兴起和发展贡献了巨大的财力。此外,澳门、香港、绍兴、宁波、汕头、汉口、烟台、牛庄等商贸较活跃的埠口也设有募捐点,为义赈筹募善款。经过绅商们的倡导,义赈活动取得了一呼百应的效果。

有学者指出,随着中国近代工业化在江南的初兴、落实,新兴因素遂在义赈中弥散,义赈社会基础发生演变,形成具有近代特征的募捐机制,反映了中国近代工业化与义赈的互动关系。再如 1897 年各地发生的灾荒,需款甚多,沪上各商会、行业也广为筹募捐输。进入民国以后,企业同样为慈善机构筹措善款、办理善举所倚重。1919 年,江苏、浙江、安徽等地阴雨逾月,"灾情奇重,待赈孔殷",汉冶萍公司接到劝募函后,获苏、浙、皖三省赈洋五千元,务祈查明灾区轻重,择尤散放,以慰鸿嗷。

通观各次灾时及其稍后刊印的征信录可以看出,近代慈善机构所募善款中有相当大的份额均来自那些殷富的绅商阶层,他们的捐助成为近代慈善事业兴起和发展的一个非常重要的经济基础。

当然,除了绅商阶层外,平民百姓的捐赠尽管数额较微,但聚沙成塔,集腋成裘,也是近代慈善事业兴起、发展不可或缺的经济来源。而且,由于广大普通民众的热心善举,涓涓细流,绵绵不绝,因此近代慈善事业的发展更具有可靠的社会基础。诚如时人所云:"连年以来,灾荒迭见,赈款浩繁而国库又值支绌之时,苟不借民间之互相挹注,何以拯彼哀鸿,共登衽席?"[①]晚清及民国社会,正是许多仁慈之士各出其资,络绎相济,才使得义粟仁浆流泽孔长,为近代慈善事业的兴起、发展提供了可靠的经济源泉。

在这样的背景下,中西慈善文化的冲突与融合催生了新型的近代慈善组织。

自明朝中后期利玛窦等传教士相继东来,近代西方文化开始传入中国,拉开了西学东渐的帷幕。但及至清初,由于闭关政策的推行,西学东渐一度中断。直到鸦片战争爆发,中西关系发生剧变,中国被迫向西方世界开放,西

---

① 转引自徐建设、张文科主编:《儒家文化慈善思想研究》,中国社会出版社 2013 年版,第211 页。

学东渐之潮复以涌动,由此对中国文化乃至社会历史都产生了深远的影响。在这急剧的社会变迁中,中国传统的慈善事业也受到了西方教会慈善事业的强劲冲击。中西慈善文化在晚清时期不断遭遇强烈的碰撞与冲突,最后又渐趋融合,导致中国社会产生了近代意义上的慈善组织、慈善事业。

中国最早的近代意义上的慈善机构,是传教士凭借条约所赋有的特权在通商口岸和东南沿海地区兴办的育婴堂、孤儿院,以及含慈善性质的诊所、医院。《申报》的一则报道反映出这段历史:"自中西通商以来,凡泰西诸国医士接踵而来,药材齐集而至。如上海一区,西医之设立已有数处……无论中西富贵贫贱之人,均可就医于各馆,

天津教会育婴堂

富贵者求医不求药,贫贱者则医药皆出之馆中,甚至贫苦无告之人,沉重难治之症,并令住宿馆中,供其饮食,遣人扶将,病愈即行,不费分文。"其他如厦门、北京等在19世纪五六十年代以后也设立西式医院,并为贫民减免看病费用。1861年,伦敦教会的雒魏林在北京开设了第一家基督教会医院(即北京协和医院之前身),亦施药救济疾苦贫病者,同样具有慈善医疗性质,产生了广泛的社会影响。

西方教会在办理慈善医疗机构的同时,还着力经营育婴慈善事业,比较著名的慈幼机构有徐家汇圣母院育婴堂、浦东唐桥墓女孤院等。随着基督教势力的不断扩展与深入,内陆许多府州县也出现了教会兴办的各类医疗卫生机构和育婴慈幼机构,对中国传统的惠民药局、接婴局、保婴会及育婴堂等善会、善堂构成了强烈冲击。由于晚清时期,中西文化在习俗观念等方面尚存在较大差异与隔膜,教会慈善机构(尤其是育婴堂)遂成了近代繁兴的一个诱因。从这方面来说,教会慈善机构的出现对中国传统的慈善事业无疑具有很大的破坏性,但不能不看到,它在客观上对中国慈善事业由传统走向近代也有一定的刺激作用,成为中国近代慈善事业兴起的重要背景。

随着西方文化的逐步输入,中西文化在发生全面冲突的过程中也在不断走向融合,有关慈善文化与慈善理念亦如是。

据现有资料来看,西方国家的慈善事业进入中国人的视野,大概始于《海国图志》。据魏源介绍,欧洲各国信奉基督教甚笃,民众"俱喜施舍,千余年

来,未有因贫鬻子女者,
未有饥饿转沟壑者"①。
教民临终"悔过祈赦"
时,往往"分析产业,遗
一分为仁用,或以救贫
乏,或以助病院"②。除
记载西方民众对慈善事
业的捐赠善举外,《海国

香港南头天主教育婴堂

图志》还提到欧美各国政府对慈善事业的资金投入、机构设置与救助办法等
情况。如:在善款来源上,英国即开征特殊税种以专赡"瞽目废疾";在机构
上,法国有救济贫民的"养济院",英国有由"公正之人董理"的贫院、幼院、病
院,美国也有救济贫人的"济贫院"、救助孤儿的"育婴院";在救助对象与方法
上,欧美国家的"贫院"不独供给衣食,还会教给贫民谋生技能,"处其中者,又
各有业,虽残废之人亦不废。如瞽者运手足,瘫者运耳目,各有攸当,务使曲
尽其才,而不为天壤之废物"③,俾其能自食其力。美国还设有为残疾人服务
的慈善教育机构。《海国图志》的刊行及其相关介绍,使国人对西方慈善事业
有了一个初步的认识。

19世纪60年代,冯桂芬亦介绍
了荷兰、瑞典等国的贫儿院等慈善
机构。随后,清朝一些放洋的官员
和外交使臣在其著述中亦对此陆续
有所记载,进一步开阔了国人对于
西方慈善文化的了解。及至19世
纪80年代,西方慈善事业也更为国
人所关注。郑观应在《盛世危言·
善举》中就全面介绍了英、法、美、俄
等国的慈善机构,认识也更透彻,并

《海国图志》

称赞说:"泰西各国以兼爱为教,故皆有恤穷院、工作场、养病院、训盲哑院、育
婴堂。善堂之多,不胜枚举,或设自国家,或出诸善士。常有达官富绅独捐资

---

① ［清］魏源:《魏源全集》(第六册 海国图志 卷三十七至卷六十一),岳麓书社 2004 年版,第
1085 页。

② 同①,第 1086 页。

③ 同①

数十万,以创一善事……而其思虑之周密,规制之严明,有远非今日各省善堂所及者。"①他认为这些国家慈善事业之发达,就在于好善者多,而立法綦密,这很值得中国借鉴,用以杜绝传统善堂、善会中的贪污侵蚀之弊。

1893年,上海格致书院春冬两季的课艺也以"西方养济院""中国能否以及如何开设恤贫院"为题,要求应试者就所见所闻将西方诸国慈善机构的比较完善的章程、筹款办法切实指陈,以备采择。这从一个侧面反映出社会各界人士对西方慈善事业给予了极大的关注,希冀借此推动与革新中国的传统慈善机构,发展近代慈善事业。与此同时,京、津、沪等地的各大报刊也为之鼓与呼,对西方慈善事业做了较为深入、全面的介绍,并提出应注重取长补短,借鉴其成功的经验为我所用。这对中国近代慈善事业的兴起、发展起了推波助澜的作用。如1897年,上海影响最广的报纸——《申报》就连续刊发了《安置流民议》《效法泰西以行善举议》和《沪上宜广设义塾》等文。文章称,现在事事仿行西法,慈善事业"亦宜师西法而变通之""各善堂而欲息浮言,非仿行泰西良法不可"。

而此时,随着西方慈善文化思想的传入,有关专事兵灾救护的慈善组织红十字会的译介文字也屡屡见诸报端,呼吁我国应及早创设红十字会,为推动中国近代慈善事业的产生与发展进行广泛的舆论宣传。1904年3月10日,由中、英、法、德、美五国人士在沪正式创立了上海万国红十字会,这成为中国红十字会的先声。由此看来,中国红十字会组织的成立,正是中西慈善文化相互交流与融合的产物。

近代慈善事业的兴起不仅有客观的自然环境因素,还有着深刻复杂的社会历史背景。它与晚清以来中国社会政治、经济、文化等各方面的变迁有着紧密的联系。由于近代以来,水旱灾害与兵燹战火较以往各时代更为频仍、更为残酷,酿成的灾黎难民数目也更为庞大,动辄以千万计。受灾荒战祸所致,他们缺衣乏食、无家可归,被迫流离失所,迫切需要急赈与其他形式的救济,这就使得慈善事业须臾不可或缺。同时,随着社会环境的变动,出现了新的经济因素,都市工商业渐趋繁荣,这也为慈善事业的善款提供了一个主要的经济来源。中西慈善文化的冲突与融合,自然而然使近代新型慈善组织应运而生。

国内学者认为,近代慈善事业主要表现出以下六个特征:

一是慈善机构的多元化。从组织形式上看,已从过去完全隶属于官办慈善机构发展为以独立的民间慈善团体为主体,辅之以附于其他社会组织的慈

---

① 　[清]郑观应:《盛世危言》,华夏出版社2002年版,第573页。

善团体;从组织功能上看,出现了募捐机构、实施机构与协调机构并存的新格局。

二是慈善救济区域的扩大。新成立了一些全国性的慈善机构,广泛地参与各地的慈善救济活动;有的已经走出国门,参与国际性的人道主义救援。即使是地方性的慈善机构,也不仅仅局限于本地区。

三是慈善经费的多渠道。官款仍是善款重要来源之一,民间的捐献逐渐成为清末民初慈善机构经费的主要来源。民间捐献既包括海内外各商会、公司及其他机构的捐资,也包括社会名流、政府官员和普通民众的捐献。个人捐助名目甚繁,有移助廉费、义卖、义演等。清末还出现了发行彩票和购买股票等具有近代色彩的募捐方式。

四是慈善救济手段的近代化。近代慈善事业在办理运作手段上运用了当时比较先进的通信方式和交通工具。清末,电报、电话在灾荒发生时被用来报灾;报刊媒体用于报道灾情、筹集灾款和宣传教育;轮船、铁路等近代交通运输工具被用来运输救灾物资。

五是慈善道德的多层化。在近代,慈善道德由单一向多层化发展。在外国人中,有些是为了取悦国人,以扩大其教会影响;有些则是为帝国主义文化政策服务。在国内,一些人以无私奉献的高尚道德为圭臬,一些人则从行善消灾的基本道德观念出发,还有一些人是带着忏悔和赎罪的心理来办理慈善的。

六是慈善家群体的形成。在古代社会,虽然善行义举绵绵不断,但施善者还是分散的个体,即所谓的"善人""善士"。清代同光年间,在太平天国战后重建过程中,江浙一带逐渐形成了以余治为核心的"江南善士圈",是为近代慈善家群体形成之先声。"丁戊奇荒"时,余门弟子及其他一批江南绅商纷纷投入赈济活动,如谢家福、李金镛、严佑之、经元善、胡光墉等人成为义赈的主导者,他们分别负责募捐、司账、转运、放赈、查赈等环节,既各司其职,又密切合作,于是形成了清末第一个慈善家群体。随着义赈的不断扩展,19世纪末,江南地区又陆续涌现一批慈善家群体,主要成员有徐润、盛宣怀、郑观应、施善昌、施则敬等十余人。而后,中国红十字会在清末民初的兵灾赈济中也逐渐形成了一个包括沈敦和、施则敬、任凤苞、吕海寰、盛宣怀、施肇曾等人在内的慈善家群体,其声誉扬于海内外。

民国以后,慈善家群体更是层出不穷。作为近代中国慈善事业的发源地,上海的慈善家群体尤多。近代慈善家群体的形成,将原来分散的、各不关联的善人、善士联合起来,形成一个交际广、能量大的社会组织网络,不仅提高了社会慈善救济活动的效率,而且有利于动员社会力量,扩大慈善事业的社会影响,促进慈善事业的发展。

四、政府对民间慈善事业态度的划时代转变

由于儒家思想的羁绊,在独尊儒术、"半部论语治天下"的封建王朝统治时期,中国的民间慈善事业长期处于相对滞后、低迷的状态。儒家思想认为,个人的、民间的慈善活动与政府的仁政不可并存。因为它会从一个侧面印证政府的"不仁",等同于在指责政府没有负起应当负担的责任。当年孔子就曾禁止子路在卫国出私财济民,指出私人慈善活动可能会引起政治性猜忌。

在这种观念的主导下,中国历代封建王朝对民间慈善活动均采取排斥态度。这种观念,极大地限制了我国民间慈善事业的发展。在灾害救济方面,形成了"一靠天、二靠官"的局面。虽然民间的、个人的慈善活动在2000余年的封建社会中从来未曾止歇,但由于官方的不重视甚至排斥态度,这种慈善活动的发展始终举步维艰、鲜有作为。直到晚清时期,这种局面才得到彻底改观。

一般认为,发生在光绪初年的"丁戊奇荒"是民间慈善事业公开走上历史舞台的初始。但实际上,在比这更早的黄河铜瓦厢改道事件中,民间慈善活动就开始成为政府默许甚至倚重的力量了。"丁戊奇荒"中,民间慈善救助发挥了巨大作用,从宗族的、地域性的慈善行为发展为跨省区的大规模赈灾活动,成为国家赈济行动的得力助手。到光绪十三年(1887),黄河在郑州一带决口,民间救助事业终于成为与政府并驾齐驱的重要支柱。至此,民间慈善活动开始得到政府的公开承认和表彰,从"殊乖善政"的偏见中走出来,成为政府赈灾救助活动中不可轻忽的生力军。

自古以来,黄河决口就是历代政府高度重视的河务问题,又因其往往造成严重的灾难而涉及荒政问题。有清一代,黄河也曾屡屡决口,其中影响最大的要数发生在晚清时期的铜瓦厢决口。

咸丰五年(1855)六月二十日,黄河在河南兰仪铜瓦厢处决口,奔腾下泻的黄河水任意奔趋支流巷汉,终夺山东大清河入海。口门以下的河南、直隶、山东三省四十余州县遭受巨浸,受灾人数近千万。决口发生时,清廷正深陷镇压太平天国起义的战争之中,因此没能按照惯例处理这次决口,造成了非常严重的后果。

清前中期,为了保护漕运,清廷十分重视黄河事务。其日常修守由清廷直属的河督负责,经费由国库直接拨付。一般发生较大规模的黄河决口后,

则立即令河督赶紧堵筑决口,且另拨帑金,"多者千余万,少亦数百万"①,有时甚至还派钦差大臣前往督战。咸丰五年(1855),铜瓦厢决口发生后的第五天,咸丰帝接到了奏报,立下批复:着该署河督严饬道厅赶集料物,盘做裹头,毋使再行塌宽。同日,又"谕令李钧等赶紧堵合,设法协济"。这表明此次决口原本会像以往那样得到及时堵筑。可是咸丰帝静思之下顾虑重重,堵筑决口的决心很快发生了动摇。

首先是内乱外患严重威胁着大清王朝的统治。

咸丰元年(1851),太平天国运动爆发,短短两年的时间就建立了与清政府对峙的政权。随后又攻占了安徽、江西、湖北东部的大部分地区,夺取了安庆、九江、武昌这三大军事据点,几乎控制了整个长江中游地区。清政府遭受重创,曾国藩的湘军败阵龟缩,负责督办江南军务的钦差大臣向荣身死军中。国际上,英、法等列强趁太平天国运动爆发之机加快了侵略步伐。内忧外患,使大清财政捉襟见肘,国库存银空虚到了极点。到咸丰三年(1853),连王公官员的俸银也发不出来了,之后的很长一段时期,库存实银仅维持在10万两上下。为了筹集军费,清廷对内开源节流,缩减"河工"等所谓的"不急"开支,增加厘金税,甚至不惜将财政大权下放给地方政府,"就地筹饷""就地筹款";对外则举借外债,以海关税收等做抵押。在财政极端困难的情况下,"动逾千万"的堵筑决口费用根本就无从谈起。在这江山社稷存亡绝续的生死关头,清廷已无暇顾及河务问题。尽管清廷试图通过捐输的办法筹集,可是各省捐输佐各省之供支而不足,安能襄集巨数留作工需。

面对这种严峻的形势,咸丰帝渐生"缓堵"决口之意。鉴于当时清廷内部正围绕决口堵还是不堵的问题进行着激烈的争论,他决定命河督李钧前往新河道进行实地勘察,以找寻"缓堵"决口的证据。勘察归来,李钧指出:堵筑决口有两难,一是"需费甚巨,况当'寇氛'未靖,经费支绌,实无帑项可拨";二是现在"逆匪"未平,楚皖均与豫境接壤,本省各处"联庄会刁民",不时窃发,倘再勾结滋事,所关匪细,此又不可不思患预防。基于这两点,他主张兰阳漫口暂请缓办,俟南路'贼匪'荡平,再行议堵。有了这些"证据",咸丰帝随即发布上谕:现因军务未竣,筹饷维艰,兰阳大工,不得不暂议缓堵。

六月二十五日,咸丰帝在发布堵筑决口令的同时,还"着桂良、崇恩、英桂赶紧派员筹款,前往确查,黄水经由之处,将被水灾黎,妥为抚恤,毋令一夫失所",并"发去内帑银十万两,交崇恩七万两,英桂三万两,并将直隶缴回宝钞银二万五千串,发交桂良,抵发赈济之用"。然而,时局震荡、财政困窘极大地

---

① 《清史稿》卷一百二十五,《食货》之"征榷会计"条。

制约着清廷的救灾活动。要而言之,清廷主要采取了开捐筹赈、截留漕项、蠲缓额赋、平抑粮价等四项措施。

决口发生后,清廷"于河南、山东省设立捐局,无论银钱米面及土方秸料,皆准报捐,奏请奖励"。尽管不再限于捐银,但自太平军兴起以来,为了筹集军费,清廷迭开捐例,民力已近枯竭。山东设立捐局之后,"群情观望,歆动为难"。为打破僵局,巡抚崇恩"于开局之日首先捐赈米一千五百石,以为绅民倡"。随后,在官绅的共同努力下,捐局工作渐有起色。截至(咸丰)六年九月底止,共收捐米三十万石……自六年十月初起截至八年六月止,又收捐赈米二十万八千三百石。在决口后近两年的时间里,山东捐局共收捐米50多万石。由于耗时冗长,所收粮食数量有限,对救灾很难起到切实效用。

开捐之外是截留漕项。山东、河南均是漕粮的重要来源地,因此,大灾之际,清廷谕令:"所有本年山东省未经起运之漕米,即着就近截留五万石,交崇恩确查被灾较重地方,速为赈济,一面咨查直隶被灾各属,酌量拨给。其河南省应征未完漕米五万余石,并着英桂督饬各该州县赶紧征收,于该省应行给赈地方,随征随放。"此后很长一段时间里,清廷几乎每年都命山东、河南二省截留漕粮赈济灾民,这两省的漕粮成了当地的救济粮。

然后是蠲缓额赋。水灾过后,灾区无法正常耕作。因此赈济之外,蠲缓额赋尤为必要。该年十月,清廷发布谕令,蠲缓山东德州、历城、长山等60余府县的新旧额赋。翌年,灾情依旧,为安抚灾民,清廷于年初就发布了缓征令,缓征山东德州、历城、章邱等70多府县的当年额赋。因决口没有堵筑,灾区连年受灾,正常的耕作迟迟未能接续下去,所以在山东重灾区,清廷几乎年年发布蠲缓令。

最后是平抑粮价。咸丰七年(1857),清廷曾令山东"所有各海口米商贩运粮食进口者,自本年三月为始,无论杂粮米石,概予免税,以广招徕,俟年岁稍丰,再行照旧征收,其本省麦面不准贩运出境,并着该抚出示晓谕,以平市价,而济民食"[①]。

表面上看,尽管政局震荡、财政困窘,清廷在应对灾荒问题上还是表现出了一定的能力。但实际上,这都是一些几近敷衍的举措。例如发赈,以往发生这样的大灾,都是由清廷拨赈款购买粮食,同时调集数省漕粮发往灾区。而这一次仅仅是截留了河南、山东二省的漕粮。仅此一端,不难想见清廷的无奈。

总之,在太平天国起义的巨大威胁下,清廷自身的安危成为压倒一切的

---

① 中国第一历史档案馆编:《咸丰朝上谕档》(第七册 咸丰五年),广西师范大学出版社1998年版,第72页。

事情,在处理决口与救济灾民问题时,首先想到通过开捐的方式筹集款项物资,这在很大程度上是想把责任推给地方。国库空虚、政局不稳、执政能力衰弱,清廷再也顾不上是否"殊乖善政",把赈灾救济的责任推给了地方和民间。

光绪十三年(1887)黄河在郑州一带的决口,造成了晚清时期仅次于铜瓦厢黄河决口改道事件的一次黄河水灾。虽然此次遭灾的中心地区是河南东部和安徽北部,可是针对该地区开展的赈务,居然主要是由以江南民间社会为中心的义赈来承担的。在突破中国传统救荒机制方面,与咸丰五年(1855)铜瓦厢黄河决口、光绪初年的"丁戊奇荒"一脉相承,共同形成了三级跳,成为整个封建社会赈灾机制发生根本转变的标志性事件。

水灾发生后,清廷主要关注的是堵决工程,也就是当时所谓的"郑工"。应该说,清廷对郑工非常重视。首先,它对工程负责大员的惩处力度和调动规模都相当之大。河道总督成孚于河决之初被革职留任,不久又因被参渎职而开缺。朝廷继而任命前河南巡抚李鹤年为河道总督,并派大学士李鸿藻督办河工事宜。又因光绪十四年(1888)秋合龙功败垂成,李鹤年被革职,"发往军台效力",河南巡抚倪文蔚"革职留任",李鸿藻则先"革职留任",后又调回京师,另由广东巡抚吴大澂署理河道总督,总揽郑工事宜。

在工程经费方面,清廷为此曾两次向汇丰银行借款,总计达 200 万两。而到整个郑工于光绪十四年(1888)底最终合龙时,其开销总数竟达 1096 万两。

与政府的赈灾活动并驾齐驱的是民间的义赈。突破中国传统救荒机制的晚清义赈活动,始于光绪初年的"丁戊奇荒"。其时,以江南为中心的民间社会力量总共募集并自行散放赈银 100 多万两,涉及山东、河南、山西、直隶四省,赈济灾民总数超过百万。这在此前的中国救荒史上从无先例。当然,这时的义赈还较少出现具有近代意味的新兴因素。就其主持群体而言,最早倡办义赈的李金镛、谢家福、严作霖等人都是普通江南士绅,其最初的组织机构主要依托的是江南传统慈善组织,其中心地点则是传统的城市苏州,而非已具近代化意味的上海。

随着"丁戊奇荒"结束,以及最大的两家义赈组织即苏州、上海的协赈公所都于光绪七年(1881)初宣告撤止后,义赈主要依靠传统资源的局面也开始发生变化。至于这个变化的起点,是许多重要的义赈同人因办赈而受到李鸿章、盛宣怀等人赏识,从"丁戊奇荒"末期起即开始参与洋务事业的经营,其中尤以电报业的参与最为显著。

与义赈主持群体的身份演化相对应,义赈在组织机构上也发生了变化:义赈初期主要依靠洋务企业等新式组织,建立了组织更为周密、覆盖面更广阔的网络体制。到光绪九年(1883)山东水灾期间,近代企业已构成此时义赈网络中最大的一股中坚力量。首先,此次赈所之所以设在位于上海陈家木桥的金州矿务局内,很可能就是基于对电报局的依赖。其次,义赈分支机构对近代企业的依赖也更为紧密。在当时128个义赈收捐处中,位于各处电报分局、轮船招商局分局中的有34个,成为此时义赈网络所包括的各类社会组织中最大的一类。由于电报局和招商局的作用,此时义赈网络还延伸到了南洋、日本和欧美一带,尤其是不少中国驻外使馆和企业的驻外商行等组织中也成立了义赈收捐处。

与此同时,上海取代苏州而成为义赈力量的主要集结之处。因为这一时期的大部分洋务事业都是以上海为中心展开的,而许多义赈同人又纷纷介入洋务事业,这就使得原先在上海之外的一些义赈领袖向上海集聚。

这一时期,由于义赈业已演化为一项由近代绅商举办的、极具示范意义的社会公益活动,更多在上海的绅商和社会组织积极参与了进来,为解决义赈的常规化发展提供了条件。在这方面,表现最突出的就是施善昌及其任馆主的丝业会馆。随着施善昌在光绪九年(1883)七月后成为金州矿务局赈所的董事,丝业会馆赈所也很快发展出了一个稍具规模的组织网络。到次年二月,该所又借助金州矿务局赈所的组织网络,使代理收捐处猛增到80余处之多。

当然,义赈的这种常规化发展趋势并非仅仅体现在施善昌和丝业会馆身上。光绪十一年(1885)两粤水灾期间,出现在上海的另外3家义赈机构即王松森主持的上海文报局筹赈公所、陈竹坪主持的陈与昌丝栈筹赈公所和李秋坪主持的高易公馆筹赈公所,同样反映了这个趋势。这3家赈所不仅都沿袭了金州矿务局赈所的组织网络,而且也是持续不断地办理义赈。正如经元善所说的那样:"厥后风气大开,有李君秋坪、陈君竹坪暨施少钦封翁,相继而起。因思宇内愿力,只有此数,沪上滨海一隅,似不必务名而多树帜,人取我弃,渐渐退舍。"①

而这次黄河在郑州的决口(以下简称"郑灾"),恰恰提供了将义赈常规化发展成果进行整合的机会。

"丁戊奇荒"后,谢家福等人一度淡出义赈的原因是分身乏术,而面对如此严重的决口事件,他们当然不会袖手旁观。而且,由于谢家福和经元善等人当时负责上海电报局的工作,他们成了郑灾发生后上海方面最早得知灾况的人士,并最早在《申报》上发布赈捐公启,宣布在陈家木桥电报总局专为此次赈灾成立一个赈所。由于此前数年连续办理义赈的施善昌、王松森、陈竹

---

① 虞和平编:《经元善集》,华中师范大学出版社2011年版,第276页。

坪、李秋坪等人都是相当良好的人选,于是,谢家福邀请他们四人"到局公议",共同商定了一个办赈章程,并在《申报》上刊发。根据这个章程的规定,可以说上海现有的义赈力量已经统一在一面旗帜之下了。

这种统一,使募捐工作开展得十分顺利。从光绪十三年(1887)八月末到十五年(1889)正月为止,陈家木桥电报总局赈所解往豫、皖两省的赈款20批,总数达509168.75两之多,这已经与朝廷允拨两省的赈灾款项持平了。

义赈于此次郑灾期间在灾区进行的放赈行动,同样是昭示义赈发展到一个新阶段的重要印证。"丁戊奇荒"时期义赈的放赈规模虽大,却缺乏系统规划,每个阶段的行动都要重新进行组织协调,从而造成头绪纷繁的状况。而在这次郑灾期间,不仅一开始就进行了通盘筹画,并且无论放赈过程中出现怎样的意外情况,义赈同人都做出了妥当的应对,从而使整个赈济活动始终得以有序地进行下去。

与"丁戊奇荒"时期相比,郑灾时期义赈最重要的特征,就是它正式得到了朝廷的承认。这种来自官方的承认,在当时是至关重要的。如经元善就曾披露,他在发起义赈时甚至被"当道目为越分,而忌阻者亦颇不乏,惟有动心忍性而已"[1]。这种情况显然在义赈同人心中投下了不小的阴影,以致光绪七年(1881)四月初扬州一带因旱灾求援时,他们却出于"内负掠美骛外之愆,外惧斗捷沽名之诮"[2]的担心而匆匆中止了所有活动。

光绪八年(1882)皖赈期间,他们还多少有些无奈地承认:"弟等频年以来妄为德先,久掠众美,越分违道,负疚在躬。"[3]与义赈同人这种惴惴不安的心态相对应,当时社会上也一度认为义赈在整个国家的救荒机制中并不能起到很大的作用。在这方面,光绪九年六月二十九日(1883 年 8 月 1 日)《申报》社论中的看法最具代表性。虽然该文开篇对义赈做出了前所未有的高度评价,可令人诧异的是,该文最后却认为"第以赈可暂不可常,善士之补苴,终不若有司之筹画"[4]。在次年二月间的另一篇社论中,《申报》不仅继续对义赈的作用持保留态度,甚至对其发展前景也发出了悲观论调:"而仅沾沾焉藉民间有限之力以补救而维持之,则诚恐有江河日下之势矣。"[5]

然而,恰恰是从出现上述悲观论调的这一年起,义赈同人却完全消除了以往那种踟蹰不安的心情。光绪十年(1884)七月间,当接到江西告灾的消息

---

①　虞和平编:《经元善集》,华中师范大学出版社 1988 年版,第 327 页。

②　光绪七年七月十一日《申报》,19 册第 141 页。

③　光绪八年六月十三日《申报》,21 册第 158 页。

④　光绪九年六月二十九日《申报》,23 册第 187 页。

⑤　光绪十年二月十五日《申报》,24 册第 377 页。

时,虽然明知道江西官府"必能为民请命,发帑赈灾",施善昌依然宣称:"顺直、山东密迩神京,上廑宸虑,尚不免借助于东南义赈,以补官赈之不及,江西情形谅亦相同,此善昌之所以不能已也。"①次年初,连《申报》馆关于义赈地位和作用的评论也发生了重大转变,不仅称义赈"实足以辅官赈之所不逮",而且认为"灾荒连年不绝,而各省灾黎,绝未闻有某处迫于饥荒,以至滋生事端、猝有变故者"的一个根本原因,就是"由于东南各善士义粟仁浆,赶先口助,俾中泽哀鸿得以安集,不使铤而走险。盖自古办赈以来,从未有如今日者矣"②。

这显然标志着人们已经意识到义赈在中国救荒机制中的地位发生了变化。至于造成这种转变的根本原因,则是义赈从国家那里获得了合法性认同。在"丁戊奇荒"时期,官方认为义赈至多只是一种值得表彰的义举。例如,光绪三年(1877)九月间,山东巡抚李元华在为李金镛等人请奖时奏称:"该官绅……实属好善乐施,不可多觏。"③光绪五年(1879)五月间,河道总督李鹤年和河南巡抚涂宗瀛为义赈请奖的说法是"其勇于为善,洵属不可多觏"④。同年八月间,山西巡抚曾国荃奏称:"江浙绅士金福曾等……遥念晋灾,捐资助赈,洵属勇于为善,好义可风。"同年底,直隶总督李鸿章的请奖理由并未越出这个套路:"严作霖、杨培与候选知府李金镛等……为穷黎全活性命,为国家宣布恩德,其有裨于人心风俗者非浅。"⑤

熊希龄以湖南义赈会名义兴办慈善机构

大约从光绪九年(1883)起,官方认知义赈的角度发生了很大的转变。许多高层官员出于救荒问题的实际考虑来衡量义赈的地位,而不再简单地将之作为一种民间协助荒政的义举或是善举。首先,官方鉴于官赈力量不足而开始主动要求义赈的援助。例如,光绪九年(1883)七月初,顺天府知府周家楣因山东水灾而致信义赈同人称:"山东河患大作……非得从前江浙善士所办东、豫、晋、直各赈赈之,终弗克济。"⑥同年八月底,周家楣又因顺直水灾而向义赈求援,甚至称这

① 光绪十年七月十六日《申报》,25册第396页。
② 光绪十一年三月初一日《申报》,26册第541页。
③ 光绪三年九月二十一日《申报》,11册第410页。
④ 光绪五年六月十一日《申报》,15册第114页。
⑤ 顾廷龙、戴逸主编:《李鸿章全集》(第8册 奏议八),安徽教育出版社2008年版,第559页。
⑥ 光绪九年七月初三日《申报》,23册第212页。

种援助为"义等勤王"。光绪十二年(1886),李鸿章致函施善昌称:"来年春抚,尤需巨款……务望执事始终扶持。"①

其次,一些地方大员都强调了义赈对当地赈务的重要性。光绪九年(1883),周家楣致函施善昌称:"弟总以官赈尚浮,必得善赈乃实也。"光绪十二年(1886),山东巡抚陈士杰奏称:"江浙各官绅捐资助赈,已历三年,为数甚巨……现在库款奇绌,官赈无可从宽,全赖此项绅赈以资接济。"②同年九月,山东巡抚张曜致函严佑之称:"齐鲁灾区,奉阁下为至宝,资其大力,获保残黎。弟承乏其间,亦得藉左右之助,幸何如之。"③

光绪十四年(1888)初,高易赈所的主持人李秋坪去世。李秋坪仅仅是一个普通买办,但是因为办理义赈,他的去世立即引起了强烈反响,甚至得到了官方的奖恤。光绪十五年(1889),义赈同人推举盛宣怀等人为代表,向直隶总督李鸿章禀请优恤李秋坪。他们在禀文中提出,其一,请李鸿章"俯赐主稿,并咨请河南、江苏、山东、安徽抚宪会衔奏乞天恩",饬广东省"将其生平善行及筹赈劳绩详加采访,列传府县志中。并念其输捐、赈济、善举等款为数甚巨,准予建坊旌表"④;其二,李秋坪曾在光绪十二年(1886)办理鹤峰煤矿时有失职行为而被"降三级调用,不准抵销",义赈同人这时提出"李绅曾于义赈中先后捐银五千两,分解直东两省之用,可否原案奏请开复"⑤。按常规,捐赈开复只能通过朝廷为荒政开办的赈捐则例进行,而把李秋坪对义赈的捐助作为开复凭据,无异于把义赈并列于国家的荒政体制。

可是,李鸿章等人对此竟然毫无异议,并会同两江总督曾国荃、两广总督李瀚章、江苏巡抚刚毅、山东巡抚张曜、河南巡抚倪文蔚和安徽巡抚沈秉成,按照义赈同人的要求上奏了朝廷。对于李秋坪这个籍籍无名的买办来说,如果不是因为国家认同了义赈的合法性,他是不可能得到这样的待遇的。

综前所述,我们有理由认为,此次黄河郑州决口民间义赈,为整个封建社会对民间义赈的偏见画上了句号。

---

① 光绪九年八月二十八日《申报》,23 册第 538 页。
② 光绪十二年三月二十九日《申报》,28 册第 688 页。
③ 光绪十二年九月二十二日《申报》,29 册第 684 页。
④⑤ 中国社会科学院近代史研究所政治史研究室、苏州大学社会学院编:《晚清国家与社会》,社会科学文献出版社 2007 年版,第 119—120 页。

第五章 晚清慈善家

之所以将"晚清慈善家"单列为一章,是因为这一时期的慈善家和慈善事业与民国时期的慈善家及慈善事业有着血脉相连的关系。可以说,他们是根系,是源头,是一个新时代的发端。没有晚清时期大批慈善家的涌现,就没有民初至新中国成立前的慈善事业。

需要说明的是,"晚清"这个概念,史家公认是从 1840 年林则徐虎门销烟、第一次鸦片战争时开始,这也是中国近代史的开端。但是我们在此论及晚清慈善家时,在时间概念上不会如此严格。因为自清中期以来,由于贪污舞弊行为的泛滥、荒政的有名无实乃至严重缺失,民间的慈善事业和民间个人的慈善行为已经较为普遍。虽然这一时期的这类慈善事业和个人行为尚不能与政府的灾荒赈济工作并论,但其作用也不可小觑,而晚清民间慈善事业的兴起,正是由此发展而来。

可以说,清代是我国古代社会救济事业发展的鼎盛时期,在其前期,国家荒政占有主导地位;到中后期,随着国家荒政的衰败和基层社会自治化倾向的加强,由乡绅倡率的民间社会救济活动不断兴起,并担负起越来越重要的作用。这也是晚清时期民间慈善事业迅速发展的根本原因。

一、潘曾沂和苏州的丰豫义庄

潘曾沂,字功甫,号小浮山人,嘉庆丙子年举人。潘氏在当时是吴中望族,在清代,潘氏家族共出举人以上功名者 20 余位,状元、榜眼、探花各 1 位,其中以乾隆五十八年(1793)状元、四朝元老潘世恩声名最为显赫。潘曾沂即潘世恩的长子。潘曾沂嘉庆二十一年(1816)中举人后,五应礼部试不第。道光元年(1821),援例得内阁中书。道光五年(1825),因患肺病辞官归里,遂不复出。后来辅佐其父经营丰豫义庄,丰年买进粮食,荒年施舍赈济贫苦农民。此外他还创立了放生会,并以赈灾叙功得光禄寺卿衔。

潘曾沂之所以创设义庄,自有其背景。嘉道以后,随着上海的兴起,苏州日渐失去了中心都市的地位,社会经济在不少方面出现衰败之势。与此同时，由于人口的急剧增长，人多地少的矛盾显得更加突出，造成"逐末"人口不断增加，贫民队伍不断扩大，贫富分化不断加剧。所谓民生日匮，浮民渐多，风俗渐坏。尤其是道光以后，江南灾歉频仍，亦使民生维艰。由于苏州历来为富庶之地，每每有江北等灾民前来就食。然而，国家的救荒能力自乾隆以后呈下降之势，到道光时，国家荒政已"殆于衰亡"。其救荒的政策重心也由直接救济而转变为劝绅民捐输。在这样的情形下，潘曾沂于道光七年(1827)在家乡苏州"罄其田二十有五顷"建成丰豫义庄，其宗旨就是以备里中荒年平粜及诸善举之用。

义庄建立后，潘曾沂"详定章程，悉心经理"，很快就使义庄的运营步入正轨。道光十一年(1831)吴中大水，义庄于翌年春行平粜、赈济之举。由于义田租入有限，义庄还采买平粜。平粜之外，还对极贫者施赈并留养灾民。如道光十二年(1832)，在平粜之余，"又择城中极贫者六千余口，给以票据，按期在天后宫发钱"。道光十一年(1831)冬，江北灾民踵至，首倡留养之议，独任四千余口。道光二十八年(1848)秋，资养江北灾民。

在救济邻里的同时，义庄也能关心佃农的生计，"岁小歉，辄弛佃租"。道光十三年(1833)"全免本年田租，自后十余年，统计免收之数不下四五万石"①。

此外，潘曾沂有感于当时灾荒频仍、救不胜救的状况，觉得"苟为民备，曷若使民自备"，"欲民之畜，莫如若善稼，稼之所由善，莫如行区田"。因此，他开始试行、推广区种法。区种法，最早见于《氾胜之书》，此后重要的农书多有记载，但由于其费功太多而一直未能推广。潘曾沂觉得，吴中之地一年两熟，多种春粮，但由于种春麦不得法和地不相宜，收获甚微，还延误了春耕肥田，如果行区种之法，深耕培苗，有利于抗灾，可以熟少而收多。所以，建立义庄后，他就致力于区种法的推广。道光八年(1828)，"试种于娄郊"。第二年，又由庄属潘升在葑门外择田"再试再验"。

据记载，义庄还于道光十四年(1834)和二十八年(1848)两次分别于尧峰山下和尹山试行区种。潘曾沂为此付出了极大的热情和心血，课农区种之年，常亲赴农田督种，"自春至秋，往返数十次"。为了方便佃农试行，他用十分通俗易懂的文体写成了《诱种粮歌》《课农区种法》《课农区种法直讲三十二条》等著作以贻佃农，并"刊版流传他处"。同时，他利用自己的地位，调动多方面的力量给予支持。请求知府对首先佃种区田的查继昌等4名佃农亲予奖赏并示谕推广。又于道光十四年(1834)联合同道，创立"丰豫庄课耕会"，使得义庄的课农区种一时成为地方盛事。

---

① 刘颖冰主编：《行善时代》，中国三峡出版社2007年版，第522页。

义庄的这一举措,一方面表现了经营者的农本主义思想,即把发展农业生产当作社会救济的根本手段;另一方面也体现了清代中后期乡绅的社会救济行为,已不再仅仅停留在一般的慈善举措上,开始深入生产经营领域,希望通过推广生产技术来提高劳动生产率,从而达到"使民自备"的目的。相对于单纯的施赈,这显然是一种更为积极有效的救济手段。

在救灾备灾的基础上,潘曾沂还不忘教化民风。他认为,当时民生日蹙的主要原因在于农民无耻且惰,常年亦歉,灾年亦歉;歉年亦穷,丰年亦穷。至于如此,非惰农自安,更何咎哉?"而欲改变现状,要在教化,"不再使其子若孙习惯也。因此,他力劝官府设立村塾,认为"村塾不立,则佃农之恶习有过之耳。除此别图惩劝之,擅出章程,恐更无益"。他带头捐输,于道光二十三年(1843)"择里中贫家子弟可造者助以修脯,使其就近入塾读书"。又于咸丰元年(1851),"得小屋数椽,修葺之,拟为里中义塾,名曰西陀庵"。这种教化"授人以渔",惠及后人,可以说是一种深层次的慈善救助行动。

当时,江南一带虽属富庶之地,但是民间溺婴之风也十分普遍。对此,潘曾沂深以为忧,认为诸善举中以济救溺婴为迫在眉睫的要务。而济溺之法,以收养为最,收养必得经费。为此,他于道光十年(1830)为吴中新设济育局捐钱。次年,于门外发现一弃婴,便收养之。续来者甚众,皆悉心区置,或雇妪乳养,或寄育邻家,俾得生长成人,始终不倦。

潘曾沂以丰豫义庄为基础,除了荒年赈济灾民之外,还在当地兴水利、馈医药、凿义井,行善乡里,造福桑梓。

丰豫义庄建立时,苏州的义仓还不够发达。在它建立后不久,当地丰备义仓也开始筹建,它最初为官办,之后逐渐发展到官绅合办,其功能主要在平粜和施粥两项。晚清之季,它们对当地社会产生了相当大的影响。而这实际上不过是丰豫义庄第一种功能的延伸。

正是因为种种善行义举,潘曾沂被郡中视为道光时吴门第一善人。他逝世后数年,乡里之人犹思之不能忘。

二、一心劝善的余治

余治(1809—1874),字翼廷,号莲村、晦斋、寄云山人,出生于江苏无锡。他早年入学应科举试,27岁考中秀才,但此后屡试不中,遂绝意仕进,游走于官绅与乡民之间,一意行善,广施善举,大江南北无贤愚疏戚目之曰"余善人"。

余治生活的江南地区一直有善人劝世度人的传统,在劝化施济方面,有一脉相承的意识。例如晚明时期的袁黄,为官时即造福一方,晚年更著有《训子文》，劝人积德行善，教导人们出言立行。又如清代苏州昆山的周梦颜、长洲彭氏、吴县潘功甫等，都继承了江南善人劝世度人的传统。

余治的劝善行动，在晚清的江南地区颇有声望。当时著名文学家俞樾曾记载说："莲村余君卒于苏州。苏之人，无识不识，咸太息曰：善人亡矣。……生平善事不胜书，其规条说所著《得一录》中，而戒溺女、禁淫书则其尤用意者。"[①]

余治除了劝善，自己也是一位身体力行的慈善家。

道光二十一年(1841)，余治倡设粥店以赈饥者，实行担粥施济。这种做法较官办煮赈更为简易可行。余治对此还著有《劝开粥店说》《粥店十便说》，并制订详细规则载入所编《得一录》中，在全国推行，饥民全活无算。

道光二十三年(1843)，余治在其家乡无锡县城北门外青城乡莲蓉道院内成立了保婴会。此后，在江阴、湖州、松江府也相继成立了保婴会(局)。余治创设的保婴会立足乡村，弥补了育婴堂立足城镇之不足。保婴会以乡村为单位结成善会，以股份制的形式筹集善款，每股360文。当有穷人养不起孩子想要丢弃时，保婴会出面资助产妇、婴儿5个月，每月支付米1斗、钱200文。保婴会将婴儿由城镇育婴堂的"堂养"变为"家养"，从"个人救济"变为"家庭救济"，保持了家庭的完整性。而且从过去的单纯救济婴孩到产妇、婴孩并举，意在从源头上根除弃婴、溺婴现象。

曾任刑部主事的乌镇进士严辰评价保婴会说："育婴必建堂，而(保婴)会则无论寺院祠宇及人家间屋，皆可藉以举行。堂必建于城市，而乡村之惮于远送或不能周；会则虽一乡一村，但得善士为之倡导，皆可举办，又其法能大能小，可行可止。"这种切实可行的新的保婴方式经过余治及弟子的大力宣传，不到十年时间就在江苏、浙江、福建、安徽、山西等地广为传播，以致各州县比比皆是。

道光二十八年(1848)，江阴水灾，饥民载道。余治奔走劝输，募资数万缗，赈恤筑堤。道光二十九年(1849)，江南水灾，哀鸿遍野，呼号日闻，余治编《水淹铁泪图》24幅，"乞救于远近富人"。不仅如此，他还负病往来苏、常各属，虽并不能食，未尝敢息肩焉。咸丰十一年(1861)，余治会江北善士设粥局赈济江南难民，饥民全活甚众。同治元年(1862)，余治赴上海等地偕苏绅士设保息局抚恤难民。同治三年(1864)，余治著《江南铁泪图》42幅，赴江北劝捐。余治以灾图的形式来宣传赈灾活动，开风气之先。

赈灾活动之外，余治还广收门徒，晚清江南赈灾活动的重要人物大都为

---

① 陈文新主编，王同舟分册主编：《中国文学编年史·晚清卷》，湖南人民出版社2006年版，第235页。

其弟子。如晚清豫赈行动的两位首领青浦士绅熊其英、苏州士绅严保之,均为"余莲村及门弟子"。由于一心劝善,余治与上海义赈首领施善昌,清末政治家、实业家、慈善家盛宣怀、郑观应等相交甚厚,大都成为亦师亦友的关系。

道光二十五年(1845),余治在家乡募资设立义塾数处,又在无锡募捐创设集仁局,内设义学,由此开创了以善书作为蒙学读本的先河。他主张义学要以学做人为主,认为善书对贫户子弟来说,易达教化之效果。"义塾之设,专为贫户童蒙,若遍读经书,非但力有不能,实亦迫不及待。"①并主张"先谓(读)所刊初学读本七种,再读《圣谕广训》七种,皆醇正之善书。善书所言,皆儒书之理。儒书散而善书聚,儒书深而善书浅,中人以下,正取其浅近明显,易于领会"。②

在道光二十四年至咸丰二年(1844—1852)期间,余治撰辑并刊布了《续神童诗》《续千家诗》等训蒙课本。《续神童诗》是一篇很长的打油诗,文字浅显,充满道德说教,既有宣扬孝敬父母、迁善去恶的内容,也有针对当时社会政治问题的内容。此外,他还亲自辑录了多种图说善书,其中《学堂日记图说》录故事118则,下绘以图,以便父师与弟子讲解。清代后期的义学和家塾,多选用善书(尤其是图说善书)作为蒙学课本及道德修养的材料,这也应当算是余治的功劳。

余治毕生致力于善书著述,其著述中,最为人重视,并对后世影响颇大的,是他汇集古今善举章程而作成的《得一录》。

《得一录》是一部善举资料集,最早汇于道光二十九年(1849),但罹于劫火。及至同治八年(1869),余治得友人资助,重为补辑刊行。此书命名,取"得一善则拳拳服膺"之意。书中篇章或辑前人,或参己作,主题围绕戒溺女、禁淫书,辑录有关义庄、保婴、恤嫠、清节、义仓、救荒等章程规条。《得一录》自付梓以来,在同治、

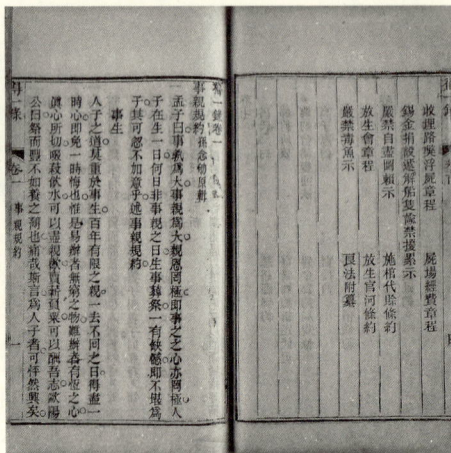

《得一录》

光绪年间曾多次重印,有八卷与十六卷两个版本,目次编排有所出入,部分规

---

① 璩鑫圭主编:《鸦片战争时期教育》,上海教育出版社2007年第2版,第361页。
② 同①,第352页。

条章程互有详略。余治辑著的《得一录》，是善举章程类善书的代表作。清代后期战乱频繁，于是出现多种辑录善举章程，以劝赈救济为主题的善书。与清代劝孝戒淫为主题的善书相比，《得一录》在资料收集方面也别树一帜。正如冯桂芬在《得一录》序言中指出的，"皆郡县善举行之已收成效者，汇而录之。并不欲以著述自见，而著述之适于用莫逾于此矣"①。

作为晚清的劝善名人，余治到处宣讲乡约，演说善书，成为流动的"讲善书人"。

余治宣讲劝善理念可以说是不遗余力，并采用多种方式。

其一为"图说善书"。道光二十五年（1845）辑有《日记故事》，同治七年（1868）辑有《学堂日记故事图说》，同治九年（1870）辑有《孝女图说》24幅。余治认为，图画的劝化效果比文字更有感染力。"图像挂幅，其感化比劝善诸书更捷更广。宜倩好手，绘善恶报应各图，刊刻传布，裱作挂屏，悬诸茶坊酒肆，或寺院庙宇……茶坊酒肆一日中属目者数十百人，较之以善书与人者，其广狭已殊，即不识字者皆可会意也。"②

其二为"讲说"。同治十一年（1872），余治"游茅山，携所刻劝善书画布"③，趁"游客麇集，予兄弟演说各种善书"④，并以"苦口宣讲木铎老人"自居，遍游江浙地方，以因果戒人。为了劝诫溺女，余治创作俚语新歌，四处说唱，或说因果，或说道情，于乡村市镇各处宣扬。而且，余治主张在劝善宣讲中掺入报应近事或讲本邑故事，以便信而有征，在劝惩效果方面更容易引起共鸣。

其三为"演戏"。余治的善戏《庶几堂今乐》是清代后期通过戏曲教化民众的代表作。余治认为，戏曲可寓教于乐，易俗移风，善戏对一般识字不多的民众特别具有潜移默化的作用。为此，余治编有善戏40种（现存28种）。他还自组童伶戏班，在江阴、常熟、上海等地演出。

三、经纬和经元善父子

经纬（1804—1865），字庆桂，号芳洲，浙江上虞驿亭新力村上堰头人。他家世代以农耕为生，家境贫寒，父亲却想方设法让经纬到邻村借读。稍长，又把他送到上海经商。这位从驿亭农村出来的少年身在十里洋场，凭着"性勤、慎言笑"的风格，一步一个脚印，博得了老板和同人的器重和认可。经纬刚出

---

① 转引自游子安：《劝化金箴——清代善书研究》，天津人民出版社1999年版，第102页。

② 同①，第157—158页。

③ 同①，第43页。

④ 同①，第43页。

道时,与同乡前辈罗振裕一起经商,结为忘年交。后罗振裕暴病死于上海,临终前将"积资万金"托他转交其乡下家眷。

经纬认为,应该让罗氏子女知道生存和发展的艰难,所以,除了"岁济家用,勖以读书"之外,他没让罗氏的子女们知道有这笔巨金。直至10余年后,罗氏子女都长大了,经纬才将罗氏遗产悉数交付罗氏母子,包括历年银行利息累计6万余金。此事,"闻者莫不叹服"。经纬便是按照这种为人处世的理念经商、做人,最后成了上海滩上"白手致富十万金"的成功实业家,事业蒸蒸日上。

经纬发迹后,一跃成为上海钱业巨头,担任上海钱业公所首董要职。1856年,他又被委任为上海缉捕局总董事。

经纬致富后,开始热心于慈善事业,走上了一条"疏财仗义,见善必为"的道路。

1847年,他与上海士绅首创"三堂",即辅善堂、同仁堂、育婴堂,自任堂主,专门为老人、小孩、灾民做善事。"三堂"由经纬亲力亲为,潜心经营,经久不衰,救济贫困百姓不计其数。

1848年,上海郊外灾民尸骨遍野,经纬主持的辅善堂兴办了掩埋遗骨的善事。

1849年,上海大水成灾,经纬率先创设两所粥厂,救济灾民,还在上海南门外设局,代养灾童1800余名,"岁熟均听领回"[1]。

1850年,江北发大水,经纬"集同志收赎妇女,不令堕尘,有夫者资送还家"[2]。

1853年,上海小刀会起义,经纬冒着杀头危险坚留上海。后义军知他"广行善义"而"义之不加害",从而保护了一大批幼童、妇女,成为上海滩的一段佳话。

1861年,从上海南下的太平天国起义军途经驿亭,见到敬修义塾碑,知道这里是经善人故乡,遂命军队"慎勿侵犯"。

1863年,经纬60岁寿辰,他将亲友所送寿礼2000余金,捐给辅善堂并劝募殷富,共置荒田5000余亩,"建仓房于华亭后冈镇,招佃垦种,以所入为同仁辅元育婴三堂恒久经费"[3]。

经纬把一生巨财全部奉献给社会,为广大实业家树立起"取之社会,回报社会"的典范。

---

① 虞和平编:《经元善集》,华中师范大学出版社2011年版,第146页。
② 同①。
③ 同①,第147页。

经纬不但是一个对江苏、浙江影响颇大的金融企业家、慈善家,而且也是一个挚爱桑梓的著名乡贤,他曾经说过:"吾生平志切利人,乡邑井里间凡遇善举,务尽我心力。"[1]1848 年,经纬出资在驿亭"湖闸旧基勉建本房英七公宗祠",并在祠旁"构卷石山房,设义塾,俾族中子弟弦歌其中"。[2] 当时在义塾大门外还凿井一口,以解路人之渴,并在侧墙上嵌上一副石联曰:"愿天常生好主,愿人常行好事。"

1855 年,经纬扩大义塾规模,在公祠后又建起 5 间楼房、7 间平房,旁建三层六角塔奎星阁及船亭、回廊等,新辟敬修义塾(1915 年改为敬修小学)。此外,经纬另置田产 300 余亩,创设义仓,规定经氏子弟免费入学,经氏鳏寡孤独还可每月在义仓领取抚恤救济粮。

同治三年(1864),清政府镇压太平天国之后,国库空虚,浙江总督为兴造"关系江浙两省水利安危的海宁塘",要在上海物色一位总管工程人选。然而上海地方虽大,竟一时"无敢任者"。经纬毅然站了出来,6 月受命,8 月开工。他一面四处借款筹钱,一面亲临江堤指挥,除夕仍不停工,使工程进展神速。次年 2 月,海宁塘筑成总长达 5400 余丈。遗憾的是,其时经纬已年逾花甲,终因积劳成疾而殉职归天。

经元善(1840—1903),字莲珊(亦称莲山),是经纬的儿子。经元善自幼就读于家乡私塾,熟读四书五经。17 岁时奉父命到上海学习经商,并参与社会公益活动。同治四年(1865),父亲病故。25 岁的经元善以长子身份继承父业仁元钱庄和清朝廷封其父的"知府"衔。经过苦心经营,仁元钱庄得到进一步发展,成为上海颇具名气的汇划庄。经元善本人先后被推举为上海南市钱业工会和北市钱业会馆的董事,在上海绅商界崭露头角。

继承父业后,经元善首创上海协赈公所,开展义务赈灾活动。当时山东、山西、河南等地连年灾荒,经元善遂组织上海及江浙绅商开展义赈,四处募捐,并亲往灾区考察放款,持续十余年,筹款数百万,救济了大批灾民。通过义赈活动,经元善结识了盛宣怀等一批洋务企业的骨干和朝廷要员,先后 11 次得到朝廷嘉奖。他在义赈活动中的影响,很快引起了洋务派的重视。光绪六年(1880)夏,他受朝廷要员的委任,入上海机器织布局"驻局专办"商董会办,涉足洋务企业。

进入织布局后,经元善改变过去"因友及友转辗邀集"的方法,在国内外 36 个城市公开设立股份代收处,开创了资本主义招股集资的新风气。后因与

---

① 虞和平编:《经元善集》,华中师范大学出版社 2011 年版,第 145 页。

② 同①,第 146 页。

织布局官方代表不和,于1881年春退居家中。

退出织布局后,经元善经友人推荐,被清廷委派为中国电报局沪局总办。光绪八年(1882)4月,上海电报局改为官督商办,经元善任该局总办,督办盛宣怀对他较为信任,使他有了施展才能的机会。他沿用织布局登报招股的办法,自己率先认购260股,迅速招齐额定股本。并改变原来衙门作风,延长营业时间,降低收费标准,还规定电报中的地点、住址、店号、人名免费,打开了民用电报的局面。

经元善还以身作则,不用仆役,不纳私亲,裁减冗员,节省开支。由于开源节流有成效,电报局当年便扭亏为盈。经元善不满于此,他把电报网推向江、浙、闽、粤、赣、鄂等通商省份,以沟通商情,与洋商竞争,还自办电报材料厂,以摆脱外商控制,加速发展中国的电报事业。到1900年,电报网已布及全国各省市和主要商埠,报费年收入增加了20多倍,上海电报局成为当时最成功的洋务企业。

甲午战争以后,洋务企业的坎坷遭遇促使经元善从经济活动转向教育和政治活动。1897年夏秋之间,经元善在维新派的赞同和支持下,在上海发起创办了中国第一所女子学校——中国女学堂(亦称经正女学堂)。起初签名赞同者颇不乏人,绅商界、新闻界和维新派纷纷响应。但是官方非议女学,不给办学经费,连提取电报局花红积余也遭到反对,原先的许多赞助者也闻风而退。面对政治压力和经济困难,经元善没有退却,他把创办女学作为救国强国之计,认为有淑女而后有贤子,有贤子而有人才,有人才可治国富强。没有经费,他发动女界捐款,还首先让自己家属捐,妇女界积极响应,使女学堂于1898年5月正式开学。

女学堂所设课程,中西各半,普通和专门教育结合,使入学女子能学到中西基础文化知识和部分生产技术,毕业后有自谋生计之能力。学堂内提倡男女平等,禁止缠足。梁启超闻知后称赞:"为大开民智张本,必使妇人各得其自有之权。"[①]这是中国妇女解放运动之先声。

经元善一生之中最有影响的一次改良活动是1900年初的反对"己亥立储"。是年1月24日,慈禧太后为彻底清除维新派势力,逼使光绪皇帝让位,并改元"保庆"。经元善闻之竭力反对,领衔发出了包括蔡元培、黄炎培等人在内的1231名旅沪维新派人士和绅商的联合通电,恳请光绪皇帝继续执政。通电发出后,全国各地响应,反对立储的通电、公告如雪片般飞向北京。上海工商界还集会研究,如清廷执意不悟,则以罢市相对。在社会舆论的压力下,

---

① 丁文江、赵丰田编:《梁启超年谱长编》,上海人民出版社2009年版,第48页。

清廷被迫取消改元立储的计划。

　　经元善在洋务和改良运动中，言行一致，勇于创新，敢于实践，被人赞誉为"青史昭垂、名传中外"的创新实干家，他的功绩载入史册，被后人世代传颂。

四、"心忧天下，敢为人先"的朱昌琳

　　朱昌琳，字雨田，晚年自号养颐老人，长沙县人，清道光二年（1822）生。朱昌琳出生在长沙县安沙镇和平村一个书香之家。青少年时期屡试不第后，朱昌琳自知不是科举的料，于是来到当时被称为"善化县"的长沙城，在富绅唐艺农家里做账房先生。几年后，朱昌琳积了些钱，也看出了一些做生意的门道，于是向唐艺农请辞。唐艺农知道朱昌琳有做

湖南长沙朱昌琳故居

生意的打算后，主动借钱给他，在太平街开了个杂货店。

　　朱昌琳赚的第一桶金，应该说得益于他的生意人眼光。道光二十五年（1845），湘中农业丰收，谷价骤跌至千钱三石。别的生意人见谷价骤跌，抛之唯恐不及。只有朱昌琳"逆风而上"，尽出藏钱，吞进了不少被人视为贱货的谷子。这年，他的前东家唐艺农家因田地较多，租户缴给他的谷子堆积如山，有些甚至已经发了芽。唐艺农听说朱昌琳在收购谷子，遂找上门来，请他收购。当朱昌琳告知家底已掏空，再无本钱收购时，唐艺农很大方地说："只要先生承受，明年卖出再付款。"①这样，朱昌琳冒着巨大的风险吞进了千余斛稻谷。

　　第二年，长沙久旱无雨，洞庭湖一带却遭了水灾。一时谷价暴涨，最后竟然涨到了每石五千钱，与前一年谷价最低时相比，涨了十五倍！朱昌琳所囤的谷米抛售一空，就此发了财。

　　这次暴发的过程中，朱昌琳也积极开展了他人生最初的赈灾救济。

　　在灾荒之年，富有经营意识的朱昌琳，采取以工代赈的方式，既建筑起朱家城乡居宅，又大量救济了灾民。正如清代吴庆坻说，朱雨田"生平以济人利物为己任，自道光己酉赈水灾为致力善举之始，其后历咸（丰）、同（治）、光

---

　　①　欧阳晓东、陈先枢编著：《湖南老商号》，湖南文艺出版社 2010 年版，第324 页。

（绪）三朝五十年中，善行不可枚举"①。

由于朱昌琳眼光独到，敢为人所不为，故而他抓住时机，成为晚清民初最大的富豪，名震大江南北。

咸丰初年，太平军从广西兴起，一路打到南京，占据江南富庶之地。原来运盐到湖南做大宗生意的淮商受到严重打击，长江水道也被阻隔，湖南人吃盐只能借销粤盐和川盐。同治三年（1864），湘军克复江宁，平定太平天国，万业蓬勃向上，道光年间就已实施的"票盐制度"重新开始实施。因原有盐商逃离，政府招商领取盐票，运卖淮盐。当时的湖南人或者缺少资金，或者没有商业头脑，因此很少有人涉足这一行业。朱昌琳又一次"独见机先"，领得盐票34张，创办了乾顺泰盐号。

两年后，即同治五年（1866），李鸿章以筹款为名，责令盐商报效白银30万两，买得专利权，垄断运销，"盐商即据盐票为永业"。此前，朱昌琳购得的盐票，从最初的"贾费初值十金"，因为政策的变化"已值巨万"。也就是说，朱昌琳坐在家中，凭借盐票，即可跻身豪富之列。

当年湖南有淮盐运商二三十家，分成五帮。湖南本帮的头号大爷就是朱昌琳所开的乾顺泰盐号，该盐号自有盐票34张，租用45张，最多时多达百张。也就是说，朱家盐号每年向湖南（部分销湖北）垄断倾销食盐达15000—21120吨之间，运盐量占湖南总运盐量的五分之一。朱家富商地位由此确立。

过了数年，陕甘总督左宗棠平定了回民起义，这又为朱昌琳的生意进一步发展创造了条件。在回民起义之前，甘肃、新疆的茶政向来由晋商承办，谓之"东商"，经营方式与盐法相同。回民起义后，原有茶商（晋商）因战乱而逃散。左宗棠平定陕甘后，无法招回原来的商人，但地方经济又亟待恢复，于是左宗棠就到老家湖南招商，委托湖南人承办运茶事务，称之为"南商"，所销运的都是湖南砖茶。数年后，晋商才陆续归来，因为市场已经被"南商"占领，只好向湖南商人承拨分销。但此时湖南商人的运茶垄断权已占到十分之七，而晋商只占到十分之三，湘商占据绝对性优势。朱昌琳此时已成"南柜总商"，湖南黑茶经朱昌琳等人之手源源不断倾销中国西北，甚至跨国贸易到俄罗斯。

长沙《大公报》记载：当年，朱昌琳在长沙太平街设朱乾升茶叶总栈，湖北、陕西、甘肃、新疆等处设分栈；湖南安化设总茶庄，汉口、泾阳、羊楼峒、西安、兰州等处设分庄，雇用人员不下数千百辈。余尧衢（即晚清名臣余肇康，回湘曾主持修筑长株段铁路）、胡绍虞一贯一富，即由朱乾升分号、分庄出身。

除盐、茶大生意之外，朱家又在湖南及安徽广买田地和铺屋居宅，田地至

---

① 陈泽珲主编：《长沙野史类钞》（上部古人笔记），岳麓书社 2011 年版，第 331 页。

少拥有2500石田租,铺屋仅在省城长沙就拥有数十栋。长沙乡镇房屋,则有纯化镇之棠坡,绵亘几坡几岭;北门外丝茅冲之公园,周围约近十余里,为长沙各私园之冠。朱昌琳又曾出家财巨万,开挖新河船埠,既完成清代名臣赵申乔、陈宏谋不能完成的伟绩,又获得有"小南京"之称的长沙北门外新河镇长庆街大量铺屋。有人曾问及朱昌琳聚财之法,朱昌琳说:"务审时,如治国。"说的就是,做生意,一定要把握住政策利好。

朱昌琳留名于后世,在于他的乐善好施。1925年《大公报》称,朱昌琳做了常人"难以做到的事情"。

朱家拥有田租2.5万余石谷,其中1万石谷就直接用于在长沙四乡设保节堂、育婴局、施药局、施医局、麻痘局、鳏寡孤独局,设义山,设义学,施棺材,设义渡,发年米,施寒衣……种种善事,应有尽有,都是朱昌琳一人捐资独办。而朱昌琳儿辈的四房子孙也都能仰体善意,对以上各慈善事业年年捐助私财。进入民国后,朱昌琳的后人提出要将棠坡及丝茅冲的大批房屋作为慈善事业之机关或公园,地方人士对此歌功颂德,有口皆碑。

朱昌琳投身慈善事业,不止湖南一地。据清代笔记记载,朱昌琳最热心投入的慈善事业是救荒。"朱昌琳墓神道碑"碑文记载,朱昌琳"尤尽心于救荒,秦、晋、皖、鄂,蠲振辄数十万"。他曾运米陕西赈灾,用布囊盛米,米用疗饥,数万匹布囊布,则制作为寒衣。他的这种善于运筹的细密深思,被时人比作陶侃。[①]

朱昌琳逝于民国元年(1912),享寿九十。

五、"崇德厚施"的郑观应

郑观应像

郑观应,广东香山(今中山)人。本名官应,字正翔,号陶齐,又号居易、杞忧生、慕雍山人,别号待鹤山人,道号虚空、通济、一济。咸丰八年(1858),郑观应参加童子试未中,即弃学从商,奉父命远游上海,在任上海新德洋行买办的叔父郑廷江处"供走奔之劳"。次年,进入上海知名的英商宝顺洋行任职。

同治七年(1868),宝顺洋行停业,郑观应转任生祥茶栈的通事,并出资合伙经营公正轮船公司,参与创办太古轮船公司。同时他还先后参股于轮船招商局、开平矿务局、上海

---

① 王景洲、彭国梁编著:《棠坡山泉》,湖南人民出版社2010年版,第18—19页。

造纸公司、上海机器织布局等企业,并纳资捐得郎中、道员衔,与李鸿章等洋务派大员也交纳日深。

光绪四年(1878),直隶总督李鸿章札委郑观应筹办上海机器织布局,旋又委郑观应为上海电报局总办。光绪八年(1882),郑观应受李鸿章之聘,出任当时几乎不能维持的轮船招商局帮办。由于他的内外治理,轮船招商局的营业额和股票市值大幅提高。次年,李鸿章擢升郑观应为轮船招商局总办。

光绪六年(1880),郑观应编订刊行反映他改良主义思想的《易言》一书,书中提出了一系列以国富为中心的内政改革措施,主张向西方学习,加快工商业发展,鼓励商民投资实业,主张"庶我国所有者,轻税以广去路;我国所无者,重税以遏来源"①的保护性关税政策。郑观应在《易言》中还大力宣扬了西方议会制度,力主中国应实行政治制度的变革,实行君主立宪制。

光绪二十年(1894),体现郑观应成熟而完整维新体系的《盛世危言》终于面世。

《盛世危言》贯穿着"富强救国"的主题,对政治、经济、军事、外交、文化诸方面的改革提出了切实可行的方案,给甲午战败以后沮丧、迷茫的晚清末世开出了一帖拯危于安的良药。洋务干将张之洞读了《盛世危言》以后评点道:"论时务之书虽多,究不及此书之统筹全局择精语详……""上而以此辅世,可为良药之方;下而以此储才,可作金针之度。"②

该书一出,朝野震动,各界人士纷纷争阅,求书者络绎不绝,以致一印再印仍不敷需求,甚至科场考试也常以书中所谈时务为题目。礼部尚书孙家鼐将该书推荐给光绪皇帝,光绪皇帝读毕赞叹不已,诏命刊刻印刷,并分发大臣阅读。该书思想不仅影响了当时的思想界,而且惠及后世,如康有为、孙中山即颇受该书影响,毛泽东年轻时也经常阅读《盛世危言》。

郑观应不但拥有强烈的富强救国的抱负和主张,还有一颗慈善助人之心。

"丁戊奇荒"时期,郑观应先后与他人筹办赈公所赈济山西、河南、陕西等地的灾民。他不但运用自己在商界的关系和影响,为募捐筹赈四处奔走,而且自己率先垂范,身体力行。其母过世后,他遵照母亲的遗愿,将存银捐给灾区。他的义举深得当时朝野上下称誉,当时的山西巡抚、曾国藩的弟弟曾国荃曾欣然命笔,郑重其事地向郑氏家族在澳门的新居送去匾额——崇德厚施。"崇德厚施"也正是对这位爱国爱民、乐善好施的思想家的生动写照。

---

① 夏东元编:《郑观应集》(上册),上海人民出版社 1982 年版,第 195 页。
② 转引自中山市人民政府编:《郑观应志》,广东人民出版社 2009 年版,第 40 页。

六、冯桂芬首倡的晚清洗心局、迁善局

晚清时期,由于受到西方教养院制度和社会形势变化的影响,洗心局、迁善局等以收容、改造不肖子弟为职能的新型慈善组织首先在苏州出现,继而影响江浙乃至全国各地。

明清慈善组织道德教化色彩浓厚,除贫困这一经济标准外,还对受助者的道德操守有严格要求,道德不良者往往不能得到救助。晚明高攀龙制定的无锡《同善会规例》和陈龙正所作嘉善《同善会式》都指出:贫困无依的孝子节妇要优先救济;次则考虑未被养济院收养、贫困潦倒而又不愿行乞的贫老病人;不孝不悌、赌博健讼、酗酒无赖之徒及身强力壮因游手好闲而致贫者一律不救。清代许多慈善组织继承同善会的理念,仍对受助者的道德操守有所要求,如清节堂、恤嫠会便只救助安心守节的寡妇,一些针对普通贫民的慈善组织也宣称不助"莠民"。

光绪二年(1876),扬州设立借钱局,为缺乏谋生资本的城市贫民提供小额无息借贷时,便明文规定"借否分良莠",设"十不借"之例,将吸食鸦片者、赌博游荡者、屠户、僧道等列为不予救助的对象。简言之,明清慈善组织往往只救"好人"。

沿至晚清,情况开始发生变化。虽然许多慈善组织仍然坚持传统标准,对道德不良者不予救助,但已有人注意到传统做法的不足,并尝试加以改进。

咸丰十一年(1861),因太平天国争战避居上海的苏州绅士冯桂芬撰成《校邠庐抗议》一书,对政治、军事、外交等诸多方面提出改革构想,作为改革派思想家的冯桂芬由此名垂青史。同时,冯桂芬还是著名慈善家,不仅积极参与各种慈善活动,还亲自创办、主持多种慈善组织。改革派思想家和慈善家的双重身份,使冯桂芬得以对传统慈善事业提出改革构想,这在《收贫民议》和《复宗法议》二文中有着明确反映。

在《收贫民议》中,冯桂芬首先介绍西方救助、教育民众的措施,其中提到:"荷兰国有养贫、教贫二局,途有乞人,官若绅辄收之,老幼残疾入养局,廪之而已。少壮入教局,有严师,又绝有力,量其所能为而日与之程,不中程者痛责之,中程而后已。国人子弟有不率者,辄曰'逐汝,汝且入教贫局',子弟辄耆,为之改行。"①荷兰"教贫局"给冯桂芬留下深刻印象。他随即指出:"今江浙等省颇有善堂、义学、义庄之设而未遍,制亦未尽善,他省或并无之。另议推广义庄,更宜饬

---

① 冯桂芬:《校邠庐抗议》,中州古籍出版社1998年版,第154页。

郡县普建善堂,与义庄相辅而行,官为定制,择绅领其事……"①

他认为应予推广的善堂中,便有"严教室"这一新型机构:"严教室,教之耕田治圃及凡技艺。严扑作教刑之法,以制其顽梗。凡民间子弟不率教,族正不能制者,赌博斗殴窃贼,初犯未入罪者,入罪而遇赦若期满回籍者,皆入焉。三年改行,族正愿保领者释之。"②在《复宗法议》中,冯桂芬又号召宗族义庄设立"严教室","不肖子弟入焉"。从收容对象和教养办法看,"严教室"明显有着"教贫局"的影子。

"教贫局"到底是什么机构呢?据冯桂芬说,他是从传教士祎理哲《地球说略》中了解到教贫局的,"(荷兰)国中如有乞丐,该处官吏必令是人就习艺事,给之衣食;如不听,则强之,盖不许其游惰故也"③。由此可见,教贫局其实就是荷兰的教养院。冯桂芬的"严教室"构想,显然受到西方教养院制度的影响。而且,冯桂芬并未让"严教室"仅仅停留在纸面上。同治年间他创办的苏州洗心局,正是"严教室"构想的具体实践。

据方志载:"洗心局,在鹳金桥巷,国朝同治十年(1871)郡人冯芳植创建,旧家子弟不肖者送局管束,共建号舍若干间,严行禁锢。"④可知洗心局应由冯桂芬、冯芳植父子共同创建。晚清慈善家余治编纂的《得一录》中收录了《苏郡洗心局章程》,主要内容如下:

(1)"此举专为兵燹后名门旧族子弟失教废学、误入下流者而设,年岁以二十左右为度。"⑤非名门旧族子弟,或年龄过大、劣迹过多者一概不收。子弟入局时须父兄或亲族出具"保结"保送,写明"如有疾病意外等事,各安天命,与局无涉"⑥,并说明子弟性情举止、所犯过错和读书习业情况,以便对症下药、因材施教。

(2)在生活待遇方面,子弟每人独居一室,以免群聚生事;"每日一粥两饭,饭菜与局中司友无异",不得私吃零食,"水旱烟亦不准吸";⑦亲属不得私下探视和递送钱物。

(3)子弟一律不许外出,罹患重病者方准领出治疗;每月初一、月半集会,聆听教习宣讲《圣谕广训》;每日清晨起身,上午学习书算,下午"就性所近,各

---

① 冯桂芬:《校邠庐抗议》,中州古籍出版社1998年版,第154—155页。
② 同①,第155页。
③ 转引自黄鸿山:《中国近代慈善事业研究——以晚清江南为中心》,天津古籍出版社2011年版,第106页。
④ 同③。
⑤ 同③,第107页。
⑥⑦ 同③,108页。

习一技"，晚餐后各自回房休息，不准点灯，以图早眠早起；染有鸦片烟瘾者服药戒烟；子弟须听从约束劝导，平时"务各息心静气，不准高谈阔论及私相讲话"。①

（4）洗心局专门定有考核和奖惩办法。如设"功过簿"，由教习将子弟"每日功课、勤惰及一切语言行动分别功、过填注，以便随时考核"；子弟"力勤所得"即务工应得酬劳，由洗心局代为保管，待出局时发还。确已尽除旧习、改过自新者由洗心局通知家属领回，但收容期限由洗心局权衡，"亲族人等不得谓烟已戒净，率行领回"；不知改悔者由教习严加管教，必要时予以惩戒，如宣讲圣谕时"罚令跪听"，尤为顽劣者"交原保送人领回"；野性难驯、私自逃归者准许亲族重新送入，但须从严责罚，以儆其后。②

（5）洗心局雇"司事"数人管理号舍和处理文牍，"教习"则身负劝导、教育子弟之责，司事、教习均有报酬。因洗心局"为教化子弟而设"，司事、教习应以身作则，"凡斗牌及一切游戏等事概宜戒绝"，亦不准代子弟传递消息和物品。经费方面，子弟衣食医药等费均由洗心局负责，而创办之初的洗心局"系蒙藩宪拨款充费，此外并无恒产"，且"劝募尤属不易"，所以子弟家属应"各宜体谅，酌量按月捐助经费"。经费收支按月核算，并将账册抄写一份，粘贴于大门外；年终时汇造经费清册和统计收容人数，上报各级官府。③

从章程看，苏州洗心局依然带有传统慈善组织的特征，但已初步具备现代"劳动教养"或"劳动改造"机构的特色，和现代的"工读学校"有些相似。这种特色在洗心局名称中已有透露。从"洗心"很容易联想到成语"洗心革面"，即指彻底改悔之意。儒家经典中也有"洗濯其心"之说。

洗心局首先在苏州地区产生一定影响。同治年间苏州地区先后设立四所类似机构，苏州城中的兴仁局和归善局"并同洗心局"。城区附近的角直镇也创办迁善局，"旧家子弟不肖者送局管束，如郡城洗心局"④。角直迁善局附设于当地义塾，将为子弟提供基本生活保障，"寒衣之，饥食之，病药之"⑤，子弟平日"不多言、不外出，能读书者仍读书，能习艺者仍习艺"⑥。遇当地宣讲《圣谕广训》时，责令子弟旁听。尽除恶习、改过自新者半年后开释，并助其谋业，"为儒者荐之以馆席，为贾者引之于生理"⑦。出局后故态重萌者"必呼而诫之，甚或仍闭而置之"⑧。子弟衣食之费由家属供给，财力不济者可由义塾

①②③　黄鸿山：《中国近代慈善事业研究——以晚清江南为中心》，天津古籍出版社 2011 年版，第 108 页。

④　转引自黄鸿山：《中国近代慈善事业研究——以晚清江南为中心》，天津古籍出版社 2011 年版，第 110 页。

⑤　同④。

⑥⑦⑧　同④，第 111 页。

垫补。此外"有自愿捐助者受之,不相强也"①。至光绪初年,洗心局、迁善局的影响已越出江苏省境,开始在邻近的浙江省推行。

杭州是浙江最早设立迁善所(又名迁善局)的城市。光绪九年(1883),因迁善所"办理著有成效,于地方实有裨益",浙江巡抚刘秉璋奏报清廷,要求"咨部立案"。其奏折中写道,"(杭州)兵燹以后元气未复,民多失业,无赖之徒日则沿街讹诈,夜则鼠窃狗偷,良懦小民咸受其扰,即官为拿办,亦不免朝释暮犯",且此类无赖"既无衣食之资,又乏父兄之教,一日不讹索偷盗,即一日不能得其生,邪僻之为,由无恒业所致,其人虽甚可恨,亦殊堪悯"。②所以,地方绅士于光绪五年(1879)呈请官府,要求设立迁善所,"凡无业游民、讹赖匪徒及掏摸小窃各犯,由府县暨保甲局审明,并无重情者即送该所收管"③。

与苏州成例相比,杭州迁善所、洗心所发生了变化:其收容对象的范围大为扩充,已不限于"旧家不肖子弟",而是将所有的不肖之徒乃至轻罪犯人都包括在内;职业培训的措施更为具体明确,从事何种职业、所得盈余如何分配等均有规定;强制性和惩戒性也更为明显,苏州洗心局和甪直迁善局以禁闭为主,而杭州迁善所和洗心所则可动用锁链等刑具加以惩罚。

杭州迁善所设立后,类似机构在浙江各地陆续出现。放眼全国,光绪年间的迁善所已在江浙以外地区得到广泛推行。

光绪十三年(1887),两广总督张之洞在广东南海、番禺两县试办迁善所,"其内区分院落,各设头目,购置工具,酌募工师,责令各犯学艺自给,量能授艺,勒限学成,宽筹宿食,严禁滋事,俾其顾名思义,改过迁善,将来放出,各有一艺可以资生,自然不可为非,囹圄可期渐少"④。

光绪二十四年(1898)六月,鉴于长沙"户口繁盛,盗贼滋多,痞徒滋事,不无扰害"⑤的情形,湖南按察使黄遵宪在巡抚陈宝箴支持下,在长沙创建保卫局,负责缉捕盗贼、编查户口、管理街道和司法审判事务。迁善所附设于保卫局,性质属于官绅合办。收容对象分"流民"和"罪犯"两种。流民、罪犯的出号、用餐、做工、归号时间均有定制。并规定这些人应学习手工技艺,先从打麻绳、织草鞋等"易为之事"做起,凡地方有通沟渠、修道路、筑城池等公共工程,亦可由流民、罪犯充任。每日工作时间和任务均有定制,个人生产所得,流民可得七成,罪犯可得五成,均由迁善所代其存储,待出所时发还,充作谋

①②③　转引自黄鸿山:《中国近代慈善事业研究——以晚清江南为中心》,天津古籍出版社1998年版,第111页。
④　张之洞:《张之洞全集》,河北人民出版社1998年版,第2547—2548页。
⑤　同①,第118页。

· 172 ·

生之资。超额完成任务的盈利悉数发给本人，以资鼓励。安分守己、学艺有成的流民、罪犯，由迁善所禀请保卫局释放。从中，我们也能看到，现代的劳教所其来有自。

洗心局、迁善所在中国慈善史上有着重要意义。传统慈善组织存在明显的道德评判色彩，对道德不良者往往不予救助。洗心局、迁善所却专以不肖子弟、地方无赖和罪犯等"道德不良者"为收容对象，这表明近代慈善事业的"教化"手段更为有效。如果说传统慈善事业偏重于收养，即拯救"肉体"的话，那么，洗心局、迁善所已经把"拯救"的目标径直指向"灵魂"，表现出一种"拯救灵魂"的努力。

七、中国"商父"盛宣怀

盛宣怀（1844—1916），字杏荪，又字幼勖、荇生、杏生，号次沂，又号补楼、别署愚斋，晚年自号止叟。盛宣怀是清末政治家、企业家和福利事业家，同时也是官僚买办。

盛宣怀开始是在李鸿章军中当幕僚，后以襄助李鸿章主办洋务企业逐步起家。他在帝国官僚体系中的上升势头不可谓不快。从光绪五年（1879）起，他先后署天津河间兵备道、天津海关道。担任过招商局督办、山东登莱青兵备道道台兼东海关监督，还曾在烟台独资经营客货海运，航运范围不仅扩大到山东整个沿海，而且还开辟了烟台至旅顺的航线。1891年春，他在烟台设立胶东第一广仁堂慈善机构。次年，任直隶津海关道兼直隶津海关监督。后又任铁路公司督

盛宣怀像

办，接办汉阳铁厂、大冶铁矿，奏设南洋公学于上海。1896年后更是扶摇直上，历任太常寺少卿、大理寺少卿、办理商务税事大臣、工部左侍郎、邮传部右侍郎、邮传部尚书等职。1902年，任正二品工部左侍郎。

盛宣怀地位的重要性不在于官位，而在于他掌握和控制了当时的主要近代企业。旧中国第一家自办最大近代航运公司招商局，第一家自办的也是唯一的电报局，规模宏大的煤铁钢联合企业——汉冶萍煤铁厂矿公司，最大的纺织厂——华盛纺织厂，旧中国自办的主要铁路干线，第一家银行——通商银行，等等，都是由他创办、主持和控制的。另外，他还兴办了天津北洋大学堂、上海南洋公学等旧中国最早的新式学校。旧中国近代化第一阶段中创建起来的主要近代工矿交通运输和金融企业，大半通过盛宣怀之手。也就是

说,盛宣怀是旧中国第一代资本主义近代化的奠基人,也是旧中国新兴资产阶级的领袖人物。

盛宣怀一生创造了中国的诸多第一,被后人誉为"中国商父"。他不仅是中国近代民族工业和洋务运动的开拓者与奠基人,也是中国红十字会的创始人,是中国近代工业史和洋务运动史的缩影。

作为中国近代著名实业家的盛宣怀,同时也是一位社会慈善活动家。近代上海民间慈善组织参与的赈灾救济活动和慈善事业,大都与盛宣怀有关。

"丁戊奇荒"期间,盛宣怀为直隶总督李鸿章幕府。直隶正处于重灾之区,赈灾工作十分繁重。李鸿章在天津设立了直隶筹赈局处理赈务,盛宣怀以候补道的身份参加该局工作。光绪四年(1878)五月,盛宣怀被派往献县主持赈灾。他会同地方官员下乡做了一次调查,给李鸿章写了两份报告,详细汇报了献县受灾后的情形:由于连年灾荒,当地农民除了土地之外已一无所有,久旱无雨,土地坚硬,种粮已被吃尽,农田大半荒芜,无人耕种,灾民或者流落外省,或者坐以待毙,形势非常严峻。

灾民人数太多,"献县至少须发二万户,方能稍援垂毙"①。盛宣怀所带政府赈灾款只有区区 6000 串,以每户 1000 文散放,只能救济 6000 户。盛宣怀请求借库平银一万两,以满足救济"极贫之户"之需。由于这是计划外的要款,可能拨不下来,盛宣怀提出:"此银如筹赈局无款核销,拟请代为转借,俟职道回南劝捐,如数归缴,决不敢短少。"②

所谓"劝捐",即是在民间开展募捐义赈活动。"回南劝捐"之"南",指的是江苏、浙江、上海一带,主要是上海地区。我国江南地区素称鱼米之乡,上海开埠后,逐渐成为万商云集的国际化都市,工商业阶层和市民阶层较国内其他地区发达。江南地区的商贾市民长期有乐善好施的传统美德,19 世纪中叶,上海一地已出现为数众多的善会、善堂。这些民间慈善组织的资金来源,主要依靠行业商会,机构稳定,运转圆熟,平时从事施医、施药、施衣、施棺、恤嫠、保婴等社会救济工作,灾时就成为募捐义赈的组织机构。

由于善堂、善会常常带有同业商会的背景,基于互助救济的理念,他们的募捐活动常常颇有效果,是民间赈灾救济活动的主要力量。同治十年(1871)河北水灾时,盛宣怀与父亲盛康一起参与赈灾工作,曾到江苏、上海一带募捐钱物,收效颇大,因此他才有把握向李鸿章要求增加一万两赈款,"回南劝捐,

---

① ② 转引自姜越主编:《鸿商富贾:千古流传的大清巨商故事》,中国财富出版社 2014 年版,第182 页。

如数归缴"。

光绪五年(1879),为了解决特大旱灾后遗留下来的众多孤儿寡妇的抚养问题,盛宣怀秉承李鸿章的旨意,在天津设立一座名为"广仁堂"的慈善机构,其创办者和董事多为"南省助赈绅士",他们有着长期从事民间慈善事业的经历和经验。盛宣怀晚年回忆广仁堂时曾说:"北省向无善堂。"广仁堂可称南方绅商在北方创设善堂的开山之举。

1904年,日俄战争期间,为了救助陷于战区的民众,上海的一些慈善事业活动家仿效西方红十字会的章程和办法,联合中立的英、美、法、德等国在沪的外交人士、企业家,在上海创设了一个"上海万国红十字会"。这个组织虽然也带有政府背景,当时的两位商约大臣吕海寰、盛宣怀是肩负政府使命的幕后主持人,但出面活动的华人董事沈敦和、施则敬、任锡汾都是长期在上海从事慈善事业的南方商人。这为1910年2月中国红十字会的正式成立起到了先导的作用。

1906年春、夏,安徽、江苏发生特大水灾,受灾人口达730万人。由于地方官吏对赈灾救济工作的漠视和拖延,大批灾民流离失所,清江、沭阳一带灾民每天饿死者数百人,情况非常紧急。鉴于盛宣怀在历年赈灾活动中的影响和号召力,灾区绅民纷纷写信给盛宣怀,甚至直接派代表到上海拜见盛宣怀,呼吁他出面主持赈济工作。由于朝廷初次拨给的政府赈灾款只有10万两银子,远远不够使用,新任两江总督端方也竭力邀请吕海寰、盛宣怀主持义赈募捐工作。盛宣怀当时在上海和吕海寰一起与德国、意大利等国进行商约谈判,虽然公务繁忙,还是不忍袖手,便承担起义赈重任。由于掌控了上海广仁堂这样一个民间慈善机构,盛宣怀运作起来颇为顺手。上海广仁堂成为徐、淮、海水灾的义赈主持机构,刊印灾启、登发广告、寄发募册、派员巡视调查、收取捐银、填开收照、编制账册、散放赈款赈衣、编印征信录,一概义赈事务,全由广仁堂经手办理,起到了组织机构和指挥中心的作用。

这次水灾的义赈工作前后超过半年。由于江苏一些地方官员官僚作风严重、赈灾不力,盛宣怀致电两江总督端方表示不满,提出"官、义合赈"的建议,得到端方的支持。盛宣怀随后亲自起草制定了《江南北官义两赈合办章程十八条》,规范来自政府途径和民间途径款物的管理和发放办法,实际上官赈的管理权也已经归于上海广仁堂。端方在冬赈结束后曾上奏朝廷,褒扬盛宣怀等人的功绩。

晚年时,盛宣怀对江南地区的绅商长期以来乐于参与灾赈活动屡有褒言:"江南义赈,闻于天下,垂四十年,凡遇各省荒歉偏灾,一经官绅布告,靡不竭力集资,四出拯济。"①这是基于他数十年来主持义赈活动事实的基本结论。中国近代历年的赈济救灾活动中,上海地区的民间募捐活动确实是举足轻重的。

慈禧太后评价盛宣怀:"为不可少之人。"②

李鸿章评价盛宣怀:志在匡时,坚韧任事,才职敏赡,堪资大用。

张之洞评价盛宣怀:"可联南北,可联中外,可联官商。"③

孙中山评价盛宣怀:热心公益而经济界又极有信用。

1916 年 4 月 27 日,盛宣怀病逝于上海。他的葬礼极其盛大,大出殡轰动上海,送葬队伍从斜桥弄(吴江路)一直排到外滩,为此租界当局专门安排了交通管制。

盛宣怀到底留下了多少遗产,一直是众说纷纭。他在去世之前,曾有遗嘱,将其遗产的一半拿出来建立"愚斋义庄",救济盛氏家族贫苦人家,并从事社会慈善事业。盛宣怀指定的遗嘱执行监督人,是他的恩师李鸿章的长子李经方。经过两年半的清理,最终统计出,盛氏财产至 1920 年 1 月止总额为银圆 1349 万余两,除去偿款等,实际应分财产为 1160 余万两。其中五成分给盛氏子孙,另五成捐入"愚斋义庄"。

除了前述功绩之外,盛宣怀与中国现代教育也有着不解之缘。他认为国家欲图自强,筹设学堂、培育人才是关键。甲午战争后,盛宣怀更是坚定了自己的信念,他在给朝廷的奏折中说:"自强首在储才,储才必先兴学。""西国人材之盛皆出于学堂。"④在他的倡议下,1895 年 10 月 2 日,光绪帝御笔钦准设立北洋大学堂,这一天也成为中国第一所大学——被誉为"东方康奈尔"的天津北洋大学堂(现天津大学的前身)建校纪念日,这就是我国第一所新式大学。在当时,其头等学堂的毕业生可免试进入美国哈佛、耶鲁等著名大学。而出任该学堂的首任督办,也就是我国的第一位大学校长的人,竟是素有中国"商父"美誉的盛宣怀。也许正是因为他的经商经历,在他的办学理念中,莫不闪现着"经世致用"的光辉。他为北洋大学堂定下的校训就是"实事求是",这个治学理念延续至今,始终未改。以"铜臭"之身,聚书香之气,盛宣怀在中国教育史上的地位的确耐人寻味。

---

① 转引自博文编著:《三千年来跌宕人心的英雄史与悲剧史》,中国华侨出版社 2011 年版,第 187 页。

② 转引自夏东元:《盛宣怀传》(图文版),上海交通大学出版社 2007 年版,第 340 页。

③ 同①,第 146 页。

④ 汪衍振:《大清皇商盛宣怀:一个超越胡雪岩的红顶商人》下册,华中科技大学出版社 2014 年版,第 579 页。

北洋大学堂创建后,盛宣怀秉承"事事研求"的人生宗旨,不断丰富和完善"中学为体,西学为用"的办学方针,形成了"西学体用"的思想理念。除了北洋大学堂外,盛宣怀还创设了南洋公学(今上海交通大学的前身)、南洋公学附设译书院、电报学堂等。为适应清政府经济特科的选拔,他精心开办了"特班",专门培养政府官吏,如为发展铁路事业开办了"铁路班"。

盛宣怀与大学教育的渊源并不只体现在他亲自创办的这些学堂上,1916年4月27日他去世之后,其十余万卷的藏书被民国政府一分为三,分别给了圣约翰大学、上海交大和山西铭贤学校。新中国成立后,这些藏书的分配又被重新做了调整,安徽大学、华东师大、山西农大成为新的受益者。甚至连盛宣怀与朋友来往的六百封信札,也为香港中文大学所收藏。

第六章　中国红十字会的诞生

　　红十字会是诞生于欧洲的国际性慈善组织,它体现了现代西方文化中的国际人道主义精神和国际公法意识。它的诞生肇端于 1862 年由杜南出版的《索尔费里诺回忆录》一书,该书构想了一个为各国所认同的具有法律效力的救护战争伤兵的国际性机构。

　　该书一经面世,就获得了西方许多国家元首、王公贵族、社会知名人士的关注与支持。法国作家雨果向杜南表示钦敬并祝愿他的理想实现。英国著名护理学奠基人南丁格尔女士也写信支持他的建议。在人们口头赞扬的同时,瑞士日内瓦公共福利会的成员们已经行动起来,决定将杜南著作中的构想付诸实施。日内瓦公共福利会会长莫瓦尼埃成立了一个行动委员会,该委员会由五名知名的日内瓦公民组成,其中有亨利·杜南、杜福尔将军、阿皮亚医生、莫瓦尼埃律师及莫诺瓦医生。

　　这个五人委员会成立于 1863 年 2 月 9 日,杜福尔将军任主席,杜南担任秘书,按照杜南《索尔费里诺回忆录》中的建议进行活动,最初将委员会命名为"伤兵救护国际委员会",它就是红十字国际委员会(ICRC)的前身。从此,世界上第一个国际红十字组织诞生了。

　　1863 年 10 月 26 日至 29 日,16 个国家的 36 名代表应伤兵救护国际委员会的邀请齐聚日内瓦,他们通过了十项决定,从而构成了红十字运动的创立宪章,并确定了伤兵救护国际委员会的职能和工作方式。国际红十字运动由此诞生。

一、一场战争和一个人

　　一场战争,触动了一个人的慈悲心,诞生了一个国际性慈善组织。这场战争就是索尔费里诺战役;这个人的名字就是——亨利·杜南(Henry Dunant)。

　　索尔费里诺战役,或称为第二次意大利独立战争、法奥战争,发生于 1859 年 6 月 24 日。索尔费里诺战役是意大利第二次独立战争中的一场重要战役,也是意大利复兴运动的关键一步。这场战争的地缘政治背景是民族主义者努力统一被法国、奥地利、西班牙和教皇国分而治之的意大利。战斗发生在位于意大利米兰和维罗纳之间的索尔费里诺附近。

当时,拿破仑三世率领的法国军队和维克多·埃马钮埃尔二世率领的撒丁军队组成了佛朗哥-撒丁联军,与奥地利帝国开战,并在战斗中最终获胜。弗兰西斯·约瑟夫皇帝率领的奥地利军队战败。

这是世界历史上最后一场由各国君主亲自指挥作战的重大战役。超过20万名士兵(约10万名奥地利士兵和总计11.86万的佛朗哥-撒丁联军士兵)参加了这一重要战役。

当时奥地利军队正在穿越意大利北部,而佛朗哥-撒丁联军阻挡了他们前进的步伐,双方发生冲突。战斗异常激烈,共持续了9个多小时。战斗中,3000多名奥地利士兵死亡,10807人受伤,8638人失踪或被俘。联军也损失惨重,共有2492人死亡,12512人受伤,2922人被俘或失踪。有关双方的受伤或垂死士兵被枪杀或刺死的报道更增加了这次战役的恐怖感。最终,奥地利部队被迫撤军,联军获得了战术上的胜利,但也付出了巨大代价。

这场战役对未来军事行动的开展产生了深远的影响。亨利·杜南亲眼见证了这场战役,他目睹了战场上受伤士兵的痛苦,萌生了开展一项救助运动的想法,而这场运动最终促成了《日内瓦公约》的通过和国际红十字运动的萌发。

亨利·杜南,1828年5月8日出生于瑞士日内瓦。他的父亲简·杜南是一个银行家兼任救贫收容局督导员,负责管理孤儿院;母亲笃信宗教。当时人们最关注的是人道问题,如废除死刑、改革监狱、劳工立法等,而传教士们则到处宣传普度众生。杜南及其一家人深受这一时代思潮的影响。杜南18岁就加入赈济协会,业余时间都用在访贫问病的活动上。1859年,杜南为恢复法国公民身份,并陈述他对开发阿尔及利亚的设想,决定前往意大利北部觐见正在那里指挥作战的法皇拿破仑三世。6月25日,亨利·杜南途经索尔费里诺。

这里刚刚结束了一场惨烈的战斗,双方伤亡惨重,尸横遍野。4万多名死伤的士兵被遗弃在这里,伤兵们都在烈日蒸晒下呻吟嚎叫。交战双方军队的医疗部门面对大量的伤员早已不堪重负。根据杜南的回忆,当时法国军队的医生比兽医还少,运输无法进行,绷带箱也遗失了。那些还能行走的伤员向着最近的村庄卡斯蒂利奥内前进,寻找一点食物和水;9000名士兵一到达那里,便涌进房屋、谷仓、广场和狭窄的街道。

杜南在他的《索尔费里诺回忆录》中描述了当时所看到的情景:"在25日

太阳升起的时候,呈现在你眼前的是你想象不到的最可怕的景象。战场上布满了人和马的尸体,道路上、壕沟里、峡谷里、灌木丛中和田野上到处散布着尸体,尤其是在索尔费里诺附近更是尸横遍野。田地被糟蹋了,麦子和玉米被压扁在地,篱笆被折断,果园被摧毁,到处是斑斑的血迹。村庄被枪弹、炮弹打得伤痕累累。一座座墙倒塌了,墙体上被大炮打出一个个缺口。有的房屋已千疮百孔,有的已坍塌。屋子的主人们蜷缩在地窖里,没有灯光,没有食物,他们就这样躲藏了将近 24 个小时。现在他们开始爬出地窖,可一下就被眼前的一切吓得目瞪口呆。在索尔费里诺周围,特别是村子里的阵地上,堆满了枪、背囊、弹药箱、头盔、帽子、皮带以及各种装备,还有血迹斑斑的破衣服和一堆堆破烂的武器。

"那些受伤一整天后才被发现的可怜伤员已是面色苍白、精疲力竭。有些重伤员已经神志不清了,好像听不懂人们对他们说些什么,只用憔悴的双眼看着你。可是身体的极度虚弱并没有使他们对疼痛失去知觉。另外一些人由于精神过度疲劳而显得焦灼不安,一阵阵地抽搐着。还有一些人的伤口开始化脓感染,痛苦得快要发疯了。他们哀求人们杀了他们,以解除痛苦。有的还在地上扭动着身体,他们的脸在与死神的搏斗中变了形。

"一些可怜的人不仅身上中了弹或被弹片击倒,他们的胳膊和腿还被大炮车的轮子(轧)断了。圆锥形的子弹能让骨头碎成上千片,这种伤往往相当严重。炮弹的弹片和圆锥形的子弹不仅会造成极痛苦的骨折而且还会造成可怕的内伤。骨头碎片、衣服碎片、铅片等各种碎片以及脏土常常会使伤口恶化,从而加剧伤员们的痛苦。

"如果你在前一天的战斗中横穿这个大战场,那么每走一步,你都会看到在一片片混乱中所呈现出的各种无法名状的绝望和悲哀景象。一些兵团扔掉的背囊已被一些伦巴第的农民和阿尔及利亚的神枪手们洗劫一空。这些人沿路什么都抢。禁卫军的轻装备步兵团在卡斯蒂廖内附近扔掉了背囊,以便轻装前进,帮助弗瑞师攻击索尔费里诺。他们打了一整天,不断向前推进,最后在卡夫里亚纳宿营。第二天拂晓,当他们转回头去找丢掉的背囊时,却发现它们是空的,所有东西都在夜里被盗了。对这些可怜的士兵来说,那真是损失惨重。他们身上的内衣和军服已经破烂不堪,沾满了血污,现在却发现他们带的衣服全被偷了,那些小收藏品以及他们的母亲、姐妹或情人送的令他们怀念家乡和亲人的纪念品不见了。那些打劫的人甚至从死人身上偷东西,有时还偷那些可怜的伤兵,也不管他们是不是还活着。伦巴第的农民好像对靴子情有独钟,他们粗暴地把那些靴子从死者肿胀的双脚上扒了下来。"①

亨利·杜南目睹了这一极其悲惨的战后情景,觉得自己有必要帮助那些几乎被人们遗弃的伤员。杜南虽然出身富人家庭,但从小就对贫穷、遇难的人富有同情心。他看到散布在山野里腐烂发臭的尸体,心里充满了悲怆和怜悯。更使他难过的是,这个小镇上还有上千名伤员,他们有的断了胳膊,有的折了双腿,有的躺在干柴堆里呻吟着。

杜南来到一所住满病员的小学校,想以自己微薄的力量去帮助他们。他一边给病员们喂水、敷药、扎绷带,一边问:"战争已经结束了,你们为什么还待在这里?"

伤病员们有的哀声叹息,有的掩面抽泣,有的破口大骂:"那些当官的没有人性,我们为他们卖命打仗。现在见我们受伤不能打仗了,就扔下我们不管了!"

杜南为他们的遭遇而愤愤不平,他安慰伤员们:"请放心! 当官的不管你们死活,我会帮助你们的!"他立刻跑出学校,来到教堂,说服教士,让他出钱出力,组织一支救护队。救护队员在杜南的领导下,为伤病员喂水、喂饭,进行力所能及的各种护理,不少队员还自己掏钱买来了药品,为伤病员治疗……

杜南暂时忘记了自己此行的目的,动员和组织当地的居民(包括医生和护士)收容并安置了4000多名伤兵,进行了力所能及的救护和治疗。在卡斯蒂利奥内的教堂里,杜南在当地妇女的帮助下,照顾伤员和垂死之人长达三天三夜之久。

目睹了战场上伤兵惨状的杜南深受刺激,返回日内瓦后,他立即着手写作《索尔费里诺回忆录》,并于1862年11月自费出版,分别送给他的朋友以及欧洲各国的君主和政治家。杜南在书中提出两项重要建议:(1)在各国设立全国性的志愿伤兵救护组织,平时开展救护训练,战时支援军队医疗工作;(2)签订一份给予军事医务人员和医疗机构及各国志愿者的伤兵救护组织以中立地位的国际公约。

成立一个国际性的组织必须得到各个大国的支持和同意,杜南立刻给各国元首写信,并亲自四处奔波,到各国去宣传。他的主张,得到了各国元首和一些知名人士的广泛支持和响应,英国的南丁格尔女士回信积极支持他的建议。

日内瓦公共福利会的成员为杜南的著作所感动,决定把他的建议付诸实

---

① ［瑞士］杜南:《索尔费里诺回忆录》,社会科学文献出版社2013年版,第23—25页。

施。1863 年 2 月 9 日,伤兵救护国际委员会的五人委员会在日内瓦成立,此即红十字国际委员会。

五人委员会倡议在日内瓦召开一次国际会议,研究战地伤兵保护的方式和方法。为此,杜南到处奔走游说他的主张,行程 3000 多公里,最终得到了各国的广泛支持。1863 年 10 月 26 日至 29 日,16 个国家的 36 名代表在日内瓦雅典宫召开预备会议。会议决定:敦促各国建立伤兵救护委员会。不仅救护伤兵的机构和人员应该中立化,就是伤兵本人也应中立化。同时做出决定,在各国成立红十字组织。为表示对杜南和他的祖国的敬意,会议决定以与瑞士国旗图案红底白十字相反的颜色与图案——白底红十字作为红十字会的通用标志。时至今日,白底红十字几乎已经成为一个认知度非常高的标志。

1864 年 8 月 8 日到 22 日,瑞士联邦委员会和法国政府联合召开日内瓦外交代表会议(正式名称为"关于中立化在战地服务的军队医务部门的国际会议")。8 月 22日,参加会议的 12 个国家的正式代表签署了第一个日内瓦公约——《关于改善战地陆军伤者境遇之日内瓦公约》。公约共有10 项条款,包括 1863 年日内瓦国际会议决

红十字国际委员会日内瓦总部

议的主要内容。公约规定了救护车、军队医院和医务人员,包括志愿人员和随军牧师应被视为中立而受到保护和尊重;提出"受伤或患病的战斗员,不论属何国籍,都应得到收容和救护"[1]这一重要原则;公布使用白底红十字标志的旗帜和臂章以区别军队医院和医务人员。公约最后呼吁各国政府批准加入这一公约。

从此,红十字运动作为一个国际性的运动开始发展起来,并得到国际法的保障。

国际红十字运动由三个部分组成,同时代表了三个名称:(1) 红十字国际委员会;(2) 红十字会与红新月会国际联合会;(3) 各国红十字会或红新月会。

一般而言,依照红十字会的"普遍"原则,几乎所有国家都有地区性的红十字会或红新月会,而在"统一"原则下,一个国家只有一个红十字会。而原先由亨利·杜南创立的"红十字国际委员会"目前依旧运作,并依照《日内瓦公约》及相关议定书的规定,提供战俘人道协助、保护待遇。"红十字会与红

---

① 胡晓强:《博爱的天空——红十字知行录》,海风出版社 2009 年版,第 216 页。

新月会国际联合会"则负责协调各国红十字会、红新月会,跨国救援遭遇自然灾害的难民。

红十字会是一个遍布全球的慈善救援组织,目的是推动"红十字运动"(或称"红十字与红新月运动"),是全世界最庞大、最有影响力的慈善组织。除了许多国家立法保障其特殊地位外,于战时红十字会也常与政府、军队紧密合作,成了一个人尽皆知的慈善组织。

红十字会将亨利·杜南的生日5月8日定为"世界红十字日"。

红十字运动一共有7项基本原则:

人道(Humanity):国际红十字与红新月运动的本意是要不加歧视地救护战地伤员。在国际和国内两方面,努力防止并减轻人们的疾苦,不论这种痛苦发生在什么地方。本运动的宗旨是保护人的生命和健康;保障人类尊严;促进人与人之间的相互了解、友谊和合作;促进持久和平。

公正(Impartiality):本运动不因国籍、种族、宗教信仰、阶级偏见和政治见解而有所歧视,仅根据需要,努力减轻人们的疾苦,优先救济困难最紧迫的人。

中立(Neutrality):为了继续得到所有人的信任,本运动在冲突双方之间不采取立场,任何时候也不参与带有政治、种族、宗教或意识形态的争论。

独立(Independence):本运动是独立的。虽然各国红十字会是本国政府的人道助手并受本国法律的制约,但必须经常保持独立,以便任何时候都能按本运动的原则行事。

志愿服务(Voluntary Service):本运动是个志愿运动,绝不期望以任何方式得到利益。

统一(Unity):任何一个国家只能有一个红十字会或红新月会。它必须向所有的人开放,必须在全国范围内开展人道主义工作。

普遍(Universality):国际红十字与红新月运动是世界性的。在运动中,所有红十字会享有同等地位,负有同样责任和义务,相互支援。

二、战火中诞生的中国红十字会及其沿革

红十字运动是人类文明进步的象征。它的诞生不是偶然的,而是人类社会发展的必然产物。

纵向看,中国红十字会的诞生自有其深厚的文化历史基础;横向看,西方红十字运动的"人道"理念传入中国后,很容易与中国传统的"仁爱"思想相契合,为中国红十字会的诞生提供广泛的社会基础。在这一纵一横的坐标上,

发生于 1904 年的日俄战争成为中国红十字会诞生的一个爆发点。由这场战争引发的救护活动催生了中国红十字会。从这一点上看,几乎与国际红十字会的诞生如出一辙——中国红十字会的成立也是缘于一场战争。

国际红十字运动诞生后,首先于 19 世纪 80 年代传到我国台湾地区。光绪二十年(1894)七月,中日甲午海战后,红十字事业的理念和思想开始在中国传播。旅日侨胞孙实甫,由于长期在日本经商,习见日人深获红十字会之益,感受到红十字会活动对中国苦难群众的重要性和必要性,遂与志同道合者翻译国外红十字组织的章程,广为传播西方"人道"理念。

因此,孙实甫被认为是"中国倡导红十字会第一人"。西方红十字运动的"人道"理念和中国的"仁爱"思想、行善积德的传统道德思想异曲同工,一经传播,很快便得到社会认同,这使国人当中的有识之士逐渐认识到红十字会的重要性,为中国红十字会的诞生奠定了社会基础。

但是,由于教育和传播手段的落后,在 1904 年以前,绝大多数中国人都没听说过"国际红十字运动","红十字会"在公众心目中还十分陌生。瑞士人杜南于 1863 年创立红十字国际委员会时,中国正处在两次鸦片战争后、太平天国与清王朝最后决战的年头。其后,列强开始瓜分中国,催生了中国的洋务运动。中国人根本不知道,彼时国际红十字会运动已经跨越欧、美、亚等大洲,得到数十个国家的承认和参与。真正催生中国第一个红十字会的,是上海绅商沈敦和,当时是 1904 年日俄战争发生之际。尽管清末民初之际,红十字运动的概念刚刚传进中国时曾经有过一些令人眼花缭乱的表现,但与许多西学一样,最终被打上了深刻的中国烙印。

清光绪三十年(1904)二月,在我国东北旅顺口,日俄双方为争夺在中国的特权,爆发了战争。日俄两强为争夺中国东北而开战,软弱无能的清政府却根本无力阻止战火在自己国土上燃烧,只是宣布"中立"。政府"中立",而中国的老百姓却深受其害。有记载说,在战区,由于死者遍野,食人肉的田鼠比猫还大,而野狗因为常吃人肉,已经近似于狼,甚至敢于袭击孤身行走的活人。

在双方开战前,日本曾经派船接走本国侨民,旅居关外的各国侨民都在本国红十字会的资助下,乘坐印有红十字标记的船舶、车辆逃离战区。清廷也派遣轮船到东北接运中国难民,但俄国政府却说中国进入战区的船舶和人员不属于红十字会,声称不予保护,并阻挠中国船只进入。这一来,战区内数十万同胞便处于水深火热和炮火硝烟之中。消息传来,各界震惊。为救护中国难民,上海海关道沈敦和等人出于义愤,发起成立了"东三省红十字普济善会"。这是中国最早的和红十字有关联的组织。

沈敦和(1866—1920)，字仲礼，浙江省鄞县人。出身茶商世家，在上海求学，后赴英国剑桥之圣约翰学院留学，专攻政治经济学，研究政法及国际公法。回国后在洋务派创办的军工企业和军事学堂担任教习和司事。曾任张家口洋务局督办，1901年任山西省洋务局督办，专门办理教案，负责同英国人李提摩太商谈。1902年5月，任山西大学堂督办。后任金陵同文馆教习、江南水师学堂提调、吴淞自强军营机处总办、淞沪铁路总办、上海闸北巡警卫生处总办、上海四明公所董事、上海总商会理事等职，署记名海关道。

眼看政府软弱到无力保护自己的同胞，沈敦和与一批上海的绅商决定要做些什么。

他们想做的第一件事，是成立一个"东三省红十字普济善会"。中国历史上，历来不乏由士绅出面主办善会的传统，但这个"东三省普济善会"却加上了"红十字"的称号。他们的目的是让交战的两国军队，都能按国际红十字运动的惯例为他们的救援提供方便。但他们很快就意识到，因为中国尚未加入《日内瓦公约》，这样的组织实际上不伦不类，恐怕难以得到交战双方的认可。

沈敦和想到了自己的老朋友——英国传教士李提摩太。他找到这位在华传教士中的领军人物，请他帮忙，说动在华的英、法、德、美等中立国领事磋商，成立了"美国红十字会上海分会"，又名"万国红十字会上海支会"——这样的红十字会，日、俄还敢不认可？这真是一个绝妙的中国点子。1904年3月10日，在沈敦和、李提摩太等人的共同努力下，"万国红十字会上海支会"在上海英租界工部局宣告成立，并取得了清廷的支持。1904年5月15日，清廷命外务部照会瑞士，声明愿意加入《日内瓦公约》。5月29日，新成立的"万国红十字会上海支会"订立了暂行章程。

该会成立后，立即派遣车、船前往东北接运难民，同时，又在东北各省设立分会，扩大救济灾民、资送回籍和战后放赈工作。红十字会成立当日，媒体云集上海，红十字会迅即以传媒攻势呼吁民众捐钱捐物。此后3年，上海万国红十字会在交战地区转移灾民，分发物资，救助伤员，涉及人员多达46.7万人。1906年清朝政府签署《日内瓦公约》，中国正式成为《日内瓦公约》成员国。

"上海万国红十字会"是一个与中国传统慈善组织完全不同的组织。它的权力机构是董事会，由45名董事组成，从中再推出9名"办事董事"，其中西董7人，包括英租界总董、法租界总董、李提摩太等；华董2人，包括沈敦和。而清政府，这时因"局外中立"并不出面。李提摩太在会上说："设局之意，首在筹款。唯所筹之款，并非交付俄人日人支用。且将来拯救难民，不分中外。"华董们决定先期募捐白银5万两。他们向各省发"拨助捐款"的通电，又在《申报》上登出劝捐启事。到了五月,他们已募到了 20 万两白银,清廷也以光绪帝的名义颁发了内帑 10 万两。同年五月,清政府签署《日内瓦公约》。清光绪三十年(1904)七月,国际红十字组织正式承认中国"万国红十字会上海支会"。清光绪三十三年(1907),"万国红十字会上海支会"更名为"大清红十字会",由盛宣怀、吕海寰分别担任第一、二任会长。

当时日俄两国虽允诺"万国红十字会上海支会"行动,但只允许他们在战场之外救援,救援行动实际以解救难民脱离险境为主。中国政府方面则免收万国红十字会的电报、轮船和火车费用,沪汉之间的火车也予以半费。据统计,一年多时间里,万国红十字会共接运 131177 名难民脱离险境。另一方面,红十字会在营口设立战地医院。这里集中着在此避难的东三省各国传教士,医院主要由西方医生们负责,为难民们疗伤并设立难民庇护所。整个行动中,共救治伤员 2.6 万人,出资遣难民返乡者 2 万人。战事结束以后,万国红十字会上海支会继续赈济战区难民。三年下来,被救助的总人数达到 46.7 万,因伤重不治而亡的仅 331 人。特别要指出的是,无论是中方还是西方的红十字会员们,此次行动全部是志愿行动,不支薪水。

到 1907 年,日俄战争已结束两年,万国红十字会上海支会正式宣告终结。掌握着万国红十字会上海支会剩余经费的上海商人沈敦和及清廷官员盛宣怀、吕海寰均希望正式成立中国红十字会。

这一年的 7 月 21 日,时任商约大臣的吕海寰和盛宣怀联名上奏,"以结万国红十字会之全局,始以巩中国红十字会之初基"[①]。也就是说,在万国红十字会完成使命后,应该考虑在此基础上建立中国自己永久的红十字会了。其实,这何尝不是沈敦和等人的愿望。但是,盛宣怀与沈敦和的想法并不相同。盛宣怀一方,建议将红十字会纳入民政部,由政府办理,改名为"大清红十字会";沈敦和则希望维持红十字会的民间色彩。京沪双方理念差异颇大,很难达成一致。

1907 年,清廷接受了盛宣怀的建议,任命他为中国红十字会会长。清政府提出红十字会应隶属军方管理,沈敦和对此并不认同。他向盛宣怀提出,红十字会归军方筹办,战争期间只能随本国军队行动,与原红十字会中立宗旨不同,因此彻底拒绝和北京红十字会的合作。

沈敦和对外宣称,佩戴会员徽章者,可以出入战地,享受应得之保护。经过上海红十字会的多方努力,会员开始获得更多交通上的方便,如深夜入城、免检行李等,迎合了一些人希望在战乱时以红十字会员身份作为护身符的

---

① 盛宣怀:《愚斋存稿》第 13 卷"奏疏"。

心态。

1910 年 2 月,朝廷任命盛宣怀为政府任命的中国红十字会会长。就在盛宣怀被朝廷"派充"红十字会会长的前一天,他致函吕海寰说:"红十字会稿,书奏寄上,关防'中国'字样请酌,因近来对于各国皆书'大清'。"①他的意思很明确,就是希望把中国红十字会改名为"大清红十字会"。"中国"变"大清",两字之差,却是红十字会由民办变为官办之意。盛宣怀在另一封信中说得更明白:不如把中国红十字会纳入民政部,由政府办理。

早在 1910 年 1 月,中国红十字会的六条试办章程推出,在朝野激起的反响截然相反。在清朝的军谘处,官员们借《日内瓦公约》已有新定条款,指六条试办章程粗糙而有挂漏。关于红十字总会所在地,军谘处提出应设在北京而不是上海,其余红十字会设施均应配合军方需要并隶属军方指挥,更提出总会在会长之上应设总裁一职,由清廷亲贵担任。而上海的绅商们则忧心忡忡。沈敦和向盛宣怀"力陈利害",认为红十字会不应归军方筹办。他又说,原万国红十字会上海支会系募捐中外捐款所成,难以归并。然而"大清红十字会"的关防已经在铸造中。1910 年 5 月 16 日,这枚大印送往上海,6 月 5 日,"大清红十字会"关防正式启用。

1911 年辛亥革命成功后,"大清红十字会"又改名"中国红十字会",但迟至 1912 年清朝灭亡后,"中国红十字会"才加入现在的"红十字国际委员会"。红十字国际委员会于 1912 年 1 月 1 日通报各国,正式承认中国红十字会为国际红十字运动的成员。1919 年,红十字会与红新月会国际联合会成立后,中国红十字会于当年 7 月 8 日加入该协会。1933 年,国民政府又将"中国红十字会"改为"中华民国红十字会",先后隶属内政部、军委会和行政院领导。民国红十字会成立后,在军阀混战、抗日战争和解放战争期间,做了大量战场救护、赈灾及查人转信等工作。在民国时期,红十字会是唯一受到国家立法约束、保护的民间组织。依照《中华民国红十字会法》,国防部、卫生署等均为红十字会的当然理事,而财务则需经过国家审计。

---

① 盛宣怀:《愚斋存稿》第 100 卷,《总补遗》。

第七章　近代台港澳地区的慈善事业

近代，由于地域特点的关系，西方慈善观念较早为我国台港澳地区的人们所接受，慈善事业的发展也带有浓郁的西方慈善特色。同时，由于闽粤善堂的影响深入人心，台港澳慈善界与内地有着不可分割的联系，在发展本土慈善事业的同时，积极参与内地的赈灾恤贫活动，体现了同文同种血浓于水的亲情。

一、近代台湾地区的慈善事业

台湾，自古即为我国领土不可分割的一部分。先秦时期称瀛洲。汉代名曰东鳀。三国时期，台湾被称为夷州。至隋，改夷州为流求。流求一名一直被沿用至宋元时期，其间历代史书虽在"流求"二字的书写上时有不同，但字音始终未变，如：琉求、留求、琉球等。到明代开始改称为东番北港。明代万历年间改称现名台湾，沿用至今。

南宋时，澎湖隶属于福建晋江县；元朝在澎湖设巡检司，管辖澎湖、台湾民政，隶属于福建泉州同安县(今厦门)。1624年，台湾为荷兰侵占；1661年郑成功收复台湾。1683年，清代在台置府，属福建，1885年改建为台湾省。

康熙二十三年(1684)，清收复台湾后，为示惠恤，首批就任的台湾知县沈朝聘、凤山知县杨芳远、诸罗知县季麟光，俱依大清律在县城内设养济院，收养鳏寡孤独残疾无告者，这成为台湾地区慈善事业的开端。乾隆十年(1745)，范咸履台，担任巡视台湾监察御史，发现各县尚无普济堂一类安置孤寡废疾之民的机构。而依大清令典，内地省州县均各设有普济堂。遂发文称："东瀛一方，是典独阙，所宜急为举行者。"[①]由是，当时的台湾县知县李闻权设立了普济堂，这也是全台最早的一所普济堂。此后，除各县设立普济堂外，台湾全岛陆续依照大陆成例设立了留养局、栖流所等善堂。

---

① 台湾省文献委员会编：《台湾省通志 卷三政事志　卫生篇》(上册)，台湾省文献委员会1972年版，第351页。

在政府慈善机构的影响带动下,台湾一些有钱的地主绅商也广开善门,捐资设立义冢,修建路亭和义渡等。如此官绅合力、士民一体,经过近两百年的努力,台湾的慈善事业粗具规模。全岛各县已设有养济院、普济堂、育婴堂、栖流所等传统善堂,基本形成了孤独有依,鳏寡有靠,病疾残老后顾无忧的社会保障体系。此外,由于台湾地理、气候条件特殊,各种自然灾害连年不断,台湾各处的官仓、社仓、义仓等也逐渐完善。这些仓储设施,起到了丰年备灾、歉年补缺、荒年救急的作用,在大灾之年的灾民救济中起到了至关重要的作用。

第一次鸦片战争后,随着基督教在华传教的合法化,西方各国教会纷纷派遣差会、传教士进入台湾地区传教。为便利传播福音,发展教徒,各教会纷纷在台兴办医院、孤儿院、教会学校等慈善机构。教会慈善活动的渐趋活跃,给台湾地区的慈善事业注入了一股鲜活之气。英国传教士马雅各于同治四年(1865)建立了台湾第一所现代化医院——台南医馆,为附近贫病者免费诊治疾病,成为台湾地区第一所教会慈善机构。为扩大教会影响力,遇上灾荒年景,各差会及传教士还用母国教会募集的款物赈济灾民。

甲午海战之后,根据丧权辱国的《马关条约》,日本割占了我国台湾地区。由于野蛮的殖民统治,岛内传统善堂的发展逐渐式微。而西方基督教会的慈善活动虽然继续进行,但随着日本殖民统治的加强,整个台湾地区的慈善事业再也无所作为了。

二、近代香港地区的慈善事业

鸦片战争后,英国通过一系列不平等条约,先后强行割占了整个香港地区。英国占据香港岛以后,随着西方传教士的进入,香港地区慈善组织逐渐发展起来。教会开始创办一些慈善机构,举办施医赠药、义诊及赈济衣食等活动,并创办了孤儿院、学校等。随着西方教会慈善组织的出现,华人慈善组织也接踵成立,如东华三院、保良局和乐善堂。

东华三院是东华医院、广华医院和东华东院的合称,是香港地区历史最久、规模最大的慈善机构。

东华三院文物馆

香港开埠后,人口激增,医药需求也日渐迫切。当时的医院采用纯西医治疗,收费昂贵,一般华人不堪重负。1869年,香港仁记洋行买办梁云汉联合米行、布业的殷商发起筹设医院。1870年,正式创建了东华医院,并于普仁街设董事局,推梁云汉为主席。东华医院成立后,即向在港华人开展施赠医药、兴办义学、兴建义冢、赈灾恤难等慈善救济活动。历经数十年的发展,东华医院的规模日渐宏大。截至1929年,先后创设了广华医院、东华东院,形成了东华三院的格局。

东华三院不仅医治病人,还主动救济贫民疾苦,积极参与各种灾难救济工作。近代香港遭受重大灾劫时,东华三院无不积极提倡或发动联合募捐,主持或赞襄赈济工作。香港沦陷期间,很多贫苦居民流离失所、贫病交加,东华三院董事局特设收容所予以救济,并对死者进行义葬。对于内地发生的天灾人祸,东华三院也频频伸出援手。1932年"一·二八"事变后,东华三院还派一支医疗护理队开赴上海,救护和收容公共租界的伤兵、难民。

与东华医院的创设有密切关系的保良局,也是近代香港重要的慈善团体之一。19世纪末期,香港色情业泛滥,买卖妇孺有厚利可图,导致拐风日炽。据当时官方报道,3—9岁的女童,每名卖价约50元,10—14岁每名150元,15岁以上貌美少女每名300—400元。贩至外洋,价格更高。如在广州开价为50元的女孩,在旧金山售价可达1000元;而当时的香港规定,船舶运载20名以下妇女出境,无须取得移民官同意,这无疑为拐卖妇孺出洋打开了方便之门。

官方统计,1893—1900年,香港被拐失踪的共1527人,平均每2天便有1人失踪;16岁以下儿童被拐729人,平均每4天有1名儿童失踪,其中尤以女性居多。因此，一些热心华商面见港督，要求立例禁止逼良为娼，保护妇女。次年5月，经港督同意，东华医院雇用暗差，缉拿拐匪，并特设平安、福寿两楼收容被拐妇孺。其后，由于拐案日增，曾任东华医院总理的卢赓扬、冯明珊等人向港府建议成立"华人保良会"专司其事。后又正式命名为"香港保良公局"，旨在"保赤安良"，保护良民。

保良局的筹办和管理均有东华医院诸董事参与，双方经常同室开会，且经费、活动场所也由东华襄助，所以当时有"东保一家"之说。保良局创建后，救出了不少被拐妇女儿童，使之脱离拐匪魔掌。进入20世纪后，保良局仍秉承"保赤安良"的宗旨，救助不幸妇女逃离苦海，并传授一定谋生技能，以使她们能自立于社会。最初，保良局主要是针对拐风，资助被收容者回籍，招人抚养，或择配成婚，自主工作。随着香港经济的发展和社会的变化，保良局的服务范围不断扩大，后包括住宿服务、儿童之家、孤儿助养、弱智儿童培育、扶幼、安老、医疗、康复、康乐、中小学教育等，项目日趋多元。

近代香港慈善组织中，九龙乐善堂也是重要一支。

九龙乐善堂发源于18世纪中叶的香港九龙寨城龙津渡码头。当时清廷九龙汛衙门在同治十二年(1873)于寨城外设龙津石桥海关，后来清官员将此一海关的责任与营运，转移给九龙各乡之殷商。九龙城寨附近商民即在石板码头墟集抽提一定数额的交易货款，办理当地赠医施药、举丧助殓等善事，九龙乐善堂雏形由此产生。1880年，正式成立慈善机构"乐善堂"，联合九龙、西贡、荃湾等各乡乡亲筹备义诊、义学等，创堂址于九龙寨城打铁街23号，城寨中之"敬惜字纸亭"亦为乐善堂所兴建，乐善堂还筹创了九龙区第一所女义学。

在"第二次世界大战"中，九龙乐善堂一名副总理因牵涉反日活动，遭日本驻港军政府清算，使堂务及人力受到空前损失，后迁址于龙岗道，即现时九龙乐善堂总办事处。早期乐善堂的善举以赠医、助丧为主。随着近代香港社会的变迁，乐善堂的规模不断扩大，其慈善救助遍及港九新界，并延伸到医疗、教育等各项慈善公益事业中。

抗战期间，香港的华人慈善组织与内地军民休戚与共，开展了大规模的济民善举。"七七事变"后，香港各界纷纷成立了以援助抗战、救济难民为宗旨的社会团体，向社会各界广泛募捐筹款，支援内地抗战。香港其他慈善组织也踊跃行动，劝募款物，救济内地贫民或流落到港的难民，在战时救济中发挥了重要的作用。

至20世纪中期，由教会兴办的慈善救济团体和华人建立的慈善机构已成为近代香港慈善事业的主体。这些民间慈善机构在推动香港社会慈善事业的发展，为弱势群体提供救助方面发挥了极大作用。

三、近代澳门地区的慈善事业

澳门古称濠镜澳,自古以来,澳门与香山县的历史关系极其密切。早在春秋战国时期,香山已属百粤海屿之地。秦始皇一统中国时,澳门被正式纳入中国版图,属南海郡番禺县地。晋朝元熙二年(420),澳门属新会郡封乐县地。隋朝开皇十年(590),废新会郡改属宝安县地。唐朝至德二年(757),废宝安县,改为东莞县辖。自南宋开始,澳门属广东省香山县。

据史料记载,宋末名将张世杰与军队曾在此一带驻扎;早期在澳门定居的人在此形成小村落,依靠捕鱼与务农为生。元代,我国海军长期在珠三角附近巡逻。即使在 1557 年葡萄牙人取得澳门居住权后,明朝政府仍然在澳门境内行使主权,包括接受澳门葡萄牙人每年缴纳的地租,设立海关征收舶税,置守澳官及香山县令落实行政管理权,以及执行最终的司法处分权等。清朝康熙、雍正、乾隆年间,对外国人防备很严,前来广州的外国商船,均必须先停泊在澳门,向澳门同知申报进口。

1887 年 12 月 1 日,葡萄牙占领我国澳门,澳门开始被葡萄牙强行租借,这也成为欧洲国家在东亚的第一块租界。

澳门的慈善事业发端于明代。当时由于地少人稀,澳门的慈善救济活动并不活跃。明隆庆三年(1569),葡萄牙人在此设立仁慈堂,这是澳门历史最悠久的慈善机构。但是仁慈堂的慈善活动仅限于教徒间的济贫、诊疗,并不惠及华人社会。近代以后,随着澳门商品经济的发展,华人社会的慈善机构也迅速兴起,并在澳门慈善救济体系中发挥了主导作用,其中尤以镜湖医院和同善堂表现最为突出。

镜湖医院是澳门华人主办的非营利慈善性质的医院,是澳门历史最悠久的华人慈善团体,也是澳门规模最大的私立医院,隶属镜湖医院慈善会。该院由华商沈旺、曹有等向政府注册,创设于清同治十年(1871)。镜湖医院创建之初,即展开赠医施药、安置疯残、停寄棺枢、修路、救灾赈济、平粜、施茶、施棺和兴学育才等慈善工作。1873 年和 1883 年,澳门两度遭台风袭击,镜湖医院均参与救灾疗伤及收尸掩埋工作。1892 年,镜湖医院始设西医局,采用西医西药,并延请西医为义务医师,免费为平民看病、赠药。这一年,孙中山先生从香港西医书院毕业,即到该医院任义务医生,成为澳门第一位华人西医。1896 年,该院在澳门附设痘局,为澳门华人免费接种疫苗。

对于遭遇灾难的内地同胞,镜湖医院也不遗余力地予以救助。1890 年顺直水灾、1896 年湘桂两省饥荒,镜湖医院先后在澳发起募捐赈济。抗战期间,镜湖医院积极开展遣送难民、收容难童、捐赠药品、开设护理班等战时救济工作，为全民抗战做出了巨大贡献。

1948 年以后，随着社会局势的稳定，镜湖医院获得了长足发展。目前，镜湖医院慈善会已发展成为全澳规模最大的综合性慈善组织，在澳门及内地的慈善公益事业中发挥了积极作用。

澳门同善堂是与镜湖医院齐名的民间慈善机构。光绪十四年（1888），部分港澳绅商组成"同善别墅"，发起赠医施药及宣讲善书等善举。光绪十八年（1892），港澳绅商正式向政府注册登记，倡建同善堂。同善堂创办之初，由善士捐资，以送时症丸

澳门同善堂

散、赠医、宣讲、送书、敬执字纸。此后数十年间，又陆续成立了多个分属善会，慈善救济的范围日趋广泛。如 1894 年成立保产善会，专助贫苦孕妇分娩，护佑母婴平安；1895 年成立施棺木仵工善会，向贫苦丧家施舍棺木、提供义务抬工；1897 年设立施药剂善会，由同善堂中医郎中义诊，并施给贫民医药；1898 年创建贝周恤善会，由同善堂劝募钱银、米粟、衣物等，分发给老弱无依贫苦交困者；1924 年，同善堂倡办贫民义学，济助了很多澳门贫民子弟。内地每遇灾害，同善堂也与镜湖医院一道参与救济，如 1932 年募捐救济上海难民等。民国以来，澳门的其他善堂，如永行堂、保善社、倡善社等，也与镜湖医院慈善会有着关联，由其统筹协调在澳开展慈善活动。

光绪二十三年（1897），梁启超、谭嗣同等在上海成立"不缠足总会"后，澳门改良派人士亦积极响应，张寿波、何廷光、吴节薇等随即组织"澳门不缠足会"，还另外制订较易实行的《澳门不缠足会别籍章程》，以争取尚不能完全遵守总会章程的人士一起入会。《别籍章程》规定：会中人 8 岁以下女儿一律不许缠足；要娶会外的缠足女子，必须向会中声明；凡会中人不得与曾经犯例者为婚。经他们倡议，几个月中，澳门各界 100 余人先后入会，对铲除落后封建习俗起到了一定的宣传作用。

澳门是鸦片贸易最严重地区之一。1898 年，张寿波、何廷光、陈继俨、李盛铭、麦致祥、梁福田、郑仲资等发起组织戒鸦片澳门分会，大力宣传鸦片烟之危害，并制戒烟丸免费赠给鸦片吸食者，致力于消灭鸦片贸易。在他们的宣传鼓动下，加入戒烟分会的各界人士达到 30 多人。之后经过几代人的努

力,澳门终于在 1945 年制订了"禁烟条例",澳门的鸦片烟馆逐渐绝迹。

这两个团体致力于改良澳门社会风俗,具有一定的慈善公益性。

此外,澳门中华总商会等其他公益慈善团体对澳门社会也多有贡献,推动了近代澳门慈善事业的发展。

总之,近代台港澳三地慈善事业明显受内地尤其是闽、粤两省善堂的影响,且与内地联系紧密。清末至民初,受中西慈善文化碰撞与交融的影响,近代西方慈善观念在台港澳地区不断渗透并逐渐增强,"西化"色彩日益浓郁。由于帝国主义的殖民侵略,台港澳地区慈善事业的发展也经历了不寻常的过程。尽管如此,三地慈善界在致力于本土慈善事业发展的同时,也一直积极参与内地的赈灾恤贫、扶危济困等慈善活动,表现出血浓于水的同胞亲情。

第八章　民国时期的慈善团体和慈善家

　　中国的传统慈善事业步入近代以后,恰逢中国社会遭遇了千年未有的剧烈变革,各省曾经遍设的善堂、善会等传统慈善机构,大都因社会环境的变迁而走向困顿以致形同虚设,传统慈善机构由是日趋式微,社会影响日渐消退。到19世纪中后期的晚清社会,中国慈善事业已面临着从传统向近代转型,在新的历史条件下再度兴起与发展的问题。

　　战乱和社会动荡,尤其是清末民初改朝换代的巨大变革,致使民间慈善团体及慈善事业受到前所未有的冲击。经过一番浮沉,直至民初以后,由社会团体举办的慈善事业才开始成为中国慈善事业的主要形式。

　　民国时期,灾害频发,战乱连年,以致生灵涂炭,民不聊生。国民政府为维护统治,疲于应付各种事变。即使有心顾及黎民,也因庞大的军费开支而显得力不从心。由于政府救济不力,大量的救济工作即转由民间慈善团体承担起来。

　　民国时期,就官方而言,未尝不重视慈善救济工作。民国政府的救济机构在继承前朝做法的基础上,颁布了《各地方救济院规则》,整顿了全国的救济机构,恢复和重建了救济院。抗战时期,随着战火从沿海往内陆的逐渐推进,难民潮一浪高过一浪,为救济难民,开始主管安民工作的社会部公布了许多法规发展救济机构,规范救济事业。

　　但是,面上的工作也仅止于此而已。尤其是南京国民政府成立后,要应付军阀割据的局面,民生问题、灾难救济问题在政客们的眼里就变得"心有余而力不足"。这也在客观上为民间慈善机构的繁荣发展创造了条件。

　　政府忙于战事、财政吃紧的时候,有一大批民间人士投入救灾救民救难之中。他们组建了诸如华洋义赈会、上海救济委员会等享誉国内外的民间救济机构。国民政府为了鼓励、规范民间慈善机构的发展,倡导社会慈善事业,颁布了如《监督慈善团体法》等一批法律法规,从而促使社会救济机构在法律法规的指导下规范有序地发展。这些民间救济机构在不同时期承担了许多政府有心无力的救灾救难的慈善工作。

一、民国时期的中国红十字会

民国初期,中国红十字会的主要职责就是战伤救护。

1913年7月,为反抗袁世凯的专制独裁,"二次革命"爆发了。各省区相继宣布独立,纷纷举兵讨袁,一时烽烟四起。兵灾救护是红十字会职责所在。战争爆发后,中国红十字会总会迅速组织救护队,分赴战地,开展人道救援。

"二次革命"中的南京之战,尤为惨烈。中国红十字会南京分会救护队"寻觅伤兵,登山涉水,不畏艰险"①,多次救伤兵、难民于危难之中。由于救护工作紧张而繁重,南京分会难以应付,中国红十字会总办事处在请苏州教会医生柏乐文、惠庚生,镇江教会医生白廉组织救护队增援的同时,还加派医师王培元前往南京协助救护工作。

战火中,成千上万的市民被困城中,逃生无路。他们聚集在江边,风餐露宿,朝不保夕。8月21日,如皋、镇江绅士杨鸿发、李耆卿等向沈敦和副会长发出乞援电报,称:南京江边有难民数万人,无路逃生。难民们向过往轮船哭跪求救,但无人理会;城内医院已经人满为患,医生们连续数日无眠无食,救护员手烂足裂,境况危险。盼红十字会迅速租借轮船援救难民。

为接送伤兵、救援难民,总会沈敦和副会长等决定租借英国太古洋行商轮"大通号"作为红十字会救伤救难的专用医船。8月23日,原中国红十字会会长盛宣怀慷慨捐助租船费用4500两。镇江绅士焦乐山等也慷慨解囊。在社会各界的支持下,"大通号"救护医船顺利成行。王培元医师为队长,邓笠航为总干事员,"救护船上船主及救护员均不许自由行动,须听王队长主裁,至难民伤兵上船后,一切招待分派事宜归总干事员邓笠航专办"②。南京分会的宝琅医生、马林医生等负责分送乘船券,不管船位等次,一概免收船资。

8月24日上午,王培元医师率救护员列队由上海天津路红十字医院出发,向太古码头行进,"沿途聚观者,途为之塞,拍掌欢送,各西商参观者,咸称美不止"③。上午10时,"大通号"起航,停靠在黄浦江上的各国兵船见红十字救护船扬帆起行,一律升旗致敬。25日下午,"大通号"抵达南京,此时正处于两军激烈交战中,情况甚为惊险。苏荔棠率队员乘民船四处营救难民,王培元更是亲自穿行于枪林弹雨间,进城引难民出险。此次行动,救出难民2000

---

① 《红十字会纪事》,《申报》1913年7月24日。
② 《援救南京难民续志》,《申报》1913年8月25日。
③ 同②。

余人,伤兵百余名。此次救援行动,"大通号"两度赴宁,救护难民 3000 余人,伤兵伤民 160 余人,受到了社会各界的称赞。尤其以王培元为首的救护队员,不支薪水而甘冒生命危险,出入于弹片横飞的战地,救伤恤难,令人感佩。

除了这次战伤救护之外,对日本地震灾害的救护也是这一时期中国红十字会的一次壮举。

1923 年 9 月 1 日,日本关东地区发生 8.2 级强烈地震,东京、横滨、横须贺均遭灭顶之灾,14.3 万人死亡,20 万人受伤,50 万人无家可归。9 月 2 日,日本大地震的消息传来,立即引起了上海中国红十字会总办事处的关切,遂决议组织救护医队,驰赴救护。不约而同地,北京中国红十字会总会也已组织救护队,准备即日东渡。9 月 6 日,经过中国红十字会的奔走动员,由数十家团体组成的"中国协济日灾义赈会"成立,中国红十字会当场认捐万元赈款。在中国红十字会的率先垂范下,其他团体亦纷纷解囊,共募集 65000 元,为救护工作的展开奠定了坚实的物质基础。

中国红十字会的善行义举,得到了官方的首肯与激励,外交、交通等部门通力协作,为中国红十字会的日本之行铺平道路。9 月 8 日,救护医队在理事长庄录率领下扬帆东渡。救护医队共 26 人,携带现款 20000 元,药品器具 90 余箱,历经 4 天风浪之苦,于 9 月 12 日抵达神户。

中国红十字会救护医队在东京从事医疗救护 3 个星期,其目的固然是"救灾恤邻",但"恤邻之外,原以疗治灾胞及救运灾胞,为第一要义"①。

不言而喻,旅日侨胞在这次大浩劫中也不能幸免。地震中死难华人约 2000 人,伤约 3000 人,尚有近万人流落街头,苦不堪言。"救援灾侨,也就是救援日本。"②因此,中国红十字会救护医队在与日本赤十字社合力救治日本难民的同时,与神户中华会馆合作,以资遣难侨为第一要义。回国难侨由中华会馆发给绒毯一条,现金 5 元,救护医队则给予协助,如联系船只、电告总办事处难侨抵沪日期以备接护等。而总办事处显得更为忙碌,每次难侨抵沪,即由中国红十字会暨"中国协济日灾义赈会"负责接待、安置,总办事处则派出医护人员,收治伤病同胞。截至救援工作结束,共接待 6624 名遇灾返国的同胞。在中国红十字会的人道关怀下,返沪难胞陆续回到故乡。

对日震灾的救援行动,是一项繁重的"生命工程"。中国红十字会全力以赴,有序推进,取得了此次援外行动的成功。对此善行义举,日本各界由衷感

---

① 中国红十字会总会编:《中国红十字会历史资料选编 1904—1949》,南京大学出版社 1993 年版,第 430 页。

② 李灼华:《1923 年日本关东大地震后中国红十字会在救援难侨中所作的努力》,《中国红十字》1991 年第 2 期,第 13 页。

激。为答谢中国人民给予日本震灾的援助,日本派出"国民表谢团"来华答谢。"表谢团"于 11 月 21 日到达上海,特别拜会中国红十字会总办事处,谓"此次贵国人民,对于敝国震灾所给予伟大之同情,与贵会派遣医队之协助,殊足使敝国上下一致感动。此次来沪,敬表谢意,极希望此后中日两国国民益臻亲善"①。在这次国际救援中,中国红十字会医护人员恪尽职守,彰示人道关怀;博爱恤邻,尽显浓情厚谊。中日民间的良性互动成为进一步加深两国人民之间理解的纽带,中国红十字会的日本之行无疑也是两国民间交往的一段佳话。

在近代中国各类社会救助活动中,战争救护是红十字会工作的重心。其中尤以抗战时期的救护业绩最为辉煌。而这一时期的救护工作又多倚重于一个关键人物——林可胜。

林可胜祖籍福建省海澄县(今属福建龙海),1897 年生于新加坡。其父是新加坡著名医生、社会活动家林文庆,母亲黄端琼是著名同盟会会员黄乃裳之女。林可胜 8 岁被送往英国爱丁堡上学,中学毕业后考进爱丁堡大学,专攻医科。求学期间,适逢第一次世界大战爆发,林可胜应征入伍,被分配到英国南部朴次茅斯附近的军医院当外科助理,并以英国印度远征军廓尔喀团准尉军医身份在法国服役 2 年,主要从事新兵的战地救护训练工作。这一经历,为他之后经营中国红十字会救护总队积累了丰富的经验。

第一次世界大战结束,林可胜复学。1919 年以优异的成绩连续获得医学内科和医学外科学士学位,并留校担任讲师。此后,他又获得哲学博士学位、生理学博士学位和科学博士学位。1924 年,林可胜进入协和医学院,担任生理系教授兼系主任。1926 年 2 月,在林可胜的积极推动下,中国生理学会宣告成立,他出任首任会长。1927 年春,《中国生理学杂志》创刊,他担任主编。1928 年他出任中华医学会会长。由此,林可胜无可争议地成为中国现代生理学的奠基人。

林可胜是一位爱国学者。1925 年上海发生震惊全国的五卅惨案,他两次与协和学生一道上街游行示威,抗议英帝国主义的暴行,同时积极策划、支持学生成立救护队,以援救在示威活动中受伤的学生和市民。

1931 年"九一八事变"后,日军侵占东北,进窥华北,长城各口烽火连天。林可胜组织协和学生,成立救护队,开赴古北口前线,实施救护。

随着华北局势的日趋紧张,全面抗战势将不免。林可胜意识到,抗日战

---

① 中国红十字会总会编:《中国红十字会历史资料选编 1904—1949》,南京大学出版社 1993 年版,第 439、441 页。

争将是长期的、持久的，因而，他在协和医学院组建了军官救护训练队，要求课余时间除实习医生外，全体同学一律参加训练。训练科目主要是战地急救和担架搬运操练。他还制定了手术器械箱和急救药箱示范标准。"七七事变"前夕，林可胜特向协和校长胡恒德建议，派遣协和医疗队赴南京待命，以便在战争爆发时为前线将士提供服务。建议遭到拒绝后，林可胜以赴英国度假为由，转道南京，投身抗战救护事业。

1937年，日本发动全面侵华战争，上海、南京相继沦陷。中国红十字会总会撤退到武汉。由于战线太长，中国红十字会的救护工作顾此失彼，陷于极端尴尬的境地。为配合战事需要，中国红十字会于12月6日成立了临时救护委员会，聘请林可胜为救护委员会总干事，负责综理医疗救护事宜。经过积极筹备，1938年春，救护总队部在汉口正式宣告成立，林可胜成为总队长。救护总队部是中国红十字会"专负军事救护之机构"，它的成立，翻开了抗战救护新的一页。林可胜出任总干事兼救护总队长后，立即着手医疗队的改编。改编后，医疗队具有人数少、便于移动、前后方配合适当等适于战时的优点，从而大大提高了救护的效率。在国难深重、资财匮乏的情况下，红十字救护队员们在总队旗帜的带领下，冒着血雨腥风，进行了战场救护，向世人展现了以"救死扶伤，博爱恤兵"为宗旨的人道主义精神。

中国红十字会在抗战时期的救护工作大体可以分两个阶段："七七事变"发生至南京沦陷为第一阶段，主要是对伤兵实行收容治疗；第二阶段即从南京沦陷至抗战结束，这一阶段的特点主要是采取了流动救护，并曾派队前往缅甸对远征军进行救护，也对中国共产党领导下的军队提供了医疗支援。可以说，中国红十字会是抗战时期整个救护体系的核心。同时，由于国民政府的不断干涉，红十字会逐渐失去了它民间团体的本来性质，转而受政府控制。

二、华洋义赈会

华洋义赈会，全称为中国华洋义赈救灾总会（China International Famine Relief Commission，简称CIFRC），是民国时期由中外人士组成的、以赈济自然灾害为宗旨的国际性慈善组织。其前身为北京国际统一救灾总会。

1921年11月，上海、山东、天津等地的华洋义赈会联合组织成立。1941年12月，日军占领上海公共租界后，其活动被迫中止，1945年9月在重庆组建临时执委会，1949年7月宣告解散。与一般慈善组织不同，该会将"建设救灾""防灾救灾"作为赈济的主要指导思想并付诸实践。这个团体在其存续的30年间，为中国的赈灾防灾、兴修水利、复员救济，以及农村经济合作事业等做出了重要贡献。华洋义赈会把中国传统的民间义赈推进到了一个前所未有的新阶段,也成为1949年以前中国最负盛名的民间救灾组织。

华洋义赈会兴起的社会背景与近代中国历史上北方的两次大旱灾有着密切的关系。1876—1879年间的"丁戊奇荒",受灾人口在1.6亿至2亿,约占当时全国总人口的一半;直接死于饥荒和疫病的人数至少有1300万。时隔40年,1920年,北方数省又发生了严重旱灾,旱情遍及317个县,受害灾民约2000万人,死亡50万人。这两次大旱灾都引起了中外人士的广泛关注,他们设立机构,募款赈灾。1877年,沪商经元善组织成立了上海协赈公所,将传统的慈善事业推向了义赈的新阶段。1878年1月26日,西方来华传教士发起成立了近代中国第一个救济机构——中华赈灾基金委员会,总部设在上海。西方先进的救灾理念开始在中国传播,同时也为华洋合作提供了契机,奠定了华洋义赈会成立的社会基础。

1920年,中国正处于社会动荡时期,执政的北洋政府内外交困,面对北方五省的持续旱灾束手无策,几乎无所作为。于是,新兴的社会实业力量和西方在华传教士又一次携起手来,把华洋合作推向了一个新阶段。从1920年9月上旬开始,北京、上海、天津、汉口、山西、河南、山东等地相继成立了9个华洋义赈组织,其中以北京国际统一救灾总会的实力最为雄厚。这些华洋义赈组织各自为政,主要开展募捐赈灾的工作。旱灾期间,共计放出1700多万元的赈款,约占全国公私赈款总额的46%。

但是,这些蜂拥而起的华洋义赈组织尽管在抗旱赈灾中发挥了重大作用,却因缺乏省际的统一协调而成效大减。到第二年夏季赈灾工作结束时,9个华洋义赈会尚有余款120多万元。在这种情势下,为了总结经验,应对未来可能发生的灾害,各赈会一致同意进行整合,1921年11月16日,来自全国各地9个华洋义赈组织的代表齐集上海,决议组成一个全国性的民间社会团体——"中国华洋义赈救灾总会",简称"华洋义赈会"。会议选举艾德夫为首任总干事,章元善为副总干事,总会事务所设在北京。

华洋义赈会正式成立时,华北的大旱灾已经过去,但华洋义赈会对1920—1921年的救灾实践进行了理性的分析,明确了以后的救灾工作思路。

北方五省旱灾发生后,北京政府在关税上附加5%,筹集了400万元作为赈款,交给北京国际统一救灾总会统一发放;各地华洋义赈组织自募676万元,再加上美国私人捐助的655万元,总共筹得赈款1731万元。这笔钱筹集起来以后,由各救济团体到东北三省或河北的张家口等地购买高粱等粮食,分发给灾区的难民。这种救济方式尽管能够挽救灾民的生命,却对灾区恢复生产、重建家园没有直接的帮助,更谈不上日后长期的减灾防灾。华洋义赈会的有识之士认识到,中国自古天灾频繁,每有灾害发生,民间虽参与赈灾活动,但多是消极的施舍,往往临时募集赈款或赈品,施放完毕即宣告结束,没有什么赈灾、防灾计划。

据此,华洋义赈会认为多数灾民都是"具有健全人格的生产者",单纯的施舍只能暂时维持灾民的生命,甚至可能养成其依赖心理。赈灾应从恢复其生产能力入手,"注重积极的建设,所谓建设救灾主义是也"[①]。这种认识在其内部机构的设置上体现充分。如总会作为办赈总机关,其下设有工程水利、农利、森林、移植等分委员会。考虑到自身经济实力,该会还确定赈济范围"以天灾为限,不及其他。盖天灾方面如匪患、兵燹或其他原于政治之事变,自有政府或红十字会负责"[②]。从这时开始,华洋义赈会已经开始探索新的救灾方式,从偏重赈济救灾转向偏重建设救灾。

华洋义赈会1924年出版的《赈务实施手册》,则进一步将这种救灾理念表述得更为清晰:"以经济的方法,为大量之赈济,不欲养成依赖性质,使人民欲堕穷途。"[③]为实现这一理念,又规定了赈灾的基本信条:"第一,调查灾情,不厌详明,先胸有成竹,而后可按情放赈;第二,放赈之时,应按核实分配之原则;第三,一切款项物品之开支,应有正确之账目。"[④]遵照这一信条,华洋义赈会把以工代赈作为灾后赈济的主要方式。

1933年,华洋义赈会召开第六届年会。会上制订了五条救灾原则,把以工代赈的救灾方式更加明确化:"(一)遇有灾情发生,当地财力显然不能防止多数生命之损失,而其情形又不适于办理工赈时,本会应办急赈。(二)本会办理急赈,应尽量用以工代赈、从事建设工程及短期低利贷款办法。(三)本会之主要事工,即为继续提倡及实施各种预防灾害计划,计分以下两类:(甲)筑路、灌溉、修堤、掘井、开垦、水利等建设事业;(乙)办理信、销售及购买合作社,改良农业方法,提倡家庭工业,以增加农民经济能力。(四)在防灾救灾两方面,主要责任仍由政府及地方当局负担,本会别处于辅助地位。(五)本会之赈款,应根据上列标准而加以支配,俾能收最大之效果;换言之,即欲引起当地政府及人民踊跃参加与负责之决心。"[⑤]

所谓以工代赈,就是通过修建公共工程使接受赈济的灾民(老弱病残除外)以劳动换取报酬,既能帮助灾民度过灾荒,又能达到防灾减灾的目的,还可以将那些家有余粮者、无业游民及乞丐摒除在外,使赈款发挥最大效益。

---

①　中国华洋义赈救灾总会编:《中国华洋义赈救灾总会概况》,1936年版,第11页。

②③④　中国华洋义赈救灾总会编:《赈务实施手册》,1924年版,第2—3页。

⑤　转引自孙语圣:《1931·救灾社会化》,安徽大学出版社2008年版,第136页。

从 20 世纪 20 年代中期到 30 年代初,华洋义赈会直接主持或参与的工赈项目达百余项,遍及 14 个省。各类工赈费用占工赈总支出的比例分别是修路 36.3%,灌田水渠 15.7%,掘井 3.3%,疏渠 1.3%,修复河道 13.2%,堤工 30.2%,可见修路是华洋义赈会防灾的主要内容之一。修路工程中最大的是西兰公路,即陕西西安至甘肃兰州间的公路,全长 772 公里,1931 年春开工建设,1933 年完工,用款 58.5 万元。西兰公路的修建大大改善了陕西至甘肃间交通落后的状况,为西北地区经济发展和社会进步起到了推动作用。

这期间,华洋义赈会累计修成新路 3263 公里,修理旧路 2330 公里,据不完全统计,耗资达 4955166 元;在水利设施建设方面,华洋义赈会兴修了 11 项重大防灾工程,其中修建水渠 800 多公里,筑堤及整理河道海塘 1250 公里,挖掘水井 6000 多口。

章元善像

20 世纪 30 年代中期以后,国民政府在基础设施上的投入加大,华洋义赈会兴建的一些工赈项目也由政府接管,该会的工赈事业逐渐衰减。

在赈灾过程中,华洋义赈会的主持者们对救灾防灾的认识也不断加深,著名慈善家、华洋义赈会副总干事章元善就明确指出:"急赈不如工赈,救灾不如防灾,而防灾的意义,就是要从农村经济方面,培厚农村的根本同实力。于是即开始办理合作。"①

所谓合作,实际上就是一种民间信贷组织。民国以来,由于灾荒侵袭和战争蹂躏,农村呈现衰落之势,突出表现是农业投资严重不足。为解决这一问题,使农民在天灾人祸来临时有一定的自救能力,中国华洋义赈救灾总会秉承"建设救灾"的理念,从改善民生的目的出发,认为建立信用合作制度是缓解农村资金短缺的不二之法。

1922 年 4 月,华洋义赈会下设了农利委办会,负责办理农村合作事业;同年 6 月,总会拨款 5000 元作为试办农村信用合作社的费用。与此同时,华洋义赈会又出资补贴燕京大学的泰勒教授组织学生分赴河北、山东、江苏、浙江、安徽等省份,对 240 个村庄进行了调查,最后确定以河北省作为农村合作运动的试点地区。

当时,河北省的香河、涞水、唐县、定县等地相继成立了几处农村信用合作社。华洋义赈会派出专人前往调查,于 1924 年 2 月 18 日确认涞水县娄村信用合作社和定县悟村信用合作社合格,并核准给这 2 个信用合作社各放款

---

① 章元善:《合作运动》,《北平晨报》1935 年 5 月 1 日。

500 元。此后,河北省的信用合作社在华洋义赈会的推动下迅速发展。从 1923—1927 年,河北省的信用合作社由 8 家增加到 561 家,会员自 256 人增加到 13190 人,已缴股金由 286 元增加到 20698 元。20 世纪 30 年代,华洋义赈会的合作事业进入全面扩张阶段,从河北一隅扩大到全国各地,曾先后办理皖赣湘鄂农赈和推动陕川合作运动,收益颇丰。

私人借贷或是通过血缘关系发生的互助性借贷,或是向高利贷借贷。前一种借贷是从亲情出发,还债时只还本钱,不计利息。后一种借贷分两种:一为抵押借贷,小农多以动产或不动产为抵押品,利息较低;另一种为信用借贷,无须抵押,以信用做担保,此种借贷利息偏高。据 20 世纪 20 年代末对河北定县的调查,借款最高利息为每月每元 3 分,最低 1.5 分,普通 2 分,高的月息为 5%—6%,有时达到 10%,当灾荒来临时,小农甚至愿出年息 100% 借款。根据当时华洋义赈会对 150 个乡村的通行利率调查,年利率最低者只有一个村庄,为 15%,其中 70% 的放款利息皆在 30%—35% 之间,最高者则达到 180%。尽管北洋政府曾有月息不能超过 3 分的禁令,但这在农村基本成为一纸空文,毫无效力。高利贷资本生存的前提是小农贫困化的加深,负债已是维持农民生计、求得一息喘息机会而普遍采用的方法,可以这样说,不仅在社会情形及个人生活略有变动时需负债,即在平时,也有许多时候是负债的。

私人借贷特别是高利贷,对于小农来说,虽可解燃眉之急,但这种借贷利息常常是"利滚利",期限又短,如果到期不还,抵押品就得被全部没收。小农多以土地抵押,结果就是抵押的土地被兼并,从有产者变为无产者。

信用合作社业务是存款与放款,但对于小农来说,取得贷款是他们加入合作社的主要目的,因而放款成为信用合作社的主要业务。社外所供给的资金,来自华洋义赈会和金融机构的放贷。

华洋义赈会自决定兴办信用合作社后,即于 1922 年 6 月拨款 5000 元作为合作社放款基金,此后又继续追加,截至 1931 年,先后共增拨 6 次,总额共计 92200 元。华洋义赈会数年的信用合作试验,逐渐引起了城市商业银行的注意,特别是它连续八九年将资金放给农村信用合作社,都能如期收回,很少产生呆账,这就增加了商业银行向农村放款的信心。受 20 世纪 20 年代末席卷全球的经济危机影响,银行业在寻找投资出路时,开始关注急需资金的农村,于是纷纷寻求与华洋义赈会合作,开展对农村合作社的贷款业务。

上海商业储蓄银行于 1931 年 2 月,抱着试探的态度,将 2 万元交给华洋义赈会,华洋义赈会将钱放给合作社。此例开创了城市商业资本流入农村的先例,也带动了银行界放款农村合作社的信心。上海银行参加华洋义赈会的合作放款,前后达 10 万元。中国银行也自 1933 年 3 月参加放款 2 万元,后改为 5 万元;金城银行也参与放款 5 万元。到 1935 年,这种状况进入全面发展的阶段。当年 4 月,上海银行、交通银行、大陆银行、金城银行、中南银行等 10 家金融机构在上海组建了"中华农业合作银团",推举上海银行邹秉文任团长,并在北平、汉口等市设立办事处。一时间,大量的城市资金投向农村,在一定程度上解决了农村金融枯竭的问题。

农村信用合作社的业务主要是存款和放款;存款的对象没有限制,放款的对象只限于合作社社员。合作社对社员放款时,要照顾到一切要求借款的社员,合理确定每一笔放款的期限,放款利息比地方放款的低利率再低几厘。那个年代,中国的银行很少,且大部分集中在城市。农民们遇到天灾人祸只能向地主或村里的有钱人借高利贷,严重损害了农民的自我发展能力,有的甚至因此倾家荡产。华洋义赈会推广的农村合作事业极大地强化了农民的自我救治能力,缓和了农村的社会矛盾。此外,这种合作方式也为其后农村经济合作社的发展奠定了牢固的基础,直到今天,各地农村还有不少信用合作社。在这一点上,华洋义赈会可谓功不可没。

1937 年 4 月,华洋义赈会将办公地点由北平迁至上海,表明其工作重心转移到了南方。"七七事变"后,中国的国土大片沦陷,华洋义赈会经营多年的合作社所在地相继成为沦陷区,因此只好把合作事业的重点转移到大后方,在四川组织农民互助社,后又发展为信用合作社。

华洋义赈会以一股民间力量,在财力十分有限的情况下,十余年间不遗余力地推行农村信用合作社制度。至 1936 年,义赈会在全国直接指导而组成的合作社共有 2865 处,贷予各社之款共达 730750 元,使广大农民受益匪浅。对于华洋义赈会在民国乡村建设中所起的作用,民国时评写道:"我国农村经济之复兴工作,以华洋义赈救灾总会致力最早。该会倡合作以解民困,藉中外人士协力同心,惨淡经营,颇著成绩,而为我国农村经济之复兴工作,树一良好之基础。"①

抗战胜利后,华洋义赈会着手复会,于 1947 年 8 月在上海召开新老执行委员会议,并接收了原属该会的房屋等财产。但复会不到 2 年,上海解放,1949 年 7 月 27 日,华洋义赈会宣告解散,所有资产移交给中国国际救济委员会。

---

① 《大公报》(天津)1936 年 6 月 7 日。

三、道院与世界红卍字会

道院暨世界红卍字会是民国时期(20 世纪 20 年代前后)源起于山东济南的慈善型教派。道院和世界红卍字会是合二为一的组织,所谓"先有道院,后有红卍字会。前者为修道之所,专修内功;后者为道体慈用,致力外行,名异而实同"①。该组织创办后,发展迅速,在短短数年间遍布大半个中国,且传至日本、朝鲜、新加坡等境外地区,在民国慈善救济史上影响广远。

道院组织发起人的文化认同与道慈救世理念,以及道院组织成员主体——商人的社会关系网络与商业活动等,是该组织萌生并迅速发展壮大的内在深层次原因。

"卍"这个字,是佛教中的一个重要字符,意为"吉祥如意"。民国时期,将"卍"作为慈善团体标志的,除世界红卍字会外,还有"白卍字会""蓝卍字会",以及佛教界的"中华黄卍字会"等。

提到红卍字会,就要提到一个人,此人名叫吴福森,江苏省阳湖县人。1912 年任齐河县知县。任职期间,他先疏浚牛角河,以泄积水;后又踏勘各处,择定校址,创办初等学校 150 余处,并时常亲自到校检查,给成绩优者奖励。可能由于这些政绩,三年后,吴福森调任滨县知事。滨县有位总务科长,名叫洪士陶,江苏如皋人,前清秀才。此人能写诗、通医道、会扶乩,深得吴福森信任。当时县衙后面有一个大仙祠,住持姓尚,名正如,字履平,山西汾县尚家庄人。这位出家人自称生于唐朝,早就入了仙籍,号称尚大仙。他这个说法无从验证,迷惑了很多人。大仙祠在当地香火繁盛,每逢初一十五,求签问事的民众很多。在洪士陶的影响下,吴福森每遇为难之事难以权衡时,便通过在大仙坛扶乩解决。

当时滨县驻有一营军队,营长叫刘绍基,安徽凤阳人,前清秀才。这支军队纪律松散,兵士经常骚扰地方,县署衙门对此也无计可施。洪士陶遂向吴福森献上一计——拉刘绍基共同开坛扶乩。两人相携去了几次,吴福森和刘绍基都成了大仙祠住持尚大仙的弟子。军政首领成了同门师兄弟,刘绍基从此约束部队,骚扰地方的事情就较少发生了。

刘绍基 1917 年调济南,仍任营长。到了济南,刘营长在家设坛,拉拢军政商各界上层人士。他自任扶乩正手,副手为原滨坛弟子周锡德。后来,洪士陶由滨县来济南,与刘绍基合作,二人就把滨坛演变成了济坛。因为尚大仙

---

① 李森堡等:《青岛指南》,全国政协会青岛分会 1947 年版,第 183 页。

的名气太小，他们又在乩坛上造出一个"太乙真人"来，说他是开天辟地的老祖（后尊称至圣先天老祖）。老祖降坛，不仅能满足人们求签问事的需要，还增加了谈经论道、诗文唱和，受到上层人士的推崇。当时在济南比较有影响的另一个会道门组织是"同善社"，其头目杜秉寅，江苏淮安人，前清道台，时任华庆面粉公司董事长。不久，杜秉寅被拉入济坛，他的加入使济坛声名大振。

刘绍基、洪士陶、杜秉寅等人为了扩大影响，又开始让"老祖"通过扶乩的形式对外传授"真经"——《太乙北极真经》，即在沙盘上用木笔将经书一字一字写出来。扶乩传经的正手为洪士陶，副手为刘绍基。实际上该经书是洪士陶写的。

传经始自 1920 年 10 月，经 3 个月完成。当时参加传经的杜秉寅、刘绍基、洪士陶等 48 人，号称"四十八子"。老祖传经完成后，即降训"四十八子"成立道院。济南道院于 1921 年 2 月 9 日正式成立，这 48 人就成为济南道院的创始人。

"道院院纲"称："道院以静坐为内功，善行为外功。"

道院设六院：统院、坐院、坛院、经院、慈院、宣院。后又设道德社，目的是出版刊物书籍扩大对外宣传，训练扶乩人员。大总统徐世昌的弟弟、做过济南知府的徐世光为第一任社长，清末河工专家、按察使、三品大员何仲起为副社长。道德社出版《道德杂志》和《道德月刊》，各出 36 期，即行停刊。

1922 年夏，上海道院成立，老祖训令素惺、毁惠（王芝祥）、慧济（江宁澄）、默靖（杜秉寅）、素一（徐世光）等 9 人由道院发起成立红卍字会。同年 9 月，正式筹备大会在济南大明湖召开。与会代表百余人，大会通过了世界红卍字会大纲及世界红卍字会中华总会纲目等。当年冬天，在北京正式成立中华红卍字总会，呈报北洋政府内务部立案后，即通知全国各地道院迅速成立红卍字会。截至 1931 年，全国成立的院会逾 250 处。当时，仅山东济南就有十几个这样的组织。据民国三十五年（1946）的调查，仅山东一省就有 79 县市设有红卍字会。除在各地设有分会外，世界红卍字会还在全国各地区设办事处。1924 年，在神户设立分院，为出国布道之开端。至 1930 年，日本各地道院已有 440 余处。此外，还在新加坡设有道院若干处。

红卍字会以"促进世界和平，救济灾患"为宗旨，"无种族、国籍、宗教、阶级之别"。哪里有战事、灾害，它就可以到哪里去。日本地震时红卍字会即派人前去赈灾。

世界红卍字会的慈善事业分为永久与临时两种。

永久慈善事业包括兴办中小学校、育婴堂、贫儿习艺所、孤儿院等。世界红卍字会兴办的这些慈善事业,使成千上万的贫民百姓得受其惠。

临时慈善事业又分为救济与赈济两种。民国时期,战乱频繁,每当军阀开战,世界红卍字会均派出救济队前往战区救治受伤兵民,收容妇孺,掩埋尸体。从 1924 至 1937 年,世界红卍字会共组成救济队 132 支,救治受伤兵民 74 万多名,收容妇孺 37 万多名,掩埋尸体 2 万多具。此外,便是赈济工作。每当国内发生水、旱、虫、震、雹、火、兵、匪等天灾人祸,世界红卍字会都能及时拨款、拨粮实施赈济。

从 1924 至 1937 年,世界红卍字会共募赈款 210 多万元,赈米 3 万多石、杂粮 15 万石、面粉 4 万多袋,赈衣 13 万多套、布 600 多匹、食盐 1 万多斤,赈济 765 万多人,资遣 48 万多人,收容 25 万多人,掩埋尸体 3260 多具。对于国外发生的自然灾害,世界红卍字会也及时给予赈济。1924 年、1927 年,日本东京、关西先后发生地震,总会相继拨款 1 万元和 5000 元购米赈济。1934年,美国加州发生地震,总会拨款 10 万元,由美国驻华公使转汇美国赈济。

"七七事变"爆发后,世界红卍字会又积极投入救护伤员、赈济难民与掩埋尸体工作。特别是南京大屠杀发生后,南京分会掩埋队立即投入搜索掩埋尸体工作,表现出崇高的人道主义精神。据《世界红卍字会南京分会掩埋组掩埋地址及男女人数一览表》报告,自当年 12 月 23 日起,至翌年 3 月 3 日止,掩埋队共掩埋尸体 31649 具。

抗日战争胜利后,道院中华总院与世界红卍字会中华总会重新组建。新中国成立后,道院与世界红卍字会在我国大陆地区停止了活动。

四、上海慈善团

明末清初以来,中国地方社会设立了许多善会和善堂,其所操办的善举,包括向贫死者施舍棺材(施材),向穷人施舍衣食(施衣米),免费诊病发药(施医药),埋葬死去的穷人和倒毙在路上的死者(掩埋),向寡妇和孤老提供生活补助(恤嫠赡老),收养弃婴(育婴)等。1909 年,清政府颁布了《城镇乡地方自治章程》,正式将善举列入地方自治的范围。

民国时期,上海的慈善机构数量居全国之首,最多时达 100 多个。其中,留养类慈善团体主要有南市的新普育堂、普益习艺所,闸北惠儿院,江湾的妇孺救济会,法租界的济良所,等等,其中以新普育堂规模最大、留养人数最多。

辛亥革命之后,上海主要善堂中的普育堂和清节堂,因过去依赖政府官费的程度太高,在清政府倒台后无法再维持下去。为了联合上海主要的善堂统一施行慈善事业,上海慈善团于 1912 年 3 月 1 日成立,它下属的善堂中包括同仁辅元堂、育婴堂、清节堂和普育堂。慈善团由各善堂的负责人领导,遇事共同协商解决。

根据《上海市政厅慈善团办法大纲》,由慈善团统合市内各善堂,统一经营慈善事业,慈善团隶属于市政厅。与以往的善堂相比,上海慈善团的理念和活动内容都开始发生很大的变化。它以济贫和职业教育为中心,试图解决贫困等社会问题。至于原有的一些其他业务,则分别移交给医疗、教育、警察、消防等职能部门,或者被废止了。这是善举成为市政的起点,并开始被纳入社会事业中。

在上海市政厅举办的慈善事业中,规模较大的是设立贫民习艺所和新普育堂。

1905年,上海士绅们倡议设立勤生院以收容和教化贫民,它就是贫民习艺所的开端。新普育堂于民国初年设立,规模大于贫民习艺所,是一所以医疗为重点,收容各类社会弱者的机构。新普育堂还专门附设了小学校,使被收养的儿童毕业后能掌握一门技艺,以自谋生路。

作为民国时代上海最大的收容社会弱者的机构,新普育堂一直在慈善界保持着重要的地位。它在向上海贫民免费施舍医药方面也做出了很大的贡献。信奉天主教的实业家陆伯鸿在新普育堂设立后一直担任主任,多年来苦心经营,尽心尽力。他还是南市商会的领导人,以及负责向南市华界提供电力的上海华商电力公司的经理。该公司与市政和地方自治的渊源很深。

但是,持续了约十年的地方自治,于1914年被袁世凯政府停止了。上海市政厅、闸北市政厅分别被官办的上海工巡捐局、闸北工巡捐局取代。此后,上海慈善团摆脱了与行政机构的隶属关系,成为民间组织。

地方自治停止后,在南京国民政府于1927年成立以前,上海实际上处于行政空白的状态,上海慈善团开始由民间经营,与私立慈善机构在运作形态上已无根本区别。于是,公立与私立的慈善机构在上海并存,各自开展活动。在民国时代的都市社会中,具有传统善举性质的慈善团体,大都将重点放在济贫和普及初等教育上,这与传统的善举内容有所差异。

1919年,浦东的一位邵姓绅士在逝世前捐出600亩田地做地方公益之用,有关方面决定将其用于兴办慈善事业。当时有两个设想:一是组织慈善会做消极救济;二是筹设贫民工厂做积极救济。所有的准备工作便围绕这两个设想展开。1923年,有人在报纸上发表评述,指出每年以救济贫民为目的而进行的施衣、施米、施材、施粥等活动,虽然积阴德,却不是彻底的治本方法。这些措施让贫困的游民有所保障,但仅能活命,对他们说不上有益,对社会甚至有害。

对于慈善家来说,应将这些不彻底的、治标的慈善活动,转变为积极的、彻底的、治本的慈善活动。这样对社会经济或有所补,贫民不用向社会乞求也能改善处境。该文作者提出了具体的办法:(1)设立贫民工厂,向贫民传授技术使其自立;(2)使其开垦官有荒地,取得相应的生活费;(3)讲究公共卫生,使其清扫街道、修建道路、疏通沟渠以获取生活费;(4)设立小范围的平民银行,或者降低当铺的利息,向贫民贷款,使其可做小本的营业;(5)设立养育院习艺所,向贫民子女传授足以安身立命的技术;(6)设立残疾孤老院,当这些人没有谋生能力的时候予以救济;(7)设立贫民医院,使他们在患病时能够得到帮助;(8)创建贫民义校,向他们传授社会常识,使其能够遵守社会秩序,或者提高谋生的能力。

对于拥有 300 万人口的上海来说,民间慈善团体进行的各项救贫活动,虽然并不能完全满足需要,但在缓和社会矛盾方面,其意义是非同寻常的。可以说,慈善团体从根本上促进了上海的近代化城市发展。

至于上海慈善团的资金来源,其渠道大致有四:一是行政机构拨款;二是租金收入;三为捐款收入;四是经营方面的业务收入。

民国前半期,闸北慈善团每月从闸北工巡捐局得到 1300 元的资金补助。但是到 1926 年底,这项来源便断绝了,闸北慈善团顿时陷入了困境。此后,国民党上海市政府于 1928 年 7 月决定恢复给予闸北慈善团每月补助。对于闸北慈善团来说,它还有租金收入、利息收入、捐款收入等,但是,数额最大、最稳定的收入来源还是行政机构的拨款。在当时的情况下,能够享有这样待遇的团体并不多。此外,新普育堂(中国)公立医院分别从地方当局和江海关得到补助,而曾任江苏省水警第一区区长的沈葆义于 1917 年设立了广慈苦儿院,或许是凭着这种关系,他能每年从政府得到"年捐"。

除了中国行政机构以外,租界行政当局也向慈善团体拨款。地方行政机构对上海慈善事业的拨款比较有限。民国时期上海的慈善事业基本上依靠民间资金进行运作。慈善团体收入的两根支柱是房地产租金和捐款。房地产在慈善团体的资产中占据主要部分。首先,它是慈善团体进行活动的场所。其次,出租房地产所得的租金可以成为慈善团体的活动经费。

民国时期上海慈善团体除拥有房地产外,还持有股票、债券等有价证券。慈善团体的资产具有相当高的价值,通过这种形式,在近代上海积累了社会资本,它作为公共资产,由上海慈善团等一些团体集中所有。不过一些小团体却没有什么资产,不同团体之间存在着很大的差距。

捐款收入可分为定期的"常捐"和不定期的"特捐"。特捐是一次性的捐款,因此特捐占收入比重较高的慈善团体经常为收入的大起大落所困扰。各团体间捐款收入的情况也存在差异。上海慈善团的租金收入比较多,捐款收入的比重相对比较低。清末由上海慈善团统辖的各善堂的大部分经费均依赖于商人团体提供的善捐。商人团体提供善捐的做法一直持续到民国成立以后。这已经成为一种惯例。

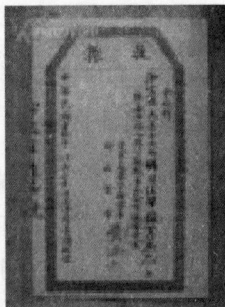

上海慈善总会收据

民国时期支持上海慈善事业的捐款在性质上与清末的善捐完全不同,这可以进一步从其他一些团体的征信录中得到证实。民国时期的捐赠收入主要包括个人捐赠和个别工商业资本(商店和公司)提供的捐赠,由商人团体提供的捐赠不是主要部分。不论金额多寡、贫富与否,很多人都参与了慈善事业。个人根据自身能力参与慈善事业的意识被社会所共有,才可能出现这种情况。就这样,民国时期的上海居民创立了都市社会救济弱者的自律体系。从中可见近代上海居民社会意识的一个侧面。

慈善团体的收入中还包括独立的业务收入:有贩卖棺材的销售所得,慈善学校的学生缴纳的少量的学费,出售被收容者制作的工艺品所得,另外还有医院向富裕的患者收取的诊疗费等。业务收入占全部收入的15.7%,是一笔无法忽视的收入。但是它占总收入的比重表明,慈善事业并不能产生多大的经济效益。

据上海市社会局于1933年对各慈善团体财务支出情况进行的调查,1930年前后,上海以华人居民为对象的民间慈善事业的财政规模至少为250万元,甚至可能超过了300万元。民间慈善事业的财政规模相当于市政府当年财政开支的4成。通过比较可知,民间慈善团体在地方社会的运作中确实发挥着不小的作用。

民国时期的上海,为改善慈善团体不稳定的财政状况做了相当的努力。最初设立上海慈善团的目的在于稳定主要慈善团体的财政,使之合理化。上海慈善团不仅向其统辖下的团体分配资金,对其他团体也进行资金援助。凭借其资产和社会信用,上海慈善团能够进行一定程度的资金筹措,具体说来,就是安排捐款和借款。上海慈善团不仅将重要的慈善团体置于其统辖之下,对其他团体也进行相当规模的援助。

除了上海慈善团以外,其他经济实力雄厚的慈善团体大多也向不太富裕的团体提供资金援助。如设立于1926年的管理豫园城隍庙的邑庙董事会将补助经费分配给各慈善团体。1928年,它每月向游民习勤所、中国救济妇孺会、疯人所、平民医药所、戒烟所、邑庙施药所提供补助,一年合计32400元。

就这样，民国时期上海的慈善团体在业务和资金方面都形成了网络。从民国初年上海慈善团成立后对主要善堂进行财务统合、业务整理开始，直至资金充裕的团体向其他团体提供财政补助，上海慈善团体的网络逐渐变得紧密起来。这些动向基本上都是城市社会内部自发产生的，民国时期的上海民间不仅形成了自律的慈善事业，而且形成网络，自发地向高度组织化的方向发展。

五、新普育堂

新普育堂是民国时期上海最大的留养类慈善机构，其前身是清末建立的普育堂。

清朝末年，上海社会各阶层的分化进一步加剧，加之政局动荡不安，大批孤苦无靠之人流离失所。随着近代上海城市经济的发展，上海绅商阶层进一步壮大，这为慈善事业的发展奠定了经济基础。为有意识地追求公共事务的管理权利，一些声望素孚的绅商，在政府的协助下，联合起来"广集资财"，给药助丧，施粥办赈。

清末，太平天国起义被镇压后，苏南浙北逃难和谋生的难民大量涌入上海，给上海的社会治安带来了很大困扰。同治六年（1867），新上任的上海道应宝时即利用善堂来处理难民潮问题。他从上海道库中拨出银两若干，委托地方绅商组建善堂，取魏文帝《车渠赋》中"惟二仪之普育，何万物之殊形"之义，取名"普育堂"，堂址设在上海城内陶沙场（今文庙附近）。普育堂主要是收容无家可归又无力自谋生路的幼童和体弱老人。

普育堂采用了近代的董事制度，董事为民间绅商，他们接受了苏松太道的委托负责经营普育堂。堂中总董月领钱 14000 文，副董月领钱 12000 文。普育堂虽由民间绅商负责经营，却带有很强的官营色彩。普育堂经费几乎全赖官费，由上海关库月给钱 500 串，松沪厘局给钱 300 串。除此之外，还由各茶商栈，不论红绿茶箱每箱到沪须捐钱 5 文，归茶董集收，然后缴充堂费。

普育堂内，分为老男所、女妇所、男残废所、女残废所、养病所、抚教所、贴婴所 7 部分，并设书塾、医药 2 局。养病所房屋 2 进，一住重病，一住轻病。堂内医生，有内、外科各 2 人。堂内留养名额为 300 名。

1912 年，为了联合上海各主要善堂统一施行慈善事业，成立了上海慈善团，隶属上海市政厅，其下属慈善机构包括同仁辅元堂、普育堂、果育堂、清节堂等。随着近代化进程的加快，传统善堂在急剧的社会变迁中开始走向衰落，时代推动着新型慈善组织的建立。更为重要的是，和其他善堂一样，上海普育堂也因依赖官费的程度太高而使经费筹措发生了一定的困难,再加上管理不善,已难以维持下去。1912 年,上海慈善团经过商议,决定另觅土地建立新普育堂。在上海市政当局的支持下,当时在商界已崭露头角的陆伯鸿在陆家浜同仁辅元堂之普安亭义地,兴建了五排两层楼的房屋,取名"新普育堂"。当时上海城的城墙刚拆掉,造新普育堂用的就是这些拆下来的城砖。

民国以后,长期受传统文化熏染的上海绅商阶层的仁义道德思想没有随政权更替、政治演变而改变。新普育堂的建立者陆伯鸿,当时是上海南市电灯及自来水公司总经理,董事会的成员朱葆三是上海商会会长,虞洽卿是航运巨头,傅攸庵是著名航运商,朱志尧为东方汇礼银行买办,杜月笙当时的头衔是中汇银行董事长,王一亭是著名画家、上海商界和佛教界名人,林康侯是新华银行经理,后曾担任全国商会联合会主席。这些人都是当时上海社会知名的绅商。同时,由于堂主陆伯鸿的影响,新普育堂的创立还受到西方基督教人道主义精神的影响。

陆伯鸿生于 1875 年,祖籍四川,前清秀才,其先祖由上海地区最早的天主教徒徐光启劝化奉教,早年曾在上海董家渡天主堂小学接受宗教教育。1913年,陆伯鸿担任了上海公教进行会会长,1935 年又担任了中华公教进行会会长,是一个虔诚的天主教徒。"劝人为善"是基督教传入中国后公开标榜的宗旨,所以,新普育堂的创办即有"体上帝之好生之德"①之义。在新普育堂留养之人死亡后,也大都要经受洗礼。不可否认的是,陆伯鸿创办新普育堂也有传教的目的在内。

1913 年 4 月 2 日,新普育堂正式开办。其宗旨是"参照旧普育堂办法,专收茕民无告之老幼男女,疾病残废疯癫等人,供给其衣食住宿医药,不分宗教一体收养","拯贫穷乏氓,使老有所终,幼有所养,矜寡孤独废疾者皆有所养,大同之世复乎尚矣"。②

在新普育堂的管理机构中,设有主任一员,副主任两员,均属义务职,不支薪水,堂中一切人事安排由主任负责。陆伯鸿自 1912 年新普育堂成立到1937 年遇刺身亡,一直担任该堂主任。此外,新普育堂还聘有地方绅士为董事,组成董事会,每年开常会一次,集议堂中重要事宜,并负责募捐筹款、稽查账目,堂中经费紧张时,董事会将设法维持。新普育堂还延请素有经验的医生负责医疗留堂病人,每日施诊一次,但不支薪水;还延请法国天主教仁爱会的女修士担当看护事务,堂中男女老幼残疾贫病疯癫之人的去留都由女修士

---

① 《上海新普育堂征信录〈民国四至五年〉》"上海新普育堂简章"。
② 《上海新普育堂征信录〈民国四至五年〉》"上海新普育堂简章"和"陆伯鸿序"。

商承主任办理，门诊也是由女修士负责施诊给药，凡入堂留养者亦都由女修士管理之。

修女工作均为尽义务，堂内只供其衣食领用。堂内还设有驻办（兼文牍）、会计、书记、庶务、教习、配药各一人，各司其职。驻办员管理堂内员役，教化各院留养之人，查核购办物品并参与堂内重要事务；文牍员管理文牍并保存文件卷宗；会计员专管银钱出入账目及预决算表册；书记员管理簿记表格并抄写文牍；庶务员管理购置物品，收取捐款租金，督率佣工服务，调查已配妇女和已领小孩是否有被虐待的情况。

由上述新普育堂的董事会制度、办事员的各司其职可以看出，它已具有了制度化的办事规则和较规范的操作系统，在组织结构上初具近代的特征，实现了慈善机构的近代转型。

新普育堂实行的是堂内收容留养和堂外施诊给药两种救济方式，以达到将堂内救济和堂外救济相结合、经常性救济和临时性救济相补充的目的。

以今天的观点来看，新普育堂可以说是一个综合福利中心。该堂1912年创办时就额定收养各种男女茕民1500人，堂内收容机构包括男贫病院、女贫病院、男老人院、女老人院、男残废院、女残废院、男贫儿院、女贫儿院、男疯人院、女疯人院、男病犯室、女寄养所、节妇院、育婴院（内附幼稚院），后来又建立了男女传染病院。之后在天主教友的资助下，又建立起教诲堂1座，兼施教养之道，可容纳1500人；又于堂北拓地10余亩，建筑工场1所及仓廪、厨房、平屋10余间。

新普育堂的人员收容实行的是动态的流动管理，有进有出，以尽量扩大收容的范围。留养的孤苦无靠残疾疯癫之人，主要来自门收和个人具保送来以及官厅送来暂时留养三个方面。凡孤苦无靠之老幼男女，或贫病残疾疯癫流落街头者，经人证明介绍后均可入堂留养。1927年，新普育堂还曾在《申报》上登出广告，声称若有贫苦人家生有婴孩无力养活或者遇有道路遗弃之婴孩，近处送来者给予车资6角，远处送来者给予车资1元。

留养在堂内的孤苦成年病人，病愈后则离堂自食其力。新普育堂规定，男贫儿年龄达到20岁以上，并习成技艺足以养家的，准其出外婚娶；女贫儿达到适龄时由堂择配。行政司法部门送堂留养的妇女，如果经6个月无人认领，本人自愿择配而又有人愿娶的，由堂函至官厅核准施行。堂中留养儿童准人收养，但领养人必须经过调查，确属妥当的方准给领，领取后不得虐待。如果经堂内庶务员调查有虐待情况的，则立即收回小孩。因堂内收容了很多重疾在身之人，再加上堂内条件有限，所以被留养人员的病死率较高。凡在堂内留养的人死亡后，若无家属或家属无力安葬，则由慈善团棺殓入葬。

新普育堂在建立之初,只留养了500多人,而且有很大一部分是从老普育堂直接转送过来的。到1915年,新普育堂留养人数已达1100多人,1918年时已有一千三四百人,到1934年,则有将近2000人。1937年以后,由于抗日战争的爆发,再加上陆伯鸿的遇刺身亡,新普育堂的资金日益支绌,留养人数日益减少,1944年时留养900多人,到1948年时,只留有700多人了。

新普育堂虽规模较大,但毕竟满足不了民国初年上海社会大规模弱势群体的需要,于是堂外救济就成了救济方式的补充。堂外救济主要是在各处设立施医局。除了本堂设有门诊外,新普育堂于1916年还在吴淞、江湾、闸北、杨树浦添设了分医局。后来分医局增加到8处,主要是对穷苦病人施诊给药,它的设立扩大了新普育堂的救助范围和人数。在新普育堂鼎盛的20世纪二三十年代,仅杨树浦一处,每年施诊给药就达8万人,各处每年施诊给药总计达五六十万人。

中国传统的救济思想以"养"为主,以施舍为手段,各种社会救济机构无论官办还是民办,都将主要精力放在为被收养者提供食宿,为贫者送医送药,为贫而无力下葬的死者施棺助葬,而忽视了对被救济者进行教育和劳动及生活技能的培训以增强其自谋生路的能力。这种"重养轻教"的救济方式,日久弊生,反而助长了被救济者的依赖心理。新普育堂改变了传统的救济方式,实行"教养兼施"的新型救济方式。除留养贫弱孤寡之人外,新普育堂还设有小学和工艺专门学校,规定收留的男女贫儿必须进该堂设立的小学中读书,读书期间又教授一门或几门工艺课,学生工艺作品(如刺绣、雕刻品、印刷品等)或直接进入市场销售,或举行义卖。

男女贫儿在堂中小学毕业后,视其体质和能力学习工艺,体质强壮者一律做劳力之工,体质瘦弱或残疾的视情况从事图画、雕刻、小木、大木、水作、漆器、藤器、竹器、缝纫、染织、皮鞋、刺绣、花边、打帘、草绳、草履、种植等工作。工艺课达到一定水平的学生再进入工艺专科学校。该校生产的工艺品可以卖较高的价钱,这样,被收容的幼童既能学到一定的文化知识,更可学到一门或几门足以谋生的工艺,使他们回到社会后能够自食其力。

慈善活动的开展除必要的组织管理机构外,还必须要有活动的经费,经费是慈善团体开展活动的经济基础。作为民国时期上海最大的收容社会弱者的慈善机构之一,新普育堂没有政府的扶持是难以建立的。其创办经费共计78000多银圆,其中的70%多是官府拨给的,这是陆伯鸿等与各衙门进行多次磋商后争得的。

新普育堂常年经费主要来自社会捐助、政府补助和自创自收三个方面。社会捐助在新普育堂的经费来源中占有很大比例。社会捐助分为常年捐助和临时捐助两种,既有个人捐助又有团体捐助。常年捐助指的是一年一次的定额捐款。如民国初年上海商船每年都给慈善事业一定的捐款,由上海市政厅商船挂号处代收,名曰商船善举捐;上海商人李季群曾经慨助新普育堂常年经费每年一万银圆,资助留养婴孩;上海公教进行会也时常给予新普育堂一定的捐款。新普育堂的捐款收入主要依靠临时性捐助,但这种捐款数目并不稳定。

为了弥补经费的不足,新普育堂有时也会在政府福利部门的支持下举办慈善足球赛,以扩充经费。自创自收是新普育堂一项重要的收入来源。其中的租金收入是新普育堂重要的、相对稳定的收入来源,包括房租和田租收入。新普育堂在普安坊、万生桥、育德坊、十六铺等处均有房产。房产地基来自捐助或政府拨给,由新普育堂借款建筑房屋后出租,以收取租金。

政府补助是新普育堂收入的另一重要来源,也可分为经常性和临时性补助两类。当新普育堂捐款收入较少时,政府临时性补助的力度会更大一些。民国初年,上海市政厅每月为新普育堂拨银 1500 元,工巡捐局每月拨银 500 元,国民政府成立后,上海市财政局每月为之拨助 2000 元。除了政府公款补助外,一些官厅因为与新普育堂有业务上的往来,每年也给予其一定的补助。如警察厅因时常送堂留养迷路小孩、疯人及卧病于道路者,所以每月拨银 40 元。堂内还专门设有留养病犯的病犯室。因案暂留或迷路被拐的妇女小孩须送堂留养,故法公廨每月也拨银 60 元。

传统的慈善机构,其经费来源基本上是社会捐款和官款拨助,而新普育堂的经费除了这些外,还有相当一部分来自创收,这种"以收代支"的经费筹集方式是它成功的重要原因。所以到了 20 世纪 20 年代,当上海传统善堂逐渐衰落时,新普育堂却仍能得到继续发展。

新普育堂开办之时,隶属上海慈善团,而上海慈善团又是上海市政厅的下属机构,因此新普育堂建立之初虽为民间绅商独立经营,但还是带有很强的官营色彩。1914 年袁世凯上台后,取消了各地的地方自治,作为地方自治机构的上海市政厅也随之被撤销。由此一来,新普育堂逐渐成为一个民间慈善组织。作为如此大规模的留养类慈善机构,没有政府部门的大力协助是难以运营的,民国时期,各届政府都给予了新普育堂经费上的大力补助。

新普育堂与政府机构之间尽量保持着良好的协作关系。1912 年新普育堂建立之初,当时民国肇造,上海往往有残疾乞丐待助,有的四肢全无,有的双目失明,有的遍体腐溃,有的满目疮痍,种种惨状,目不忍睹。这些乞丐并非天然残疾,而是有凶恶老丐收买贫儿及被拐小孩,捆缚刻割,施用腐药而致。

于是,上海市议会议决,由上海各警务长饬令各处站岗巡警,如见有残疾丐儿乞怜于市者,立即拘送新普育堂留养医治。警察厅经常遇有迷路小孩或查获拐卖妇女小孩案件,以及因案羁留的妇女小孩,也都送往新普育堂暂时留养,等候家属前来认领。堂内的病犯室,则是用来专门留养检察厅送来的患病犯人的。犯人若在堂中去世,则由新普育堂函致检察厅前来验明死因,若无家属则由新普育堂棺殓掩埋。

1925年"五卅运动"后,中国的民族资本家为振兴民族工业,提出了"抵制外货,提倡国货"的口号。1928年,南京国民政府批准了上海实业界提出的在上海举办"中华国货展览会",以促进中国国货运动发展之请求。在展览会的展览地址问题上,曾有争执。当时,租界内的许多会场或商场都可以做展览会场,但国货运动是以抵制外货为目的的,带有浓厚的政治色彩,把它放在租界内举行,不仅很不得体,也有可能遭到外国人的破坏。而新普育堂为上海可数之大建筑,于是陆伯鸿提出,让出新普育堂的房子和场地,无偿提供给展览会使用。这样做,既协助政府解决了展览会选址的问题,又因政府为举办展览会而把新普育堂修缮一新。

1928年11月1日,中华国货展览会在新普育堂正式开幕。为了纪念这次盛况空前的中华国货展览会,新普育堂路也被改名为国货路。数月后,中华第一次全国美术展览会又在上海新普育堂举行。在1931年的"一·二八"抗战期间,新普育堂还设置了临时残废医院救护伤兵。

1937年抗战爆发后,新普育堂的经费极度困难,只能靠一个由教徒组成的慈善团体的募捐活动维持,宗教色彩也日益浓厚。抗战胜利后,新普育堂主要靠美国的救济物资勉强维持。中华人民共和国成立后,新普育堂被人民政府改建为上海市儿童福利院,获得了新生。

六、中国红十字运动的先驱——孙中山

孙中山先生不仅是近代民主革命的先行者,更是民国公益慈善事业的倡行者。出身贫民家庭的他,对劳动人民的苦痛有深刻体会,力图通过社会变革,改变底层群众的凄惨命运。因此他除发动革命,推翻腐朽的旧体制外,还积极提倡社会改良,发展慈善救济事业。早在1897年,孙中山就翻译了《红十字会救伤第一法》,并在序中引用古语"恻隐之心,人皆有之",强调红十字会的公益性质,使国人对红十字会有了初步了解,为其在中国的建立创造了极其有利的条件。

中国红十字会诞生于1904年3月10日。它的成立,有赖于在此之前的几十年中,有识之士为在中国创办红十字会而奔走呼吁的操劳。在西学东渐大背景下，革命先行者孙中山先生成为红十字启蒙运动的先驱者之一。

孙中山在中国红十字启蒙运动中的贡献，主要是翻译并出版了《赤十字会救伤第一法》（现名为《红十字救治第一法》）一书，这是孙中山先生一生中唯一的译作。

孙中山 1892 年毕业于香港西医书院，对红十字运动并不陌生。1895 年广州起义失败后，他被清廷悬赏通缉而流亡海外。1896 年秋天，孙中山流亡英国伦敦，被清廷鹰犬缉捕入中国使馆，轰动一时，史称"伦敦蒙难记"。深有意味的是，这场灾难却成就了孙中山与红十字会的"机缘"。在英国政府与公众

孙中山像

舆论的压力下，10 月 23 日，被羁囚 12 天的孙中山终于重见天日。获释后的孙中山，客居伦敦，利用英国图书馆、博物馆便利的条件，博览群书，寻求救国之方。其间，他结识了伦敦红十字会的柯士宾医生。

这年冬天，他与柯士宾游览英国王宫。柯士宾告诉孙中山，他著有《红十字会救伤第一法》（英文版）一书，已译有法、德、意、日四国文字，希望孙中山能把该书翻译成中文。一方面，柯士宾可以将此书进呈英国女王作为"登基六十年庆典之献"；另一方面，在英国以及英属殖民地有为数众多的华侨，译成中文出版，也便于"好善华人"阅读，"以广英君主寿世寿民之意"①。孙中山欣然接受柯士宾的请求，很快翻译完毕。次年春夏间，中文版《红十字会救伤第一法》由伦敦红十字会出版。

《红十字会救伤第一法》一书的宗旨，是希望让更多的红十字会员和志愿者"略知救伤之法"，一旦遇到意外，可以立即设法施救，为挽救伤者生命争取宝贵的时间，"保性命于危急之顷，并解痛楚于医者未至之时"②。它是一本教材，讲述的内容为"通行之知识"，也就是红十字会员必须掌握的现场、初级救护的基本方法、技能。书后附有"裹扎须知"和"问题"。前者讲述裹扎的一般方法，如三角带使用方法等；后者是有关各章内容的问答题，共 75 题。为便于学习、应用，该书有插图 41 幅，形象直观。图文并茂，通俗易懂，言简意赅，剖析精当，是这部教材广受欢迎的魅力所在。也正因为这一点，此书被孙中山誉为"济世之金针，救人之要术"。

① 柯士宾：《赤十字会救伤第一法》，孙文译，东京民报社 1907 年版。
② 同①。

孙中山翻译此书的目的,就在于宣传红十字会,推广红十字会的"济人之术"。他在"译序"中说得十分明白:"恻隐之心人人有之,而济人之术则非人人知之。不知其术而切于救人,则误者恐变恻隐而为残忍矣,而疏者恐因救人而反害人矣。夫人当患难生死俄顷之际,施救之方,损益否当,间不容发,则其理不可不审求也。此泰西各国通都大邑,所以有赤(红)十字会之设,延聘名师,专为讲授一切救伤拯危之法,使人人通晓,遇事知所措施;救济之功,成效殊溥。近年以来,推广益盛。"①通俗地讲,就是救人要得法,如果不懂得救伤之法,结果只会适得其反,救人不成"反害人矣"。光有"恻隐之心"是不够的,还要懂得"济人之术""施救之方",如此方能将红十字的人道、博爱精神落到实处。

收入《红十字救伤第一法》的图书

译著由英国红十字会出版,在海外发行,不过在国内仍产生了一定反响。1904 年 3 月 5 日,《申报》发表《中国宜入红十字会说》的评论,指出中国应该成立红十字会,要成立红十字会,就要培养救护人才,要培养人才,就应该有教材,而"孙文所译《红十字会救伤第一法》亦颇有用"②,正可派上用场。说明这部译著在 1904 年 3 月以前就已传入国内,并在中国红十字会的启蒙运动中起到作用。1904 年 3 月 10 日,中国红十字会在上海诞生,可谓水到渠成。孙中山当之无愧成为中国红十字运动的先驱者之一。

孙中山认为国家应在慈善事业中发挥主导作用,不仅应"保民",更应承担"教民、养民"职责。因此,国家应努力为人民提供就业机会,扶助老弱病残幼等弱势群体,为他们的生活提供保障;主张国家财政收入除用于行政开支外,余额则"兴办教育、慈善事业"。在他的主持下,许多公立养老院、慈幼院得以在乱世中成立。除强调政府救助职能,孙中山还对民间慈善组织的发展予以大力支持。他多次号召社会名流向慈善团体捐资,并对慈善团体义举常予以高度赞扬,努力帮助它们在政府部门注册备案,以获得合法性地位。

孙中山对慈善事业不仅身体力行,更注重制度化与法制化构建。1912年,在临时大总统短短三个月任期内,他就批复一系列文件,建立慈善团体与

① 中国社会科学院近代研究所史所中华民国史研究室等编:《孙中山全集》(第 1 卷),中华书局 2011 年版,第 108 页。

② 《申报》1914 年 3 月。

机构。1922年,孙中山赴广州就任民国非常大总统兼内政部部长,颁布《内政方针》《内政部新官制》,将内政部分为三司,第一司专管"救济及慈善、公益事项"①,并设立社会事业局,专管"育孤、养老、救灾、卫生防疫、收养废疾、监督公益及慈善各团体"②。专门机构的设立,使慈善公益事业成为中央政府的明确职能,结束了数千年"人治化"的局面。

为能使慈善公益事业有足够的资金,孙中山主张将"土地之岁收,地价之增益,公地之生产,山林川泽之息,矿产水力之利"③作为育婴、养老、济贫、救灾、医病与夫种种公共之需。

除此之外,孙中山还强调发展实业,认为只有生产力得到发展,才能削减弱势群体数量,才能使慈善机构获取源源不断的资金来源,从而标本兼治,从根本上消除贫困。

孙中山对"老有所终,壮有所用,幼有所长,矜寡孤独废疾皆有所养"的大同世界极为推崇,认为是"吾人无穷之希望,最伟大之思想"④。因此,扶危济困是孙中山思想的内核,他指出,"民生主义是以养民为目的"⑤,"为四万万人谋幸福……就是博爱"⑥,"天下为公"就是"公天下"。富人们若都能抛弃私心,就能以"和平的慈善"消除社会贫富差距,建立和平幸福的美好世界。为此,先生多次手书"博爱"以赠亲友,广泛宣传红十字人道主义的博爱精神。

1925年3月12日,孙中山在北京病逝,举国哀痛。随着北伐战争的胜利,南京国民政府的建立,"三民主义"被确立为治国方略,许多构想得以付诸实施,对民国社会救济制度产生深远的影响。继承孙中山遗志的宋庆龄、何香凝、冯玉祥等人也都热衷慈善,时常为穷人奔走呼号,筹募善款,成为民国慈善事业的中流砥柱。时至今日,孙中山先生的慈善思想仍有许多值得借鉴、承继之处。

---

①　中国社会科学院近代史研究所中华民国史研究室等编:《孙中山全集》(第5卷),中华书局2011年版,第576页。

②　同①,第432—433页。

③　《国民政府建国大纲》第11条。

④　中国社会科学院近代史研究所中华民国史研究室等编:《孙中山全集》(第3卷),中华书局2011年版,第25页。

⑤　中国社会科学院近代史研究所中华民国史研究室等编:《孙中山全集》(第9卷),中华书局2011年版,第410页。

⑥　中国社会科学院近代史研究所中华民国史研究室等编:《孙中山全集》(第2卷),中华书局2011年版,第49页。

七、熊希龄和香山慈幼院

熊希龄,字秉三,1870 年生于湖南凤凰县,光绪年间进士,后点翰林。他早年曾协助中国当代史学家陈寅恪的祖父、晚清名臣陈宝箴在湖南推行新政并崭露头角。民国成立后,他跻身政界,曾出任国务总理兼财政总长。后因不满袁世凯的独裁统治,愤而辞职。退出政界后,他全心致力于社会福利和教育事业,修水利、救灾民,创办了驰名中外的香山慈幼院,成为著名的爱国慈善家和平民教育家。

民国六年(1917)九月,顺直省区(直隶、京兆,即现在的河北、北京地区)发生大水灾,淹没了 103 县,计 19045 个自然村。在这场浩劫中,受灾的百姓达 635 万余人。

灾难发生后,当时早已厌倦官场隐居天津的熊希龄,在政界有识之士的力荐下,奉命督办京畿一带水灾河工善后事宜。于是,他在自己位于北京石驸马大街 22 号的私人府邸设立了督办处,组织人员进行赈灾善后及河工派遣。

熊希龄自幼受其母亲吴氏“恤贫拯荒,育婴施医”义举的影响,十分关心底层民众的疾苦。他在赈灾中见到许多灾民和孩子啼饥号寒,无家可归,有的甚至把他们的儿女遗弃道旁或标卖,于是便委托天主教徒英敛之去收养灾民的儿女,在北京设立了两所慈幼局。一所专收男孩,一所专收女孩,总共收养了男女儿童千余人。他原设想慈幼局只开办数月,待水灾平定后,即可把这些孩子送回家。不料水灾过后,虽然多数儿童先后被他们的父母领回,但还剩下 200 多儿童无人认领。所以水灾督办处不得不设一个永久的机构,来抚养并教育这些儿童。可是当时,在北京城里想找个合适的地方盖房子是件很不容易的事。

为此,熊希龄等呈请时任民国政府大总统的徐世昌与前清皇室内务府商议应允,将有大片空地的香山静宜园(香山公园)这一皇家园林划出,辟为慈幼院。前清皇室内务府之所以同意划出静宜园开办慈幼院,是有一点历史背景的。早在民国元年(1912),因为当时清廷皇室衰落混乱,看守静宜园的兵丁们便经常把园里的树木私自砍了去卖。著名学者、复旦公学的创始人马湘伯和《大公报》创办人英敛之两位先生到这里游玩,发现这里的情况后,就商量着怎样可以把这里的古迹保存下来。

他们考察一番,觉得西山附近的居民穷苦不堪,又没机会受教育,于是计划开办学校,当时定名为静宜女子学校。由喀喇沁王福晋领衔,奏请于前清隆裕皇太后，许她借用香山静宜园这个地方。这时，熊希龄正任热河的都统，提助了一些公款，并募集了一些捐款，把破旧房屋修理了一下，静宜女子学校就成立了。数年间，从静宜女子学校毕业的学生有好几百人。

赈灾期间，熊希龄又建议以工代赈，拨了 6 万银圆，由京兆尹雇用许多灾民修通西山的马路，由万寿山起经八大处到阜成门止，取名仁慈路。此路修成，使从北京城内去香山的交通大为便利。水灾过后，城内外困苦的儿童很多，报纸上时有报道，说他们的父母有带着儿女投河自尽的，又有全家服毒自杀的，其情景甚为悲惨。熊希龄深为怜悯。得到香山静宜园这个校址以后，熊希龄与水灾督办处坐办陈汉第、罗振方商议，决定建一所可以容纳千余人的大规模的慈幼院，把城内外贫苦的孩子招进来一同接受教育。

香山慈幼院

建校工程于 1919 年 2 月 17 日动工，至年底，男女校舍竣工。在工程结束之前，慈幼院聘请施今墨到校主持教务，规定学科。后来施今墨任副院长，直至慈幼院举行开院仪式后才因事辞职。慈幼院初建时分为男女两校，男校在静宜园的东北，原是一片空地，大约 200 余亩，即现在香山公园管理处和香山别墅所在的地方。女校的地址乃是前清皇室的寝宫，名中宫，即现在的香山饭店所在的地方。

在熊希龄等慈善人士的热心操办下，1920 年 10 月 3 日，香山慈幼院正式开学。自此，临时性的慈幼局发展成开办了数十年的香山慈幼院。

据载，慈幼院收录儿童"专以孤贫为限"，凡欲入院者，必须"有人介绍及其家长请求"[①]。培养的宗旨为"教养孤贫失学之男女儿童，使有适当之智能道德，俾可谋生于社会"[②]。起初，开办慈幼院的经费是由督办水灾善后的款项列支，采取官办民助方式；后慈幼院的经费基本依靠熊希龄的声望和影响力，通过中外慈善机构、名人、富豪捐款及他的捐助维持。

熊希龄创办的香山慈幼院，其教育宗旨和境界十分高远，明确提出了使学生"德、智、技、群"全面发展，以培养"健全爱国之国民"的办院宗旨和教育方针。李大钊、胡适、顾兆麟、张伯苓、雷洁琼、康克清、谢冰心等一批社会知名人士都曾先后出任慈幼院董事会董事。香山慈幼院的师资质量和教育设施在当时也堪称一流。首批教师来自北京、天津等地的师范学院及留学生。

---

① 《香山慈幼院组织大纲》，自刊本，第 10 页。
② 周秋光编：《熊希龄集》（七），湖南人民出版社 2008 年版，第 418 页。

现在,香山慈幼院男女两校仍有迹可寻,原男校的食堂,即现在香山别墅的餐厅;原女校的食堂,即香山饭店的餐厅。近年来这里拆了院墙,增开了越过沟堑直通马路的大门,以便餐厅对外营业。香山慈幼院总院的地址即现在香山公园管理处的所在地,总院的大铁门依然如故。从大门的铁栅望进去,可直视镇芳楼(即现在香山公园管理处档案室),此楼为河南省籍的张镇芳先生捐 40 万元所建,故用捐款人张镇芳之名命名——镇芳楼。这座楼原来是慈幼院召开董事会、评议会、院务会等会议的地方。总院铁门外北侧顺石阶而下有一方形广场,围绕广场四边有一米余高的看台两层。这里原是慈幼院学生们春秋两季开运动会的地方,平时是足球场。中华人民共和国成立后,这里一度变为桑园,现在植满了果树。

慈幼院男女两校校舍落成后,尽管熊希龄认为尚有不完备的地方,准备慢慢添补,但就当时的实际情况看,在残破的旧中国,一所学校能占据香山静宜园这样风景优美的地方做校园,能建成如此规模的校舍来教养贫苦无依的儿童,也可说是难能可贵了。

八、安娥和战时儿童保育协会

安娥(1905—1976),原名张式沅,曾用名何平、张菊生,河北省获鹿县范谈村(今石家庄市长安区)人,中国著名剧作家、作词家、诗人、记者、翻译家、社会活动家。

1925 年,安娥加入中国共产主义青年团,随即加入中国共产党。1926年,在大连从事宣传、女工工作。1927 年赴莫斯科中山大学学习。1929 年回国,在上海中共中央特科工作。同时开始诗歌创作,先后参加中国左翼作家联盟、中国左翼戏剧家联盟。1934 年,安娥为田汉的歌剧《扬子江暴风雨》作插曲,聂耳为其谱曲。1933—1937 年,她在上海参加进步文艺运动,曾任百代唱片公司歌曲部主任,与作曲家任光合作创作了大量旋律悦耳、意境优美的歌曲。

1938 年 5 月安娥任战时儿童保育会负责人时摄于汉口。中排左二为安娥

　　抗日战争初期，安娥积极参与发起和筹建战时儿童保育会。当时，安娥拿出了大部分时间和精力，投身于这项民族解放事业的特殊工作中。为了创建中国战时儿童保育会，安娥殚精竭虑，四方奔走。她先找到了很多妇女界著名人士，希望她们共同参与发起成立保育会，其中就有共产党员邓颖超、民主人士史良、国民党员唐国桢等。那段时间，由上海、南京、北平等地来到武汉的各界进步妇女人士，经常聚集在一起，或举行形势座谈会，或召开抗战妇女座谈会，商讨如何救助战火中受难儿童问题，促进保育会的建立。在安娥的积极奔走下，经过舆论的、组织的准备，中国战时儿童保育会的发起人急剧增加到 184 人之多，从沈钧儒、郭沫若、李德全到郭秀仪等，各界爱国志士都成了保育会的中坚力量。

　　中国战时儿童保育会，全称"中国妇女慰劳自卫抗战将士总会战时儿童保育会"，于 1938 年 3 月 10 日在汉口创立。其宗旨很明确，就是为了拯救在日寇铁蹄下亲人被害、无家可归的受难儿童，保护中华民族未来人才。保育会是国共两党真诚合作的产物，是抗日战争时期中国妇女运动的杰出成果。它开创了中国历史上战时教育事业的先例。保育会理事长是宋美龄，副理事长是李德全，常务理事有邓颖超、孟庆树、史良、曹孟君、沈兹九、安娥、张蔼真、陈纪彝、郭秀仪、唐国桢、陈逸云、刘清扬、黄卓群等人。

　　抗战期间，保育会在十分艰苦的条件下，先后成立了 20 多个分会、60 多个保育院,拯救、培养、教育了近 3 万名难童。

保育会的发起宣言也是由安娥请田汉起草的。田汉曾在《告白与自卫》一文中说他随郭沫若兄任职政治部三厅,安娥主要为组织儿童保育会而努力。保育会的发起宣言即出他手。后来有许多人参加,组织扩大了,他和安娥之间的感情迅速恢复。

至于保育会如何请出宋美龄主持,《刘清扬自传》有过较为详尽的交代。原来刘清扬和安娥一起到武昌郊区找到冯夫人即李德全,建议冯夫人会见蒋夫人宋美龄,请她出来主持保育会,以更好地解决难童的教养和经济问题。而后,李、宋会晤,"第一夫人"果然满腔热情地答应出任保育会的理事长了。

中国战时儿童保育会确实是个伟大工程,是 60 多年前一项伟大的"母亲行动",它以挽救、收养战区难童,培养民族幼小主人为宗旨。为了宣传这样的宗旨,并把抢救、收容、抚养、教育难童工作不断引向深入,安娥在宣传工作方面也做出了重要贡献。除创作保育院院歌外,安娥还同沈兹九、曹孟君、徐镜平等一起发起了"救救孩子"的签名运动,为保育会的成立制造舆论,并亲自走向街头,向广大民众做宣传。

1938 年 8 月初,在武汉形势极其紧张的情况下,中共长江局妇委孟庆树和安娥各带领一支"抢救武汉儿童宣传队",先是沿着江边,再是到各难民所,唱歌、讲演、个别谈话,进行有关保育会宗旨和保育院收养难童的宣传。第一天在江边宣传时,她们就收容到十几个流浪儿,并马上送回武汉临时保育院。她们的宣传果然引起社会各界关注,由于武汉慈善团体与儿童救济团体的迅速投入,没几天,武汉地区竟然收容了 1000 多名难童和流浪儿。在繁忙工作之余,安娥还撰写了大量战时儿童保育宣传材料和相关报道。

抗战胜利后,保育会完成其历史使命,于 1946 年 9 月 15 日宣布解散。

九、杜月笙的慈善行为

杜月笙是民国时期上海滩的闻人。他借烟赌业起家,在"四一二"政变中充当蒋介石的打手,借此取得了在国民党政权中立足的基础,又因积极跻身工商界而成为金融家、实业家、慈善家。中华人民共和国成立前,他移居香港,死后移葬台湾。

杜月笙一生从事的社会工作很多,救济活动也不在少数,他跻身上流社会也有赖于此。抗战前的上海,五方杂处,要想在这样复杂的社会中取得显赫头衔,需要大量的金钱和八面玲珑的手腕。可以说,杜月笙在救济活动中就充分施展了这样的手腕,赢得了名声和地位,成为上海滩上叱咤风云的人物。

　　杜月笙介入社会救济是从灾害赈济开始的。1922年,浙江杭县、金华、嵊县等地遭遇水灾,沪上浙江人士发起募捐游艺大会。1923年初,杜月笙因参与募捐游艺中了头奖,遂捐了300元大洋以赈济浙江灾民。

　　1924年齐(燮元)卢(永祥)战争爆发,兵火所经,庐舍田园悉为灰烬,惨不忍睹。上海"各处避难人民,虽由各善团多方援救收容,而无家可归者十居八九"。上海总商会、县商会发起组织各职业慈善团体成立保安会,由虞洽卿任会长,向社会广为劝募赈灾。①　杜月笙这时还没有进入工商界,他联合张啸林、黄金荣各捐洋500元发起组织江浙善后义赈会,共筹得7000元,购买了3000套棉衣裤,先从受灾最重的地方施放,又恳商伶界联合九班演剧助赈,将收入全做赈款。

杜月笙

　　1928年7月和9月,浙江先后两次遭受台风暴雨,33县1市共72万余人受灾。浙江成立了水灾筹赈会,聘请蒋介石、张静江、虞洽卿、王晓籁、黄金荣、杜月笙、张啸林等担任筹赈委员,又在上海设立驻沪办事处,杜月笙和虞洽卿、张啸林、王晓籁等任委员。这次赈灾,采取演剧助赈的方式。据报道,所有剧券"共售券资40578元,杜委员月笙销券独多,计11235元,占全额四分之一强"②。

　　1931年7月中旬到9月,长江、黄河、珠江、松花江等流域普降大雨,17省受灾,灾民8000万—1亿人。8月6日,上海各界成立上海筹募各省水灾急赈会,推举许世英为主席,王震为副主席,杜月笙、王晓籁、虞洽卿、张啸林等11人为常务委员。

　　8月17日急赈会又添设500组劝募组,每个劝募1000元。杜月笙、王晓籁、张啸林等担任劝募组委员。

　　杜月笙担任劝募委员后,即参与发起各种形式的募捐活动。张啸林提议,请有房产者以租金助赈,以待效法。杜月笙当场将华德路月华坊两月租金共6600元全部助赈。他们还倡议将喜丧仪礼移作赈款。1931年9月袁履登的父亲89岁寿庆,杜月笙会同虞洽卿、王晓籁等人呼吁送礼者将贺仪送交宁波旅沪同乡会,以便汇收助赈,此次共收大洋12000元。杜月笙又与张啸林

---

　　① 《申报》1924年11月11日。

　　② 《申报》1929年1月6日。

等倡议将黄金荣 64 岁寿仪共 50288 元、吴瑞元母亲赙金 4 万元、屈文六父亲赙金 2784 元移助赈款。同时,杜月笙还发起组织了上海筹赈各省水灾游艺大会,将所得 59500 元全部送交上海筹募各省水灾急赈会。

水灾会从成立到解散,共募得赈款 261 万余元。杜月笙的募款和个人捐款总数在 53 万元左右,超过水灾会募款总数的五分之一。

这一阶段是杜月笙从事救济事业热情高涨的阶段。他十分注重与上海的工商界人士合作,为上海筹募各省水灾急赈会募的款最多。因为他的事业基础在上海,他要进入上流社会,必须首先获得上海各界的认可。此次募捐成绩使他善名远扬,开始改变其在别人心目中的帮会头子形象。

从 1932 年起,杜月笙参与了对东北、上海等抗日战区及黄河水灾和华北旱灾的赈济。救济东北人民,已不仅仅属于慈善性质,"实与民心向背,东北存亡,有莫大关系"①。1932 年 10 月 10 日,上海市东北难民救济会成立,杜月笙作为地方协会的副会长,与会长史量才、商会会长王晓籁及虞洽卿、张啸林共同出任主席理事。救济会积极开展募捐工作,将募集的 30 多万元捐款汇交设在北平的东北难民救济协会统一散放。

同时,杜月笙还领导浦东同乡会积极为东北义军及难民募款。1933 年 2 月 3 日他加入东北救济协会,并担任理事。同乡会募款 17278 元,汇交东北救济协会支配。

1932 年 1 月,上海市民地方维持会成立,为前线军队提供补给并救济战区难民。史量才任会长,杜月笙和王晓籁任副会长。战争期间,地方维持会共募集了 93 万元捐款,不仅为前线军队提供了大量物资,还开办了 65 个收容所,收容了 3 万多难民。该会救济组所开办的 7 处临时医药所中,有 4 所为杜月笙出资兴建;为救济崇明难民,杜月笙又捐资 1000 元,占总捐款额的四分之一。为了妥善处理战争善后事宜,1932 年 4 月 1 日上海成立卫国阵亡将士遗族抚育会,杜月笙任执行委员。

1933 年夏秋之交,黄河泛滥,灾区波及陕、晋、豫、冀、鲁、苏 6 省 60 余县,灾区之广,灾情之重,为 50 年所未有。1933 年 9 月 2 日,上海各界成立上海各慈善团体筹募黄河水灾急赈联合会,杜月笙任常务委员,并兼任筹募组主任。杜月笙与王晓籁、张子廉向 10 家工厂募得大洋 2 万元。黄河水灾急赈会自成立到 1934 年 6 月解散,仅在豫、鄂、鲁 3 省,就"现款放赈约百余万元,棉衣 20 余万套,食粮 10 余万元,其他三省所办施粥厂与招待所共 18 所,尚未计

① 《上海各慈善团体赈济东北难民联合会宣言》,《申报》1932 年 9 月 1 日。

算在内"①。杜月笙作为筹募组主任,功不可没。

1934 年夏,江淮流域及华北发生严重旱灾。为救济灾区,上海成立了筹募各省旱灾义赈会,孔祥熙任会长,许世英、王震任副会长,杜月笙任筹募组主任。11 月 30 日,上海市政府领衔成立上海市急赈各地灾区普捐委员会,杜月笙负责地方协会的普捐工作。他以上海筹募各省旱灾义赈会的名义发起演剧筹款,请著名票友参加表演,共售得券资 3 万余元,又请梅兰芳来沪义演五天,这两次演剧收入全部充赈。

杜月笙又以上海筹募各省旱灾义赈会的名义向中央运动场进行劝募,将两次回力球慈善赛得款约银洋 1 万元移作赈款;接洽法租界逸园跑狗场义务跑狗两次,所得银洋 14766 元送交旱灾会放赈。此外,他还向上海华商证券交易所募得银洋 2 万元,向个人募得银洋 1150 元。杜月笙的门生组成的恒社也在大舞台演义务剧,将所得券资共银洋 8000 元送交上海筹募各省旱灾义赈会赈济浙江和湖北的灾民。

1935 年夏秋之交,鲁、皖、豫、鄂、苏、浙、湘、赣等省发生水灾,淹毙人口在 10 万以上,待赈灾民 1400 余万。1935 年 8 月 8 日,上海筹募各省水灾义赈会成立,孔祥熙担任会长,吴铁城、许世英、王正廷、王震为副会长,杜月笙任筹募组主任。

1927—1936 年的 10 年中,杜月笙参与了数次重大自然灾害的赈济,为多家慈善机构捐款捐物,在救济机构中担任劝募组主任或常务委员等职,他募得的巨额款项为各个赈济机构赈济工作的顺利开展做出了较大的贡献。

杜月笙还创办了一些公益慈善机构,国民政府赈务委员会的官员许世英、朱子桥,沪上经常参与赈济的一些著名绅商如虞洽卿、王晓籁等常与他联袂出场,有时孔祥熙、宋子文也列名其中,他的地位和形象与 10 年前相比已判若两人,成为时人公认的慈善家。

杜月笙由于从事救济工作而声誉鹊起,影响扩大。蒋介石、汪精卫都曾亲笔题词称颂。正因为他在灾荒赈济和日常慈善工作上的成绩,1934 年 11 月,他被推选为经国民党改组后的中国红十字会副会长。正会长王正廷时任驻日公使,另一副会长刘鸿生列名在他后面,日常事务实际由杜月笙负责。1936 年 1 月,他任中华慈幼协会的委员。

全面抗战爆发后,杜月笙以中国红十字会副会长名义组织上海市救护委员会,救护了抗日受伤军民数万人。

1937 年 8 月 13 日,日寇全面进攻上海,上海守军奋起抗战。杜月笙以中

---

① 《申报》1934 年 11 月 28 日。

国红十字会总会副会长名义联合各团体组织上海市救护委员会,同时成立救护队 10 队、急救队 13 队、临时救护医院 24 所,征集救护汽车 98 辆,并特约公、私医院 16 所收容受伤军民。据统计,杜月笙所领导的救护输送医疗工作,共救护了抗日受伤军民 44398 人。此后,杜月笙又筹划在松江、昆山、苏州、无锡、杭州、南京等地设立重伤医院,医院每年少则收治伤员两三百人,多则达三四千人。

南京沦陷之后,中国红十字会总会及各地工作人员大多撤退到汉口。杜月笙亲自乘飞机到汉口,与政府有关部门统一商定救护方针,在汉口成立临时救护委员会,设置医疗队 37 队,后因需要逐渐增加至 178 队,共有工作人员近 3000 人。据统计,至抗战结束,红十字会所救护的军民总数已达 260 万人。这一可观的成绩与红十字会广大工作人员的努力是分不开的,但杜月笙在其中的领导作用更不容忽视。救护工作所需的物资、车辆,许多都出于杜的号召,也不排除他自己的"毁家纾难"。他号召他所能影响的团体包括他的帮会组织捐助抗战,这对救护工作是起了很大作用的。抗战中,他坚持留在上海,包括参加抗敌后援会工作,直至 1937 年 11 月上海沦陷,他才秘密撤退。

1938 年春,中国红十字会总会理事室迁去香港,杜月笙亲自主持工作,并设立总办事处,以接受海外捐助的物资,同时筹措救护事业的经费。当时,国民党政府还设有中央赈济委员会。"八一三"抗战后,蒋介石安排杜月笙为该会常委,负责粤、桂、闽三省(称第九救济区)工作。为了工作方便,杜月笙将第九救济区办事机关与中国红十字会机关合设于香港九龙柯士甸道,他的宅寓也在此,并在香港最大的饭店辟有房间,专与各方接触。海外侨胞对抗战捐助的物资及对难民的救济品,都由杜月笙接收运往汉口或重庆。

杜月笙帮会出身,醉心于社会救济事业并能跻身慈善家的行列,主观原因是想改变自身形象,寻求社会地位,以便加强与国民政府的合作。兴办慈善事业也是绅士表现个人对社会责任的行之有效的途径。杜月笙没有受过多少教育,所以渴望跻身士人行列,与士人为伍,这些内在向往促使杜月笙改变形象。

其次,杜月笙也积极追求慈善家和实业家的合法地位。杜月笙从事的行当并不是传统的正当职业,他的帮会背景也使普通大众乃至一些工商界人士对他敬而远之。因此,他决心改变自己的形象和身份,以提高自己的社会地位。

杜月笙因赈济成绩突出,还得到了国民政府的奖励。1935 年,国民政府下令颁给杜月笙等人三等采玉章。这种荣誉勋章常颁给对国民政府有突出贡献的人士。

杜月笙在工商金融界地位的提升对他在救济事业上的投入起到了反作用。1935年的水灾中,他的积极性明显减弱。他这时候的救济行为与往日为了争取地位而从事救济的行为相比,性质已发生了变化,这时候他是实业家、银行家、慈善家,作为上海市地方协会的副会长、上海总商会的常务监察,领导工商界人士从事救济事业已成为应尽之职、分内之事。通过参与赈济工作取得社会地位已成为历史,因此他投入的热情和精力明显减少。

杜月笙闻名天下,对民国政治有影响,有贡献。但他毕竟曾是帮派人物,靠烟赌发迹,受其惠者甚多,受其害者也多,可以说是毁誉参半,有恩有怨。他热心救济事业,但也热衷于名利;他既懂得以利求名,又善于以名贸利。因此,救济事业对他来说,不是目的,只是手段。为了自身利益,他做了很多坏事,也做过一些好事,因此,对他的评价不能脱离当时社会的具体环境。但无论怎么说,他的慈善行为客观上对民国社会起了一定的积极作用,"抑恶扬善"应是评判杜月笙的正确公允的态度。

十、何宗莲——从北洋将军到慈善家

何宗莲(1861—1931)字春江,号澄溪,山东平阴县城南门人。早年家贫,父母及兄长早亡。为谋生计,投入清军吴长庆部充新兵,后历任什长、把总、千总,曾随吴长庆赴朝鲜镇压兵变。

清光绪十一年(1885)李鸿章创办天津武备学堂,他曾入堂学习。毕业后历任定武军总教习、新建陆军哨官及管带、北洋常备军营长、北洋陆军协统等职。光绪三十三年(1907)任北洋陆军第一镇统制官兼甘肃河川镇总兵。辛亥革命后任中央陆军第一师师长兼察哈尔副都统。1912年9月授陆军中将,10月以副都统署都统职,11月加陆军上将衔。1914年察哈尔新军发生兵变,何宗莲因镇压兵变不力,被免去师长职,调回北京。1915年8月免察哈尔都统职,改任大总统府侍从武官。1916年6月袁世凯死后,何宗莲仍任大总统侍从武官。1918年2月授将军府弼威将军。不久,辞去各职回济南闲居,从此不过问军政事务。

何宗莲在北洋军中的资历,与王士珍、段祺瑞、冯国璋、曹锟、王占元等相当,系袁世凯至交,被民初靳云鹏、张怀芝、张宗昌、陈调元、韩复榘等在山东的当权者呼为"大帅",声望很高。返回山东后,他定居济南,依靠过去的积蓄和好友支持,修筑"颐园"为府邸;同时他还投资实业,与人合伙经营华兴造纸厂、丰年面粉厂等,并曾出资协同济南红十字会办理施赈、兴学等慈善事业,过着许多致仕高官曾经过的那种养尊处优的生活。也许是由于对幼年苦难经历的铭记，或者是因为受严酷社会现实的刺激，他的心灵很快与那些在军阀混战、苛捐杂税、水旱天灾摧残之下，苦苦挣扎在死亡线上的难民的呼声产生了共鸣。于是，他毅然放弃优裕闲适的生活，走上了赈灾救民的慈善之路。

何宗莲像

1920年春夏之际，直、鲁、豫等省大旱，山东西北部旱情尤重，重灾区达30余县，灾民400余万人。何宗莲"不忍斯民之罹于厄"，乃邀名绅吕海寰、张英麟等，发起组织山东灾赈公会，募捐赈灾。9月，山东灾赈公会正式成立，吕海寰被推举为会长，何宗莲、张英麟被推举为副会长，山东督军田中玉、省长齐耀珊被推举为名誉会长。灾赈公会成立不久，吕海寰又被推举为直鲁豫义赈联合会会长，山东本省的具体赈灾工作多由何宗莲等负责。至11月上旬，公会共募得赈灾款13.6万元，而向灾区发放第一次急赈，却散发赈款16.8万元，不足之数先借垫支付。

第一次急赈发放后，灾赈公会立即进行第二次募捐。这次募捐推举声望素孚的人员，分赴各县直接劝募。然而，这种办法收效不佳，至年底，灾赈公会累计所募款项仅20万元。在此情况下，何宗莲通过时任淞沪护军使的侄子何丰林，向上海华洋义赈会争取到给山东拨款6万元，缓解了燃眉之急。

灾民最急需的是粮食，赈款需要换成粮食发放到灾民手中。1921年1月，山东灾赈公会派人携续募的20万元赈款，到奉天购买了红粮，但铁路无车运输，到3月份才运抵山东千余吨，不及总量的三分之一。此时正值青黄不接之际，灾民急需赈粮度日。为了使这批红粮尽早运至山东，何宗莲呈请田中玉致电北京政府及控制京奉、津浦铁路的曹锟、张作霖，请他们分电各路局迅予拨车运输。但北京政府关于此次赈灾粮免税及车价减免的规定均限定至1921年3月底止。

按此规定，山东灾赈公会将在奉天所购红粮运回山东，势必要交纳粮税和车价，增加赈粮的成本，使赈灾工作更加困难。为此，山东灾赈公会经过直鲁豫义赈联合会呈文北京政府，强调"多费一文即少活一命"，"救人须求彻底，半途而止则前功尽弃，仍不免于死亡，亦有为善不终之虞"，[①]要求将停止免税免价的日期延长至6月中旬，麦禾登场，民命有托之时。由于何宗莲带领灾赈公会同人积极进行募捐、调查、采购、发放等工作，1920年山东的严重旱灾得到了一定的救济。

经过这次赈灾，何宗莲在社会上赢得了声誉。不久，他被推举为中国红

---

① 唐志勇：《从北洋将军到著名慈善家——何宗莲赈灾事迹》，《春秋》2006年第4期。

十字会济南分会会长。1926 年春夏之际,山东再次遭受严重旱灾。鲁西鲁北 41 县,二麦枯死,秋禾未能播种。鲁西地区,在 1925 年张宗昌与豫军作战时曾遭兵灾。此次旱灾,使饱受兵灾煎熬的鲁西人民雪上加霜。为了巩固统治,身为山东军务督办兼省长的张宗昌不得不举办赈灾事宜。起初,张宗昌拟官办赈灾机构。后来,多数人认为赈灾以完全民办为好,乃改由地方绅商担负一切。1926 年 5 月 10 日,代省长林宪祖召集地方绅商代表讨论赈灾事宜。会议决定成立山东灾民救济会,并当场推定何宗莲为会长。5 月 20 日,山东灾民救济会举行首次职员会议,决定设立文书、采办、施放、劝募、庶务、会计、调查 7 个股,分头办事,并派员调查灾区实况。会议还进行当场募捐,何宗莲带头捐款大洋 1000 元。

何宗莲将募捐的重点放在各省督军、军长、师长等高级将领那里,他分别致信向他们介绍山东受灾惨状,向他们募捐。这一做法收到较好的效果,各省军政长官陆续汇来了捐款。到 7 月中旬,山东灾民救济会已收各省军政长官捐款捐粮者计有:吴佩孚大洋 10 万元,张作霖红粮 10 万石,齐燮元、张学良、褚玉璞各大洋 5 万元,吴俊陞大洋 5000 元,寇英杰和靳云鹏大洋 1 万元,孙传芳红粮 9000 包。灾民救济会将这些捐款捐粮按各县受灾轻重分为甲乙丙 3 等,发放到灾民手中。

1926 年秋,随着新粮的收获,此次赈济鲁西灾民的工作结束,山东灾民救济会撤销。何宗莲又转而通过红十字会济南分会进行赈济活动。

由于军阀混战,山东农村经济破产,大批农民被迫背井离乡,扶老携幼,逃往东北等地,就食他方。1927 年,济南市经常滞留难民 3 万人。这些难民急需食物维持生命。当时济南的各慈善团体都向滞留难民施粥。红十字会济南分会也在南门设立粥厂,每天向 8000 名难民施粥 2 次。1928 年 2 月 20 日,利津黄河岸堤多处决口,黄河水向东漫流百余里,淹没村庄百余个,淹死村民千余人,大批灾民急待救助。红十字会济南分会购买黑面粉 500 袋,蒸成馒头 3 万斤,连同一批防疫药品,派专人运送到灾区散发。

1928 年 5 月,日军占领济南,济南城内总商会等民间团体建议成立了济南临时治安维持会,何宗莲被推举为会长。在担任济南临时治安维持会会长期间,何宗莲主持制定了该会章程,规定该会"以维持地方治安为宗旨",以"赞同政府协同各团体维持地方秩序、市面安宁、中外人士生命财产""保卫领土,维持交通""营救难民及侨民出险"①等为义务。依据章程的规定,积极与日方交涉,要求其释放所拘捕的中国军民,归还掠去的中国物资,募集散放款

---

① 庄维民主编:《山东重要历史人物》(第 6 卷),山东人民出版社 2009 年版,第 152 页。

项和粮食,救济日军侵略暴行造成的大批难民。6月中旬至下旬,济南临时治安维持会与日军进行多次交涉,使被拘捕的北伐军南方籍者918人和北方籍者100余人先后获得释放。

1929年5月,日军撤离山东,山东省政府由泰安迁至济南。济南临时治安维持会的亲日头目受到国民党当局的惩处,而何宗莲则受到了尊重。同年12月,山东省政府组织省立慈善公所,何宗莲被聘为董事。1930年夏秋,国民党蒋介石集团与阎锡山、冯玉祥等集团在中原地区展开大规模混战,鲁西地区沦为战场。此次兵灾,造成当地少壮逃散、老弱死亡的悲惨局面。战争结束后,韩复榘被南京国民政府任命为山东省政府主席,何宗莲亦以地方士绅的身份被聘任为委员。他虽然只是委员之一,但以他多年主持山东赈务工作的经验和声望,赈务会"事无巨细,咸取决于他,他也殚精竭虑,多所匡助"[1]。由于他的积极谋划奔走,这次赈济鲁西兵灾的工作收效甚著。

就在这次赈灾工作结束不久,何宗莲于1931年8月在济南病逝。山东赈务会呈请山东省政府转呈南京国民政府,请求对他予以褒奖。1933年3月21日,南京国民政府明令褒奖何宗莲,并批准在济南建立何宗莲纪念碑。1934年8月1日,何宗莲纪念碑在济南商埠中山公园落成,上面镌刻国民政府的褒奖令及山东省政府主席韩复榘撰稿、清末翰林院编修、民国北京参议院议员庄陔兰敬书的《何公传略》,各界数百人冒雨参加了纪念碑揭幕式。

十一、大慈善家陆伯鸿

陆伯鸿(1875—1937),原名陆熙顺,20世纪上半叶中国知名企业家、慈善家和天主教人士。

光绪元年(1875),陆伯鸿出生于中国上海南市中国地界的顾家弄。这里距离当时江南代牧区的主教座堂——董家渡圣方济各沙勿略堂很近。在太平天国战乱中,有一批江南地区世代信仰天主教的家庭为逃避迫害,来到上海,都聚居在主教座堂附近。其中最著名的有来自青浦县的朱家、来自丹徒县的马家及陆家。他们互相之间结成一个紧密的社交圈子,互通婚姻,保持着与周围非天主教徒不同的宗教信仰和生活习惯。

他们与法国联系密切,子女大多上震旦大学,毕业后或在法商洋行任买办,或在上海法租界公董局谋职。其中也出了不少颇有建树的名人,如朱家出了求新船厂厂主、上海总商会会长朱志尧;马家出了震旦大学、复旦大学两

① 党明德主编:《山东重要历史人物》(第5卷),山东人民出版社2009年版,第59页。

所大学的创始人马相伯（1840—1939），语言学家、中国第一部语法著作《马氏文通》的作者马建忠兄弟；而陆家也出了大企业家、大慈善家陆伯鸿。

陆伯鸿 18 岁那年就考取了秀才。但是，清光绪三十一年（1905），清政府宣布废除科举制度，于是大批士子转而进入新型学堂改学洋务。在这种情况下，陆家也将陆伯鸿送到董家渡主教座堂一位神父那里学习法语。此后任比利时洋行职员和法租界蒲石律师事务所秘书，后来还曾参与编纂《法华新字典》。

20 世纪初，陆伯鸿作为上海总商会代表，赴美国、意大利、瑞士等国观光考察，在意大利受到教皇接见。回国后萌生兴办实业救国的想

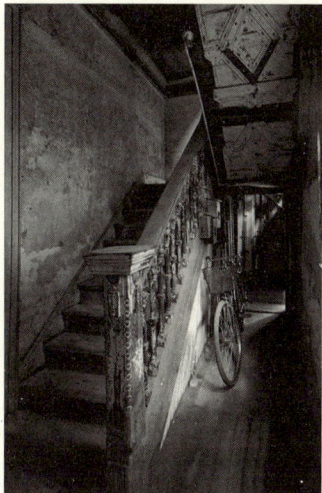

陆伯鸿故居内景

法，此后陆续兴办一系列的工商交通企业，成为上海的华商领袖。

1911 年，由大清江南制造局提调李平书推荐，陆伯鸿接办濒临倒闭的上海内地电灯公司。由于他管理有方，公司很快扭亏为盈，并扩大经营规模。数年内，南市中国地界的电灯数由原 1000 余盏激增至 7 万盏，迅速缩小了华界市区与租界区在市政建设方面的差距。

1912 年 4 月，恰逢上海拆除城墙改筑马路——法华民国路（今人民路）和中华路，陆伯鸿把握机会，出资 20 万元创办了上海华商电车公司，在上海华界首次开通了有轨电车，电车路线就在这条环城的圆形马路上。陆伯鸿以商人的敏锐眼光看出，这条线路沿线都是上海的老市区，人口稠密，预计很快就会有可观的客流量。为了让市民接受这一新鲜事物，陆伯鸿在华商电车公司的每辆电车车头上安装绿、白、红三种颜色的电灯，这三种颜色同自己的姓名谐音（吴语发音），以此招徕顾客。

华商电车公司从一开始运营乘客就非常多，此后一直保持了良好的经营业绩。1918 年 1 月，电灯公司与电车公司合并，改名为上海华商电气股份有限公司。1935 年，陆伯鸿又在南市半淞园兴建新电厂。至 1937 年抗日战争前夕，上海华商电气公司每年的获利达到 100 万元。陆伯鸿在电力工业方面取得的成就，使他得以担任全国民营电业联合会委员长。

1913 年 11 月，陆伯鸿又抓住第一次世界大战前夕国际市场钢铁价格猛涨的机遇，在浦东周家渡创办和兴铁厂，生产生铁。1921 年，他又与德商合资，扩建成和兴钢铁厂，所冶炼钢铁品质上乘，曾供应建造江海关大楼、沙逊

大厦、闸北水电厂、法商自来水厂和南京中山陵。1949年以后,该厂改名为上海第三钢铁厂。

除此以外,陆伯鸿还创办了大通航业公司。朱志尧的求新船厂为其造出了"隆大""志大"和"正大"3艘客轮。陆伯鸿也因而成为上海航业同业公会执行委员。1924年,陆伯鸿还接办了闸北水电公司。至此,他成为上海实业界赫赫有名的大亨。

陆伯鸿是第一批进入上海法租界公董局(法租界市政当局)的5名华人董事之一。1927年1月15日,在中国民族主义兴起,发生大革命的形势下,法国驻沪总领事那齐任命陆伯鸿等5名华人为公董局临时委员会委员,成为上海租界中最早的华人董事(1928年上海公共租界才开始有华董),改变了上海租界长期以来只有外籍董事的状况。

陆伯鸿在同龚神父接触期间,转变成为一名热心的天主教徒,他虽然并非神职人员,却和一批信仰天主教的实业家过从甚密。从1912年起,陆伯鸿以热心教友的身份,乘坐简陋的交通工具,外出到上海附近各处农村传教,陆续新建了一批教堂、诊所和学校。此外,陆伯鸿还曾担任公教进行会会长。

陆伯鸿一向极其热心于慈善活动,先后开办了新普育堂、上海普慈疗养院、杨树浦圣心医院、中国公立医院、南市时疫医院、杨树浦诊疗所和北京中央医院等7所慈善机构。其中以新普育堂最为著名。

上海原有的普育堂是1865年由上海地方官府支持的旧式慈善机构,位于上海大南门外的陆家浜南岸,负责向贫死者施舍棺材,向穷人施舍衣食,免费诊病发药,埋葬死去的穷人和倒毙在路上的死者,向寡妇和孤老提供生活补助,收养弃婴等,由于管理不善,卫生条件极差,蚊蝇滋生。辛亥革命以后,当局已经无法维持500人的救济工作。

1912年,陆伯鸿得到允许,利用拆除下来的城砖,将普育堂翻建成一组现代化的建筑群,名为新普育堂。该堂分设学校、工场、医疗、养老、育幼、残废、疯癫(精神病)等各部,请天主教修女为看护。开办初6年中,先后收养男女102525人次,施医给药者达2194070人次。这是20世纪上半叶上海最大的收容社会弱者的机构。

陆伯鸿虽然早已是闻名上海的巨富,但他本人还是经常来到新普育堂,系起围裙,亲自服侍病人,还让他的几个儿子站在一旁,让他们学会怎样善待穷人。

此外,他还创办了包括金科中学(位于上海胶州路,交给美国耶稣会管理)在内的5所男女中小学校。

1937年8月13日,中日在上海爆发淞沪会战,3个月的战事中,有上百万来自上海中国地界(闸北、南市)、虹口日本势力范围和附近江南地区的难民涌入上海面积有限且原本就人烟极为稠密的两个租界,造成空前严重的难民危机。

虽然陆伯鸿自身的企业在这次战争中也全都陷于瘫痪,还遵照政府安排将自己的一艘客轮自沉于江苏省江阴附近的长江中,以阻止日军向西进犯南京,连陆家居住多年的南市董家渡一带也沦为战区,被迫迁居上海法租界震旦大学所在的吕班路(重庆南路),成了圣伯多禄堂的教友,但这时陆伯鸿仍然不愿放弃他的慈善事业,不甘心对这些数以百万计的不幸者无所作为。于是他主动与日本占领军接触,试图解决严重的难民危机,同意参加上海地区改组委员会。

1937年12月30日,陆伯鸿在吕班路住宅前乘车准备去帮新普育堂办事时,遭到2名伪装成卖橘子小贩的男子袭击,不治身亡,终年62岁。他的死因一直是个谜。

十二、一生行善的徐乾麟

徐乾麟(1863—1952),出生在余姚柯义乡徐巷村(今低塘街道),幼时,因为家境贫寒,他只接受了6年的私塾启蒙教育。

1875年,徐乾麟13岁时,因家庭经济状况已无力让他继续读书,母亲只好托人介绍把徐乾麟送到上海源兴祥洋酒烟糖店做学徒。这个店经营的都是洋货,顾客中也不乏外国人。因为时常接触外国人而不懂英语,徐乾麟就利用业余时间发愤自学《华英合璧注解》。

由于勤奋和聪颖,一年后他就能单独站柜,直接和外国人做生意了。他待人接物谦恭有礼,深得中外顾客的喜欢。3年满师后,经友人推荐,徐乾麟应江苏镇江专营外国水兵生意的复昌办馆的聘请,于1884年春离沪去了镇江。他克勤厥职,经营有方,复昌办馆的生意蒸蒸日上。上海的同行听说徐乾麟在镇江干得很出色,遂聘请他为上海浦东洋栈的经理,主持仓库业务。

1894年,中国红十字会在上海成立,徐乾麟成为早期会员之一。他竭尽会员义务,兢兢业业工作。当时,鉴于上海烟馆林立,荼毒生灵,徐乾麟便约请了上海的一些名流,集资收买了南城、信大2个烟馆,将所有烟灯、烟枪在张园付之一炬。其后,又继续购买了原烟馆附近的房屋,修葺后成立了上海商品陈列所,徐乾麟自任所长。这个商品陈列所对宣扬国货、抵制列强经济侵略起到了一定作用。

在当时的上海工商界,绍兴府所属7县的人相当多,俗称"绍帮"。早在

1737 年，就有谢姓余姚人"偕乡友，食力于沪"，久之"冠领其群"。于是徐乾麟倡议集资建立同乡会所，在同辈挑夫中"担征其一（文）"，筹得 1000 余文。旅沪浙江绍兴籍钱业、炭业、豆业等商绅纷起响应，所谓"郡之慕义者，闻风而起，附而益之"，就在城之北门（宴海门）二十五保购地建造殿庭，供奉正已玄坛神，取名浙绍公所。①

后徐乾麟与嵊县商界名人王晓籁、本邑银行泰斗宋汉章等人，又共同发起组织了绍兴七邑旅沪同乡会。同乡会成立时确定的宗旨是"联络乡谊，图谋本籍及旅沪乡人之公益"，其从事的主要事业有：慈善事业，教育事业，和解旅沪乡人之争议，救助旅沪乡人之损害，维护旅沪乡人之职业，改进旅沪乡人之风俗等。②

同乡会设立不久，即于 1912 年开办商业补习学校，专招旅沪习商的同乡子弟，补授普通学科及商业专门知识（包括专修英文课）。同时，徐乾麟还主持并参与了绍兴旅沪同乡会组织的一些慈善事务。例如，1918 年，同乡会组织临时治疫医局，派中西医生携带药品至上虞、余姚等时疫发生地，施诊给药；1922 年，绍兴飓风、海啸、暴雨成灾，同乡会募集赈款达 55 万元，并协助建筑了上虞海塘；1931 年汉口大水，同乡会与宁波旅沪同乡会、四明公所合组宁绍急救汉灾会，筹垫款项，公推人员，随带粮食药品，赴武汉赈救被难同乡回籍。

此外，为了改善绍属地区进杭赴沪的交通状况，同乡会于 1923 年、1925 年、1933 年几次捐募资金改良钱塘江、曹娥江义渡，增添船只，协助建筑钱江第一码头、月台、凉棚及旅客休息室等。

1915 年，徐乾麟在与王晓籁共同创建了万国赈济会的基础上，又同上海工商界一些志同道合的朋友发起组织了中国济生会，其会务非常广泛，包括施放衣米、送诊给药、舍棺助葬、掩埋暴死，甚至挖井浚河、修路铺桥等等。这些善行义举的费用全靠募捐应付，每年开支达数百万元。1917 年夏秋之际，河南黄河决堤，灾民无数，徐乾麟应河南督军赵寿山的敦请，在上海募款 60 余万元，派员会同当地政府发放赈济款与衣食。1918 年，陕西关中地区久旱不雨，赤地千里，徐乾麟派冯仰山赶赴灾区，发放赈款 50 余万元。

1920 年，辽宁、河北一带水灾严重，徐乾麟受督军卢永祥的敦请主持赈务。因为筹款困难，徐乾麟便通过英籍犹太人富商哈同财团的两位重要人物黄宗仰（即乌目山僧）与姬觉弥（哈同的总管）的斡旋，获得哈同夫人罗迦陵的

---

① 《永锡堂缘起记略》、《永锡堂正殿碑记》，载《浙绍永锡堂征信录》。
② 《申报》1911 年 8 月 8 日。

同意,以开放哈同花园的门票收入集款,第一个星期门票收入达 1 万多元,连同上海工商界募捐所得,共得款 110 多万元,用以救济灾区人民。

1919 年,徐乾麟与宋汉章、施则敬等人发起成立了中华慈善团全国联合会。这一慈善协调机构的出现,使上海原来分散的各慈善机构改变了各自为政、各行其是的局面,开始携手合作,共同向需要救济的人们提供人道援助。

20 世纪 20 年代初的上海,失业人数激增,大批农民流入上海。徐乾麟为了给这些人找一条谋生之道,遂联合一些工商界人士于江湾一带购置土地数百亩。1922 年,在江湾镇南建起模范工厂,在上海首次生产橡胶制品。后又增设橡胶分厂,生产双十牌人力车胎、小皮球、橡皮玩具、皮鞋底、橡胶零件等。到 1931 年,该厂已有员工 2000 多人。可惜的是,因无力与洋货抗衡,该厂经营数年终于停业,厂房毁于“一·二八”战火。

徐乾麟在江湾开办这个游民工厂的同时,还发行游民慈善彩票。为筹措更多的救济资金,即以上海慈善救济会的名义,在原先发行的上海游民慈善奖券的基础上,正式发行了综合性的上海慈善救济奖券。

此外,徐乾麟还曾担任尊圣善会的会长。该会以阐扬尊重圣教道德、救济社会等慈善事业为宗旨。该会开办以后,屡屡向贫民赠送治痧疫、痢疾等药品,举办施衣、施材、施茶、施米、施诊给药等善事。上海沦陷期间,该会又从事开办难民收容所、发放济贫贷金及设立尊圣义务小学等事业。

徐乾麟在谋得胜利洋行华人经理一职时,还经营过中国戏曲唱片。1924年,徐乾麟因自己年老而感力不胜任,将公司所拟订的计划交与其子小麟执行办理,并委托郑子褒协助。在 1937 年上海各界为徐乾麟举行旅沪周年纪念的活动中,75 岁高龄的他“行不执杖,健壮一如五十岁的人”,被上海各界称为“社会救星老好人”。[1]

徐乾麟办理慈善事业 60 年如一日,直到 75 岁的时候,只要是慈善方面的事他都事必躬亲。他最后办的是乐善山庄,是专司掩埋“路有冻死骨”之所。那时,每至冬令,大街小巷冻饿而死者日以百计,均被他一一埋葬。

徐乾麟 60 年行善不辍,创办了上海商品陈列所、万国赈济会、中国救济妇孺总会、闸北救火会、中国济生会、闸北水电厂、中华慈善团等企业或组织。他不遗余力救生葬死,极尽辛苦,所从事的慈善事业惠及黎民,功绩卓著。

1952 年,徐乾麟病逝于上海。

---

① 诸焕灿主编:《姚江名人(近现代篇)》,浙江古籍出版社 2009 年版,第 27 页。

十三、"赤脚财神"虞洽卿

在慈溪东部的伏龙山下,有一处中西合璧的楼群。该建筑坐西朝东,占地 10 余亩,蔚为壮观;亭台阁榭,花园天井,别具一格。这幢房子原名"天叙堂",是虞洽卿故宅,故被称为"龙山虞氏旧宅建筑群"。

1867 年农历六月,虞洽卿出生在伏龙山下一户贫苦的裁缝家中。6 岁那年,父亲病故,他与母亲和 3 岁的弟弟相依为命。家境贫寒使虞洽卿失去读书的机会,幸好村内有一同族塾师虞民世,见虞洽卿聪明伶俐,就免费收他为学生。每逢天下雨不能出门干活时,虞洽卿就去老先生的塾馆读书,这叫作读"雨书",是贫苦人家执意求学的创举。就是这点儿资本,为虞洽卿后来在上海叱咤风云打下了基础。

虞洽卿像

1881 年,15 岁的虞洽卿在族叔虞庆尧的举荐下,只身到上海瑞康颜料行学生意。据说,他初到上海就逢天下大雨,他怕布鞋被淋湿,于是把母亲精心缝制的一双布鞋揣在了怀里。从十六铺码头下船后,便赤脚前往瑞康颜料行。没想到他的这个举动反倒给主家送了个口彩,老板认为他是"赤脚财神"上门。

虞洽卿在瑞康 12 年,凭着自己的聪明才智,一心辅佐老板,多次为老板出谋划策,使小小的瑞康颜料行在上海滩剧烈的商品竞争中多次化险为夷,站稳了脚跟。为求得进一步发展,虞洽卿又先后在德商鲁麟洋行、华俄道胜银行供职,最后选中了荷兰银行买办一职。

1905 年腊月,广东籍四川官员黎廷钰在任上病故,其遗孀黎黄氏扶柩回籍,因系官家眷属,带仆从较多,计有婢女 15 名。这一行人浩浩荡荡乘太古轮船公司的长江班轮鄱阳号返乡,船到镇江时,船上水手向黎黄氏勒索酒钱。遭到拒绝后,水手恼火,见其女仆甚多,便诬告其为拐匪。船上管理马上发电报到上海工部局巡捕房报案,于是,工部局以扰乱租界治安为由,在该船途经上海码头时将黎黄氏拘捕,送往会审公廨候审。在会审公廨开庭审理时,英国副领事德为门又颠倒黑白,胡判乱断,激起民愤,这件事被称为"大闹公审公堂案"。

虞洽卿目睹此情,挺身而出,为维护中国人的尊严仗义执言,又斡旋于官、商、民之间,与工部局据理力争,还发动工商界人士罢市,开展反英斗争。经四处奔走,终于交涉获胜,弘扬了民族正气,深为社会各界称道。

1906年春,虞洽卿有机会与端方、载泽、戴鸿慈、李盛铎、尚其方五大臣赴日本考察,使他对国外的工商业有了进一步了解。回国后,他一心为振兴中国的实业而努力,上疏慈禧太后,指出外国列强利用银行来盘剥中国,以及制约中国实业发展的种种弊端,并提出创办中国自己的银行的主张。这一主张因剀切中肯而很快被采纳。1908年,我国第一家私营银行——四明银行在上海宣布成立,虞洽卿被推为理事。

次年,他又根据家乡土特产的运销情况及沪甬两地的客运实际,发起创办了宁绍轮船公司,自任总经理。四明银行与宁绍轮船公司一成立,立即遭到了外商的排挤。为不使这两个新生实业夭折,虞洽卿又组织了宁波同乡会航运维持会,用极其有限的经费来帮助这两家实业渡过难关。

三年以后,他因购买"甬兴轮"与宁绍公司发生矛盾,便退出宁绍,独资创办了三北轮船公司。在此基础上,他又先后创办宁兴轮船公司和鸿安轮船公司,为发展我国的民族航运业做出了贡献。

辛亥革命前夕,清王朝风雨飘摇,内政更加腐败,对外奉行投降主义,虞洽卿创办的"南洋劝业会"在险恶的环境中经过多方周旋,才如期开张。该会历时三个月,来自全国各地和南洋地区的观摩交流者达20余万人,对中外物资交流起了一定作用。

1920年,虞洽卿与人合伙创办了上海证券物品交易所,他自任理事长。1923年,虞洽卿当选为上海总商会会长。

虞洽卿关心家乡的公益事业,曾出资创办学校,疏浚凤浦湖,兴建镇胜、镇大、镇骆等公路,从而深得家乡人民及宁波旅沪同乡的赞赏。当1931年7月2日,日本军方在朝鲜煽起排华反华浪潮时,他又率先在上海组织反日援侨委员会,并公开发表演说,痛斥日本军国主义暴行。同月14日,还宣布与日本企业断绝交往,表现了一个民族资本家的爱国立场。

抗战爆发以后,虞洽卿断然拒绝出任上海伪政府市长,并冒着生命危险,与意大利商人泰米那齐合伙组织了中意轮船公司,到西贡、仰光等地运米,以解决租界内难民拥挤而缺粮的危机。1941年春,他离开上海,转道香港赴重庆,与王晓籁等组织了三民运输公司,集资在香港购买美国汽车300辆,以便从缅甸往国内运送五金配件,供军需之用。

1945年4月26日,虞洽卿因患急性淋巴腺炎在重庆逝世,终年79岁。同年11月,灵柩由专轮送至三北,安葬在伏龙山上。

十四、职业慈善家章元善

章元善(1892—1987),浙江诸暨人,是一位经历过清朝、民国和中华人民共和国三个历史阶段的世纪老人。

章元善祖籍浙江诸暨泰南村(今太南村),世代务农,后迁居长洲(今江苏省苏州市)。他的祖父章瑞徽曾开设药店,发放戒烟药丸以解救受鸦片毒害的烟民。父亲章钰癸卯年(1903)考中进士,任职刑部,后因不忍见刑场上的悲惨场景而弃职返回苏州,以教学、卖文、鬻字为生,辛亥革命后任清史馆馆员。良好的家庭教育使章元善自小萌生了普济天下的无私情怀,并伴随他走过了漫长的慈善人生路。

章元善5岁时进入他家邻近的季姓蒙馆开蒙,14岁进入苏州公立高等小学堂,与叶圣陶、顾颉刚同学,在那里接受了民主与进步的新思想。1908年,考入江南高等学堂预科(相当于现在的高中),在此认识了赵元任并结下了终身友谊。1911年8月,章元善考取了清政府公费留学生,进入美国康奈尔大学文理学院化学系学习卫生化学。在康奈尔求学的日子里,参与了中国科学社和《科学》杂志的创办,对当时科学、文明的倡导起到了积极作用。

1915年9月,章元善学成回国。当时他家已从北京迁到了天津,他往来于京津两地寻找工作。从1915—1922年间,他先后干过直隶工业试验所技士、北洋防疫处化学技师、直隶交涉公署文案(秘书)、直隶公立第一中学英文教员兼教簿记、天津基督教青年会夜校英文教员、北京大学卫生化学讲师、京津泰晤士报的《中国名人录》编辑、华北明星报夜班助理、天津拒毒会总干事等。

福建华洋义赈会奖章

1920年夏,河北、山东、山西、陕西、河南5省发生严重旱灾。旱情遍及5省317个县,受害灾民约2000万人,死亡人口约50万。面对天灾,中外人士纷纷慷慨解囊,救济灾民。设在天津的救灾机构积极开展救济工作,章元善受邀担任该机构的总干事,一面筹款,一面施赈,将筹来的赈款用于到东北等地购买高粱等粮食,发给灾区的难民们。这是章元善第一次涉足赈灾救济事业。在此期间,他目睹了受灾群众饥寒交迫之惨状,内心受到强烈的震撼,从此与社会救济事业结下了不解之缘。

1922年,章元善租得北京本司胡同64号的房屋为其寓所,举家迁入北京,并正式就任华洋义赈总会副总干事一职,主持该会的日常工作。

章元善到北京后的第一件事就是购得北京王府井大街菜场胡同 6 号的三进四合院作为华洋义赈会的会址。为了把华洋义赈会办成一个职责分明、办事效率高的机构,他根据数年办赈的经验,制订了办事细则。经多次修改后,写成了《实用公团业务概要》,1927 年由商务印书馆出版。这本书是华洋义赈救灾总会机构运转的说明书。

在章元善的主持下,华洋义赈会的救灾思路发生了重要变化。经历了早期的多次赈灾工作后,章元善意识到,赈灾虽然可以救活不少人,但放赈以后什么痕迹也没留下,人民的困苦生活依然如故。他领悟到,单纯救济只是治标而不是治本,于是进一步提出了要防灾,并认为防灾比救灾更重要。这一认识上的转变,促成了中国农村经济合作模式的诞生。

20 世纪 20 年代初,中国农村还没有兴办银行一类的金融机构,城市的银行又不愿意把钱借给没有组织、没有担保的农民。乡间盛行的是高利贷、利滚利,造成贫穷的农民越借越穷。为此,章元善决定首先在河北农村试办信用合作。之所以选择河北为试点,一方面是因为它距华洋义赈会所在地北平较近,易于领导和管理;另一方面是因为当时的河北农村经济上濒于破产,农业生产衰落,农民生活水平普遍低下,但民风淳朴,容易接受合作思想。

从 1925 至 1936 年,章元善领导的华洋义赈会先后在河北举办过 12 期合作讲习会。开会时间一般是在农闲的冬季,会期短则五六天,长则 3 个月。参加讲习会的学员少则 100 余人,多则 6800 余人,学员来自河北各地。每期讲习会少则 1 个组,多则分 60 多个组。章元善除了亲自讲授信用合作的意义、信用合作的组织、信用合作的效用、信用合作与农民经济、中国信用合作之现状、编填各种表式的常识等课程外,还邀请李景汉、陶孟和、李四光、梅贻琦、赵元任、张伯苓、翁文灏等国内一流的专家学者亲临合作讲习会讲学,取得了很好的效果。

每期讲习会期间,章元善一般都要组织学员到清华大学农学院及牛奶场、燕京大学、颐和园、中山公园、北海公园、中央农事试验站、香山慈幼院、故宫博物院及历史博物院、石卢水渠、商务印书馆北京分馆、观象台、中央防疫处等单位和地方参观考察。由于合作讲习会的连续举办,合作事业在河北农村不断发展,华洋义赈会的名气也越来越大。

1933 年 3 月,浙江省政府主席张难先到华洋义赈会参观,并考察了河北深泽县的农村合作社。考察后他感慨地说:"吾国数千年团结之大力,即在宗族制度。现因经济关系,此制天然破产。民族精神,无怪益成散沙。救此,唯合作一途,须急用经济合作制度,以代替宗族制度。此事关系至大。"①先后担任过甘肃、陕西省政府主席的邵力子先生曾对华洋义赈会有如下一段评价:"义赈会之华北一带合作事业,成绩为全国冠,办理合作者,无不奉为圭臬,日后发展,正未可量!"②

在半殖民地半封建的旧中国,章元善为了改变当时中国贫穷落后的面貌,竭力倡导和推行合作事业,不仅注重宣传,而且身体力行;不仅持之以恒,而且百折不挠。为了推动近代中国农村的社会变革,他长年奔走在水旱灾区,到人不到之地,做人不做之事。他按照社会的需要去确定个人的理想,把个人的聪明才智融入振兴国家和民族的事业之中。他选择的人生道路,给后人留下了许多有益的启示。

1931 年,安徽、江西、湖南、湖北等长江、淮河流经的省份发生特大水灾,粮田淹没,庐舍荡然,哀鸿遍野,受灾地区达 131 个县,流亡人口 1000 多万,占灾区人口的 40%。成立不久的国民政府救济水灾委员会缺乏赈灾经验,便通过国民政府财政部长宋子文借调章元善担任救济水灾委员会的总干事,负责长江、淮河流域的救灾工作。

为了办好这次赈灾工作,章元善从河北调去大批参加过合作讲习会的人员,以指导灾区互助社和合作社的工作,把农村信用合作制度引到了长江、淮河流域,为进一步扩大范围和影响打下了基础。

这一段经历,使章元善从此名声大噪。陕西省政府为了在陕西推动农业合作事业,由省政府主席出面聘请章元善兼任陕西省合作事务局主任。1933 年 7 月在山东邹平召开的第一次全国乡村工作讨论会邀请他与会并做《中国华洋义赈救灾总会的水利道路工程及农业合作事业报告》,会议代表公推他担任值年,并主持将这次会议的材料汇编为《乡村建设实验》。第二、三次全国乡村工作讨论会不仅邀请章元善与会,还推举他担任第三次会议的主席。

1935 年 9 月,国民政府实业部增设合作司,由于在合作事业上的巨大贡献,章元善众望所归地担任合作司首任司长。从此,章元善身兼华洋义赈会总干事和实业部合作司司长两职,作为全国合作事业最高行政长官,掌管全国的合作工作。在章元善的推动下,华洋义赈会所开展的很多方面工作与国民政府所推行的合作事业融为一体。章元善利用自己特殊的身份,迅速将合作事业推向全国。根据 1936 年《中国经济年鉴》记载,合作社组织已遍及全国

---

① 薛毅、章鼎:《章元善与华洋义赈会》,中国文史出版社 2002 年版,第 187 页。
② 同①,第 129 页。

19 个省市,合作社数量达 14649 个,拥有社员 537497 人。

华洋义赈会是中国特定社会背景下的产物,它是章元善等一批知识分子欲在中国农村日益衰落的危机中试图力挽狂澜的一种尝试。尽管华洋义赈会作为一个社会团体未能也不可能拯救整个中国农村日益崩溃的局面,但该会将合作理论及实践与拯救中国农村直接联系起来,毫无疑问是有积极意义的。

1945 年 9 月 15 日,华洋义赈会在重庆组建临时执委会,章元善再次被选为总干事。10 月下旬,章元善飞赴北平筹备恢复会务事宜。但是不久以后,国内战火重起,华洋义赈会再没有什么大的作为。章元善在第二任总干事任期内毫无建树,只是最后负责结束存在了 30 年之久的华洋义赈会。同年,章元善参与组织中国民主建国会,任常务理事。1949 年,他出席中国人民政治协商会议第一届全体会议。中华人民共和国成立后,章元善任政务院参事、民建第一至第四届中央常委,是第二至第六届全国政协委员。1953 年任欧美同学会理事长。

1949 年 11 月,章元善被任命为政务院参事,直到 1955 年 1 月离休。离休后,章元善过着安逸的赋闲生活,学习、作诗、会友,参加民建的活动,但与救济和合作事业渐行渐远。

1987 年 6 月 5 日,章元善病逝于北京复兴医院,享年 95 岁。

十五、宋氏三姐妹

宋霭龄、宋庆龄和宋美龄是现代中国著名的"宋氏三姐妹",是 20 世纪中国最显耀的姐妹组合。

宋庆龄与中国民主革命的先驱孙中山先生结合,爱国爱民,万民景仰;宋美龄嫁给了一代枭雄蒋介石,权势显赫,呼风唤雨;宋霭龄联姻长期主管民国财政的孔祥熙,善于积财,富甲天下。她们对 20 世纪的中国具有不可思议的影响力,甚至在一定程度上影响了中国的历史进程,也因而成为世界关注的焦点。

有关宋氏三姐妹的生平及其事迹,国内外各种专门的著述和文章可谓汗牛充栋,我们着墨再多也无法述及万一。这里只约略记录宋氏姐妹在民族危亡时刻共赴国难的善行义举。

抗战前,宋氏姐妹由于政见不同,在长达 12 年的时间里曾经分道扬镳互无往来。1937 年 7 月 7 日,卢沟桥事变爆发,全国形成了一致抗战的局面。在抗日救亡这一民族最高利益的旗帜下,宋庆龄抛嫌释怨,与宋霭龄、宋美龄结束分歧与隔膜，重新走到一条路上来了。宋氏三姐妹的关系随即进入一个新阶段。此后，她们于 1940 年春和 1941 年秋在香港公开露面参加抗战筹款会议，又曾一道飞临重庆视察妇女儿童及战灾救护工作，密切携手进行抗日救亡活动，相互配合，彼此支持，对救亡救灾产生了重大影响。

抗战时期的宋氏三姐妹

宋庆龄是 20 世纪的伟大女性，是中国妇女解放运动的先驱，也是世界杰出的妇女运动活动家和领袖。抗战爆发后，宋庆龄为了动员全民族及国际社会力量援助抗战而奔走呼吁，并相继发起或主持成立了中国妇女抗敌后援会、保卫中国同盟（简称保盟），以及中国工业合作协会（简称工会）等组织，积极募集资金，支援抗战。在整个抗战过程中，宋庆龄所从事的募捐活动为中国的对日持久战提供了一定的物资保障，同时又在救济难民中发挥了积极的作用。

抗战爆发后，宋庆龄、何香凝于 1937 年 7 月 22 日在上海携手创建了中国妇女抗敌后援会。何香凝为常务理事会主席，宋庆龄、宋霭龄、于凤至、孙科夫人陈淑英、蔡元培夫人周养浩等人任理事。

成立大会于 7 月 22 日在何香凝家召开。何香凝抱病扶杖出席，并做报告。报告呼吁妇女要和男儿们负起平等的责任，为中华民族的自由解放奋斗到底，并号召"有钱出钱，有力出力"。这是妇女界成立的第一个救亡组织，也是各界中较活跃、影响较大的民间抗日救亡团体之一。后援会的成立，标志着上海妇女界抗日救亡运动统一战线的初步形成，它是国共合作抗日民族统一战线结出的最早果实。宋庆龄在此树立了捐弃前嫌、共同抗日的榜样。

继中国妇女抗敌后援会在上海成立后，1937 年 8 月 1 日，蒋介石夫人宋美龄在南京成立了"中国妇女慰劳自卫抗战将士总会"，号召各界妇女"要保全国家的完整，保护民族的生命，应该尽人人的力量，来抵抗敌人的侵略"①。

考虑到宋美龄作为抗战统帅蒋介石夫人的身份，中国妇女慰劳自卫抗战将士总会成立后，宋庆龄与何香凝为保持和扩大统一战线，以利于团结各界的妇女，使抗日救亡运动沿着正确方向发展，经她俩提议和后援会理事会的决议，将后援会改称中国妇女慰劳自卫抗战将士总会上海分会（简称妇慰上海分会），从属于南京妇慰总会。宋美龄听说后激动万分，除给二姐打电话外，她又亲笔写了一封信，派专人把信送到上海宋庆龄处，以表示她对二姐胸怀坦荡和磊落无私的无比钦敬。

为了同一个目标，政见不同的宋氏三姐妹一起走上了抗日救国的第一线。当年，政治把她们分开，而此时，政治又使她们团聚。三姐妹之间终于有了共同的语言、共同的政治志向。为了共同的一个目标，她们以宏大的政治家气魄团结了一大批中外著名人士，直接参加或者支持中国的抗战，在她们的大力奔走下，中国很快出现了全民奋勇投身抗日战争的局面，真正是"富商巨贾，既不吝金钱；劳工平民，亦尽倾血汗"②。

在整个抗日战争期间，宋庆龄随着战局的变化曾三度迁居，先居上海，"八一三"抗战爆发后移居香港，1941年太平洋战争爆发时又迁至重庆。其中居住香港的4年，是她在整个抗日战争中最活跃的阶段。在此阶段中，宋庆龄往返奔走于香港、广州之间，与广东和国际上的各妇女团体建立密切联系，促进了全国各妇女团体的工作及它们之间的团结和统一，开辟了妇女抗日救亡运动的新局面。

在香港，宋庆龄利用该地的特殊政治环境，把工作重点转移到呼吁国际援助中国抗战上。她每天从早到晚都活动在外国朋友和香港各阶层人士之间，四处联络，各方协商。经过几个月的努力，以她任主席的"保盟"在1938年6月成立。在这一抗日爱国组织内，宋庆龄专门设立了一个妇女促进会的机构，负责联络国内和国际的妇女团体，协助开展妇女抗日救亡运动。

与此同时，宋庆龄大力号召和领导全国的妇女同胞，积极响应法、美两国中国之友会为帮助我国抗战所发起的义卖筹款活动，促使其获得圆满成功。

宋美龄是中国近现代史上带有传奇色彩的人物。她以政治家、外交家、女界领袖的身份活跃在当时的国内和国际舞台上，可谓风华绝代、独领风骚。当年，北伐战争结束，军阀混战，蒋介石疯狂屠杀共产党人，一时孤魂遍野，白

---

① 宋美龄：《一九三七年八月对中国妇女慰劳自卫抗战将士总会成立大会讲》，《蒋夫人言论集》，生生印书馆1987年版，第174页。

② 《南洋年鉴》1951年版，第39页。

骨成堆。一边是战场和政坛上的明争暗斗，一边是流离失所的难民。蒋介石身佩屠刀，忙着亲授"青天白日"勋章。宋美龄则身着轻礼服，面带笑容地当起了慈善家。

宋美龄的才华和魅力的全面展现，主要是在抗战时期。

东北失陷、华北危机、"七七事变"，蒋介石"稳坐钓鱼台"。直到日寇从海上进攻，上海"八一三"抗战爆发，蒋介石终于站出来，号召"地不分南北，人不分老幼，皆有守土抗战之职责！"一夜之间，蒋介石变成了守土抗战的统帅。站在蒋介石身边的宋美龄，终于可以大展才华了。她和姐姐们一起，公开地为民族、为抗战奔走呼号。

1938年，宋美龄在庐山召开各界知名妇女谈话会，商讨妇女界抗日的问题。共产党人邓颖超和孟庆树收到了宋美龄的请柬。此次会议做出了两项重要决定，一是将"新生活运动妇女指导委员会改组、扩大为全国性的动员领导妇女参加抗战建国的总机构"，简称"妇指会"；二是通过《动员妇女参加抗战建国工作大纲》，以此作为今后妇女运动遵循的共同纲领。

宋美龄是"妇指会"的总指挥，她不断出入于保幼院、妇女干训班、伤兵医院、寒衣缝制所和疏散女工的收容所，指导武汉及大后方的工作。她经常悄声无息地来到后方医院的伤兵病房，在病床前放下一块毛巾、一个罐头和一包糖，并不时询问伤兵的生活状况，亲自替伤员换药包扎，嘱咐医院院长改进医疗状况。她的口头禅是"不尚空谈，唯有苦干"。在抗战中她干得最出色的工作是战地服务、救助孤儿、募捐献金、"工合运动"和国际外交。

宋美龄没有生育过孩子，却特别喜爱孩子。在上海、南京相继沦陷的时候，人民惨遭杀戮，无数家庭毁于战火中，成千上万的儿童成了孤儿，到处流浪，大批难童沿街乞讨，甚或倒毙路边街头，惨不忍睹。为了抢救这些难童，宋美龄与邓颖超、李德全、沈钧儒、蔡元培、郭沫若等人一起，成立了战时儿童保育会，宋美龄任理事长。保育会先后在全国各地成立了20多个分会、53所战时儿童保育院，收容、保育了3万多名难童。她还在重庆小龙坎覃家沟办了一所中正学校，自任校长，主要接收难童。

日本飞机对重庆狂轰滥炸，6000多名少年儿童急需疏散，宋美龄将自己的座车让出来，亲自站在路当中，手中挥舞着旗子，要求来往的车辆停下来转运孩子。

在南京，她以中国"总播音员"的身份向全世界揭露日军的暴行，批评西方国家对日本的纵容政策，展示中国将士英勇抵抗的决心，争取美国朝野对中国抗战的支持和同情。她在其中一段对美广播中讲道："美国的朋友，祝你们早安。我只用几分钟的时间讲这段话，是要请一切爱好自由的人们知道，中国应该立刻得到正义的援助，这是中国的权利。诸位，你们在无线电中，或许可以听到大炮的声音，但是这里还有受伤者苦痛的叫喊，还有垂死者弥留的呻吟，你们听不到，我希望你们能想象得到。"

她还说："请告诉我，西方各国坐看这样的残杀和破坏，噤无一词，是不是可以算作讲求人道，注重品德，崇尚仁义，信仰耶稣文明的胜利征象呢？再则，现在第一等强国，袖手旁观，好像震慑于日本的暴力，不敢出一语诋评，是不是可以看作国际道德、耶稣道德或所谓西方优美道德堕落的先声呢？"如此义正词严，引起了国际社会的强烈反响。

她愤怒地声讨日本强盗惨绝人寰的血腥大屠杀："那里的天空，充溢着恶魔般的暴怒，地面上喷射着火焰，飞溅着人类的鲜血。""千百万的妇女儿童在受苦受难，在无情的战火中死里逃生，遭屠杀遭凌辱，她们都是我们的姐妹，我们的妈妈，我们的儿女。"

宋美龄的首功，是在抗战中为中国最大限度地获取了国际援助。宋美龄在 1943 年访美时的盛况，完全可以用"倾国倾城"来形容。罗斯福、威尔基、史迪威、陈纳德、魏得迈、马歇尔、麦克阿瑟、鲁斯、霍普金斯、雷德福以及其他诸多的美国军政首长和媒体大亨，都对宋美龄怀有错综复杂、莫可名状的情结。在争取美援的能力上，中国国内还无出其右者。

宋美龄的又一贡献，是以爱心光照战争军人遗族与孤儿，兴办烈士遗孤学校，而且对学校的设施，大到房子建筑小到油漆颜色都事必躬亲；对孤儿每天食用的牛奶，仔细检查；对孤儿的仪态、修养亲自辅导，以致有人说，遗孤学校出来的学生倒像是贵族学校培养的。

当抗战的烽火燃遍全国时，宋霭龄也以极大的热情投入妇慰分会的工作。一次，宋庆龄筹备了一场中外妇女联席会议，以便向各国在上海的妇女代表报告中国抗日情况，并期望通过她们向全世界揭露日本侵华真相，使各国同声谴责和孤立日本帝国主义。会议召开那天，宋庆龄偏偏病了，不能亲自出席。紧急关头，宋霭龄当仁不让地登台主持了会议，并用英语向各国妇女代表进行演讲。她报告了上海妇女救亡运动的开展情况，要求各国妇女主持公道，敦促她们本国政府同中国联合起来，共同制裁日本。整个抗日战争时期，宋霭龄与庆龄、美龄共同参加抗日救亡活动，支持中国工业合作社，参与组织新生活运动促进总会妇女指导委员会，创办全国儿童福利会，担任香港伤兵之友协会会长。

在重庆期间，三姐妹同出同归，战时陪都的新生活运动妇女指导委员会、重庆第一儿童保育院、伤兵之友医院，处处都留下了她们视察访问的足迹。她们一同在群众集会上发表演讲，号召人们加强团结，坚持抗战，反对卖国贼。她们一起设宴招待各友好国家的外交官,向全世界表明中国抗战的坚定立场。

可以毫不夸张地说,宋氏三姐妹以她们特殊的身份和独特的魅力,在吁请外援、战时救援、难民救济、孤儿抚养等方面,为中国的民族解放立下了不朽的功勋。

十六、解放区临时救济委员会

中国解放区临时救济委员会,是中国共产党首次直接参与、创设的社会救济组织。

抗日战争尾声阶段,1945 年 7 月 13 日,在延安召开的中国解放区人民代表会议筹备会上,许多代表预见到战后恢复与建设工作责任会十分重大,为了统一各方面的力量协助解放区政府完成战时和战后的救济与善后工作,建议成立一个全解放区的联合救济机构。此建议获得 139 名筹备委员的一致赞同,并通过决议,成立中国解放区临时救济委员会。

1945 年 7 月 27 日,中国解放区临时救济委员会宣告成立,董必武任主任,李富春任副主任,周恩来、傅连暲、沈其震、成仿吾、伍云甫等人为委员。临救会成立后,立即着手推动各解放区救济分会的建立,准备在此基础上成立中国解放区救济总会。在各解放区人民政权的大力推动下,1946 年 1 月,在陕甘宁、晋绥、晋察冀、晋冀鲁豫、冀热辽、山东、苏皖和鄂豫皖 8 个根据地先后成立了分会。1946 年 4 月中旬,在北平召集了各分会的代表会议,讨论了当时的救济与善后工作。同时,中国解放区临时救济委员会改称中国解放区救济总会,简称“解总”。

这一救济机构成立以后,总会办公地点三次迁移。按照地点的不同,总会的工作可分为三个时期。

(一)延安时期——1945 年 7 月至 1946 年 7 月

在此时期,解总与各解放区政府、分会、和平医院、保育机关及其他福利机构建立了广泛联系,对敌寇在敌后进行烧杀、劫掠、轰炸、破坏和各种天灾所造成的一切损失进行了尽可能详尽真实的统计;对医药卫生、儿童保育、难民救济等需求情况做了调查报道。出版了英文的《救济公报》和中文的《救济通讯》,分送各友好的国际救济团体、各救济分会及有关人士。此外,还收集了大量反映敌寇罪行的资料和照片,向国内外做了广泛的宣传与控诉。同时,解总与宋庆龄领导的保卫中国大同盟建立了正式联系。这一阶段,解总募集并收到主要来自保卫中国大同盟转交的捐款约值当时国币 76139 万元，另有重要医药物资约 30 吨。

这一时期（第二次世界大战结束后），联合国成立了善后救济总署，简称"联总"，负责战灾救济，帮助在"二战"中的受害国家安置难民和战俘，复兴紧迫需要的工农业生产。

（二）上海时期——1946 年 7 月至 1947 年 12 月

1946 年 7 月，全面内战一触即发。蒋介石在美国的支持下，表面上以北平执行部空谈停战为掩护，实际上向各解放区大举进攻。联总通过马歇尔向周恩来提议，邀请解总派代表参与联总运华物资的分配工作。为此，解总在上海成立了办事处，派秘书长伍云甫兼任处长，林仲为业务主任。此后大约一年半的时间内，解总的工作重心放在上海，其主要工作是向联总和行总（即当时的国民政府行政院救济总署）提出关于解放区抗战损失的报告材料，就解放区所应得救济善后的物资进行谈判交涉。同时与各解放区分会建立直接联系，办理联总救济物资的接收、储运和分配事宜。

但是这一时期的救济工作由于国民党和美国方面的阻挠破坏，成效甚微。根据当时统计，全国应受救济的人口为 4200 万，其中解放区应受救济的人口为 2600 万，按照这个比例，解放区应得联总全部援华物资的五分之三。然而，由于美国实际上是在利用联总物资全力支持蒋介石打内战，因此，十四年抗战中牺牲最大、灾难最深的解放区人民，一共只收到联总 5 万余吨的救济物资，只占联总援华物资总数 236 万余吨的 2%。

（三）石家庄和北京时期——1947 年 12 月至 1950 年 4 月

1947 年 12 月，联总在华工作结束，解总人员也从上海撤回解放区，与由延安迁移到石家庄的解总总部合并。此时的解总由熊瑾玎任副秘书长，并负实际责任。

1948 年 8 月，联合国国际儿童急救基金会华北工作队到石家庄与解总谈判并交换谅解书，规定基金会拨款 50 万美元（后增至 75 万美元），协助解放区开展妇婴儿童卫生工作。事后证明，在美蒋联手破坏和干扰下，这一合作也是不成功的。因为该儿童急救基金会虽系联合国组织，但仍然为

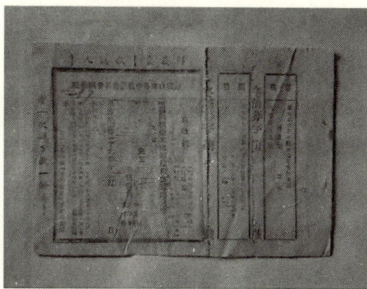

解放区临时救济委员会（张家口市冬季救济委员会募捐证）

美国所操纵。交换谅解书之后,基金会便屡屡违反协议,运抵物资远不及协议规定的数额,质量也十分低劣。协议执行一年以来,只运来105000美元的物资,不及协议总数的七分之一。尤其恶劣的是,824箱"医药物资"中,竟有304箱是擦手纸。针对这种情况,解总被迫发表严正声明,宣布石家庄谅解失效。声明书发表后,美蒋方面为了掩人耳目,只好再运来30万美元物资。

北京和平解放后,1949年9月,解总全部搬到北京。

随着中华人民共和国的成立,中国解放区救济总会这个名称已经过时。1950年4月,中国救济代表会议在北京召开,会议通过了中国人民救济总会会章,正式成立了中国人民救济总会,并选出宋庆龄、董必武、伍云甫、谢觉哉、李德全、苏井观、阎宝航、康克清、赵朴初、雷洁琼、胡兰生、章元善、陈嘉庚、鲍尔汉等49人为中国人民救济总会执行委员会委员;陈其瑗、熊瑾玎、司徒美堂、庄希泉等9人为中国人民救济总会监察委员会委员。

会议听取了中国解放区救济总会主席董必武关于新中国的救济福利事业的报告。会议共收到关于节约救灾、救济失业工人、妇婴福利等的提案共54件,交由中国人民救济总会执行委员会负责处理。

会议最后由中国福利基金会执委会主席宋庆龄致闭幕词。她郑重宣布,新中国的救济福利事业不再是"统治阶级欺骗与麻痹人民的装饰品,也不再是少数热心人士的孤军苦斗,而是政府和人民同心协力医治战争创伤并进行和平建设一系列工作中的一个组成部分。因此,它就有了新的意义和新的内容"[1]。

---

① 董必武:《新中国的救济福利事业——一九五〇年四月二十六日在中国人民救济代表会议上的报告》,《江西政报》1950年第5期。

第九章　新中国慈善事业的发展

1949 年 10 月 1 日,中华人民共和国正式宣告成立。中国人民经过 100 多年的英勇斗争,终于推翻了帝国主义、封建主义和官僚资本主义的统治,取得新民主主义革命的胜利,中国人民从此站了起来,成了国家的主人。有着 5000 年悠久历史的中国从此进入了一个历史新纪元。

占世界人口近四分之一的大国,冲破了帝国主义的东方战线,壮大了世界和平、民主和社会主义阵营的力量,鼓舞了全世界被压迫民族和被压迫人民争取独立和解放的斗志。

新中国成立的最初几年时间里,年轻的共和国经受了严峻的困难和考验。在这一历史时期,中国人民在中国共产党的领导下,以自己的勤奋和智慧,排除万难,艰苦奋斗,夺得了抗美援朝、土地改革、镇压反革命、禁毒扫娼,以及全面恢复国民经济的伟大胜利。

在百业凋零、百废待举的烂摊子上,在战争的威胁下,新中国政府在外交、军事、经济建设和社会秩序的恢复方面取得了举世瞩目的成绩。与此同时,民间慈善团体及其慈善事业也经历了由部分恢复、发展的过程。这种情况的出现,是历史环境使然,也是当时政治形势下所难以避免的。

一、新中国的慈善救助事业

新中国成立之初,面临的形势十分严峻。

在军事上,虽然获得了基本胜利,但战争还没有完全结束。国民党还有上百万军队残留在西南、华南等人民解放军尚未到达的地区负隅顽抗;在新解放区,国民党溃逃时遗留下来的大批残余力量,同当地反动势力相勾结,以土匪游击战争的方式进行捣乱破坏。

在经济上,国民党留下的是一个全面崩溃的烂摊子。生产萎缩,交通梗阻,民生困苦,失业众多。特别是国民党政府溃败前夕曾长期滥发纸币,造成物价飞涨、投机猖獗、市场混乱。中国共产党和人民政府有没有能力制止恶性的通货膨胀和物价上涨,把生产迅速恢复起来,把经济形势稳定下来,从而在政治上站稳脚跟,这在当时是比进军和剿匪更加困难的新的严峻考验。

在国际上,妄图称霸全球的美国,在其"扶蒋反共"政策失败之后,仍然坚持与中国人民为敌的立场,拒绝承认新中国,并竭力阻挠其他国家与新中国建交,妄图在政治上孤立新中国,在经济上实行封锁,在军事上实行包围。1950年朝鲜战争的爆发,更把一个十分严峻的课题推到了年轻的共和国面前。面对这种错综复杂的国内外形势和繁重艰巨的任务,党和政府仍然非常重视社会救济工作,不仅制定了大量法规政策规范社会救济事业,而且为社会救济投入了大量财力和物力,保障了那些处于生活困境的人的基本生活,维护了社会稳定。

新中国成立初期,针对城市流落街头的大量难民、灾民、无业人员等贫困人口,政务院于1949年12月发布了《关于生产救灾的指示》;1950年6月,政务院又发布了《关于救济失业工人的指示》;同年7月,劳动部发布了《救济失业工人暂行办法》。与此同时,党和政府拨出大量粮食和经费,对不同情况的人员给予不同的救济。1952年,全国152个城市经常得到救济的有120余万人,冬季达到150余万人。从1953—1957年,国家支付城市社会救济费1亿多元,救济了1000多万人。在农村,从1950—1954年,国家发放了10亿元的救灾救济款以及大量的救济物资,以救济灾民和孤老病残人员。

从以上情况看,这一时期的社会救济工作主要由政府承担,这是当时政治形势下所不得不采取的措施。也正是这个原因,导致了这一时期民间慈善事业和慈善团体的式微和消亡。

(一)慈善工作的政治解读

古今中外,凡开展慈善事业,都是以慈善团体的存在和发展为前提条件,而慈善团体生存和发展的必需条件就是获得必要的资源和空间。所谓资源和空间,几乎完全取决于政府的相关政策。因此,新中国成立初期,政府对慈善团体的政策就决定了民间慈善团体的发展与衰亡。

1950年12月29日,中央人民政府政务院举行第六十五次政务会议,听取了郭沫若副总理关于处理接受美国津贴的文化教育救济机关及宗教团体的方针的报告。

郭沫若在报告中称,百余年来,美帝国主义对我国除了进行政治、经济和武装侵略外,在很长时期中,尤其注重文化侵略的活动。这种侵略活动方式,主要是通过巨额款项补贴宗教、教育、文化、医疗、出版、救济等各项事业,对这些事业加以控制,来进行对中国人民的欺骗、麻醉和灌输奴化思想,以图从精神上来奴役中国人民。1908年美国政府提议利用庚子赔款发展在帝国主义控制下的中国文化教育事业,乃是一种处心积虑且极其恶毒的政策。当时,美国伊利诺伊大学校长詹姆生曾向美总统罗斯福送了一个备忘录。这个备忘录中说:为了扩张精神上的影响而花一些钱,即使只从物质意义上说,也能够比用别的方法收获得多。商业追随精神上的支配,这比追随军旗更为可靠。

这是帝国主义者自己对文化侵略的目的最坦直的供认。从此,美帝国主义的文化侵略活动更显积极。第一次世界大战以后,美国在中国的传教士人数即突增至占全部在华外国传教士的一半。

国民党统治时期,美帝国主义利用特权,更积极扩展其文化侵略。据1936年的调查,美国教会及救济机关在中国的投资总额达4190万美金,其中医药方面占14.7%,教育方面占38.2%,宗教及救济活动费占47.1%。再就其事业范围来说,近数年来的情况大致如下:

(1)学校方面:在中国的20所教会高等学校中间,受美国津贴的即占17所之多;300余所教会中等学校中,受美国津贴的约200所,占三分之二;小学方面受美国津贴的约1500所,约占全部教会小学的四分之一。(2)医院方面:受美国津贴的在华教会医院约200所,占中国全部教会医院的半数左右。在新中国成立以前,美国曾通过"善后救济总署"和"中国国际救济会"等机关在这方面积极扩展其势力。(3)救济事业方面:受美国津贴的有孤儿院200余所、麻风病院20余所、聋哑学校10所、盲校30所等,这些救济事业的经费津贴机关为"美国援华救济委员会"。(4)文化、出版方面:除为数不多的图书馆、博物馆等外,过去主要是凭借其直接经营之电影事业进行侵略。在新中国成立前,在中国放映的影片中,美国影片曾占70%以上,有毒素的美国影片已经被我们完全肃清了。出版方面接受美国津贴的则有少数的教会出版机构,如广学会等。(5)宗教团体:美国传教士在中国直接办理的基督教西差会有58个,占在华西差会总数113个的半数,受这些美国差会津贴的中国基督教会约有15个。此外还有各种教会的联合组织和青年团体、出版团体和救济团体等等,属于美国系统或和美国有关的天主教修会有六七个,在全国123个主教区中间,有13个主教区的主教是美国人。

综合以上所述,接受美国津贴之文化教育救济机关与宗教团体,在中国全部接受外国津贴的同类机关团体中占一半左右。

新中国成立之初,百废待举,对于上述这些文化教育救济机关和宗教团体,政府期望他们能恪守政府法令,所以未予处理,容许他们暂时接受美国津贴。但是美帝国主义却仍然不断地企图利用这些机关和团体暗中进行其反动的宣传和活动。至1950年,我国公安机关已经多次发现这类事件,诸如造谣、诽谤,进行反动宣传、出版和散布反动书刊,甚至隐藏武器、勾结蒋匪特务进行间谍活动,等等,尤其在美帝侵略朝鲜和我国台湾地区以后,中国人民抗美援朝运动广泛开展之际,美帝国主义的这种破坏活动更加猖獗。

新中国成立后,奥斯汀就在联合国安全理事会上发表了诬蔑中国人民的荒谬演说。之后美国政府更宣布冻结中国在美国的财产,企图以此种办法来增加人民政府的困难,威胁所有在接受美国津贴的文化教育救济机关及宗教团体中工作的全部中国人员的生活。

美帝国主义这些卑鄙的行为,激起了中国人民的巨大愤怒。各地教会学校、教会医院等的教员学生、医务人员和职员工友,普遍举行了爱国反美的示威,对美帝国主义分子的反动破坏活动进行控诉,并迫切要求将这些机关由政府接办或变为完全由中国人民自办。

在宗教界,中国基督教徒中的爱国分子鉴于帝国主义利用教会进行侵略的阴谋,也开展了广泛的爱国反帝运动。1950 年 9 月间,他们以吴耀宗先生为首发表了"中国基督教在新中国建设中的努力途径"的宣言,宣布努力实现教会的自立自养自传方针,以肃清帝国主义在基督教中的影响。这个宣言获得绝大多数中国基督教领袖和 26000 名以上的教徒签名。天主教方面也有四川广元县以王良佐先生为首的 500 名教徒签名发表的"天主教自立革新运动宣言"。

这些事实说明了爱国的中国人民已经认识到了美帝国主义的罪恶,不能容忍帝国主义的文化侵略继续在中国进行。

为了肃清美帝国主义在我国的影响,维护中国人民在文化教育、宗教事业等方面的自主权利,以及彻底制止美帝国主义利用文化教育救济机关和宗教团体来进行反动活动,政府对于一切接受美国津贴的上述机关和团体迫切需要进行适当的处理,特根据上述情况拟定处理方针如下:

第一,政府应计划并协助人民使现有接受美国津贴的文化教育救济机关和宗教团体实行完全自办。

第二,接受美国津贴之文化教育医疗机关,应分别情况或由政府予以接办改为国家事业,或由私人团体继续经营改为中国人民完全自办之事业,其改为中国人民完全自办而在经费上确有困难者,得由政府予以适当的补助。

第三,接受美国津贴的救济机关,应由中国人民救济总会全部予以接办。

第四,接受美国津贴之中国宗教团体,应使之改变为中国教徒完全自办的团体,政府对于他们的自立自养自传运动应予以鼓励。我们深信,在中央人民政府领导之下,实现上述方针是完全可能的。我们深信,全国人民,包括在接受美国津贴的文化教育救济机关和宗教团体中的人员,都将在中央人民政府领导之下,团结一致,实现上述的方针,把 100 余年来美国帝国主义对中国人民的文化侵略,最后地、彻底地、永远地、全部地加以结束。

郭沫若的这个报告,得到了与会者的一致同意。会议"并责成政务院文化教育委员会本此方针,会同各有关部门,迅速定出实施办法,予以完全实现。政务院号召各级人民政府,各民主党派、各人民团体,及全国文化、教育、救济、宗教各方面人员,本着爱国精神、同心协力,为彻底实现郭副总理在报告中所提出的光荣任务以完全肃清美国帝国主义在中国的文化侵略影响而奋斗"[①]。

以今天的眼光来看当年这个报告,我们只能把它当作一种特殊情势下的无奈之举。如果换以今天的眼光观之,郭沫若所列举的那些由美国资助的教会学校、医院,包括孤儿院、盲校等慈善性质的机构,并不能说完全都是怀有恶意的文化和精神的荼毒与侵略。在当时的情境下,美国是头号敌人,是对立面,因此,这个报告和这次会议所做的决议,无疑是当时情况下对慈善事业的一种纯政治的解读,在消除了美国的文化侵略和精神荼毒的同时,至少在一定程度上扼杀了一部分真正的慈善。

从新中国成立到 1950 年 12 月中央人民政府政务院发布《关于处理接受美国津贴的文化教育救济机关及宗教团体的方针的决定》这一时期,政府容许旧有慈善团体的继续存在,民间慈善团体也在一定程度上配合了政府的社会救助。

1953 年 11 月,中央人民政府召开了全国城市救济会议。从此,政府开始了对旧有慈善团体的逐步改造,一部分慈善团体成为政府所属机构,其慈善事业成为政府救助的一部分,尚存的慈善团体的慈善事业成为政府救助的配合力量。

(二)改组中国红十字会

新中国成立初期,随着国家政权的更迭和政治形势的变化,国内的民间慈善组织及其慈善事业也呈现出它们自身的特点。最突出的特点就是,慈善团体的行政化倾向日趋明显。一般而言,民间性和自愿性是慈善团体最显著的特点。民间慈善组织创建时,都是以社会成员的自愿行为为前提的,成立后一般都是自我管理,费用自筹,工作自主。新中国成立初期,出于规范社会救助、建立政治新秩序等需要,政府对慈善组织进行了改组整顿。其中,对中

---

① 中共中央文献研究室编:《建国以来重要文献选编》(第 1 册),中国文献出版社 2011 年版,第 443 页。

国红十字会的改组是最典型的一例。

中国红十字会成立时合影

新中国成立初期,中国红十字会在协助政府履行《日内瓦公约》、处理战争遗留问题、开展民间外交、宣传卫生防病知识、保护人民生命与健康等方面做了大量卓有实效的工作。1949年4月23日,南京解放。中国红十字会总会少数上层人士赴台,秘书长胡兰生留在了上海。留在南京的总会职工自发成立了职工会,并以中国红十字会职工会的名义对外联络。

上海解放后,5月28日,总会人员全部由南京迁往上海,与设在上海的办事处合并。8月,总会也由南京迁往上海办公。10月1日,中华人民共和国成立,中国历史揭开了新的篇章,有着45年历史的中国红十字会也面临着新的抉择。

1950年3月,中国红十字会总会在驻地上海新闸路856号召开红十字工作检讨会,来自全国各地分会的40余名代表及上海市军管会外事处和卫生处的代表集聚一堂,共商红十字会的前途大计。会议决定派代表赴京汇报工作。这次工作检讨会,可以说是中国红十字会改组工作的发动点。

会后不久,在征得卫生部的同意后,以胡兰生为团长、职工会主席朱子会为秘书的中国红十字会7人代表团赴京。卫生部部长李德全、副部长苏井观接见了代表团,并听取胡兰生和朱子会关于红十字会历史、现状的汇报,以及红十字会同人要求人民政府接管红十字会的意见。卫生部党组书记、副部长贺诚在接见代表团时表示,将"要求接管"的意见转报政务院周恩来总理。随后,代表团成员返沪,等候消息。

4月初,总会接到上海军管会卫生处转达的卫生部通知:周总理指示,中国红十字会总会迁址北京改组,由卫生部和中国人民救济总会领导负责,具体筹备工作由救济总会负责。

5月初,胡兰生和朱子会再次进京,商谈总会迁址和改组事宜。中国人民救济总会秘书长伍云甫接见了他们并告知,根据周总理的指示,经与外交部、卫生部等有关部门商议,提出四点意见:第一,鉴于红十字会的特点及历史状况,采取改组而不是接管的方式,将旧中国红十字会改组为新中国红十字会;第二,总会搬迁北京,现有职工除不愿意赴京者外,全部留用;第三,总会所有资产要妥善保管,不得随意处理;第四,将北京东城干面胡同22号房屋腾让出来,作为总会迁京后的会址。

7月，总会工作人员陆续由上海抵达北京，迈出了改组的第一步。

1950年8月2日至3日，中国红十字会协商改组会议在北京召开。这也是新中国成立后中国红十字会的第一次全国代表大会，即新中国红十字会"一大"。

协商会议的组成人员是全国性和多方面的。政府方面有中央人民政府卫生部、外交部、内务部、民族事务委员会、华侨事务委员会、军委卫生部和北京市人民政府等机关的代表；群众团体方面有中国人民救济总会、中华全国总工会、中华全国民主妇女联合会、中华全国民主青年联合会、中华全国文学艺术工作者联合会的代表；还有原中国红十字会理事和职工会的代表。

在大会上，胡兰生做了《中国红十字会总会会务报告》。他在总结中国红十字会过去46年的历史及各个时期的工作后，指出："我们庆祝着这个团体的新生，我们企望着这个团体的发展。"①李德全、伍云甫分别做了《中国红十字会今后工作的任务》的报告和《对调整中国红十字会有关问题的报告》。其中，李德全的报告指明了中国红十字事业发展的方向："要建立起新的革命的人道主义思想，全心全意为广大工农兵群众服务。"②

经过充分讨论和酝酿，会议通过周恩来总理曾亲自拨冗修改的《中国红十字会会章》。新会章规定：中国红十字会为中央人民政府领导下的人民卫生救护团体。根据"预防为主"的卫生工作总方针及"动员和组织人民实行自救助人"的救助福利方针，以协助各级人民政府，面向人民大众，宣传并推广防疫、卫生、医药及救济福利事业为宗旨。

会议选举产生了新中国红十字会第一届理事会。会长李德全（中央人民政府卫生部部长）；副会长彭泽民（华侨事务委员会委员）、刘鸿生（工商界事务委员会委员）、熊瑾玎（中国人民救济总会监察委员会副主任）、胡兰生（原中国红十字会总会秘书长）；常务理事金宝善（卫生部技术室主任）、苏井观（卫生部副部长）、陈其瑗（内务部副部长）、龚普生（外交部国际司司长）、伍云甫（救济总会秘书长）、林仲（救济总会副秘书长）；理事吴有训（华东教育部长、交通大学校长）、徐国懋（金城银行总经理）、王晓籁（工商界人士）、朱子会（红十字会总会组织组主任）、傅况鳞（红十字会总会宣传组主任）、徐寄顾（浙江兴业银行董事长）、杨静仁（民族事务委员会办公厅主任）、朱学范（总工会副主席）、曹孟君（全国妇联女部部长）、吴晗（全国青联秘书长、北京市人民政府副市长）、梅兰芳（文艺界人士）、康克清（全国妇联儿童福利部部长）、周鲠

---

① 胡兰生：《中国红十字会总会会务报告》，《新中国红十字》创刊号，第3—5页。
② 李德全：《中国红十字会今后工作的任务》，《新中国红十字》创刊号，第6页。

生（外交部顾问）、谢雪红（台湾自治同盟会主席）、邓裕志（女青年会全国协会总干事）；秘书长胡兰生（兼）；副秘书长林士笑（卫生部办公厅副主任）、倪斐君（救济总会副秘书长）。理事会成员具有广泛的代表性和很高的权威性。

同年9月6日，政务院批准中国红十字会会章和理事会名单。中国红十字会实现了"新的转变，新的开始"。这次改组，为新中国红十字事业的发展奠定了基础。

在国际上，改组后的中国红十字会总会电告红十字会协会，并派代表参加第21届理事会。1952年，中国政府外交部部长宣布承认1949年修订的日内瓦四公约；8月，第18届红十字与红新月国际大会承认中国红十字会是中国唯一合法的全国性红十字会。这是新中国在国际组织中恢复的第一个合法席位。

1961年10月，中国红十字会第二次全国代表大会在北京召开。从1950年改组到1966年"文化大革命"开始的10多年间，中国红十字会按照自身的性质和任务开展工作，在新中国经济建设和外交事务中发挥了特殊作用。这一时期，中国红十字会积极整顿、发展组织，协助卫生部发动民间力量开展医疗卫生工作，协助总会开展救济工作。

到1966年，全国已有县级红十字组织400多个，会员人数也增加到50多万，基层组织5000多个。各级组织积极开展红十字活动，如组织医疗救护人员以医疗服务队的形式开赴治淮工地、受灾地区、少数民族地区，为群众治病、宣传卫生防疫知识；在抗美援朝战争中，组织了7个志愿服务大队，共666人参加战场救护。在协助大批日侨回国探亲、协助遣返战俘等方面发挥了很大的作用。

（三）民间慈善组织的衰息

清末民初以来，我国的民间慈善事业已发展到一定规模，到新中国成立时，不少民间慈善团体已有几十年乃至近百年的历史，在救助手段、能力、设施、经验以及作用等方面各有所长，不可小觑。但新中国成立初期，短短几年的时间里，这些民间慈善事业却寿终正寝。

究其原因，最主要的是社会政治环境导致它们自身的败落。这种败落，首先就是慈善救助理念的落后。一些慈善机构长期以来靠家族传承或同人信誉的方式运营，以"焚香立誓"代替科学有效的管理和监督；部分社会慈善机构，如地方上的善会、善堂，其义行善举只限于本地本籍，对其他地方的灾情变故则往往坐视不管。这些做法，极大地囿限了慈善事业的健康发展，自清末以来一直为人诟病。新中国成立后，这些慈善机构的封建性、过于强烈的地缘性，都极不适应社会发展的需要，成了其救济功能发挥的"瓶颈"。

此外，历经几十年的战乱之后，慈善机构自身的问题积重难返。一部分慈善机构的组织者原系地主、官僚或外国传教士，这些人在新中国成立后均已成为阶级斗争的对象，有的甚至成为镇压对象。在这种情势下，他们大多自身难保，无暇他顾，或星散逃亡，或居家闲处，不理外务。这就导致这些民间慈善团体人心涣散，经费筹措困难，以致难以为继。

提到经费，这也是一个很重要的原因。慈善事业的开展离不开经济的支撑，其经费来源主要是自筹和募捐。新中国成立后，那些身为地主、官僚的慈善事业的创办者或逃离隐蔽，或在"土改""三大改造"等运动中被剥夺财富，自身难保，无心也无力从事慈善事业。这样，自筹的来源就基本断绝了。募捐需要慈善机构有合法的身份，需要社会力量的广泛参与。但在新中国成立初期，慈善机构在价值观上遭到否定，生存空间丧失，社会力量避之唯恐不及，捐助更是不可能的了。

因此，民间慈善事业失却了最基本也最关键的经济支撑。以北京为例，新中国成立初尚存的391处会馆，不少因负责人逃亡，"成无人负责状态"，多数房屋"年久失修、坍塌倒坏"。浙江省原民办救济慈善机构105所，因经费不足，新中国成立初多数"废弛停办"。这说明，一些慈善机构不能满足救助对象的需要，其存在的一些问题与社会的文明进步不相容，不进行必要的改革与转型，则势必被淘汰。

另一个重要因素是，在国内，新中国建立后，通过没收官僚资本、土改等一系列经济、政治和社会制度安排，国家逐步垄断了绝大部分资源，并逐步控制了几乎所有的社会空间，作为"中间层"的慈善组织因缺乏必要的资源、空间和合法性而无立足之地。

与新政权的成立相伴随的是新的意识形态的确立，新政权又用自己的社会主义价值观对当时存在的民间组织进行判断和选择，不少中国人创办的民间组织被认为是"封建主义的"，外国教会办的慈善事业是"侵略工具""伪善"。这又使民间组织进一步丧失了合法性基础，被国家干预甚至取缔就成为必然。

还有一点也很重要，"贫富差距存在，有的人需要社会的帮助，有的人有能力帮助他人，慈善公益事业就变成了一个桥梁，变成了一个联结不同社会阶层、润滑社会关系的有效机制"，而"在共同贫穷年代不可能有慈善事业，过于贫穷落后会制约慈善事业的发展;在共同富裕的时代不需要慈善事业"。①新中国成立初期的中国社会是贫穷的,而"土改""三大改造"等具有平等化取向的社会政策的实施,逐渐使慈善事业失却了存在的基础。

最后也是最关键的因素则来自政权更迭后新政府对慈善事业的新的解读。新中国成立后,面对民生凋敝、国内外敌对势力活动猖獗的险峻形势,中央人民政府以高压态势实行集权,一些民间社团和慈善组织在"乱世重典"之下成为"一刀切"的牺牲品。

对于社会福利事业的定位,政务院副总理兼政治法律委员会主任董必武1950年4月26日在中国人民救济代表会议上的讲话颇具代表性:"我们新民主主义国家的救济福利事业,应该是在人民政府领导之下,以人民自救自助为基础而进行的人民大众的救济福利事业。""这个救济福利事业之所以要在人民政府领导下,是因为人民政府是依靠人民、为人民服务的。只有它,才能够动员全国人民,组织人民力量,从事救济福利事业,并适当地全面地分配和调度人力、物力、财力而不致浪费、偏重、用不及时或用之不当。同时,也只有它,才能综合各种情况,辨别和揭破敌人的各种阴谋诡计,并负责保卫人民大众的救济福利事业。这是新民主主义国家必须采取的民主的集中制度,救济福利事业亦不能例外。"②

在这种方针政策的指导下,政府逐渐成为慈善事业的领导者、组织者和主要资助者,政府有权干涉慈善机构的善款用途、项目实施及人事任免。这就削弱了慈善机构的独立性,导致慈善组织的民间性、自愿性日益弱化,行政化倾向日趋显著,直至最后成为半官方组织和官方社会救助的一部分。

大约从1949年到1951年,我国大部分地区慈善团体的救助活动主要是灾后散赈救济,规模小,随意性大,如施棺、施医等。但这在一定程度上体现了这种民间慈善行为更能体察百姓的细微需要和补充政府救助漏洞的一面。1951年后,慈善团体的救助活动几乎完全被纳入政府的救助体系,虽然救助规模大了,救助面广了,但原有的灵活、细微等特点日益弱化,与政府救助特点逐渐趋于一致。

1953年11月1日至24日,全国城市救济工作会议在北京举行。参加会议的有中国人民救济总会各大行政区办事处、各省市救济分会,以及有关的大、中城市民政部门办理城市救济工作的负责人。

① 张起花、李锦泉:《发展慈善事业社会共担责任》,载《中国贸易报》2007年2月13日;高冬梅:《新中国建立初期的慈善救助事业》,《理论前沿》2008年第19期,第46页。
② 董必武:《新中国的救济福利事业》,《董必武选集》,人民出版社1985年版,第287—288页。

会议总结了城市救济工作的成绩："几年来，城市救济工作由于广大人民和全体救济工作干部，在中国共产党和各级人民政府的正确领导下，共同努力，得到了很大的成绩。各地生产教养机构收容了旧社会遗留下来的乞丐、妓女、小偷等游民和贫苦的无依无靠的残老、孤儿等，使不劳而食的游民经过教育改造，变成了从事劳动的新人，使残老、孤儿得到了适当的教养和安置。全国各城市还对贫苦市民进行了救济。此外，还接收和改造了接受帝国主义津贴的 420 多处救济机关，整理了 1600 多处旧有的社会救济福利团体，使这些救济机关成为有利于人民的救济福利事业。"①

这次会议以后，社会救助事业开始逐步纳入政府工作的权限内，民间慈善团体的生存空间几乎接近于零了。

因此，当时慈善团体与慈善事业的式微，有其自身流弊丛生的原因，也是社会、政治、经济、文化变迁的必然结果。到 1956 年社会主义改造完成，特别是 1956 年初社会主义改造高潮中，旧有慈善团体或停办，或由国家接办，或改组为其他性质的机构。

总体来看，1949—1956 年，中国民间慈善团体及其慈善事业经历了由部分恢复、发展到消失的过程。此后，我国一直没有以从事慈善事业为职志的民间慈善团体，也没有具备一定组织和规模的、经常性的慈善事业。

（四）社会主义制度下的社会福利

我国现代意义上的社会福利事业始于新中国成立之后。

新中国成立之初，多年的战争不仅使我国经济千疮百孔，也出现了大批无家可归、无依无靠、没有生活来源的孤寡老人、流浪儿童及无业游民。1949—1955 年，内务部在接管改造旧社会慈善团体和救济机构的同时，建立了大批救济性福利机构，用以收养并保障这些人的基本生活。此后，内务部召开的几次会议都对这些福利机构的收养对象提出了要求：对无依无靠、无法维持生活的残老、孤幼、贫民及游民等，应根据必要和可能按其有无劳动力分别予以教养、救济和劳动改造。到 1958 年，基本完成了救济贫民、改造贫民和维护社会稳定的任务。

经过新中国成立初期 10 年的整顿、改造和发展，我国新型社会福利制度基本建立起来。其基本内容是：对于单位体制以外的"三无"人员，以社会救济为特征，区分老年人、残疾人和孤儿等不同对象，以国家直接举办、直接管理福利机构的方式保障他们的生活；对于不属于"三无"人员但又具备部分劳

---

① 《全国城市救济工作会议在北京举行》，《人民日报》1953 年 12 月 1 日。

动能力的残疾人,组织起来,让他们集体就业。

20世纪50年代末到80年代中期("文化大革命"十年除外),我国社会福利事业在体制上基本按照新中国成立初期形成的制度模式运作,只是在数量上有了很大的增加。

1979年11月召开的全国城市社会救济福利工作会议,明确了城市社会福利事业单位的社会福利性质,制定了恢复和发展社会福利事业的方针政策,提出对所有城市社会福利事业单位进行整顿的意见,并首次提出了发展自费收养业务的意见。会议对各种收养对象制定了不同的方针。对学龄儿童,实行教与养的结合;对婴幼儿,以保育为主,在养好的基础上搞好学龄前的教育;对残疾儿童,实行养、治、教相结合。

在这次会议精神的指导下,各项社会福利事业普遍恢复起来。其中,残疾人社会福利事业恢复发展得最快,"五保"工作的进展也比较显著。更为重要的是,社会福利事业单位在性质、任务、办院思想等各个方面都有了历史性的进步。

1986—2005年是新中国社会福利事业转型的重要时期。由政府包办、只面向"三无"对象和"五保户"、以社会救济为特征的发展模式转为政府负责社会福利费用、全民发展社会福利服务、面向全社会有需求的所有公民、福利机构市场化经营的新型社会福利发展模式,也就是社会福利社会化的过程。这个过程由国有社会福利事业单位的改革发端,然后开辟出面向社会全体公民的社区服务,之后又形成比较完整的社会福利社会化的思路。

2001年初,民政部颁布了《老年人社会福利机构基本规范》《残疾人社会福利机构基本规范》等强制性行业标准,并联合建设部发布了《老年人建筑设计规范》及无障碍设施建设规范等技术规范。这些政策、法规和标准的发布实施,为保障老年人、残疾人等特殊社会群体的权益,推进社会福利社会化工作提供了依据。

儿童福利方面,1997年民政部、国家计委等六部门联合下发了《关于进一步发展孤残儿童福利事业的通知》,2001年3月1日开始施行民政部强制性行业标准《儿童福利机构基本规范》,2003年出台了《家庭寄养管理暂行办法》。这些通知、法规、标准的颁布实施,在制度上有力保障了儿童福利工作的健康发展,推动了儿童福利机构的规范化、专业化建设。

2005年,为了进一步推进社会福利社会化,民政部出台了《关于支持社会力量兴办社会福利机构的意见》,对社会力量参与社会福利事业、兴办社会福利机构,提出了一系列优惠扶持政策,极大地激发了社会力量参与社会福利事业的积极性,社会办社会福利机构异军突起,成为新时期社会福利社会化的重要助推力量。

同年，面对日益加剧的人口老龄化的严峻挑战，民政部下发了《关于开展养老服务社会化示范活动的通知》，决定在全国城市开展养老服务社会化示范活动。民政部为此制定了"政府高度重视、养老服务保障、养老形式多样、服务网络健全、社会力量支持、群众广泛参与、服务队伍爱岗敬业、养老机构优质高效"8 条基本示范标准，推动了养老服务社会化示范活动的健康推进。

随着社会的发展进步，各地老年人福利的内容不断增加。北京、南京、上海等不少城市对 60 岁以上的老人实行免费乘坐公交车、免费逛公园；对 80 岁以上低收入家庭中的老年人发放高龄津贴，建立了覆盖城乡、按月发放的高龄老人津贴制度。尤其是 2010 年全国"新农保"试点工作的开展，将首先使众多 60 岁以上的农村老年人受益。

与此同时，残疾人社会福利也获得了快速发展。2005 年，民政部公布施行了《假肢和矫形器（辅助器具）生产装配企业资格认定办法》。2006 年，民政部公布施行《假肢与矫形器（辅助器具）制作师执业资格注册办法》，规范辅助器具的生产经营。2007 年，民政部出台了《福利企业资格认定办法》，规范福利企业的资格认定；同年，国务院颁布的《残疾人就业条例》正式施行，标志着残疾人就业工作进入了有法可依的发展阶段。2008 年，党中央、国务院下发了《关于促进残疾人事业发展的意见》，为残疾人事业的发展指明了方向。

2008 年 4 月，民政部与李嘉诚基金会启动"重生行动——全国贫困家庭唇腭裂儿童手术康复计划"，帮助全国贫困病童进行矫治与康复治疗。汶川特大地震造成的孤儿是受灾群众中最困难的群体，民政部与四川省政府共同研究，并征得国家发展改革委、教育部、财政部发布救助安置的意见，对汶川特大地震造成的孤老和孤幼进行了妥善安置。

改革开放以来，在各级政府的关心与支持下，在各级民政部门的不断努力和推动下，通过规范管理、加强建设，我国社会福利的内容不断扩展，受益人数不断增加，服务对象已突破原有的群体，向全社会有需要的老年人、残疾人和儿童拓展。几十年社会福利的发展，已从原来的救济补缺型转变为适度普惠型。

二、改革开放以后的中国红十字事业

（一）新时期红十字事业的发展

1966 年，"文化大革命"开始，中国红十字会在极"左"思潮的影响下，被冠以"封资修"的帽子而受到批判，各级红十字组织机构被撤销，总会大部分工作人员调离或被下放到干校，国内工作被迫停顿达 10 年之久。

1978 年，改革开放之初，国务院以 63 号文批准中国红十字会恢复国内工作。此后，中国红十字会各级组织相继恢复，各项工作渐渐走向正常，开始走上发展壮大的道路。

1979 年 2 月，中国红十字会第三次全国会员代表大会在北京召开。

1985 年 5 月，中国红十字会第四次全国会员代表大会在北京召开，会议明确提出：中国红十字会的工作重点在国内；中国红十字会是全国性的人民卫生救护和社会福利团体，是政府的助手；首次提出要把中国红十字会办成具有中国特色的社会主义红十字会。在红十字会"四大"精神指引

1993 年 10 月 31 日通过的《中华人民共和国红十字会法》

下，中国红十字会的各级组织得到很大的发展，各项工作都取得很大进展。到 1989 年，在全国 30 个省、自治区、直辖市恢复和建会，基层组织达到 8.7 万个，会员 850 万人。

1990 年 2 月，中国红十字会第五次全国会员代表大会在北京召开，开始酝酿起草《中华人民共和国红十字会法》。

1993 年 10 月 31 日，在各方面努力下，第八届全国人大常委会第四次会议通过《中华人民共和国红十字会法》，以国家主席令公布施行。国家以法律的形式对红十字会工作做了规范，从此，中国红十字会走上了依法建会的轨道。

1994 年 4 月，中国红十字会第六次全国会员代表大会在北京召开，全国政协副主席钱正英当选为会长，国家主席江泽民受聘为中国红十字会名誉会长。

1999 年 10 月，中国红十字会第七次全国会员代表大会在北京召开。全国人大常委会副委员长彭珮云当选为中国红十字会会长。国家主席江泽民继续受聘为中国红十字会名誉会长。红十字会的"七大"是全面贯彻《中华人民共和国红十字会法》，加速发展中国红十字会事业的一次大会，国家主席江泽民、副主席胡锦涛、国务院副总理李岚清、钱其琛等领导人接见与会代表。

江泽民主席赞扬"红十字事业是崇高而伟大的事业"，并指出："随着我国

改革开放和现代化建设的发展,中国红十字事业的前景将会越来越广阔。"①
朱镕基总理在贺信中也称赞中国红十字会协助政府做了大量工作,"赢得了
良好的声誉和社会各界的支持,产生了积极的影响"②。李岚清副总理指出:
"中国红十字事业是我国社会主义事业的一个组成部分。""红十字会从事的
人道主义社会救助工作,有其独特的优势。我们要利用和发挥红十字会的优
势,为我国各族人民造福,为建设有中国特色社会主义伟大事业服务。""这是
国家的需要,人民的需要,也是时代的需要。"③

1997 年 7 月 1 日和 1999 年 12 月 20 日,香港红十字会和澳门红十字会先
后成为享有高度自治权的中国红十字分会。这是中国红十字会历史上的两
件大事。

1999 年 12 月 29 日,中央机构编制委员会办公室通知,经报请中央编委
领导批准,将中国红十字会总会由"卫生部代管"改由"国务院领导联系",理
顺了总会的管理体制,同时也有力地推动了地方红十字会理顺管理体制的工
作。截至 2002 年 10 月,全国已有 29 个省级红十字会理顺了管理体制。1978
年恢复工作以后,中国红十字会事业在改革开放中崛起,取得较大的发展。特
别是红十字会的性质由全国性人民卫生救护团体(1950),到全国性人民卫生
救护、社会福利团体(1985),再到从事人道主义工作的社会救助团体(1993)
的转变,可以看出,中国红十字会的工作内容不断增加,领域不断拓宽,外延
不断扩大。中国红十字会在国际、国内的影响越来越大,作用越来越重要,地
位也越来越高。

回顾中国红十字会艰难曲折的发展历程,可以分为两个历史阶段,即
1904 年诞生至 1949 年中华人民共和国成立的前 45 年和 1950 年改组后的 50
余年。伴随着中国社会的剧烈变动和坎坷历史,中国红十字会应运而生,始
终根植于广大民众之中,并不断发展、壮大,在不同的历史阶段,为了"改善最
易受损害群体的境况"做出了应有的贡献。"历史悠久,功在人间"是对中国
红十字会百年历史恰如其分的评价。

中国红十字会总会通过各种方式加强对地方红十字会组织理顺体制工
作的指导和督促,在"八大"前实现了全部理顺省级红十字会管理体制的目

① 《中国红十字年鉴》编辑部编:《江泽民接见中国红十字会第七次全国会员代表大会代表并发
表重要讲话》,《中国红十字年鉴 2004/2005 创刊号》,台海出版社 2006 年版,第 162—163 页。

② 《中国红十字年鉴》编辑部编:《朱镕基致中国红十字会第七次全国会员代表大会的贺信》,《中
国红十字年鉴 2004/2005 创刊号》,台海出版社 2006 年版,第 163 页。

③ 《中国红十字年鉴》编辑部编:《李岚清在中国红十字会第七次全国会员代表大会上的讲话》,
《中国红十字年鉴 2004/2005 创刊号》,台海出版社 2006 年版,第 164 页。

标。各省级红十字会把理顺副省级城市及省会城市、地级红十字会管理体制工作摆到重要位置。至 2007 年,全国省级红十字会全部理顺;地市级总数 334 个,其中已理顺 273 个,占 81.7%;县级总数 2781 个,其中已理顺 746 个,占 26.8%。全国红十字会基层组织共 7 万个;团体会员单位 12 万个;志愿者 113.2 万名;会员总数 2398 万人,其中成人会员 849 万人,青少年会员 1549 万人。

目前,全国红十字会共有编制人数 7774 人,其中专职人数为 6745 人。中国红十字会在赈灾救灾、无偿献血、紧急救护、骨髓移植、离散亲人查找团聚、国际救援等人道领域都做出了新的开拓与贡献,发挥了不可替代的作用。

(二)中华骨髓库

白血病是一种严重威胁人类生命的顽疾。自 20 世纪中叶起,人们发现通过骨髓移植可以根治诸如白血病之类的恶性疾病。虽然还有许多难以逾越的障碍,但是随着科学和医疗技术的日益发达,造血干细胞移植可以治疗白血病、急性放射病、重症再生障碍性贫血、重症地中海贫血、重症免疫性疾病,以及因癌症接受放化疗后的免疫功能低下等多种疾病,已经成为世界医学界的共识。

随着骨髓移植观念的普及和技术的日臻成熟,彻底治愈这一顽疾已经不再是梦想。20 世纪 70—90 年代,美国等一些发达国家开始建立骨髓库,为白血病等一些恶疾患者带来了福音。

在我国,每年有 100 万患者需要骨髓(造血干细胞)移植,仅白血病患者每年就新增 4 万余人。由于异体移植造血干细胞已经成为治疗白血病等恶性顽疾的主要手段,配型相合的异体造血干细胞来源就成了摆在患者和医务工作者面前的一个最大问题。

1992 年,经卫生部批准,建立了"中国非血缘关系骨髓移植供者资料检索库(简称中华骨髓库)"。由中国红十字会总会、卫生部、医学专家、宣传部门组成领导小组,办公机构设在中国红十字会总会。在北京、上海、辽宁、浙江、厦门、西安等地由当地红十字会组织协调相关的血液中心、医学院的实验室建立了一个协作组,开展了捐献者报名登记和分型检测工作,检测结果汇总至总会资料库,资料库协助医院寻找配型合格的捐献者。

但是由于资金、机构、观念、技术等方面的原因,加上宣传不到位,这项工作在长达数年的时间里进展缓慢,尤其是库容发展与后来的发展速度比较,可以说几乎处于停顿状态。为了改变中国造血干细胞捐献者资料库工作停顿的状态,中国红十字会总会于 1997 年向卫生部呈报了《中华骨髓库发展规划》，同年10月得到卫生部批复。但由于编制和经费问题难度大，工作仍然没有明显进展。

2000年11月，卫生部对中国红十字会总会《关于中国造血干细胞捐献者资料库有关问题的请示》做了批复，同意将原来的"中国非血缘关系骨髓移植供者资料检索库（中华骨髓库）"更名为"中国造血干细胞捐献者资料库（中华骨髓库）"。对一些相关问题也做了明确回复。

在中华骨髓库年会上获表彰的志愿捐献者

2000年末，中国红十字会向国务院有关领导汇报了造血干细胞捐献者资料库的现状，时任国务院副总理的李岚清同志非常重视，同意实施尽快扩充资料库的计划，资金问题由国家财政和社会募捐共同解决，并做了"抓紧落实"的批示。彭珮云副委员长在中国红十字会七届二次理事会上指出："加快中国造血干细胞捐献者资料库的建设是一项重要的工作，应该下定决心，克服困难，抓紧进行。"其后不久，又在中国红十字会向中央编制委员会申请资料库编制问题的报告中批示："成立中国造血干细胞捐献者资料库是一项亟待开展的人道主义工作，请你们予以支持。"①

造血干细胞移植成功的关键在于患者与捐献者两者的白细胞抗原（HLA）分型相合，而在同卵双生兄弟姐妹之间的相合率为25%。我国多年来推行计划生育政策，家庭中兄弟姐妹越来越少，要想进行造血干细胞移植，只能依靠社会上非血缘关系的捐献者提供配型造血干细胞，但非血缘关系中HLA的相合率仅为1/400—1/10000，患者的生命要想得以延续，只能在数以百计、千计、万计甚至于几十万计的志愿者中寻找配型相合的捐献者。

从国际上来看，世界上已经有几十个国家建立了非血缘关系骨髓移植供者资料检索库，遗憾的是，欧美的骨髓库中以白种人为多，亚裔人很少，原因是他们的白细胞抗原与东方人不同，中国人在那里找到供者的机会微乎其微。遍布世界的华人一旦患病需要造血干细胞移植治疗时，均把希望寄托于祖国。因此，无论从患者、社会还是国际的角度上看，中国造血干细胞捐献者资料库这一利国利民、造福于患者的公益事业都应尽快做好、做大、做出成效。这一公益事业，不仅是志愿者挽救一个患者的生命，使他们获得新生，维护一个家庭的完整，解决社会忧患的善举；而且可以为热心公益事业的奉献

---

① 吴金良：《让爱永存》，社会科学文献出版社2012年版，第21页。

者实现他们帮助他人的心愿;更是我国改革开放、人民群众精神风貌和道德风尚的具体体现。

2001 年中华骨髓库实际库存仅有 1.2 万人份。2003 年,库容数据突破 10 万人份。2004 年,库容数据突破 20 万人份,累计完成捐献造血干细胞超过 200 例;首次向国外(美国)患者提供造血干细胞,实现了零的突破。2005 年,库容数据突破 30 万人份,累计完成捐献造血干细胞超过 300 例。2006 年,库容数据突破 50 万人份,累计完成捐献造血干细胞超过 500 例;与美国骨髓库、新加坡骨髓库签订合作协议。2007 年,库容数据突破 70 万人份,累计完成捐献造血干细胞超过 800 例;首次向台湾地区提供造血干细胞;与韩国、日本骨髓库签订合作协议。2008 年,库容数据突破 95 万人份,累计完成捐献造血干细胞超过 1000 例。2009 年 8 月,中华骨髓库库容数据突破 100 万人份,成为世界最大的华人骨髓库。百万志愿者数据入库标志着中华骨髓库发展迈上了新台阶。

截至 2010 年 11 月底,中华骨髓库库容总计 1276618 人份,捐献造血干细胞 1934 例。仅 2010 年前 11 个月即新增入库数据 15 万多人份,全年实现捐献 500 余例。这是中华骨髓库发展史上的新突破。

中华骨髓库的注册标志是由四颗红心围绕红十字组成,象征着由中国红十字会领导的中华骨髓库的工作,充分体现红十字会保护人的生命和健康的人道宗旨,以及人人为我、我为人人的博爱特征。动员和呼唤全社会奉献爱心,拯救患者的生命。

各级政府领导的高度重视,国家彩票公益金的鼎力支持及社会各界的款物捐助,造血干细胞志愿捐献者的无私捐献,都是支持中华骨髓库发展的强大动力。

2003 年以来,中华骨髓库的建设得到了国家彩票公益金的支持。2003—2005 年国家彩票公益金投入 1.78 亿元,2006—2010 年投入 4.17 亿元,8 年总计投入 5.95 亿元用于中华骨髓库志愿者入库 HLA 分型检测、网络系统建设和维护、样品库建设数据质量控制等业务工作。

在强有力的资金支持下,截至 2010 年底,全国建立了 31 个省级分库,认定了 30 家 HLA 组织配型实验室、7 个高分辨实验室和 1 个质量控制实验室,向医疗机构提供检索查询服务 4 万多人次,有将近 2000 位志愿者捐献了造血干细胞。

中华骨髓库管理中心坚持与各类媒体保持联系,通过不同渠道广泛宣传造血干细胞捐献相关知识,每年组织多次大型宣传活动。全国各地常年开展各式各样的活动,组织动员适龄、健康的公民加入中华骨髓库,为白血病患者奉献爱心。

　　强生公司、中国平安保险公司、海尔公司及社会各界热心人士的款物捐助，有力地推动了中华骨髓库的建设和发展。

　　奥运会冠军杨扬成为中华骨髓库志愿捐献者，并被中华骨髓库聘为爱心大使。姜昆、倪萍、康辉、马伊琍等13位明星签署志愿书，担任中华骨髓库爱心大使，为中华骨髓库的宣传和发展献计献策。

（三）中国红十字基金会

　　中国红十字基金会（简称中国红基会），是中国红十字会总会主管、经民政部登记注册的具有独立法人地位的非营利性国家级公募基金会，其宗旨是弘扬人道、博爱、奉献的红十字精神，致力于改善人的生存与发展境况，保护人的生命与健康，促进世界和平与社会进步。2008年，中国红基会被民政部授予"5A级基金会"的称号。

　　为践行宗旨和使命，中国红基会主要实施两大系列的公益项目：一是助医领域的"红十字天使计划"，二是助学系列的"博爱助学计划"。

　　红十字天使计划是中国红十字基金会自2005年8月以来在医疗健康领域重点推动的一项面向贫困地区农民和进城务工农民的大型社会公益事业。该计划的宗旨是：关注农民和农民工的生命与健康，广泛动员国际国内的社会资源，建立我国第一个红十字天使基金，以所募资金和医疗物资，对患有重大疾病（包括传染病、地方病、职业病）的农村贫困农民和进城务工农民实施医疗救助，协助政府改善农村贫困地区的医疗卫生条件，捐建红十字天使医院，培训农村医务人员，提高农村医务人员的医疗救护水平，促进我国农村医疗卫生事业的健康发展。

　　几年来，该项目的筹资和资助工作均取得重大进展，项目内容不断完善和丰富，已经成为中国最著名的公益品牌之一。2008年4月，红十字天使计划荣获了我国慈善领域的最高政府奖项——中华慈善奖。

　　目前，红十字天使计划已经初步形成包括援建乡村博爱卫生院（站）、培训乡村医生、开展贫困农民和儿童大病救助三个方面内容，直接捐资救助和资助设备通过定点医院免费治疗救助两种救助模式，大病救助种

中国红十字基金会援建乐山金口河鲤鱼浩小学

类包括白血病、先天性心脏病、脑瘫、进行性肌营养不良、唇腭裂、目盲、聋哑、

癌症、心脏病、城市亚健康等十多个病种，并分设专项基金。如小天使基金（救助白血病儿童）、嫣然天使基金（救助唇腭裂儿童）、玉米爱心基金（救治白血病、设立卫生院）、天使阳光行动（救助先心病儿童）、光明天使基金（资助盲人职业培训）、行者基金（关注城市亚健康群体）、天使之爱行动（救助脑瘫儿童）、天使回声基金（救助失聪儿童）、温暖中国（贫困肿瘤患者救治行动）、奔跑天使基金（救助下肢畸形儿童）、农民工援助基金、飞利浦爱心基金、京华天使基金、旅行救援基金、互力健康基金、合生元中国母婴救助基金、奥运之星保障基金、西部女性阳光基金等。

博爱助学计划主要目标是帮助贫困地区农村改善教学条件，资助贫困家庭孩子上大学，主要包括：捐建博爱小学、捐赠红十字书库、设立博爱助学金、捐赠博爱电脑教室这四个方面的内容。

（四）新时期以来中国红十字会主要救灾活动

(1)1981年四川地震和水灾。1981年1月四川道孚发生地震，随后全省又遭受严重水灾。尽管现存的文字记载十分有限，但我们仍可以从一些统计数字中了解当时的红十字会救灾工作的一些情况。中国红十字会总会在此次救助活动中收到了国外捐款40.6149万美元，其中国际联合会转来38.82万美元，此外还收到1800万意大利里拉、10.2909万元港币、150万日元和1.2572万元外汇券。

同时，总会收到国内的自发捐款19笔，共计人民币5857元，另加5359.4斤粮票（其中全国粮票184.5斤）、布票40尺（其中军用6尺）、棉花票9张和79箱衣物等。国际联合会的捐款被同时用于救灾和重建两个阶段，为灾民解决了实际问题。

(2)1987年大兴安岭森林火灾。1987年5月，我国大兴安岭地区发生了新中国成立以来最大的森林火灾，历时25天，过火面积101万公顷，其中林地面积70万公顷，10807户民房变为废墟，56092人无家可归，烧伤226人，烧死193人，经济损失达4亿多元。

火灾发生后，黑龙江省红十字会立即向中国红十字会总会做了报告，同时组织了12支共104名队员参加的医疗队到灾区抢救伤员，通知省内各级红十字会协助政府安置灾民，并在全省范围内发动了救灾募捐。

中国红十字会在国内募集到401.6077万元（其中黑龙江省红十字会募集到捐款370.3661万元、257万斤粮票及大量的食物和药品等）。同时，中国红十字会总会接收众多国家和地区红十字会的自发援助，如芬兰红十字会捐5万芬兰马克，法国红十字会捐5万法朗，日本红十字会捐200万日元和价值

5000万日元的救灾物资,挪威红十字会捐5万挪威克朗,意大利红十字会捐1000万意大利里拉,瑞典红十字会捐10万瑞典克朗,英国红十字会捐0.5万英镑,西德红十字会捐1.5万美元,荷兰红十字会捐1万荷兰盾,巴西红十字会捐0.2万美元,瑞士红十字会捐10万瑞士法郎,苏联红十字会捐150顶帐篷、3000条毯子和1万米布。

中国红十字会提供的捐款和物资(如食品、药品、帐篷、医疗器械、发电机、对讲机、汽车等)对森林灭火、救助伤员、安置灾民的工作发挥了很好的作用。灾后,总会根据灾区的需要派出了由黑龙江省、吉林省和北京市红十字会组建的3支医疗队共计30名医护人员到灾区工作2个月。此外,总会还支援灾区重建了13个救护站并提供了全部所需医疗器械。

中国红十字会在此次救灾中的积极表现受到了各级党组织、政府部门和人民群众的赞扬,扩大了红十字会在社会上的影响。

(3)1991年华东水灾。1991年,中国又一个多灾的年份。上半年,特别是五六月份开始,中国已有18个省、自治区、直辖市发生水灾,5个省、自治区发生严重旱灾。灾害最重、损失最大的是遭到洪水侵袭的安徽和江苏2省。

1991年华东水灾

据当时初步统计,安徽全省受灾人口达4800多万人,占全省总人口的近70%,因灾死亡267人,农作物受灾面积430多万公顷,各项直接经济损失近70亿元人民币。江苏全省受灾人口达4200多万,占全省总人口的62%,因灾死亡164人,农作物受灾面积300万公顷,各项直接经济损失90亿元人民币。200万无家可归的灾民在淮河大堤上搭起了一眼望不到头的临时住棚。

各国驻华使馆从中国的媒体上看到了水灾情况,纷纷打电话到外交部询问是否需要帮助。外交部及时将呼吁国际援助的建议转到民政部。7月5日,民政部综合了外交部的意见,将"以中国国际减灾十年委员会名义向国际社会发出紧急呼吁"的报告送到国务院。党中央、国务院十分重视,果断做出了向国际社会呼吁紧急救灾援助的重大决策。民政部随即会同有关部门,就救灾捐赠的争取、接收、管理、分配、使用,以及境外人员、飞机、轮船入境等问题,制定了一系列政策和办法。

7月11日,中国国际减灾十年委员会在新闻发布会上向中外记者介绍灾情,并代表中国政府,紧急呼吁联合国有关机构、各国政府、国际组织,以及国际社会各有关方面,向中国安徽、江苏两省灾区提供人道主义的救灾援助。

这是中华人民共和国历史上第一次大规模、直接呼吁国际社会援助中国抗灾!

灾害发生后,中国红十字会总会立即发出紧急通知,要求全国各地红十字会积极行动起来,发扬"一方有难,八方支援"的互助精神,迅速投入洪涝灾害的救助斗争中。同时,总会分别于 7 月 12 日和 9 月 2 日两次向国际联合会(当时称为红十字会协会)发出紧急呼吁,呼吁总额为 1000 万元瑞士法郎。

由于得到了国际方面的积极响应,呼吁超额完成。向中国水灾提供支持的有挪威、奥地利、加拿大、芬兰、德国、英国、日本、泰国、伊朗、巴勒斯坦、新加坡、匈牙利、西班牙、澳大利亚、冰岛、瑞典、波兰、蒙古、苏联、巴基斯坦、马来西亚、韩国、美国等红十字会和政府,以及欧洲经济共同体和法国无边界医生协会。

国际联合会还派出了一个三人灾情考察小组来华,分别对安徽和江苏的部分重灾区进行了考察。考察小组及时将中国的水灾情况和红十字会正在开展的救助情况通报给国际联合会,并通过他们通报给各国红十字会和红新月会。

此次水灾救助工作为中国红十字会与国际联合会在救灾领域进行全面合作提供了难得的机会,使双方相互了解,增进了友好合作关系。可以说,中国红十字会是通过这次水灾救助活动开始真正了解和认识国际联合会及其灾害救助规则与程序的。

当时来华帮助中国红十字会实施国际联合会呼吁、时任国际联合会秘书处美洲部部长的魏塔尼先生,向中国红十字会介绍了国际联合会制定的《红十字灾害救助原则与条例》,这是一份指导各国红十字救灾工作的根本性文件,为后来总会制定的《中国红十字会灾害救济原则与条例》提供了基本参考资料。

1991 年的水灾救助工作成为中国红十字会灾害救助工作历史上一座重要的里程碑。

(4)1998 年地震和大水灾。1998 年在我国自然灾害救助的历史上是特殊的一年,对中国红十字会来说也是可歌可泣的一年,不论是从灾害的规模,还是从救助资源的投入来看,1998 年都是不平凡的一年,值得特书一笔。在这一年,中国红十字会的自然灾害救助工作达到了一个光辉的顶点。

当年 1 月 10 日,河北省张家口发生 6.2 级强烈地震,中国红十字会总会共计投入 9000 万元用于救助地震灾民。2 月份,西藏和青海发生严重雪灾,总会募集到 1000 万元用于两省的雪灾赈济工作。

夏季,我国长江、松花江和嫩江流域发生了百年不遇的特大洪水灾害,中国红十字会全力以赴地开展了救灾工作,两次向国际联合会发出救助呼吁,得到了澳大利亚、英国、加拿大、奥地利、丹麦、德国、芬兰、卢森堡、冰岛、日本、朝鲜、韩国、蒙古、科威特、荷兰、挪威、西班牙、瑞典、美国等国红十字会和政府，以及欧共体的援助。

同时，总会还动员全国各地各级红十字会全力投入救灾工作。8 月 16 日，总会与中央电视台、中华慈善总会一起举办了"我们万众一心"赈灾义演晚会。9 月 19 日，总会与全国政协、民政部、中华慈善总会联合举办了"同舟共济重建家园"义演晚会。这些活动都获得了极大的成功，得到了社会各界的广泛支持，大大提升了红十字会在社会上的影响。

总会还首次利用国际网络进行网上募捐，开国内电脑网络募捐的先例，取得了良好的社会效益。中国红十字会一共筹集到救灾款物价值人民币 8.02 亿元，共救助了 3500 多万人，为救助灾区群众的生活困难发挥了积极的作用。

中国红十字会总会作为国家救灾防病工作领导小组的成员，与卫生部门合作派出了 9000 多支医疗队到灾区参加防病防疫工作。全国红十字会系统有 102 个先进集体和 323 名先进个人受到了表彰。

朱镕基总理在 1999 年致中国红十字会第七次全国会员代表大会的贺信中说："中国红十字会作为从事人道主义工作的社会救助团体，协助政府做了大量的自然灾害和突发事件的救助工作，做出了重要贡献。"①这是政府对中国红十字会全力参与 1998 年水灾救助工作的最高评价。

(5)2002 年水灾。2002 年，全国有 23 个省份受灾，受灾人口 1.87 亿，死亡 1440 人，无家可归者 164.8 万人，毁房 776.9 万间，毁田 606.3 万公顷，直接经济损失 732.1 亿元。中国红十字会总会积极采取措施开展对水灾的救助工作，同时在国内外发出救灾呼吁，动员一切可以动员的力量，加大对受灾群众的救助力度。总会先后组织了对 17 个受灾省（区、市）的救灾工作，并派出了 31 个救灾工作组赴重灾区省份考察灾情、慰问受灾群众、发放救灾物资。

截至 2002 年 9 月 25 日，中国红十字会在国内外共募集救灾款物折合人民币 9413.76 万元，其中现金为 6141.17 万元，救灾物资价值 3272.59 万元。国内募捐款物（含台港澳）超过国外募捐款物，国外捐赠的款物占总额的19.08%。这是个具有里程碑意义的变化，扭转了总会过去依赖国外救助资源的历史。

(6)2003 年地震和水灾。2003 年我国的自然灾害重于常年，全国有 25 个

---

① 《中国红十字年鉴》编辑部编：《朱镕基致中国红十字会第七次全国会员代表大会的贺信》，《中国红十字年鉴 2004/2005 创刊号》，台海出版社 2006 年版，第 163 页。

省(区、市)共计 2.84 亿人受灾,直接经济损失 1886.8 亿元。全年有 4 个省(区、市)多次发生 5 级以上地震,使灾区人民群众的生命和财产遭受了重大损失。截至年底,中国红十字会总会对各地震灾区的救助投入总计 2587 万元,其中新疆 1383 万元、内蒙古 492 万元、云南 469 万元、甘肃 243 万元。

6 月下旬,淮河流域发生了自 1954 年以来的第二位流域性大洪水,随之黄河流域也发生了洪涝灾害。为了积极、及时地开展水灾救助工作,总会执委会 7 月 18 日决定同时在国内外发布救助呼吁,国际呼吁的金额为 793.2 万瑞士法郎(约合人民币 4838 万元)。

截至 2003 年 12 月 20 日,全国红十字系统从国内外筹集到价值近 1.54 亿元人民币(含地震)的救灾款物,其中总会 9810 万元,地方分会 5602 万元。总会实际收到现金人民币 6388 万余元,其中社会捐赠 355 万余元、总会直接拨款 14.82 万元、国家彩票 2632 万元、国际联合会 2690 万元、中国香港红十字会 658 万余港元和中国澳门红十字会 35 万余澳元。另外,总会收到捐赠物资价值人民币 16710567 元。全年得到总会救助的受灾省份有 18 个。

据截至 2003 年 10 月的不完全统计,新疆、江苏、云南、陕西、广西、河南、黑龙江、内蒙古、湖南、四川和贵州 11 个受灾省级红十字会总共自筹 2636 万元的救灾款物,用于灾害自救。上海、北京、江西、广东、福建、天津、浙江、河北、辽宁和青海 10 个省级红十字会支援受灾省共计 2384 万元的救灾物款。

(7)2008 年汶川地震。2008 年北京时间 5 月 12 日 14 时 28 分,四川汶川县发生 8.0 级地震。地震发生后,中国红十字会总会立即从成都备灾救灾中心紧急调拨了帐篷、棉被等物资,用于当地红十字会开展救助工作,并组成救灾工作组赶赴灾区。

当晚,中国红十字会总会紧急呼吁社会各界积极行动起来,发扬中华民族“一方有难,八方支援”的传统美德,积极捐款捐物,参与到地震灾害紧急救助当中来,为灾区民众奉献爱心,救助受到地震影响的民众。

中国红十字会总会同时要求各级红十字会立即行动起来,严格依照《中华人民共和国红十字会法》的有关规定,依法开展募捐,积极投入救灾工作。同时,中国红十字会总会向社会公布了救灾专用账号和热线。

地震当日,中国红十字会总会立即启动一级灾害应急响应,下午 4 时就调拨救灾物资发到灾区,当晚即向社会发出紧急呼吁开展募捐。

灾情就是命令!5 月 13 日,中国红十字会总会成立抗震救灾总指挥部;15 日,中国红十字会“抗震救灾驻川前线指挥部”在成都成立。此后,由中国红十字会总会派出的 6 个工作组分赴都江堰、德阳、绵阳、广元、雅安、阿坝等重灾区,协助开展救灾工作;中国红十字会会长彭珮云、常务副会长江亦曼等也多次亲赴灾区现场,了解灾情,部署工作。

在地震发生初期的紧急救援阶段,中国红十字会总会共向灾区紧急调拨和采购帐篷 13 万余顶、棉被 12 万余床、衣物 35 万多件、蚊帐 170 万顶和粮食近 6480 吨;紧急派遣 6 支医疗队和 2 支心理救援队赶赴灾区。据不完全统计,紧急救援队累计治疗伤病人员 2 万余人次,巡诊 3000 余人次,进行各类手术 180 余台。此外,各省级红十字会共派出 107 批紧急救援队、37 批心理救援队,为灾区近 23 万群众提供了紧急的医疗救援服务。

与此同时,中国红十字会充分发挥民间外交的作用,在 2008 年 5 月 15 日,即通过红十字会与红新月会国际联合会向国际社会发出紧急救助呼吁,并协调安排德国红十字野战医院和俄罗斯、日本、意大利等国家医疗队 180 余人来华开展救援工作。在中国红十字会的协调下,不同肤色、不同语言的救援队、医疗队、志愿者身影出现在震后的废墟上,一面面鲜艳的红十字旗帜为人们传递着爱的温暖,传达着生命的希望。

震后的灾区,百废待兴。按照国家的统一部署和对口支援的要求,全国各级红十字会未及休整,又积极投入灾后恢复重建工作中。

为使灾后恢复重建工作更加符合灾区需求,中国红十字会在调研灾区群众需求的基础上,结合实际,制定了科学的重建方案和工作原则,将支持重点确定为地震灾区全部倒塌或严重毁损需要整村重建或相对集中重建的农户住房建设,支持重建村兴建村卫生站和村民活动室,以及援建乡镇卫生院、乡镇学校及社区防灾减灾设施等。

灾难面前,更重要的是如何救助心灵。为此,中国红十字会还在灾区开展了包括心理援助、防灾避险知识普及、改水改厕、卫生健康教育等在内的卫生和健康项目。

汶川地震灾情发生后,来自世界各地的爱心捐款像潮水般涌来。在这次地震灾害中,中国红十字会接受、管理和使用的捐赠款物累计达 191 亿元,这在中国红十字会逾百年的历史中绝无仅有。如何确保善款使用公开、透明,如何将每一笔善款都落到实处,让捐赠人满意,成为摆在中国红十字会面前的重大挑战。

为了确保所接收的捐赠款物全部用于抗震救灾工作,中国红十字会总会成立了抗震救灾捐赠款物监管领导小组,先后下发了《关于加强汶川地震捐款管理使用的通知》等多个文件,规范红十字系统的款物管理和灾后恢复重建工作。

"汶川地震发生后,中国红十字会总会进一步建立健全捐赠款物管理办法,认真落实国家相关规定,积极采纳审计建议认真整改,救灾款物管理总体良好,审计未发现重大违法违规问题。"①审计署于 2008 年 12 月 25 日发布的《2008 年汶川地震社会捐赠资金和物资审计报告》是最好的证明。

为了更好地向捐赠者和社会各界做出反馈,中国红十字会总会还印制了《爱的丰碑——中国红十字会总会汶川地震灾后恢复重建项目名录(第一期)》,并表示将分期印制和公布后续恢复重建项目名录,以使捐赠者详细了解善款使用情况。

(五)红十字会在两岸交往中的重要作用

海峡两岸红十字会组织的交往大致可以分为三个阶段。第一阶段:1979—1984 年,两岸红十字会组织互不往来。第二阶段:1985—1991 年,是两岸关系突破的关键时期,两岸红十字组织互有往来。第三阶段:1992 年至今,红十字会回归自身,淡出两岸往来中的特殊地位。

1949 年以后,海峡两岸处于军事对峙状态。1979 年元旦,全国人大常委会发表了《告台湾同胞书》,提出"一国两制",开始调整对台政策。

1979 年 2 月,中国红十字会第三次全国会员代表大会召开,会长钱信忠呼吁和台湾地区的红十字组织接触、商谈,解决台湾地区居民赴大陆探亲等人道问题。他表示,中国红十字会愿与台湾地区红十字会组织同人一道,为祖国的统一大业做出贡献;愿为台湾同胞与祖国大陆的亲友联系与团聚提供帮助。1979 年 7 月至 1981 年 10 月,中国红十字会多次向台湾地区的红十字会组织发去电报,表示愿意查找台湾同胞下落,安排台湾地区的同胞探亲事宜,对方均无回应。海峡两岸红十字会组织仍处于互不往来状态。

1985 年 7 月,红十字国际委员会东亚地区办事处代表德古登,将中国红十字会提供的 20 份大陆同胞查找台湾地区亲人的表格带到台湾。台湾地区红十字会组织首次做出回应,表示无论查到与否皆会有回复。这是改进两岸关系的一个积极信号。

1987 年 11 月,台湾当局宣布解除戒严,开放台湾地区居民赴大陆探亲。这意味着台湾地区与大陆近 40 年的隔绝状态终于被打破。中国红十字会也开始积极行动,着手查找离散人员工作。截至 1992 年底,共查找 12 万余宗,其中 2.4 万余宗得到确切结果,帮助 8 万多两岸同胞找到亲人。

1988 年 10 月 12 日,国民党军队二等兵许志淞因游泳被海水卷走,被福建渔船救获。在红十字国际委员会东亚地区办事处的协助下,厦门红十字会副会长朱玉珍和台湾地区红十字会组织相关事务负责人徐祖安等,在厦门外

---

① 《2008 年汶川地震社会捐赠资金和物资审计报告》,2008 年 12 月 25 日。

海举行人员交接仪式。双方在交接书上签字，并亲切握手，交换礼物。此前，海峡两岸红十字会组织都是通过第三方联系，此次"海上第一次握手"是双方首次面对面接触。

同年，台湾地区红十字会组织给时任中国红十字会会长崔月犁来信，为云南地震灾区捐款 190 万美元。这是两岸红十字会关系史上第一次书信往来，也是台湾地区第一次为大陆捐款。

1989 年 10 月，台湾地区红十字会组织通过红十字国际委员会东亚地区办事处转达愿意与中国红十字会直接联系的意愿。

1990 年 4 月 16 日，台湾地区红十字会组织副秘书长常松茂因夫人在湖北宜昌探亲时突发肠梗阻，给当时的中国红十字会总会副秘书长曲折打电话寻求帮助。曲折立即安排工作人员到湖北联系当地红十字会及卫生部门。事件虽由私人原因而起，却实现了两岸红十字会之间的第一次通话，为双方的进一步交流奠定了基础。

此后不久，台湾地区红十字会组织会长徐亨通过幼时朋友、时任民革中央委员的谭敬从上海传话给中国红十字会，表示若中国红十字会发出邀请，他愿意来大陆访问。经国台办批准，中国红十字会会长陈敏章以个人名义邀请徐亨到大陆访问。当年五六月间，台湾地区红十字会组织徐亨、常松茂一行到大陆访问。

两岸红十字青少年之间的交流

1990 年，海峡两岸红十字会达成"金门协议"，在改善和促进两岸关系、维护两岸民众利益上，红十字会进一步发挥了独特作用。"金门协议"是 1949 年以来，海峡两岸分别授权的民间团体签订的第一个书面协议。

从 20 世纪 80 年代后期开始，大陆有些人在"蛇头"的引诱下，铤而走险，以私渡的形式跑到台湾，有的是寻找亲人，有的是图谋职业。对这些人，台湾当局视为"非法进入"，对他们实行拘捕，并押送回大陆。在押送途中，常把人装进鱼舱，盖上船板，钉上铁钉。如此处置，经常会造成被遣返人员窒息死亡。特别严重的是 1990 年的"7·22""8·13"两次事件，造成 40 多人死亡，在海内外产生强烈的反响。

如何人道安全妥善解决这个问题，引起两岸的关注，两岸共同认为，由红十字会组织负责双方沟通遣返是明智的选择。两岸红十字会组织经过多次联络、沟通和相关领导的批准，同意在金门举行商谈。

1990 年 9 月，中国红十字会总会与台湾地区红十字会组织在金门举行商谈，就解决违反有关规定进入对方地区的居民和刑事嫌疑犯或刑事犯的遣返问题进行协商,并签订了协议书。这一协议,后来被称为"金门协议",具体内容如下。

一、遣返原则:应确保遣返作业符合人道精神与安全便利的原则。

二、遣返对象:

(一)违反有关规定进入对方地区的居民(但因捕鱼作业遭遇紧急避风等不可抗力因素必须暂入对方地区者,不在此列);

(二)刑事嫌疑犯或刑事犯。

三、遣返交接地点:双方商定为马尾—马祖(马祖—马尾)。但依被遣返人员的原居地分布情况及气候、海象等因素,双方协议另择厦门—金门(金门—厦门)。

四、遣返程序:

(一)一方应将被遣返人员的有关资料通知对方,对方应于20日内核查答复,并按商定时间、地点遣返交接。如核查对象有疑问者,亦应通知对方以便复查。

(二)遣返交接双方均用红十字会专用船,并用民用船只在约定地点引导。遣返船、引导船均悬挂白底红十字旗(不挂其他旗帜,不使用其他的标志)。

(三)遣返交接时,应由双方事先约定的双方代表签署交接见证书。

五、其他:

双方应尽速解决有关技术问题,以期在短期间内付诸实施。如有未尽事宜,双方得另行商定。

依照"金门协议"的规定,本着"人道、安全、便利"的原则,中国红十字会与台湾地区红十字会组织一直保持着联系,实施海峡两岸私渡人员和刑事嫌疑犯或刑事犯的海上双向遣返作业。

"金门协议"是自1987年台湾地区开放民众赴祖国大陆探亲后,处理两岸事务所签署的第一个协议,开启了两岸事务制度化处理的先河,也是目前两岸执行最久的协议。

1991年3月7日晚,台走私嫌疑人赖正男雇用福州市平潭县白胜村闽平渔5069号渔船(船上有福建渔民7人),从该县白沙澳口起航开往台湾地区。8日下午,该船在台湾岛彭佳屿东北海面与台保安第七总队501号巡逻艇相遇。台方3名警员对5069号渔船进行搜查,发现船内载有牧羊犬16只、茶具

1 箱、人像木雕 2 尊，即认定该船为走私船，责令船老大把船开往基隆港。由于指挥失误，船开到了福建平潭。台方警员觉得不对，与船员发生冲突。搏斗中，台方警员周宪光开枪打死大陆船员林武后，被大陆渔民制服。

事发后，台湾地区红十字会组织于 3 月 10 日、11 日、12 日连发三份传真，希望中国红十字会协助尽快安排三警员返回台湾地区、同意台湾地区红十字会组织派员前往探视，以及警员家属希望探望和通话。平潭县检察院经过审理认定，被告人周宪光（台方警员）的行为已构成故意伤害罪，但鉴于其犯罪属于防卫过当，且事后参与抢救被害人，认罪态度较好，依法对被告人周宪光免予起诉。同时，周给死者家属出具赔偿 4 万元人民币的保证书，经两岸红十字会组织签字见证后，获得释放，随另外两名警员一起返台。这就是"三九"事件，也叫"三保警事件"。

同年 7 月，发生了"闽狮渔事件"。福建石狮市两条渔船在距台湾地区西北 30 海里的海域内捕鱼，台湾地区一艘渔船从两艘大陆船中间高速通过，弄坏了渔网，大陆渔船要求赔偿。经讨价还价，台湾地区渔船赔付大陆渔民 5700 元台币，事情就算解决了。然而一个小时后，台湾地区飞机、军舰出动，将"闽狮渔"18 名渔民强行押至台中，并控以海盗罪。

国台办就此与台方展开交涉，要求派人前往探视并了解情况。在 10 余天隔岸喊话、交涉未果后，中国红十字会副秘书长曲折偕庄仲希作为祖国大陆红十字会代表，与 2 名记者于 8 月 12 日动身飞往香港。庄仲希是福建的一个律师，懂闽南语，出发前，临时获得个身份——中国红十字会总会政研室副主任。到香港后，台湾方面突然以"来台任务、停留时间、认识不一致"等为借口要求推迟赴台，只允许记者转机过去，曲折和庄仲希只能留在香港做进一步沟通。

国台办、中国红十字会紧急与台湾海基会、红十字会组织协商，耗时 8 天，曲折、庄仲希才于 8 月 20 日飞赴台湾地区。这在两岸引起很大轰动，是两岸隔绝 42 年后大陆公务人员第一次赴台。到台湾后，事情很快就解决了。21 日，曲折到台中看望被扣压的 7 名渔民，又通过可视电话探问了被关在金门的另外 11 名渔民。8 月 22 日，双方签署《返乡事宜备忘录》，要求台方用客船将大陆渔民礼貌、体面地送回来，并雇人将 2 条渔船一同开回。备忘录签字不写单位的名称，均以个人名义签署，不写年份，并只注明月份和日期，避免出现年号之争。备忘录有效期只有 2 天，在渔民和渔船顺利返回后即过期。

双方还同意，在返回船只上悬挂黄色旗帜，醒目，又有代表中华民族的意味。台方对大陆渔民只象征性地走了一下法律程序，有的免予起诉，有的无罪。一批渔民被用客船送回来，另一批坐飞机回来，都符合"体面送回"的要求,整个过程虽然曲折却最终解决得很圆满。从此两岸的往来由单向变为双向,两岸关系又向前迈进了一大步。

1991年12月,为了与对岸海基会对口,大陆成立海协会,以曲折个人名义邀请海基会陈长文到北京,然后介绍他与海协会的人见面。至此,红十字会在两岸关系中的任务基本结束。值得一提的是,在海协、海基两会交往"停滞的十年"中,两岸红十字会组织的交流一直是稳定、顺畅的。

1992年8月17日至8月24日,中国红十字会总会副会长孙柏秋、中国红十字报社社长兼总编辑刘峰、总会工作人员郑玉贞,应台湾地区红十字会组织徐亨会长之邀,赴台对1991年台湾地区各界赈济华东水灾进行答谢,实现了大陆第一个组团台湾行,造成极大轰动,为两岸良性交往开启了先河。

2002年10月,陈长文率台湾地区红十字会组织代表团正式访问大陆,这是继1993年4月台湾地区红十字会组织常务理事、原卫生主管部门负责人施纯仁率团来访后的第二次正式组团访问。中国红十字会会长彭珮云会见并宴请了陈长文一行,并就进一步加强双方的交流与合作取得共识。

2008年,随着两岸"三通",海峡两岸关系进入新的阶段,红十字会也在新的历史时期为两岸关系的进一步发展发挥了积极的作用。

2008年5月12日,汶川大地震发生后,台湾地区红十字会组织立即组织搜救队前往灾区开展紧急搜救行动,并根据灾区的需要向灾区派出了医疗队,为受灾群众开展医疗救助服务。在台湾地区,也出现了充满温情的募捐大行动,社会各界积极踊跃捐款,还向灾区紧急运送了大量的救灾物资。台湾红十字会陈长文会长在地震发生的当天就打电话给中国红十字会总会表示关心和慰问,并在第一时间呼吁全台湾社会踊跃支援,同时汇出了第一笔紧急救援的资金。地震救援期间,台湾地区的募款总额是16亿新台币,加上台商在大陆的直接捐款,接近40亿新台币。

2008年年底,海峡两岸红十字会组织签署协议,对四川、甘肃和陕西三省地震重建项目予以援助,包括44所学校、43所卫生院、1所康复中心,以及"寒梅助学计划",总计13.75亿新台币。

2009年3月29日至4月4日,应台湾地区红十字会组织的邀请,全国人大常委会原副委员长、中国红十字会会长彭珮云一行赴台访问。这是两岸红十字会组织的一次峰会,开启了两岸红十字会合作的新时代。

这次访问中的一项最重要的任务是海峡两岸红十字会组织经过务实协商,共同签署了《海峡两岸红十字会组织合作备忘录》。这个备忘录对多年来海峡两岸红十字会组织开展交流合作的历程做了简要的总结,就加强备灾救灾合作,增进红十字青少年会员的交流,开展红十字志愿者(志工)交流及培训,加强两岸红十字会组织人员互访交流,持续开展水上救护培训,合作开展预防艾滋病工作,提供紧急医疗服务,持续提供寻人转信服务等达成了共识,是两岸红十字会组织交往合作的又一个重要文件。

它的签署,促进了两岸红十字事业向着更广的领域和更高的水平发展。

三、新时期的慈善事业和民间慈善组织

1956 年以后的 20 余年间,除台、港、澳地区外,中国 960 多万平方公里的土地上,民间慈善事业的存续和发展几乎为零。这期间,我国只有完全由政府承担的社会福利事业,而"慈善"一词,在很长时间内都被视为资产阶级的东西而横遭批判和冷遇。

这种情况一直持续到 20 世纪 70 年代末 80 年代初。随着改革开放的日益推进,人们的观念发生了巨大变化,"慈善"这个字眼不再是西方资产阶级的专利,而成为全人类宝贵的精神财富。从这时起,我国的慈善事业和民间慈善团体才走上了正常发展的轨道。

(一) 中国残疾人联合会

中国残疾人联合会是由中国各类残疾人代表和残疾人工作者组成的全国性残疾人事业团体,简称中国残联。1988 年 3 月 11 日在北京正式成立。它是在中国盲人聋哑人协会(1960 年成立)和中国残疾人福利基金会(1984 年成立)的基础上组建而成的。虽然是"事业团体",但这个组织坚持"亦官亦民"的立场、定位,所以我们把它也归于民间团体。

残疾人是指在心理、生理、人体结构上,某种组织、功能丧失或者不正常,全部或者部分丧失以正常方式从事某种活动能力的人。目前,我国统计的残疾人包括以下类别:视力残疾、听力残疾、言语残疾、肢体残疾、智力残疾、精神残疾、多重残疾和其他残疾的人。根据 2006 年全国残疾人抽样调查结果,全国各类残疾人总数为 8296 万,残疾人占全国总人口的比例为 6.34%(2010年全国人口普查不统计残疾人人数)。

由于历史原因,我国的残疾人事业起步晚、起点低,受着经济、社会发展的制约,随着国民经济的发展和社会文明的进步而逐步前进。

残疾人问题,是人类社会的固有问题。新中国成立前,由于经济文化落后,绝大多数残疾人处于社会最底层,过着沿街乞讨、朝不保夕的生活。新中国成立后,残疾人和全国人民一样成了国家的主人,有了政治权利和基本生活权利。由于社会稳定、经济发展,残疾人也由沿街乞讨、流离失所转由政府

收养救济。农村残疾人分到了土地和生产工具,参加了互助组、合作社。城市残疾人在政府支持下组织起来生产自救,举办小型多样的手工业合作社、组,后来发展成为福利工厂。一些无依无靠的残疾人,视年龄大小分别被安置在陆续建立的儿童福利院、社会福利院和敬老院。

20世纪50年代中期,残疾人福利工厂、伤残人福利院、荣军疗养院、精神病院等相继出现。盲童、聋哑儿童教育均有所发展,到1965年,全国盲校、聋哑学校由新中国成立前的41所增至266所,相当于过去的6倍多,在校学生由新中国成立前的2000人增至23000余人,增长了10.5倍。汉语盲文和聋人手语工作开始建立,中国盲文工作者黄乃参照路易·布莱尔盲文体系,设计了汉语盲文方案,经教育部批准在全国推行。盲人按摩医疗、盲人聋哑人康复工作、残疾人文艺体育工作也陆续起步。

为了有领导地开展残疾人工作,1953年,经中央人民政府批准成立中国盲人福利会,由当时的内务部长谢觉哉兼任主任委员;1956年12月,在周恩来总理的关怀下,成立了中国聋哑人福利会,主任委员由时任中国人民救济总会秘书长的伍云甫担任。这两会团结合作,协助政府开展生产自救、特殊教育、康复医疗、文化体育等社会工作。1954年,还创办了《盲人月刊》。

1957年,我国举办了有史以来首届青年盲人田径运动会,聋人田径、游泳运动会,计有上千人参加了选拔赛,丰富了残疾人的文化体育生活。1958年,我国选派盲人运动员参加了国际盲人田径运动通讯比赛,当时个别项目已接近国际水平。1960年5月,全国盲人聋哑人第一届代表会议召开,将前述两会合并,成立了中国盲人聋哑人协会。

尔后,至1965年,在22个省、自治区、直辖市和373个地、市、县逐步建立起地方协会和基层组织,活跃了各地盲聋哑协会的工作,密切了政府与广大残疾人群众的联系。

党和政府领导对残疾人工作十分重视。毛泽东主席、周恩来总理曾指示要关心广大盲人聋哑人群众,并多次接见来我国访问的外国盲人聋哑人友好代表团。1960年5月,第一届全国盲人聋哑人代表会议召开时,周恩来总理、朱德委员长、邓小平、李先念等党和国家领导人接见了出席会议的全体代表,并拍照留念。

周恩来、董必武、叶剑英、谢觉哉等领导人还多次视察聋哑学校与福利工厂。董老视察北京聋哑学校时曾题赠诗一首:"使聋能听哑能言,造化无端自惹烦。科学神奇天可补,不平社会要推翻。"谢老视察天津聋哑人拔丝厂时也题赠诗云:"拔出铁丝细又匀,拔丝工友艺超群。眼尖手巧心尤静,轰轰隆隆竟不闻。聋人办厂英气豪,困难桩桩向后抛。扩建厂房新设计,红云朵朵看来朝。"

老一辈领袖对广大残疾职工的关怀,使残疾人和残疾人工作者受到很大的鼓舞。

新中国成立初期至 20 世纪 60 年代中期,是残疾人事业的初创阶段。"文化大革命"十年中,残疾人事业受到严重破坏。

1978 年,随着党的十一届三中全会的召开,中国进入以经济建设为中心的新的历史时期。全国各行各业贯彻改革开放的总方针,工农业生产迅速发展,经济、社会活力显著增强。与此同时,国家对推进残疾人事业的发展也采取了一系列重大举措:1978 年,中国盲人聋哑人协会恢复活动,各省、自治区、直辖市的盲人聋哑人协会及其下属组织也相继恢复工作;1982 年,全国人大修改后的《宪法》首次规定"国家和社会帮助安排盲、聋、哑和其他有残疾的公民的劳动、生活和教育";1984 年 3 月,中国残疾人福利基金会成立;1986 年 7 月,联合国"残疾人十年"(1983—1992)中国组织委员会成立;1987 年 4 月,进行了全国残疾人抽样调查。

1988 年 3 月,在中国残疾人福利基金会和中国盲人聋哑人协会的基础上,本着改革的精神,融代表、服务、管理功能为一体的中国残疾人联合会成立了。邓朴方为中国残联主席团主席兼执行理事会理事长,王震为中国残联名誉主席。

中国残疾人联合会理事会

中国残联的宗旨是:弘扬人道主义思想,发展残疾人事业,促进残疾人平等、充分参与社会生活,共享社会物质文化成果。其职责主要是:沟通政府、社会与残疾人之间的联系,宣传残疾人事业,动员社会理解、尊重、关心、帮助残疾人。开展和促进残疾人康复、教育、扶贫、劳动就业、维权、文化体育、社会保障和残疾预防等工作,改善残疾人参与社会生活的环境和条件。参与研究、制定和实施残疾人事业的法律、法规、政策、规划,发挥综合、协调、咨询、服务作用,对有关领域的工作进行管理和指导。

中国残疾人联合会成立后,依靠政府,动员社会,协助政府、全国人大等实现了一系列重大举措:1988 年 9 月,经国务院批准颁布实施《中国残疾人事业五年工作纲要》;1990 年 12 月,全国人大常委会审议通过《中华人民共和国残疾人保障法》;1991 年 12 月,国务院批准颁布《中国残疾人事业"八五"计划纲要》及其 16 个实施方案;1993 年 9 月,国务院批准成立由 32 个部委负责人组成的国务院残疾人工作协调委员会。

这一系列重大举措的实施,使中国残疾人事业由救济安养为主的初创阶段,步入以"平等、参与"为宗旨,康复、教育、就业、文化体育、福利、环境、法制建设全面发展的阶段,全国残疾人工作进入了历史上从未有过的最好时期。

(二) 中国儿童少年基金会

中国儿童少年基金会成立于 1981 年 7 月 28 日,是中国第一个以募集资金的形式为儿童少年教育福利事业服务的全国性社会团体,是一个具有独立法人资格的非营利性社会公益组织。

中国儿童少年基金会的宗旨是:抚育、培养、教育儿童少年,辅助国家发展儿童少年教育福利事业,特别是贫困地区和少数民族地区的儿童少年教育福利事业。

中国儿童少年基金会成立之后,在理事会和业务主管单位全国妇联的领导下,为中国儿童少年教育福利事业做了大量的工作,曾多次拨款、拨物救助中国遭受地震、洪灾和火灾等自然灾害地区的儿童少年,得到了社会各界的广泛赞誉。

中国儿童少年基金会还赞助全国各地兴办学校、幼儿园、儿童福利院、孤儿院、儿童养育院,兴建少年宫、少年之家、儿童活动站等。1989 年,在全国妇联领导下,中国儿童少年基金会发起并组织实施了一项救助贫困地区失学女童重返校园的社会公益项目——春蕾计划,并在全国各地开办了春蕾学校、春蕾女童班。

为使春蕾女童毕业后能够依靠自己在春蕾学校所学到的农村实用技术勤劳致富,1996 年 11 月,中国儿童少年基金会还设立了春蕾计划女童实用技术培训专项基金。该基金将专门用于支持"春蕾生"小学毕业后的实用技术培训项目。

"春蕾生"小学毕业后,除一部分特别优秀的学生继续升学外,其他女童将不能继续升学,由于她们毕业时的年龄一般仅十二三岁,独立生活能力还较差,很可能几年以后又成为一批新文盲,因此,春蕾计划通过进行初中职业培训或高小毕业后延长一年的实用技术培训,使春蕾女童不仅具有一定的文化基础知识,还能掌握一两门当地需要的专业知识和劳动技能,为她们今后的就业或回乡科技致富打下基础,从而深化春蕾计划的成果。

截至目前,春蕾计划已筹集资金累计 8 亿多元,遍布全国 30 多个省区市,兴建 800 多所春蕾学校,资助 180 多万人次贫困女童重返校园,对 40 余万女童进行实用技术培训。春蕾计划对中国重男轻女传统陋习的改造意义深远,已经成为中国民间公益组织促进女童教育发展的最成功、最有影响力的范例,成为中国社会知名度最高的社会公益品牌之一。2005 年春蕾计划被民政部授予中华慈善奖。

2000 年 5 月,中国儿童少年基金会又推出了新的大型社会公益项目——安康计划。这个计划的目标是帮助广大儿童"远离失学、远离疾病、远离伤害、远离犯罪"。

安康计划推出后,开展了一系列的大型公益活动——先后举行了三届安康计划西部行和安康计划东北行,到达内蒙古、宁夏、甘肃、西藏、青海、新疆、贵州、云南、四川、重庆 10 个省区市和黑龙江、辽宁等老工业基地。为当地带去了 8340 余万元的物资和资金,在当地捐建了学校、安康医疗站、安康教室、安康远程电教室、安康远程音乐教室等,大大地改善了当地孩子的学习条件。

春蕾计划和安康计划作为人权事业发展的成就,被载入中国政府《中国的儿童状况》《中国的扶贫与开发》《2000 年中国人权事业的进展》白皮书和2001—2010 年《中国儿童发展纲要》。

为了募集更多的资金,救助需要帮助的孩子,中国儿童少年基金会开设了"零钱慈善"募捐箱、"8858"手机公益短信、招商银行"一卡通"网上捐赠等形式。特别是从 2002 年起,成功举办了三届中国儿童慈善活动日。首届中国儿童慈善活动日,募集资金和物资近 2 亿元,向贫困地区捐赠 1.3 亿多元,用于建立春蕾小学、安康医疗车、医疗站、孤儿院等;第二届中国儿童慈善活动日推出了安康教室和安康益家;第三届中国儿童慈善活动日,募集资金和物资 1.7 亿元,向荒漠中的空军试验训练基地、北京市未成年犯管教所及东北老工业基地等地捐建了一批安康远程教室、安康远程电教室和安康远程音乐教室。这些活动深受各地人民的欢迎。

孩子们将义卖所得捐给中国儿童少年基金会

中国儿童少年基金会恪守为中国儿童教育福利事业竭诚服务的宗旨,用诚信凝聚了社会爱心,用执着和奉献谱写了一曲曲儿童公益事业的动人乐章,得到了社会各界的广泛关注、支持和赞誉,先后被中央机关和国家有关部委授予全国文化科技卫生"三下乡"先进集体、抗击非典先进全国性社会团体、全国先进民间组织、中国扶贫奖劝募模式创新奖、中华慈善奖等荣誉称号。

十年树木，百年树人。中国儿童少年教育福利事业是一项恩泽后代，造福民族，功在当代，利在千秋的社会公益事业。

（三）中华慈善总会

改革开放后，随着经济社会的发展、人民生活水平的提高，贫富差距扩大等社会问题也出现了。因病、因灾致贫的困难人群越来越引起人们的关注。在稳定的社会环境下，在建立健全以政府为主导的社会保障体系的同时，需要凝聚社会力量，开发社会资源，拓宽社会福利的资金渠道，创建一个有别于政府机构、独立的民间社团成为共识。

中华慈善总会就是这样应运而生的。

1994年，中华慈善总会正式成立。它是经中国政府批准依法注册登记，由热心慈善事业的公民、法人及其他社会组织志愿参加的全国性非营利公益社会团体，是新中国成立后第一个旗帜鲜明地以"慈善"二字命名的全国性慈善机构。中华慈善总会的宗旨是：发扬人道主义精神，弘扬中华民族扶贫济困的传统美德，帮助社会上不幸的个人和困难群体，开展多种形式的社会救助工作。

中华慈善总会的任务是募集社会善款，资助、兴办各类慈善事业和社会公益事业，广泛开展国际合作与交流，组织热心慈善的志愿者队伍，开展多种形式的社会慈善活动。

中华慈善总会第一任会长是崔乃夫，第二任会长是阎明复，第三任会长为范宝俊，现任会长为李本公。

中华慈善总会自成立至今，坚持恪守总会宗旨，积极倡导慈善意识，努力开拓慈善工作的服务领域，广泛动员社会力量，多方筹措慈善资金，配合政府有关部门在紧急救援、扶贫济困、安老助孤、医疗救助、助学支教等方面做了大量工作，取得了显著成绩。

在发展过程中，中华慈善总会不断整合各种社会资源，积极发挥社会的力量，开展自然灾害救助，推动地方慈善事

中华慈善总会"健行天下——白血病患者"援助计划

业发展；加强对外交流，开展国际合作；加强慈善募捐，不仅包括大型慈善活动募捐，还包括经常性的小额募捐，以冠名基金建立捐助长效机制，开展海外

募捐。另外,慈善总会在全国拥有几百个会员单位,分别开展救灾、扶贫、安老、助孤、支教、助学、扶残、助医等多个慈善项目。其会员单位覆盖到除台港澳之外的所有内地省份,数以千万计的困难群众得到了不同形式的救助,很多项目还在社会上引起了强烈反响。

近年来,中华慈善总会特别注意发挥其本身所特有的涵盖面较为宽泛的特点,开展了救灾、扶贫、安老、助孤、支教、助学、扶残、助医等八大方面几十个慈善项目,逐步形成了遍布全国、规模巨大的慈善援助体系。

中华慈善总会不断加强对外联络工作,与台港澳地区和海外的许多公益慈善机构建立了良好的合作关系,并共同实施了多项合作项目,得到了国际慈善组织的普遍认同。1998年,中华慈善总会加入了国际联合劝募协会,成为该组织在中国大陆的唯一会员。

中华慈善总会实行严格的财务制度和审计制度,聘请了知名会计师事务所进行年度财务审计,重大募捐活动接受国家审计署的审计,并随时接受社会监督。中华慈善总会始终坚持公开、公正、依法、自律的财务理念,社会公信力稳步提高。

(四)宋庆龄基金会

宋庆龄是爱国主义、民主主义、国际主义、共产主义的伟大战士,是杰出的国际社会活动家,是中华人民共和国卓越的领导人,不仅为海内外的华夏子孙所铭记,而且为众多的国际友人所仰慕,她是我们中华民族的骄傲。

1982年5月29日,时任全国人大常委会副委员长的廖承志在人民大会堂举行宴会,招待应邀前来参加宋庆龄逝世一周年纪念活动的宋庆龄在国外的亲属和朋友。宴会上,廖承志宣布:今天在北京正式成立"纪念宋庆龄国家名誉主席儿童科学公园基金会"。

为纪念国家名誉主席宋庆龄,继承和发扬她的未竟事业,在邓小平的倡导下,宋庆龄基金会在北京成立。邓小平任名誉主席,康克清任主席,廖承志任顾问,汪志敏任秘书长,还有许多著名的领导人和社会活动家担任会里的领导职务。这充分体现了以宋庆龄名字命名的人民团体和慈善公益机构的特殊地位与作用。根据中共中央办公厅的决定,基金会办公地点设在宋庆龄北京故居,同宋庆龄故居合署办公。

宋庆龄基金会是先宣布成立后进行筹建的。在筹建过程中,有关同志认为"纪念宋庆龄国家名誉主席儿童科学公园基金会"这一名称有它的局限性,不利于基金会工作的开展。在起草基金会章程时,经康克清同意,名称中去掉了"儿童科学公园",章程草案上报中央书记处,经习仲勋、胡启立等有关领导批准，名称改为"纪念宋庆龄国家名誉主席基金会"（简称宋庆龄基金会），其宗旨是：纪念国家名誉主席宋庆龄，继承和发扬宋庆龄毕生致力的增进国际友好，维护世界和平，开展两岸交流，促进祖国统一，关注民族未来，培育少年儿童的未竟事业，继承和发扬她所关心并积极从事的儿童文教福利事业的精神，培养儿童德、智、体、美全面发展，为增进国际友好和世界和平做出贡献。

宋庆龄基金会自成立之后，始终不渝地遵循"维护世界和平、促进祖国统一、发展少儿事业"三项宗旨，坚持"开门办会"和"实验性、示范性"的工作方针，充分发挥自身优势，在海内外友好组织和热心人士的支持、帮助下，在国际友好、两岸交流、扶贫助教、科学普及、文学艺术、体育卫生等诸多领域都取得了可喜的成绩，赢得了良好的声誉，在国内外产生了积极的影响。在宋庆龄这个名字的感召下，海内外著名企业及个人纷纷向基金会捐款，仅2009年，该会就接收海内外各界捐款17308万元，同比增长超过58%，公益性支出占2008年总收入的75%以上。

在支持四川地震灾区灾后重建的专项捐助中，截至2009年底，宋庆龄基金会已累计接收救灾款物7000余万元，其中，捐款近5325万元，捐赠物资价值超过1700万元。

此外，宋庆龄基金会不断深化"未来工程""母婴平安"和"西部园丁培训"等重点公益项目。其中，"未来工程"大学生奖助学项目已覆盖全国31个省区市

宋庆龄基金会原主席胡启立与
工作人员合影

的124所学校，受助人数超过2万人；"母婴平安"工程已覆盖全国94个县市，2009年对1181名妇幼保健医护工作者进行了专业技能培训；"西部园丁培训"项目为宁夏、云南、广西、四川等地的871名乡村教师提供了免费培训。

作为我国成立最早的基金会之一，宋庆龄基金会始终遵循宋庆龄先生毕生致力"维护世界和平、促进祖国统一、发展少儿事业"的三项宗旨，充分发挥自身的独特优势，在发展国际和平友好事业、推动两岸民间交流、服务青少年健康成长和扶助社会弱势群体等诸多领域进行了有益的探索和实践，在海内外产生了积极的影响，赢得了社会各界的广泛赞誉。

（五）中国扶贫基金会

中国扶贫基金会成立于1989年3月，是专门从事扶贫工作的全国性非政府组织。

该会的宗旨是,以搭建社会贫富互动平台,传递慈善爱心,促进社会和谐发展为己任,以励精图治、求真务实的精神,致力于动员社会参与,创新扶贫方式,推动政府公益政策制定,促进公民社会发育,实现社会平等、公正和共同富裕。

中国扶贫基金会成立后,先后组织和实施了"扶贫中国行——走进千村万户,共建和谐社会""中国消除贫困奖评选表彰活动"等大型系列公益活动,以及"母婴平安120项目""小额信贷项目""新长城——特困大学生自强项目""紧急救援项目""天使工程"及综合项目,动员众多国际、国内组织、机构、企业、社会公众捐赠善款与物资。旨在直接援助贫困社区的弱势群体;直接援助贫困社区的公共设施和社区服务;直接援助为贫困社区中的穷人提供技术性服务的专业人士和组织,扶持贫困家庭和人口改善生产生活条件,促进其素质和能力的提高;促进中国贫困地区与经济发达地区及海外的联系、交流与培训。尤其在帮助弱势群体方面,他们更着力于扶持贫困社区和人口改善生产、生活和健康条件并提高其素质和能力,实现脱贫致富和持续发展。

基金会的员工长期从事扶贫或非政府组织(NGO)与农村发展工作,他们的专业包括经济、农业、金融、工商管理、社区发展等领域。

基金会的使命是帮助贫困社区的弱势群体提升自我发展能力,改善基本生产条件和基本社会服务水平,促进受援人脱贫与自立,强化基层管理与组织,减轻社会疾苦与不安,传递人类爱心与善心,促进社会和谐与文明。

截至2007年2月,中国扶贫基金会在全国共成立了10个分支机构,管理贷款本金6850万元,有效贷款客户超过21000人。

2005年,世界卫生组织《世界卫生报告》指出:重视每一位母亲和孩子。报告称:"儿童是社会的未来,而母亲则是这个未来的保护伞。"该报告称,当年大约会有1100万5岁以下的儿童将死于大部分可以预防的危险因素,其中有400万婴儿活不过一个月,另外还有330万婴儿胎死腹中。同时,大约有52.9万妇女在怀孕期、分娩期或分娩之后的短期内死亡。情况表明:从全世界角度看,母婴状况问题仍是造成贫困的主要原因之一。

针对这种情况,中国扶贫基金会决定发起以救助贫困母婴、降低孕产妇及婴儿死亡率为宗旨的"母婴平安120行动"。"母婴平安120行动"创建了县、乡、村三级项目执行机构,通过周严的项目管理制度,将援助人的爱心送达贫困母婴手中。项目计划在未来3年内发展到10个县,覆盖人口200万—250万。"母婴平安120行动"项目是中国扶贫基金会的品牌项目之一。"120"不仅代表急救,还蕴含着"一个家庭,两条生命,生育零风险"的深刻内涵。

"母婴平安120行动"通过建立母婴综合保障体系,对贫困母婴分娩实施分类补贴,对贫困产后母婴进行物资援助。这一行动为项目区医疗机构配备基本的医疗设备,对医务人员提供专业培训,以提高贫困社区母婴生命保障水平和健康水平。实践表明,"母婴平安120行动"促进了乡村人口素质提升,减少了因母婴生命出现问题而返贫的状况,促进了爱心的奉献和人类文明与和谐的发展。

2006年底,中国高校在校生已达到2500万人,贫困生群体也越来越庞大。在校生中的家庭经济贫困学生的比例为20%,家庭经济特别困难的学生(以下简称"特困大学生"或"特困生")比例为8%,农、林、师范类学校贫困生比例超过30%,特困生比例超过15%。他们不仅面临着经济困难,还承受着巨大的心理压力。如果不能得到及时、恰当的帮助,这种困难不仅将影响他们的身体发育和健康,甚至可能会对其心理健康、生活态度产生严重影响。

中国扶贫基金会发起的捐赠项目

为了帮助特困大学生克服家庭经济困难,顺利完成大学学业,中国扶贫基金会于2002年9月1日发起"新长城——特困大学生自强项目",对特困大学生给予经济资助、成才支持和提供就业服务。并以自强社为平台开展各种公益活动,提升特困大学生综合能力;为受助学生提供培训、指导,帮助受助学生成功就业或创业。

"新长城"项目作为一个教育扶贫的公益项目,以经济资助为基础,以成才支持为核心,以培养自立、自强人才为最终目标,将扶贫济困与人才培养相结合,立足于帮助特困大学生完成学业,着眼于培养特困大学生完善健全的人格素质,致力于引导大学生在成长成才的同时回报社会,实现项目"传递社会关爱、锻造自强之才"的宗旨,为弘扬社会公益文化、促进社会公平、增进社会的和谐播撒爱的种子。

近年来,中国经济保持着高速增长,但是高速增长带来的贫富差距问题同样引人注目。可以说,贫穷并没有远离中国,中国当前面临的贫困问题依然十分严峻。

中国经济发展培育了一个新的社会阶层(先富人群)——按照统计数据,这个新的社会阶层已经超过 1.6 亿人。他们都有能力参与扶贫公益事业,关键在于社会缺乏引导,新闻舆论缺乏深入、系统的宣导。而根本的原因在于——国内的公益组织主要着眼于"援助型扶贫项目",严重忽视"倡导型扶贫项目",远远没有在全社会形成"人人扶贫,天天扶贫"的社会氛围。

正是在以上背景下,在 2005 年 10 月 17 日举办的"扶贫中国行"大型社会公益活动的基础上,中国扶贫基金会经过充分论证,决定长期设立"365 天天扶贫宣传基金",通过定向筹集专门的宣传资金,以及系统的宣传引导,动员和呼吁社会各界更广泛地参与到扶贫公益事业中来,实现"动员社会力量,推动全民扶贫,倡导贫富和谐,构建和谐社会"的美好愿景。

航天英雄杨利伟,奥运冠军刘翔,篮球巨星姚明,著名书画家姚少华,全国政协委员、雕刻家袁熙坤等社会各界知名人士纷纷对"365 天天扶贫宣传基金"提供了大力支持。

中国扶贫基金会自 1989 年成立以来,不辱使命,一直以关注疾苦、传递关爱、促进和谐为己任,累计募集资金和物资近 20 亿元,惠及 400 万名贫困群众,已经成为中国规模最大、实力最强的专职扶贫公益机构。

(六) 希望工程

希望工程是团中央、中国青少年发展基金会以救助贫困地区失学少年儿童为目的,于 1989 年发起的一项公益事业。其宗旨是资助贫困地区失学儿童重返校园,建设希望小学,改善农村办学条件。希望工程的实施,改变了一大批失学儿童的命运,改善了贫困地区的办学条件,唤起了全社会的重教意识,促进了基础教育的发展;弘扬了扶贫济困、助人为乐的优良传统,推动了社会主义精神文明建设。

在中国,提到希望工程,大概所有 30 岁以上的人都会记起那位大眼睛的小姑娘。这个当年只有 8 岁的小姑娘叫苏明娟,出生在安徽金寨县桃岭乡张湾村一个普通的农家,父母靠打鱼、养蚕、养猪、种田、种板栗为生,一家人过着拮据、简朴的乡村生活。

1991 年 5 月,苏明娟在张湾小学读一年级,中国青年报摄影记者解海龙到金寨县采访拍摄希望工程,看到了正在上课的苏明娟,将一双特别能代表贫困山区孩子"渴望读书的大眼睛"摄入了他的镜头。这幅题为"我要上学"的照片发表后,很快被国内各大报纸杂志争相转载,成为中国希望工程的宣传标志,苏明娟也随之成为希望工程的形象代表。

1990 年 9 月 5 日,邓小平为希望工程题名。1992 年 6 月 10 日和 10 月 6 日,邓小平两次以"一位老共产党员"的名义向希望工程捐款 5000 元。1991年 11 月,江泽民为希望工程题词"支持希望工程,关心孩子成长"。他还多次为希望工程捐款,专门到贫困地区看望失学的孩子,并嘱咐一定要解决好失学问题。1992 年 3 月,李鹏为希望工程题词"希望工程,救助贫困,兴学利民,造福后代"。

当时,科技部中国科技促进发展研究中心评估表明:希望工程已经成为我国 20 世纪 90 年代社会参与最广泛、最富影响的民间社会公益事业。

希望工程在中国青基会及其授权的各级希望工程实施机构的努力推动下,得到了社会各界、海内外团体、企业、个人的积极支持和热情参与,取得了令人瞩目的实施成果和综合效益,赢得了党和政府及全社会的高度评价,已成为我国最具社会影响和享有崇高声誉的民间公益事业。

实施希望工程,是中国农村贫困地区广大失学少年的迫切要求。随着经济建设事业的发展,国家对教育的投入不断增加,全国教育事业也取得了显著成就。但从总体看,发展仍不够平衡,贫困地区的基础教育投入相对不足,办学条件差,一大批中小学的危房因资金不足而得不到及时修缮;全国目前仍有相当数量的一批儿童因家庭贫困而徘徊于校门之外。读书已成为千百万失学儿童的最大心愿。

综观世界各国教育经费的计算,包括政府预算支出和民间投资两个方面。实践表明,任何国家的教育经费都不可能是政府全包。特别是像中国这样的发展中大国,要办好教育更应借鉴国外经验,动员社会力量办教育。希望工程正是在这方面走出了一条成功之路。

为了贯彻落实我国政府提出的到 20 世纪末基本解决贫困人口温饱问题和普及九年义务教育的战略决策,适应希望工程自身完善的客观需要,并考虑到社会各界的意愿,中国青基会经过深入调查、广泛论证、慎重研究,决定从 1999 年起实行希望工程实施战略重点的转移:由过去对贫困地区失学儿童的普遍救助,转到对优秀受助生的跟踪培养;希望小学由硬件建设为主转向以教师培训、现代化教学设施配置等软件建设为主；希望工程不再直接接受救助失学儿童的捐款。

对有意为贫困地区失学儿童捐款助学的人，将介绍其直接与贫困地区乡村小学联系，通过学校安排助学对象，这既是发展贫困山区教育的一种有益补充，也是资助失学儿童重返校园的一种办法。

到 2007 年，希望工程始终坚持"助农民的后代人人有书读"的使命，累计接收社会捐款逾 35 亿元，在农村贫困地区援建希望小学 13000 余所，为 304 万多名农村家庭经济困难的学生提供资助，其中，资助的大学生就达 10 多万名。是年，中国青少年发展基金会开始实施希望工程全面升级战略，将传统的救助模式拓展为救助—发展模式，由"授人以鱼"转变为"授人以渔"，在为希望工程受助学生提供资金资助的同时，还要为受助学生发展能力提供帮助。

2007 年，全国的青少年发展基金会推出希望工程圆梦行动，重点资助考取大学的新生，缓解他们由家门入校门的经济困难；受助学生在大学期间，可以继续申请希望工程的资助。

希望工程实施以来，以协助政府普及九年义务教育和扶贫攻坚为宗旨，坚持雪中送炭的原则，通过救助因家庭贫困而失学的儿童继续小学学业，建设希望小学等措施，提高了贫困地区小学适龄儿童的入学率、巩固率、升学率，降低了辍学率，改善了办学条件，提高了办学质量，成效显著。希望工程促进了我国农村贫困地区基础教育事业的发展，开辟了一条动员社会力量协助政府办教育的新路子。

2009 年 11 月 19 日，中国青少年发展基金会常务副理事长、党组书记顾晓今做客人民公益网畅谈希望工程 20 年发展成就。访谈中，她介绍了希望工程 20 年来的实施成果，累计募集的资金有 567000 万元，累积资助学生 346 万人，援建边远山区、贫困地区希望小学 15940 所。

希望工程倡导的不仅仅是给予人，更重要的是助人自助。"助人自助"的含义就是，助你的服务对象或者受助人获得自我成长的能力，让他自己获得"造血的功能、机能"。

希望工程有一个使命，叫作"助农民的后代人人有书读"。它包含了多重的含义。首先，这一使命指出了希望工程的服务对象，是农民的后代，在农民的后代里，又是那些家境贫寒的孩子。上学读书代表着一种领域，"人人"代表着一种追求，追求社会的公正，追求一个平等的受教育的机会。所以这一个使命，是希望工程一直在不懈追求的。

（七）台湾地区的慈善组织及公益事业

慈济功德会是台湾地区最大的民间慈善机构。

1966年,证严上人于台湾花莲创立了"佛教克难慈济功德会"。该会秉持佛教"无缘大慈,同体大悲"精神,40多年来已开展了"四大志业,八大法印"活动,即慈善、医疗、教育、人文、国际赈灾、骨髓捐赠、环保、社区志工。如今,"慈济人"不但在台湾地区和祖国大陆留下深深的足迹,而且他们的足迹还遍布全球,包括南非、蒙古、阿富汗、朝鲜、车臣、科索沃、土耳其、科特迪瓦,以及东南亚和中南美各国和地区,救援项目包括物品、房屋修建、义诊以及敬老院、儿童福利院、中小学校的援建。

慈济功德会针对无力缴纳学费的家庭,提供全额或部分的注册费补助,并主动关怀偏远乡村的中小学,提供清寒学生注册费及营养午餐费补助。

1991年华中、华东发生大水患,慈济基于"直接、重点、尊重"的原则,首先援助安徽全椒、江苏兴化与河南固始、息县等3省4县。为鼓励清寒优秀子弟上学,慈济在部分小学、初高中和大学都设有奖助学金。1991年以来,由其援建的中小学已多达38所。1998年以来,慈济在甘肃省最干旱贫困的会宁、通渭、东乡3县援建2456眼水窖,解决了农畜饮水的困难。2000年6月,由其援建的上海东方肝胆医院病房大楼竣工揭幕。2004年9月,援建的福鼎市医院病房大楼落成启用,期望慈济的医疗之爱让病苦者获得更好的服务。

2003年春末,SARS疫情笼罩全国,慈济迅速在台北、高雄两地成立防疫送爱协调中心,以安抚人心,并补给物资。2005年夏,台湾南部受到梅雨锋面滞留和西南旺盛气流的双重影响,慈济人无一例外地深入各个社区乡镇村落,为低洼地区的民众补给生活物资。

1999年9月21日,我国台湾地区发生了大地震。瞬间,山崩地裂、河山变色,家园毁弃、哀鸿遍野。地震发生后,第一时间赶赴灾区现场抢救的不是军方,也不是医院,而是慈济功德会。慈济功德会的反应速度不仅最快,同时也是最有组织、最有效率的救援队伍。

在灾区现场,当前赴后继的救援力量陆续赶到时,穿着蓝色上衣白色长裤制服的慈济功德会成员已经分工完毕,他们已经设立指挥中心,各小组分工并进,医疗的医疗,搭帐篷的搭帐篷,运送物资的马不停蹄地穿梭,极少出现混乱。

台湾地区山高水急,地质脆弱,几乎每年夏季都遭到台风的摧残。2004年夏天,台风袭扰特别严重,分别在台湾中部和北部造成了泥石流和洪水灾害。慈济功德会立刻成立救灾指挥中心,在各地设立服务站,供应热食,发放救助金、紧急救难物资。

不仅如此，平时分布在社会各个角落的慈济会员，在生活中还不断帮助陷入苦难的百姓。通过深入民间的力量，慈济功德会不仅在非常时期参与救灾，还在日常生活中帮助百姓排忧解难，资助贫困学生就学，照顾穷困老人。他们锲而不舍地与被救援者进行心理沟通，消除他们的心理障碍，在医疗、丧葬、慰问、房屋修缮等范围内发挥慈善的力量，产生了巨大的影响。

从 1985 年起，侨居各国的慈济人将慈济志业扩展到海外，凝聚所在地的爱心资源，推动济贫救难等任务。目前，全球有 39 个国家设有慈济分支会或联络处 250 多处。从 1991 年起，慈济便积极参与国际急难救援事务，在物质与精神上，给予各国受灾受难者最适切的帮助与关怀，点燃他们希望的火炬，鼓舞他们的信心与勇气，祈愿他们走出伤痛，迎接未来。

如果没有社会的普遍认可，慈济功德会不会有目前的声誉。从我国四川地震，缅甸、印度尼西亚的灾难，再追溯到我国内地 1991 年的洪灾，甘肃的旱灾，以及泰国北部、车臣、朝鲜、伊拉克、阿富汗等地的战争灾难，人们都可见到慈济人身穿"蓝天白云"的制服穿梭其间。对于受灾地区，慈济除了提供粮食、衣被、药品的紧急援助外，还修建房屋，协助开发水源，提供义诊，它在援助的过程中不断传达出来的是"尊重生命"的单纯理念，从不涉及此外的任何立场。由于其广泛影响，目前全球会员已达 500 万之众。

非政府组织、非营利组织或是民间组织，尽管称呼不同，但都是协助政府施惠民间的社会力量。在政府能量有限的情况下，民间组织能凝聚具有相同理念的民众力量，促进社会稳定。对政府来说，还可以通过非政府组织提供更多的公共服务与利益，降低资源成本。在这方面，台湾地区做得比较到位，他们的公益组织大都是民间组织，几乎所有公益事业都是源自于非政府组织的力量。

台湾地区不断完善与民间组织相关的配套规定，由台湾当局管理，并且当局对宗教团体办慈善和公益事业持鼓励的态度。比如当局不断修订宗教团体管理办法，在政策上拟订公益慈善奖励规定，经常举行公益慈善活动观摩会、座谈会，走访宗教团体，对公益慈善成效卓著的单位给予表扬等。

对于慈善捐款，代表社会公权力的政府有管理监督的责任。政府对公益团体募集的善款，强制性地规定其采取公开透明的方式管理，有助于爱心发挥最大功效。具体到台湾地区，对于社会发起募款的行为，台湾当局基于奖励与引导的立场，督促公益团体的财务运用公开透明化，引导公益组织建立公信度，强化各项资源运用的专业能力，避免社会资源在混乱的分配上造成浪费。

中国台湾当局试图以法规制订帮助公益活动规范化。法规制订对促进社会公益的作用至关重要。一旦有完善的法规来支持引导公益活动,便可以在社会发生重大变故的时候,使民间力量更有效地运作。如果民间热烈捐助,而善款项目却因没有完整的法规加以规范,为不肖人士利用,就容易流于腐败。这种慈善就等于诈骗,不良影响就非常深远。因此,捐款活动的规范化刻不容缓。

考察台湾规范公益活动的法规,要追溯到抗日战争时期。抗战期间,民众爱国情绪沸腾,到处有人举行抗日救国募款。为了防止款项被滥用,于是有了我国第一部关于捐款的法律规定。一直到 2006 年,台湾地区使用的《统一捐募运动办法》还是 1942 年 5 月 2 日由当时的国民政府所发布的,它以防范捐款活动泛滥及杜绝敛财为目的。但将近 70 年前的规定对当今的台湾社会来说,内容过于简单,没有强制力,在现代社会中已起不到防弊的功能,套用在当代公益活动中,往往反倒成为管理的障碍。

有鉴于此,台湾当局通盘检讨,认为重新建立一套规范实有必要。到了2006 年,台湾地区终于出台了新的公益活动相关规定——《公益劝募条例》。至此,台湾地区的社会福利事业、教育文化事业、社会慈善事业、对外人道救援有了新的规范。同时,台湾地区还分别出台了《公益劝募条例施行细则》与《公益劝募许可办法》作为该条例施行的配套建设。

台湾地区的慈善募捐法规在诸多方面规定得非常细致,比如在募款活动方面,要求必须对社会进行公告,并鼓励大众共同监督调查。它同时限制非公益团体以外的单位及个人进行募款活动。在管理上,采用的是"低密度管理,高密度监督"的方法,也就是对于募款项目尽量开放,而将精力放在监督运作上。

除此之外,世界银行也不断给予培训与协助,使得台湾地区对非政府组织运作有了较全面的认识。世界银行鼓励非政府组织向政府提出报告,协助政府了解情况,以便制定更完善的政策;要求政府对非政府组织也要加以规范,使非政府组织能灵活运作,提高非政府组织的标准,使其能发挥较大的功能,得到民众的尊重和认同。世界银行理想中的图景是,公益组织应该对公众负责任并在组织和财务上维持透明,法律法规是为了规范和确保这种原则。所谓负责任和透明化,是要对社会公众履行,而不只是对政府。

多年前,台湾地区相关人士就开始积极推动有关志愿服务的规定的出台。在 1999 年的大地震中,台湾地区的观察家们发现,志愿者虽然数量不少,但不够专业,分配失衡,无法有效服务大众。事实上,志愿者平时应该接受专业训练,也应按需求分配有效整合。台湾地区在志愿者服务方面,缺乏规范且志愿者单位各行其是,志愿者服务变成多头马车,乱成一团。为了摆脱这一困境,台湾当局在 2001 年 1 月 20 日出台了关于志愿服务的相关规定,对志愿者服务工作进行管理。现在台湾地区志愿者服务的领域相当广泛,力量也得到了控制。截至 2007 年底,台湾地区全岛志愿者团队有 1880 支,志工人数近 11 万,组成人员包括家庭主妇、青年学生、劳工、公职人员、离退休人员及技术人员,相当于提供 6098 人之专职人力,对提升社会福利服务品质帮助极大。

由于对民间团体的松绑,加上媒体、宗教团体的严密监督,台湾公益组织得以蓬勃发展。尤其是宗教团体,较为著名的除了证严法师的慈济功德会之外,还有星云法师的佛法山、圣严法师的法鼓山和惟觉法师的中台山。这些佛教团体是在日本战败、台湾回归祖国怀抱时从被日本化的佛教中发展起来的。经过几十年的发展,如今它们已经深入台湾社会,变成维持社会治安的一股约束力量,同时也是公权力延伸不到之处的互补机制。

台湾佛教史专家、台湾大学历史研究所博士江灿腾认为:"工业化之后的台湾社会,为现代人的心灵所带来的疏离感,迫使每日熙熙攘攘在都市里求生活的上班族,对探讨人的内心世界感到有迫切的需要,而禅学讲求心法和解脱的技巧,相当符合都市人的需求,再加上各种媒体的渲染,顿使学禅坐禅变成既时髦又有智慧的商品。"[1]江灿腾博士描述的这些现象对台湾地区公益事业的发展起到了促进作用。

以慈济功德会为例,他们平时就是"哪里有需要到哪里",主要协助范围包括医疗、骨髓捐赠、教育、社区、环保、人文等项目;慈济不仅有自己的医院,还有以慈济为名的学校,从幼儿园、小学、中学到大学,有着一路善济天下的完整观念。它还有社会教育中心、语言教学中心、健康传播中心等,可谓"完全化教育"。

同时台湾地区有关公益募捐的规定主张尊重捐赠人"量力认捐的自由",特别要求募款行为不得以强制摊派或其他强迫方式进行,亦不得向职务上或业务上有服从义务的人强行募款。最重要的一点是,规定募款必须要汇入"专款专户账号",接受公众监督,有效降低了不当挪用的可能。

(八)香港的慈善组织

香港的慈善组织中,首先值得一提的是香港红十字会。

香港红十字会成立于 1950 年,前属英国红十字会分会,自 1997 年 7 月 1

---

[1]　江灿腾:《台湾佛教四大道场的经营与转型——佛光山、慈济、法鼓山、中台山》,台北南天出版公司 2006 年版,第 106—109 页。

日起,随着中华人民共和国政府恢复对香港行使主权并设立香港特别行政区而成为中国红十字会的一个享有高度自治权的分会。《中华人民共和国香港特别行政区基本法》《国际红十字与红新月运动章程》和《红十字会与红新月会国际联合会章程》是处理双方关系及事务的依据。自1997年7月1日起,香港红十字会的全称为"中国香港特别行政区红十字会",简称"香港红十字会"(中国红十字会分会)。

凡以国家红十字会为单位参加的国际组织和会议,由总会代表中国红十字会参加,必要时可吸收香港红十字会适当人员作为中国红十字会代表团成员。该会本着国际红十字与红新月运动的七大基本原则,即人道、公正、中立、独立、志愿服务、统一、普遍,服务香港有需要的人。

香港红十字会作为中国红十字会的一个享有高度自治权的地方分会,

香港红十字会在四川地震灾区

根据《中华人民共和国香港特别行政区基本法》和香港特别行政区政府的规定,自行制定或修改香港红十字会的章程,负责处理会内一切事务,包括内设机构、行政决策、运作模式、人事任命、资产管理、服务内容与方式等。《中华人民共和国红十字会法》和《中国红十字会章程》不应用于香港红十字会。按规定,香港红十字会在遵守统一性的基本原则下,可与国际和世界各国、各地区红十字组织保持和发展适当的业务往来和联系,如有相互合作或重要往来,报知总会。

在香港红十字会使命宣言中清楚阐明:"作为国际红十字运动的一分子,香港红十字会的使命是积极推动社群,本着人道理念与志愿服务精神,竭力去保护生命、关怀伤困、维护尊严。""力求世上人人都能尊重及保护他人的生命和尊严,并能自愿地以一视同仁的态度施以援手,改善弱势社群的境况。"①

香港较少发生天灾,所以香港红十字会的志愿工作,大多以急救服务、关怀老弱、健康推广和人道法推广等为主。而当世界各地发生天灾时,香港红十字会也会向香港市民筹款和派遣志愿人员到灾区救灾。

香港的慈善团体数不胜数。其中以由香港名人组成的香港慈善基金和香港赛马会慈善基金的实力最为雄厚,其次是著名的历史悠久的东华三院。

---

① 欧羡雪主编:《灾害康复社会工作》,社会科学文献出版社2013年版,第21—22页。

此外,宗教、妇女、民间团体、个人等组成的慈善团体达上千个之多。最著名的个人慈善基金有霍英东慈善基金、李嘉诚慈善基金、邵逸夫基金、邓肇坚基金、何东基金等。而香港的各类慈善团体几乎囊括了所有领域,包括教育、医疗、儿童、妇女、环保、解困、戒毒、释囚甚至包括救助妓女等。其中最特别的是防止动物虐待协会,它已有近百年历史,是由英国人创办,专门为流浪猫、狗和被虐待宠物而设。

关怀妓女的慈善组织叫作紫藤社,专门关注性工作者生存状况,协助解决她们的困难,以及为她们争取权益,也帮助她们预防性病等。该组织的人并不全是性工作者。

除了以个人名义命名的慈善基金外,所有这些慈善团体均由社会筹款,而一些较具规模的慈善团体,如香港慈善基金、赛马会、东华三院等,则会给一些向他们提出申请的小规模慈善团体每年做有计划的拨款。例如紫藤社,当其活动经费不足时,向香港慈善基金提出申请,经过严格审核之后,才会按该社实际情况给予援助性拨款。

此外,还有些细分的慈善基金,如关注儿童地中海贫血基金、弱智儿童恢复智能基金、弱听人士基金,以及如前曾介绍过的青少年戒毒程序完成后的后续性教育慈善组织正生会,等等。

这些慈善团体或基金的关注是全方位的,于是在香港形成了一个庞大的、较为完整的社会保障系统,任何符合资格的家庭、人士,均可向这些组织提出援助要求。虽然这些慈善团体未必可以为这些家庭、人士完全解决问题,特别是经济问题,但是他们所给予的关爱,体现"人间有爱",才是最重要的。

任何捐款都可获得免税——这是香港人乐于踊跃捐款的原因之一。每个纳税人,当每年填写报税表时,其中一栏就有该年度曾经捐过的款项。当然,必须要出具确曾捐款的证明。香港税局会从个人入息税或盈利税项中扣除捐款数量原应缴纳的税款。

2005年,南亚和东南亚地区发生海啸,香港人曾为此进行慈善筹款,所筹得慈善款项超过1亿港元,成为世界上民间捐款最多的地区。

汶川地震后,举国同殇,也激发起香港人强烈的爱国情怀与国家认同感。身处香港各个角落的香港人,纷纷向祖国伸出援助之手。震后翌日,香港政府就以官方名义捐出3.5亿元港币,在接下来的短短2周之内,香港民间又募得超过10亿元港币的赈灾捐款,大大超越了1991年华东水灾时逾6亿元港币的赈灾捐款总额。这一数字不仅是历年来香港民间为内地天灾筹款最多的一次,也让香港位列内地以外捐款地区的榜首。同时,香港义工的职业道德也蜚声海内外，谱写出许多可歌可泣的感人事迹。

慈善，已成为香港人的美好传统和社会公德。

（九）澳门的慈善组织

澳门早在 1920 年就有红十字会组织的慈善活动，其后，于 1922 年成为葡萄牙红十字会的分会之一，名为葡萄牙红十字会澳门分会。直至 1987 年，才正式采用"澳门红十字会"（葡萄牙红十字会分会）的名称。1999 年 12 月 20 日，随着澳门回归祖国，澳门红十字会成为中国红十字会的一个享有高度自治权的地方分会。

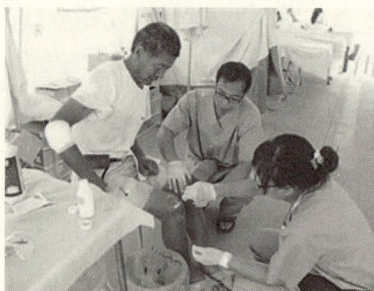

澳门红十字医疗队在都江堰
地震灾区诊治病人

澳门回归祖国后，澳门特别行政区红十字会积极配合中国红十字会总会的工作，多次在澳门组织社会募捐，支援内地抗灾救灾和医疗卫生及教育事业。如汶川地震发生后，仅在灾后重建阶段，澳门红十字会与四川地震灾区签约的重建项目金额就超过了 5200 万元，重建项目涉及民房、学校、乡镇卫生院和村卫生室。

舟曲泥石流灾情发生后，澳门特别行政区红十字会及时了解舟曲灾情和实际需要，并于灾害发生的次日即通过甘肃省红十字会向舟曲县泥石流灾区提供 30 万澳门元，用于就地采购救灾物资。其后，澳门特别行政区红十字会与甘肃省红十字会签订了支援舟曲灾区灾后恢复重建项目协议，向甘肃省红十字会援助灾后重建资金 1500 万元。

澳门历史最悠久的慈善组织是仁慈堂。

澳门仁慈堂创建于 1569 年，由天主教澳门教区的首任主教贾耐劳创立，负责慈善救济工作。仁慈堂成立后，开办了中国第一间西式医院——白马行医院，并设育婴堂、麻风院、老人院、孤儿院等机构。

其他民间慈善社团中，与内地联系较多的是澳门汇才慈善会和澳门善明会。

汇才慈善会是由澳门爱心人士组成的民间慈善组织，他们的主要扶助对象是内地的贫困学生。

澳门善明会由澳门特别行政区立法会议员陈美仪女士于 2002 年注册成立，该慈善机构多年来始终坚持"关心社会、济弱扶贫"的宗旨，积极参与公众事务，热心社会公益，为澳门弱势群体和年轻一代提供多元化的社会慈善服务。

四、当代慈善家

（一）"裸捐"办学的陈嘉庚

陈嘉庚是著名的爱国华侨领袖、企业家、教育家、慈善家、社会活动家。厦门大学、集美大学、集美中学、翔安一中、集美学村、翔安同民医院等，均由陈嘉庚创办。

成长于郑成功抗清复明故垒的陈嘉庚具有强烈的爱国情怀，一生为辛亥革命、民族教育、抗日战争、解放战争、新中国的建设做出了卓越的贡献。生前曾被毛泽东称誉为"华侨旗帜、民族光辉"。厦门大学、集美大学（前身为集美学村各校）两校师生都尊称其为"校主"。

陈嘉庚，原名陈甲庚，1874 年 10 月 21 日出生于福建省同安县集美社（今属厦门市集美区）的一个华侨世家。

1891 年，陈嘉庚 17 岁时前往新加坡谋生，在他父亲陈杞柏经营的顺安米店帮忙。陈杞柏晚年实业失败，顺安米店于 1904 年停业，欠债权人 20 余万元。陈嘉庚接手衰败的家业后，创建了菠萝罐头厂，号称"新利川黄梨厂"；承接了一个也是经营菠萝罐头厂的日新公司；自营谦益米店。

新加坡当时的法律规定父债子免还，但以信誉为重的陈嘉庚虽然经济拮据，却宣布立志不计久暂，力能做到者，决代还清以免遗憾也。陈嘉庚白手起家艰苦奋斗了 4 年时间，终于有了盈利，他不顾亲友反对，花了许多时间和精力找到债主，连本带利还清了父亲所欠的债务。陈嘉庚"一诺万金"的信誉迅速传遍了东南亚。此后，人们十分相信陈嘉庚的商业道德和信誉，都愿意与他做生意。可以说，陈嘉庚之所以能在家业衰败后艰苦创业 10 年左右成为百万富翁，与他"一诺万金"的诚信商誉有着密不可分的关系。

此后不久，橡胶第一次从巴西被移植到马来西亚，陈嘉庚立即购买了种子，播种在菠萝园中，进而大面积种植。到 1925 年，他已拥有橡胶园 6000 多公顷，成为华侨中最大橡胶垦殖者之一，被称为新加坡、马来西亚橡胶王的四大开拓者之一。之后他开办橡胶制品厂，生产橡胶鞋、轮胎和日用品。先后在国内各城市、南洋和世界各国大埠设立分销店 100 多处。他还经营米厂、木材厂、冰糖厂、饼干厂等，厂房达 30 多处。鼎盛时期，营业范围远及五大洲，雇用职工达 3 万余人，资产约值黄金百万两。

1937 年 10 月，为支援祖国抗战，陈嘉庚发起成立"马来西亚新加坡华侨筹赈祖国伤兵难民大会委员会"并任主席。1938 年 10 月，陈嘉庚出面联络南洋各地华侨代表在新加坡开会,成立"南洋华侨筹赈祖国难民总会"(简称南侨总会),陈嘉庚被推举为主席。他带头捐款购债献物,精心筹划组织,使南侨总会在短短3年多的时间内便为祖国筹得约合4亿元国币的款项。此外,他组织各地筹赈会为前方将士捐献寒衣、药品、卡车等物资,以及在新加坡和重庆投资设立制药厂,直接供应药品等。

1940年,陈嘉庚组织南洋华侨回国慰劳团历访重庆、延安等地。特别是访问延安之后,陈嘉庚的正统观念发生了很大的变化。他据实发表关于延安观感的演讲,盛赞陕甘宁边区的新气象。通过对国共两党辖区的访问,陈嘉庚认为"中国的希望在延安"。

1949年,陈嘉庚应毛主席电邀,回国出席全国政协,参加开国大典。历任中央人民政府委员、归国华侨联合会主席,当选全国人民代表大会常务委员、全国政协副主席。此时他已耄耋高年,但仍驰骋祖国南北大地,舟车劳顿,席不暇暖,致力于祖国社会主义建设事业,对推动华侨爱国大团结、鼓励华侨支持祖国和家乡建设起到了积极作用。他生前叮嘱"把集美学校办下去,把300万元存款捐献给国家",并一再呼吁祖国统一,弥留之际还对台湾的回归深表关切,体现了一个爱国者的赤诚之心。[①]

陈嘉庚不仅是伟大的爱国者、著名的实业家,也是一位毕生热诚于兴学育才的教育家。致富后,他首先想到的是兴学报国。他曾说:"民智不开,民心不齐,启迪民智,有助于革命,有助于救国,其理甚明。教育是千秋万代的事业,是提高国民文化水平的根本措施,不管什么时候都需要。"[②]因此,他不惜倾资办学。

厦门陈嘉庚纪念馆

陈嘉庚事业至顶峰时,不过拥资一两千万元,在当时的华人企业家中,比他富有的人为数不少,但为国家和民族兴学育才始终如一地慷慨解囊,而自己一生过着非常俭朴生活的,唯有陈嘉庚。正因为如此,黄炎培先生曾说:"发了财的人,而肯全拿出来的,只有陈先生。"[③]他办学的时间之长、规模之

---

①　朱银全主编:《历史丰碑(5)》,西北工业大学出版社2012年版,第116—117页。

②　中国人民政府协商会议全国委员会文史资料研究委员会等编:《回忆陈嘉庚》,中国文史出版社2013年版,第6页。

③　转引自陈嘉庚:《陈嘉庚自述》,安徽文艺出版社2013年版,第454页。

大、毅力之坚，为中国及世界所罕见。

1961 年 8 月 12 日，陈嘉庚先生在京病逝。"陈嘉庚先生治丧委员会"由周恩来总理担任主任委员，丧仪极为隆重。周恩来总理、朱德委员长亲自执绋，廖承志在追悼会上致辞。陈毅在吊唁的时候激动地说：陈嘉庚先生是一个有骨气的中国人。作为华侨领袖来说，他是一个杰出的爱国主义者，追随革命，善始善终，值得后人学习。8 月 15 日首都各界举行公祭，公祭结束后，灵枢南运，专车经过的许多城市，当地党政部门和归国华侨都到车站献花圈致祭，最后在集美鳌园举行了隆重的安葬仪式，陈嘉庚先生永远安息在鳌园中。

陈嘉庚先生是一个重要的历史人物，他的影响远远超出了国界，不仅国人尊敬他，而且华侨和海外华裔也尊敬他。他的精神在海内外都将永放光芒。

（二）与国运族兴融为一体的霍英东

霍英东是杰出的社会活动家，著名的爱国人士，香港知名实业家、慈善家。他祖籍广东番禺，1922 年 11 月 21 日出生于香港。

霍英东 7 岁丧父，12 岁进香港皇仁英文书院，后因抗日战争爆发而辍学。此后当过渡轮加煤工、机场苦力、修车学徒、铆工等，还开过小杂货店。1948 年，霍英东远赴东沙岛与人合股做打捞海人草生意。

20 世纪 40 年代末，他从事海上驳运业务，开始了创业生涯。1953 年和 1954 年，分别创立立信置业有限公司和有荣有限公司，任董事长；后组建霍英东集团，任主席。1965—1984 年，任香港地产建设商会会长。1981 年起，先后任国际足球联合会执委，世界羽毛球联合会名誉主席，世界象棋联合会会长，亚洲足球联合会副会长，香港足球总会会长、永远名誉会长。1984—1988 年，任香港中华总商会会长，1990—1994 年任香港中华总商会永远名誉会长。1985 年任香港特区基本法起草委员会委员。1993 年 3 月当选为第八届全国政协副主席。1995 年分别获香港大学社会科学名誉博士学位和国际奥委会奥林匹克银质勋章。1997 年 7 月获香港特别行政区政府颁授的大紫荆勋章。1998 年 3 月当选为第九届全国政协副主席。2003 年 3 月当选为第十届全国政协副主席。2006 年 10 月 28 日在北京因病逝世，享年 84 岁。

霍英东先生是著名的爱国人士，中国共产党的亲密朋友。他年轻时就有为国家做事的志向、激情和胆略。抗美援朝期间，在西方国家对我国实施全面禁运、港英当局武力"缉私"的情况下，他在香港组织了颇具规模的船队，为祖国运送了大量急需物资，有力地支援了抗美援朝。

20 世纪 70 年代末，国家改革开放伊始，他就着手筹划到内地投资。1979

霍英东：一生爱国的慈善家

年，他投资兴建中山温泉宾馆，成为最早到内地投资的香港企业家之一。1983年，他与广东省有关部门合作兴建的广州白天鹅宾馆开始试营业，成为我国第一家由中国人自己设计、施工和管理的大型现代化酒店，受到了邓小平的好评。

1993年7月开始，他在香港特别行政区筹委会预备工作委员会中担任副主任的重要职务，频繁奔波于香港与北京之间，听取和反映香港各界人士的意见，参与制订各种方案和政策。

香港回归祖国后，他一如既往地运用自己的社会影响力，积极贯彻落实"一国两制"、"港人治港"、高度自治的方针，全力支持特别行政区行政长官和特区政府依照《基本法》施政，为维护香港繁荣稳定做出新的贡献。他积极投身祖国改革开放和现代化建设事业，长期致力于香港繁荣稳定发展，受到党和国家的充分肯定，并与中央几代领导人结下了深厚友谊。

霍英东先生为国家发展和现代化建设事业做出了重大贡献。改革开放以来，他积极投身内地经济建设。先后投资或捐赠了番禺大石大桥、洛溪大桥、沙湾大桥和广珠公路上的4座大桥等多个重大项目。他为广州南沙的开发建设呕心沥血10多年，在滩涂上建起了广州南沙海滨新城。他倾力支持国家的教育事业，20世纪80年代以来，捐出巨款设立各种基金会支持内地教育，捐资建成大批教学设施。迄今为止，他的基金会对全国各地教育文化事业的捐赠累计达7.6亿港元，其中霍英东教育基金会捐赠1500多万美元。

1982年，霍英东和香港其他爱国企业家联合发起建立培华教育基金会，为内地培训经济管理人才和为少数民族地区培训管理人才1万多人，并资助了2000多名青年教师。

除了进行教育投资和慈善捐助之外，霍英东还曾不遗余力地支持国家的体育事业。1974年，在他的大力奔走和积极努力下，中国恢复了在亚洲足球联合会的席位。此后他又积极推动中国重返羽毛球、篮球、排球、自行车等体育项目国际组织。他为北京主办第十一届亚运会和申办2008年奥运会做出了重大贡献。

为鼓励祖国体育健儿，他多次为在奥运会和其他国际重大赛事上取得优异成绩的运动员和教练员颁发奖金。他还捐巨资建成中国体育历史博物馆和中国武术研究院，在全国许多地方和学校兴建体育设施，并设立致力于向全世界推广中国象棋的亚洲象棋基金。

他还十分关心革命老区建设，提出在广东韶关、江西赣州和湖南郴州三个革命老区之间建立优势互补的"红三角"经济区,并通过所属的基金会,为该区域的基础设施建设和各种交流活动捐助 1.5 亿港元,为老区经济发展做出了积极贡献。在 1992 年华东水灾和 2003 年"非典"期间,他都捐出巨资扶贫济困。他还捐款支持中国残疾人联合会开展救助工作,关心和支持中医、中药的推广。

霍英东的善举得到了国家的充分肯定。2005 年,他荣获民政部、中华慈善总会颁发的"中华慈善奖"。改革开放以来,他通过自己创立的霍英东基金会、霍英东体育基金会、霍英东番禺建设基金会等机构,分别以独资、合资、捐赠、低息贷款等方式,在内地兴建了数百个项目。他说:"我们在内地多方投资和捐赠,目的只有一个,就是希望国家兴旺、民族富强。我始终没有忘记自己是一个中国人。我愿尽我之所能,为国家的繁荣昌盛多办些实事。"①

几十年来,霍英东坚持做生意赚钱不忘回馈社会的人生准则,热心支持香港和内地的各项社会事业,赢得了广泛的赞誉。霍英东的传奇奋斗人生,是中华民族自强不息精神的典型写照;他乐善好施,热心公益慈善事业,无私奉献,是服务社会的楷模;他为人谦厚,处事低调,生活俭朴,胸襟品格令人敬佩。他将个人的命运与国家民族的兴衰融为一体,他的爱国精神和高尚品格永远值得人们尊敬和怀念。

(三)世界级富豪慈善大企业家李嘉诚

李嘉诚 1928 年出生于广东潮州,1940 年为躲避日本侵略者的压迫,全家逃难到香港。1958 年,李嘉诚开始投资地产市场。1979 年,"长江"购入老牌英资商行——"和记黄埔",李嘉诚因而成为首位收购英资商行的华人。1981 年获选为"香港风云人物",1981 年获委任为太平绅士,1989 年获英女皇颁发的 CBE 勋衔,1992 年被聘为港事顾问,1995—1997 年任特区筹备委员会委员,被评选为 1993 年度香港风云人物、1999 年亚洲首富等。2010 年 3 月 10 日,李嘉诚以 210 亿美元资产排在《福布斯》排行榜上第 14 位。

另据 2008 年 3 月《福布斯》杂志的统计,李嘉诚的总资产高达 265 亿美元,折合 2000 亿港元。

2009 年,长江实业总市值约为 10000 亿港元。

出身寒门的李嘉诚通过半个世纪不懈的努力和奋斗,从一个穷人成为商界名人,并取得了令人瞩目的成就。每当提起他的成功,李嘉诚总是坦然告知:良好的处世哲学和用人之道是他成功的前提。

---

① 马海涛主编:《中华慈善大典》,中共党史出版社 2010 年版,第 134 页。

白手起家的李嘉诚,在其长江实业集团发展到一定规模时,开始投身公益事业。

曾有记者提问:何以能热心慈善公益事业几十年不变?李嘉诚说:当你人不在了时,人们会因为你做过的事而记住你。这些事还在你身后继续影响着别人。他还说:什么是富贵?钱多不是富贵,只有心高贵,才是真正的富贵。

这就是李嘉诚的慈善观与富贵观。对此,他身体力行,几十年而未止辍。

1981年创立汕头大学,对大学的投资已过31亿港元(包括长江商学院)。

1987年,他捐赠5000万港元,在跑马地等地建立3间老人院。

1988年,捐款1200万港元兴建儿童骨科医院,对香港肾脏基金、亚洲盲人基金、东华三院捐资1亿港元。

1989年,捐赠1000万港元,支持北京举办第十一届亚洲运动会。

1997年,北京大学100周年校庆期间,李嘉诚基金会向北京大学图书馆捐赠1000万美元,支持新图书馆的建设。

1999年,李嘉诚基金会捐款4000万港元予香港公开大学,香港公开大学将设于信德中心的持续及社区教育中心命名为李嘉诚专业进修学院。

2002年李嘉诚海外基金建立长江商学院,这是中国第一所也是唯一一所实行教授治校的商学院。2003年11月MBA第一批学员入校,他们GMAT入学成绩高居亚洲首位,已在北京、上海、广州等地设立分校,目前是中国最著名的十大商学院之一,目标是用十年的时间进入世界十大商学院之列。

2004年南亚海啸,李嘉诚通过旗下的和记黄埔及李嘉诚基金会,共捐出300万美元予受灾人士。

2005年5月,李嘉诚向香港大学医学院捐出港币10亿元以资助医科学生及医学研究用,香港大学校长徐立之称,将重新命名香港大学医学院为"香港大学李嘉诚医学院",并于2006年1月1日正式易名。

2005年10月10日,基金会与和记黄埔合共捐出50万美元予巴基斯坦地震灾民。

李嘉诚设立教育
基金会捐资助学

2005年11月,李嘉诚(加拿大)基金向加拿大多伦多圣米高医院捐出2500万元加币(当时约16475万港元),兴建以他的名字命名的医学教育大楼。于2009年落成。

2007年3月,李嘉诚向新加坡国立大学李光耀公共政策学院捐款1亿新加坡币(逾5亿港元),创立教育及学术发展基金,设立教授席及40个硕士奖学金等,志在培育区内公共管治人才。这笔捐款一半由李嘉诚基金会捐出,其余则由长江实业(集团)有限公司及和记黄埔有限公司分别捐出四分之一。获捐款的公共政策学院院长布巴尼表示,新增奖学金将惠泽中国内地、香港,以及印度、越南、东南亚等国家及地区,新加坡学生亦可受惠。继香港大学医学院后,新加坡国大校园内将其中一幢建筑物命名为"李嘉诚大楼"。

在新界粉岭的东华三院李嘉诚中学,校内不少设施的建设费用亦是由李嘉诚捐赠的。这包括学校礼堂的冷气系统和建造校舍新翼之费用。

2008 年 5 月 14 日,李嘉诚基金会拨款 3000 万元协助受影响灾民及学校进行灾后重建;据悉,长江实业及和记黄埔也共捐出 500 万元,赈济四川地震灾民。

2008 年 5 月 19 日,李嘉诚致函中央政府驻港联络办公室主任高祀仁,再以李嘉诚基金会、长江集团、和记黄埔的名义捐款 1 亿元,用于为"5·12"汶川地震灾区学生设立特别教育基金。

2009 年 4 月 22 日,李嘉诚旗下长江集团、和记黄埔联合向 2010 年上海世博会中国馆捐赠人民币 1 亿元。

截至 2010 年 5 月,李嘉诚在慈善事业上共捐了 80 亿港元。

数字有时候是可以说话的,李嘉诚正是用这些枯燥的数字向世人展示了他的慈悲心。

(四)慈善富豪榜首善黄如论

黄如论,男,汉族,1951 年 9 月出生于中国福建省连江县。旅菲华侨,高级工程师。现任世纪金源集团董事局主席。

从 1986 年开始,黄如论创办了北京、云南、重庆、上海等 7 个区域集团,50 多家企业,集团现有员工 10000 多名,英才荟萃,实力雄厚。企业以房地产开发、星级大饭店、大型购物中心、金融资本运营为四大支柱产业,投资遍及海内外各地,在中国大陆投资 1000 多亿元,向国家缴纳各类税费 50 余亿元,安置下岗工人 2000 多名,间接解决了 5 万多人的就业问题,为各区域的经济繁荣和城市建设做出了突出贡献。

多年来,黄如论先后为公益事业捐资人民币逾 20 亿元,在北京、福建、江西、云南、重庆等地多处捐资兴建中小学教学楼、博物馆、医疗中心,修桥铺路,设立各类助学金、奖学金、孤寡老人赡养基金、抚养孤儿基金。其中,捐资 1400 万元资助北京市政府和海淀区政府抗击"非典",捐资 1.2 亿元兴建云南师范大学附属世纪金源学校,捐资 1.8 亿元兴建四年制本科大学江夏学院,向中国人民大学累计捐资 1600 多万元,捐资 1000 万元帮助兴建北京大学政府管理学院大楼,堪称爱国爱乡的社会楷模。所有这些义举,受到了各级政府、社会各界及家乡人民的充分肯定和高度评价。

1986年,只在家乡做过小买卖的黄如论只身前往菲律宾淘金。数年后,掘得第一桶金的黄如论回乡,在福州成立了金源房地产公司,凭着自己的聪明,黄如论迅速成为福州地产界之王。其后,黄如论在商场纵横驰骋,一发不可收。

黄如论一直坚定地认为他的成长得益于父老乡亲的滋润、养育和关爱。因此他在富裕之后,首先想到的是回报社会,特别是回报养育他的故土和父老乡亲。他说我是农民的儿子,从小在农村长大。农村很苦,我们从低层走到高层,就知道低层的痛苦。今天事业有所成功,对这些人就更加同情,很简单。

黄如论

基于这样简单、纯朴的动机,黄如论开始了他的慈善生涯。资助亲戚、帮助宗族、支持家乡。"钱留给孩子不如造福更多的人更有意义。"黄如论在公开场合如此评价所谓的公益事业。

2003年,黄如论荣获民政部颁发的爱心捐助奖个人奖项,获得乐育英才金质奖章。

2004年,黄如论荣获中国地产十大风云人物、中国十三位地产英雄、十大公益爱心大使、第三届全国优秀创业企业家、全国十大房地产创新人物、十大地产影响力人物、北京大学杰出教育贡献奖、中国人民大学教育贡献奖、感动教育十大杰出人物、为首都建设做出突出贡献的统一战线先进个人、重庆市荣誉市民等称号,荣居2003年度中国慈善企业家排行榜榜首。

2005年,黄如论荣居胡润版中国内地慈善家排行榜、《福布斯》中文版中国慈善榜榜首,并荣获2005年度中华慈善奖,并被授予中国公益事业十大爱心大使、西部地区特殊贡献人物、2005中国商业地产十大领袖人物等称号。

2007年,黄如论荣获中华慈善总会授予的中华慈善人物荣誉称号,并荣获民政部颁发的2006年度中华慈善奖,同年位列中国慈善企业家排行榜榜首,并受到中共中央总书记、国家主席胡锦涛等党和国家领导人的亲切会见。

年过五十的黄如论白手起家,创下百亿资财。但熟知黄如论的人都知道,其为人所称道,并不是因为他的财富,而是因为他的乐善好施。这位只身闯世界的福建企业家是中国目前最慷慨的慈善家之一。

在四川汶川大地震后,黄如论捐出善款1820万元。在他的影响下,金源的员工也纷纷踊跃捐款,总捐款达1436万元人民币,同时金源还专门举行了内部捐款仪式,募集54万元捐款,用于帮助家在地震重灾区的员工。

黄如论数年如一日,不改当初持续捐赠的爱心,多次成为慈善富豪榜上的首善。2009 年,黄如论拿出 5 亿元资金,发展捐赠助学项目。

2010 年 7 月,黄如论向福建省科技馆新馆捐资 6 亿元,这也是黄如论投身公益事业以来最大的一笔捐款。

在胡润的慈善榜上,黄如论连续几年来位居榜单的前列。尽管拥有巨大的财富,但生活中的黄如论却十分低调、简朴。他表示,这缘于自己出身的影响——外表普通,内心却充满了对生活的坚定信念。

对于黄如论的义举,香港一名知名社会领袖有过这样的评论:如果说有很多企业家的捐赠还是出于个人目的,那么黄如论可以说完全走出了这个怪圈。黄如论以近乎神话般的伟大义举向这个社会昭示了一种真正的慈善精神。有人说黄如论这数十年发展和慈善之路,可谓仁者所为。的确,在慈善这条路上,黄如论的身上深深刻有传统文化影响的烙印。

黄如论认为,无论社会如何发展,道德、良知和善良都是应该坚持与秉承的。这既是人生大道,也是任何一个社会组织都应有的运行内质。发挥财富的最大作用,用有价的金钱奉献无价的爱心,这才是财富真正创造出的价值。

(五)"大个子大爱心"的姚明

这些年来,在公众眼里,巨人姚明是一个非常活跃的"大"人物。比如姚明一直致力于全球艾滋病防治的宣传工作,他的出色工作博得了联合国艾滋病规划署的认可,他也因此获得艾滋病防治特殊贡献奖。当年"非典"来袭,姚明携手上海电视台发起"超级明星超级爱心——抗击'非典'直播节目",这一活动得到了国内外的广泛响应。

2004 年,姚明从一名媒体记者那里获悉四川有一名叫罗洋的白血病患者,此后他就一直关注着罗洋的病情,为了帮助罗洋治病,还给他送去了 2 万美元。

2004 年 3 月,姚之队和上海电视台体育频道策划了一档直播节目,姚明利用自己在国内的影响力,携手众多名流参与其中,通过短信募捐等方式筹集到 500 多万元。

2005 年 9 月 4 日,姚明在中国人民大学现场采集血样,自愿加入中华骨髓库捐献造血干细胞的志愿者行列。

2007 年 9 月,姚明和纳什联手在中国发起慈善活动,他们分别进行了慈善拍卖和慈善义赛,所得善款在 1000 万元以上。此次活动主要是为了帮助中国青少年发展基金会兴建学校筹集经费,并且帮助那些中国西部地区因为贫困而面临失学的孩子筹集读书的费用。

汶川大地震发生后，2008 年 5 月 14 日，姚明第一时间向汶川地震灾区捐款 50 万元人民币，此后，远在美国的他又向中国红十字会外币账户捐款 21.4 万美元，捐款总额约合 200 万元人民币。

2008 年 5 月 25 日，姚明出席美国亡灵纪念日活动——纳斯卡杯赛车赛，在姚明的建议下，18 万纳斯卡赛车现场观众为中国"5·12"大地震的遇难者进行 20 秒的集体默哀。不久后，姚明在休斯敦与火箭队一起举行新闻发布会，正式宣布成立姚明基金会，帮助灾区进行校园重建。

2008 年 6 月 11 日，鉴于汶川大地震超出人们想象的惨烈情况，姚明宣布，再向四川地震灾区捐赠 200 万美元。至此，姚明在此次地震中的捐款总额已经达到 1600 万人民币，成为体育界捐款最多的个人。而此前姚明已经自拍公益广告，呼吁全球向汶川灾区捐款。

2008 年 9 月 4 日下午，"大超——中华骨髓库校园爱心之旅"启动仪式在中国人民大学举行。作为中华骨髓库志愿者，姚明及其国家队队友参与了中华骨髓库相关公益推广活动，同时宣传捐献造血干细胞的科学道理和社会意义，并呼吁社会为中华骨髓库及白血病患者的治疗工作募捐善款。

"2010 姚基金慈善之旅"慈善晚宴在五洲皇冠酒店精彩开宴，除了邓华德率领王治郅、易建联等中国男篮队员悉数到场之外，拜伦·戴维斯等 NBA 球星也出席了晚宴。此外还有郎平、丁俊晖等体育明星，章子怡、黄立行等演艺明星也出场助阵。慈善晚宴进行当中，举行了慈善拍卖，6 件大礼包一共拍得 177.3 万元，加上默拍和其他的捐助方式，这次慈善晚宴共筹集到善款 994 万余元。慈善晚宴在姚明与中国男篮和来自四川的小朋友合唱的《感恩的心》中落下了帷幕。

姚明在全中国乃至全世界的知名度自不待言，热心公益事业的形象也是有目共睹的。趁着回国养伤的机会，他曾经领着一群文体明星来到北京史家胡同小学，和孩子们一起迎"六一"；又应邀参加了国产动画大片《马兰花》的配音工作。两个活动，都是以关爱为主题。前一个自不必说，后一个则是受上海特殊关爱基金会的邀请，配音收入全部捐赠给上海特殊关爱基金会。

姚 明

体育与慈善，原就有不可分割的缘分。体育明星集聚着无数崇拜的目光，作为公众偶像的他们，一言一行、一举一动都有巨大的号召力，一个小小的细节都能给青少年的成长带来意想不到的影响。在慈善活动中，体育明星们更有着巨大的影响力，他们是在社会的关爱和期盼中成长壮大的,自然也有义务和责任用自己的能力回报社会。而中国的体育慈善,近些年才刚刚起步。姚明作为国际体育巨星,正是中国体育慈善活动的领头人。早在2007年,姚明就与纳什组织过首次慈善赛,将比赛的千万收入全部投入慈善事业。加上在汶川地震后的表现,姚明是中国体坛当之无愧的慈善第一人。

在国内,体育明星似乎只是零零星星地出现在慈善活动之中。中国体育界慈善意识的整体缺乏,可能与我国现有的运动员培养机制有关。和国外体育明星的高度商业化不同,中国运动员大多是通过国家投入巨资培养,在功成名就之后,其商业活动获得的收入,并非完全能由运动员个人支配。因此,经济上的制约也在一定程度上限制了中国体育明星在慈善中的投入和热情。而姚明加盟NBA之后,成为有史以来国际化程度最高的中国球星,他是球员也是老板,身份的自由也让姚明可以有更多自己的想法。他长期生活在美国,渐渐受到美国文化的影响,接受了很多慈善理念,已经开始通过自己的慈善基金,将这些分散的慈善力量聚集,变成一个品牌。无论在美国还是在国内,姚明只要有机会就会投身慈善事业,一个慈善家的形象便跃入了我们的眼帘。加上他"巨人之姿",就是称他"大慈善家"也是恰当的。

关于姚明是不是慈善家的问题,国内各界,尤其是网民们早有争论。

网络上比较严肃的"姚黑"观点是:第一,慈善家的定义是热心公益、经常参加慈善活动的人,他们愿意把自己所有的个人资源,与社会上有需要的人分享,其中的资源包括金钱、财物、时间、爱心及器官捐赠等。从这个意义上讲,姚明多数是参加慈善活动,提升社会人士的慈善意识,但他众多的慈善活动无较大的实质捐款,而是通过慈善活动来让别人捐款。据此,这部分人认为姚明难逃"通过慈善提升社会形象"的嫌疑。第二,姚明捐出的金钱很有限,多数是参加慈善节目、身边小物品(球衣、鞋、篮球等)的拍卖等,说起来是无本生意。

最大的争议还是2008年汶川大地震之后,姚明最初捐赠了50万元人民币,虽然后来又追加一笔,但仍然有很多球迷批评他。理由是,以姚明的收入,捐款50万元人民币,简直就是九牛一毛,不足以表明他的善心。直到姚明成立了基金会并追加捐款200万美元,"捐款门"事件才有了平息之势。

不过,一些美国媒体却对此有截然相反的说法——"姚明绝对是位慈善家,关怀比金钱更重要"。这应该算是一种慈善理念上的分歧。

一直以来,姚明作为中国体育界的楷模,球技出众只是其中一个方面,更重要的是,他在球场外也拥有令人尊重的人格魅力。从"非典"献爱心到出任特奥大使,从加入防艾工作到成为中华骨髓库志愿者,从举办慈善赛到成立慈善基金,再到涉足娱乐圈为国产动画大片配音……姚明堪称中国文体明星中最具爱心的一位。其朋友也曾透露,姚明经常会匿名进行一些捐款。

如今,回过头再来看"捐款门",我们便知道姚明是多么冤枉。当年,即使在举国一片骂声中,他也没有出来为自己辩解一下。事情过去之后,照样乐善好施,只要有时间,照样出席各种慈善活动,让你不得不佩服,这个大个子有大智慧——持之以恒的决心和行动,能够证明一切。

对于现在的姚明来说,比钱更重要的是他的名气。我们需要他做的,其实不是让他本人拿出多少真金白银,而是希望他振臂一呼,获得大范围的关注与资助。只是,真的要做大慈善家,姚明还有很长的路要走。当然,以姚明的谦逊,他似乎也并不接受"慈善家"的名头。这位大个子男孩,有一颗大大的爱心,这就足够了。

(六)王光美和幸福工程

幸福工程全称"幸福工程——救助贫困母亲行动"。这是专门针对贫困母亲而发起的一项救助行动。

在中国的贫困人口中,有一个特殊的社会群体——贫困母亲。她们中不少人还处于极度的贫困状态,口粮不足、缺乏收入来源,更享受不到文化教育、卫生保健等基本社会福利。为了家庭,为了孩子,她们默默地承受着一切困苦和劳累,她们做出的牺牲更多,付出的代价更高,承受的压力更大,在贫困人口中,贫困母亲的生活境遇最为艰辛。母

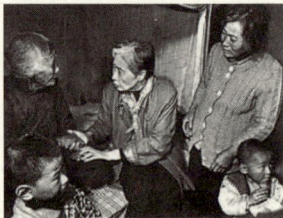
王光美冒雨探访贫困母亲

亲不应属于贫困。回报母爱,帮助她们摆脱贫穷、愚昧和病痛,应是每个社会成员的责任。

为此,中国人口福利基金会、中国计划生育协会、中国人口报社于1995年初共同创立并发起实施"幸福工程——救助贫困母亲行动",并组成了由王光美任主任的幸福工程组织工作委员会。旨在通过向海内外募集资金,建立幸福工程专项基金;通过卓有成效的救助行动,唤起社会各界对贫困母亲的关注和支持。

该项目主要以贫困地区计划生育家庭的贫困母亲为救助对象,围绕"治穷、治愚、治病",采取"小额资助、直接到人、滚动运作、劳动脱贫"的救助模式,每户给予1000—3000元的启动资金,扶助贫困母亲发展家庭经济,提供就业机会,帮助她们脱贫致富,提高其经济能力和社会地位。

"幸福工程——救助贫困母亲行动"独特的扶贫对象和低成本、高效率的

扶贫模式,在扶贫和开发的实践中取得了显著的成绩。

在这项活动中,前国家主席刘少奇的夫人王光美发挥了无可替代的重要作用。

当年决定发起实施这项工程时,时任国家计生委主任的彭珮云同志亲自操办,亲自登门邀请王光美参与幸福工程工作。王光美当时已经 73 岁了,有很多地方邀请她做各种活动,她都拒绝了,但是她欣然接受了彭珮云同志的这个邀请,并且立即身体力行地投入这个工作中。这一干就是 10 多年,一直到去世。

王光美(1921—2006)出身官吏之家、书香门第,她是中国第一个原子物理女硕士,曾梦想成为第二个居里夫人,可最终却成了中华人民共和国的主席夫人……她见证了共和国第一冤案,身陷囹圄,但心中始终充满着爱;她终身淡泊名利,却在晚年时义不容辞地挑起"幸福工程"的重担,为千万贫困母亲奔走呼吁、鞠躬尽瘁。

1945 年,24 岁的王光美毕业于辅仁大学,获物理学硕士学位并成为该校物理研究所研究生助教。不久,王光美收到美国斯坦福大学和芝加哥大学的录取信,而且都是全额奖学金。可是,王光美选择了留在祖国。两年后,这位原本打算成为居里夫人的女性成了刘少奇的第六任妻子、五个小孩的母亲。

1967 年 7 月,王光美以"美国中情局长期潜伏的高级战略特务"的罪名被投入秦城监狱。在与丈夫见最后一面时,刘少奇轻轻地对她说:"好在历史是人民写的。"对人民的信赖,成了王光美在监狱中坚强地活下去的理由和动力。

1979 年,王光美出狱。12 年的牢狱生活,使她的头发已经花白,身体也大不如前……苦难命运的车轮从这位老人的身躯上碾过,但她从冤狱里带出来的,是爱与关怀。

十一届三中全会以后,王光美重新出来工作。那时有不少机构邀请她担任这个会长、那个顾问,王光美对这些"官职"一概拒绝。但是,当时任国务委员、国家计生委主任的彭珮云请她出任"幸福工程"组委会主任时,她却没有推辞,并表示要做一个"义务打工者"。自此,这位母亲与 1500 万母亲之间的命运,有了无法割舍的联系。

1995 年 1 月 18 日,王光美挂帅幸福工程。这位"义务打工者"第一天上班,就为幸福工程题词:"幸福工程,惠及母亲,造福社会。"她深情地说:感谢"幸福工程"给了我机会,它使我一再体会到"给予"的快乐,体验到人们在奉献爱心时所传达的美好心灵,分享到脱贫母亲的幸福与喜悦。

1995 年 2 月 28 日,"幸福工程——救助贫困母亲行动"在人民大会堂宣布启动。王光美在会上向全社会发出呼吁:"我以一个普通母亲的身份向社会各界各位善良的人们发出呼吁：希望大家为了母亲的幸福，为了她们摆脱贫困、愚昧和疾病，有钱出钱，有力出力，有人出人。希望贫困母亲早日摆脱贫困，建立文明家庭，让咱们国家的人口素质越来越高。"①

为了筹集资金，王光美首先从自己做起，把中央发给她的 2000 元过年费全部捐献了出来。

1996 年，在北京港澳中心瑞士酒店举行的拍卖会上，有 6 件特殊拍品：清康熙年间"青花釉里红缠枝莲碗"、清雍正年间"青花缠枝花卉碗""青花寿桃盘"（一套两件）、宋代"耀州窑刻花碗"和清代象牙雕"素面笔筒"。说明上写着："为了孩子，为了母亲，报答恩情，献出爱心。"委托拍卖的人正是王光美。这些珍贵文物，是王光美母亲留下来的东西。现场沸腾了，人们为王光美的爱心所动容，6 件拍品以 56.6 万元顺利拍出。拍卖款项全部捐献给"幸福工程"。

王光美的母亲董洁如，新中国成立后捐献了自己私宅和家产，创立了洁如托儿所，无私奉献社会。谈及这些藏品，王光美说："它们毕竟是我母亲用过的而且喜爱的东西，卖掉是有些心疼。可我认为精神遗产更重要，少奇的骨灰都撒了，我在有生之年能做点有益于人民的事，还有啥舍不得的？"有一个外国记者打电话问她，母亲不在了，她怎么会舍得把母亲的东西给卖了。王光美说："我舍不得，但那么多贫困母亲都没饭吃，我留这些干什么？我的妈妈是上过学的，她有条件上学，她就有文化。有文化的母亲跟没文化的母亲是有点区别的，我接触的都是农村妇女，我希望她们也能有文化，至少能不受贫困。"

香港实业家陈君实先生闻知此事，深为感动。这位富豪立即联系到"幸福工程"组委会。他原打算捐 100 万元，但是出于敬重，不敢超过王光美所捐的数目，遂捐资 50 万元，并以此教育儿女，要他们学习王老的"大孝天下"和"以国家为念"。在随后几年里，陈君实累计为"幸福工程"捐款 492.8 万元。

接手幸福工程时，王光美尽管年事已高，但身体状况良好，这使她能够把更多的精力投入社会公益事业当中。担任"幸福工程"的组委会主任后，王光美常年坚持深入穷乡僻壤，看望那些需要帮助的贫困母亲。她的爱心与亲善赢得了那些母亲发自内心的爱戴。一次，她去北京门头沟一户农民家庭做访问调查，一位贫困母亲拉她坐在床沿上，还特意给她铺了一块布，那是一块非常干净的布——他们没有别的，只能这样来表达对王光美的爱与敬重。这件小事让王光美感动不已，她觉得这是贫困母亲们对她的优待和信任。

---

① 《中国人口报》1995 年 11 月 1 日。

王光美经常教育她的小外孙们要关心别人，要为贫困地区的孩子着想。在她的言传身教下，孩子们也养成了帮助贫困孩子的习惯。王光美的女儿们说，她手里不能有钱，一有了钱，她马上想到一定要送给谁、捐给谁，一定要帮助谁，那钱转眼就没有了。

王光美不再是当年魅力四射的主席夫人，但她的宽容心，她的慈祥，她的善举，她充满母爱的灵魂，依然让万众景仰！

王光美去世的时候，还特别嘱咐她的子女，希望他们特别关注、支持、参与到"幸福工程"行动中。

"幸福工程"实施以来，以扶贫济困、回报母爱的深刻情感内涵和具有鲜明特色的救助模式，引起了社会各界的广泛关注和参与。截至 2009 年 10 月 31 日，幸福工程已在全国 29 个省、区、市设立了 446 个项目点，累计投入资金 65943.21 万元，救助贫困母亲及家庭 221650 人（户），惠及人口 1010131 人。

救助贫困母亲，帮助她们摆脱贫困，这是王光美的遗愿，也应该成为每一个社会成员的责任。

（七）最具传奇色彩的慈善家李春平

李春平 1949 年出生于一个革命家庭，在特殊年代有过三年工程兵、六年文艺兵的经历。"文化大革命"期间，因谈恋爱打群架，他被劳教三年。当他回来后，心爱的女孩只对他说了一句话：我不认识你。他陷入了感情和经济上的双重贫困中，一时彷徨无路，成了北京街头的一个无业游民。这种经历，让他在特殊年代的生活陷入无以言说的境地。

可是，这样的境遇，却在十多年后来了一个彻底的颠覆——3000 万元慈善捐款、神秘的巨额遗产、坐落在寸土寸金的北京长安街街头的豪宅、劳斯莱斯高级轿车……

曾经，面对人生中的彷徨和无助，他不知道自己还有没有未来。情感和自尊的双重伤害，导致他的传奇故事从偶然走向必然。1980 年的某一天，改变他命运的瞬间在他面前展现，他遇到了他生命中神秘的蒙娜丽莎——来自美国好莱坞的神秘女影星丽斯。对他而言，这是人生的一个重大的、至为关键的转折。

在美国，李春平陪伴着年长的丽斯，度过了平淡孤寂的 12 年。丽斯去世前立下遗嘱，把自己巨额遗产的 90% 赠给了李春平。

天上掉下来一个巨大的馅饼，刚好就砸在李春平的头上。这是一个巨大的意外，令李春平十分震惊。他说："第一，我没有想到她会有这么多钱；第二，我也没想到她会把遗产的大部分给我。"

尝尽世间的酸甜苦辣,李春平毅然决然地踏上了回乡之路。1991 年,李春平以美籍华人的身份回到中国,开始隐居生活……

慈善家李春平向北京
公安部门捐款

1991 年回国后,李春平用巨额遗产购买了三辆劳斯莱斯,并成为一个住进华侨村的美籍华人。回国后,他看到了财富落差造成的贫富悬殊,也看到了中国现阶段弱势群体的生活艰辛,一种报恩与扶弱的情怀,暗合了他原本善良、朴实的秉性,在他心中升腾。

他开始悄无声息地逐年向国家、社会、个人无偿捐款。具体捐了多少,似乎已无法计算,有媒体为他算过,从他回国那天开始,平均每天捐 1.5 万元。

李春平虽然是在默默地做善事,但经过媒体报道,他还是出名了。善门一开,也就名声在外了。李春平自己也说,在这十几年中……全国各地的有些老百姓,拿着大队党支部的信,说他们家有残疾人,有时是县政府开的信,说他家特困,像这样的我都给予帮助了,有时候给 2 万、3 万,这就已经很多了,这样子就没有什么记载了。我没有考证(他们是否骗我),我还是相信他们。找上门来要钱的,有孤儿,有老人,有白血病患者……这样的钱,他给出去多少,已经无法统计了。这些都不说了,这些年间,李春平"借"给身边随从的钱,就高达 200 多万元。此外还有国家抗洪救灾,抗击"非典"这样大的活动,他都站在前面。

有账可查、数额较大又记录在案的累加起来有一个数字:1.6 亿元。

老百姓有句俗话:坐吃山空。无论李春平有多少钱,可他回国以来,既不做生意也不玩股票,钱只有出没有进。曾有记者问过李春平:万一有一天你的钱花光了怎么办?李春平说:"如果有一天我真的没钱了,我还相信那一句中国古话,滴水之恩当涌泉相报。我帮助过的那些人,将来我真的没钱,他们也会来帮助我。"虽然是个玩笑,但这也真实反映了李春平纯朴真挚的慈善观。

1969 年,李春平当兵时发生过一件事,他和战友们在一次施工中遭遇塌方,被困在洞里,当地老百姓闻讯赶来,硬是用手把他和战友们挖了出来。李春平说:"我的命是老百姓用血淋淋的手指挖出来的。这是我在 1991 年回国以后,报答祖国、报答老百姓的一个最根本的理由。"报恩,是李春平慈善行为的另一个注解。

人或多或少都有一定的虚荣心。李春平自己也承认,对他个人来说,买这么大的房子和这么多的车,的确比较奢侈。但是他又觉得自己应该享受这些,因为他付出得太多,现在有了条件,就应该拥有这些东西。他回国之后,一下买了三辆劳斯莱斯,这么多车,他自己也用不过来。一次去敬老院捐款,那里的老人们提出想坐坐这个车,因为这车好,从来没有坐过。李春平欣然同意,老人们坐满了,没有李春平坐的地方了,他就自己打的,跟在后面。

提起这件事,李春平说我当时很自豪啊,觉得自己能有这么多的好事,让自己打个车,这也是挺壮观的。后来公安局的三个英模,他们结婚的时候,举行集体婚礼。他们想气派气派,给他打电话,问借车行不行。李春平说当然行,三辆车都给他们。

心灵上的满足,不是用钱可以买到的。现在老百姓有点赞扬声,他从心里面都觉得很开心。因为做了一件好事,得到赞扬,说他虚荣也行,可他觉得这个不是坏事,是好事!

对于慈善捐款,李春平也有自己的观点,他认为,捐多捐少,还是应该量力而行。捐 1 分钱跟捐 1 万块钱没什么本质区别,都是在做善事、表达爱心,最重要的是要有这个心。

获得心灵的满足,这也许就是一切善行的本源吧。

(八)"抛砖引玉"的慈善家曹德旺

2010 年 8 月 15 日,在昆明举行的"曹德旺曹晖西南五省区市 2 亿元扶贫善款捐赠仪式"上,曹氏父子捐出了 2 亿元善款。据悉,这是国内迄今为止最大的一次性个人公益捐款,此举将使西南旱区近 10 万贫困户受益。

曹德旺:关注百姓能
否拿到捐款

曹德旺是中国第一、世界第三大的汽车玻璃制造商——福耀玻璃工业集团股份有限公司创始人,现任集团董事长。福耀集团的产品不仅占据了国内市场的半壁江山,而且是国际八大汽车厂的合格供应商。"全中国每两辆汽车中就有一辆用的是福耀的玻璃。"1991年,福耀玻璃获准公开发行股票,成为国内首家上市民营企业,也是同行业第一家上市公司。2002 年、2004年曹德旺领导福耀相继打赢了加拿大、美国两个反倾销案,为我国赢得"入世"后的第一起反倾销案。福耀集团的总资产为 90 多亿元人民币,还设立了中国香港、日本、韩国、德国、美国子公司,成为名副其实的大型跨国工业集团。福耀玻璃已成为沪市唯一一家分红超过募集资金的上市公司。

曹德旺是《福布斯》"中国富豪排行榜"上创业最早的企业家,在闽商中,他的财富位列前三名。在 2010 年"胡润百富榜"上,他位居第 56 位,"慈善榜"上,位居第 14 名。他不是资产最多的富豪,却是捐款最多的民营企业家之一。

"我很愧疚!我捐得还不够。我希望我这块'砖'带个头,让更多的企业家关注慈善事业。"在捐赠仪式上,曹德旺谦逊地说,"我总共捐了 10 亿元,到西南才 2 亿元,我有今天的事业,离不开政府的政策和社会各界的帮助,我欠社会的太多。"曹德旺说:"我父子力量有限,捐款的真正目的还是希望借此建立一种慈善新模式,促进更多当代企业家参与慈善,并希望社会人人参与慈善,缓解贫富分化矛盾。中国人的事情还应靠中国人自己解决。"曹德旺希望通过自己抛出的"金砖",引来更多的慈善"美玉"。

谈及为何选择西南捐款,曹德旺说:"我当过农民,在农村待了 10 年,农民干的那一套我都会干。西南地区发生的特大旱情,让我十分牵挂。春节后开始策划,4 月初,我再次减持福耀玻璃股份,套现近 10 亿元,但光交税就交了 1 亿多,完税后,另加了几百万,补齐 9 亿元整数,全部用于慈善捐赠。"其中,1 亿元捐赠玉树地震灾区,2 亿元用于旱情严重的云南、贵州、广西、四川、重庆五省区市,还有 6 亿元也均用于社会慈善公益事业。

曹德旺出生于 1946 年 5 月,小时候家里穷,没有钱,经常有一顿没一顿的,9 岁才上学,14 岁就辍学了。这种经历让曹德旺更加意识到同情心对于一个人是多么重要。

"我母亲很优秀,她一直在教育我们——贫穷的时候,也可以热爱生活,也可以做一个有尊严的人。"他早年放过牛,卖过烟丝,贩过水果,修过自行车。这经历让他对财富和其分配有着独特的见解和体会,也对企业家的社会责任有着更深刻的感悟。

此前,包括向青海玉树的 1 亿元捐款,曹德旺陆续捐出了 5.8 亿元人民币,捐助范围涉及社会救灾、扶贫、助学等方面。

曹德旺说,做公益的理想就是构建和谐社会。他说:"人要有良心,我见证了共和国走过的 60 年,也是改革开放的受益者,我希望为改革开放 30 年培养的一批富豪带个头,让更多的企业家关注慈善事业。"因为只有稳定和谐的社会环境,才会有企业的长治久安。当前面临金融危机,在不影响企业生存和发展的前提下,有钱人应该把钱捐出来,分给穷人。

与以往企业家捐款后不问去向不同,曹德旺希望这笔钱能真正发到贫困户手中。为此,他亲自成立了独立的监督委员会,对 2 亿元扶贫善款项目执行的全过程进行监督,希望为慈善公益事业探索一条新路径。他说:"以往我的捐款都是这样的,钱在我们的户头,自己派人去调查,去派发。"

"没有责任感,充其量是富豪。"曹氏父子用自己一系列朴素的慈善行为,诠释着对社会责任的理解。曹德旺计划成立慈善基金会,将自己名下的一部分股票捐出,基金会以这笔股份作为本金,利用巨额分红捐助弱势群体。

2010年2月,曹德旺向外透露,将把曹氏家族名下70%的股票捐赠给基金会。然而,3月5日福耀玻璃的正式公告显示,原先曹德旺所提出的70%的捐赠数字缩水为60%。为什么有所减少?

公告解释为意在避免触发要约收购的烦琐程序和巨大成本,依据《上市公司收购管理办法》:收购人,也就是未来的慈善基金会要通过协议方式拥有福耀玻璃30%以上的股票时,必须向福耀公司的股东发出全面要约或者部分要约,用现金回购股票。最终,曹德旺只能选择捐赠占公司总股本29.5%的股票,而这正好相当于曹氏家族所持有股票的60%,按照今天的股价计算,这笔捐赠的价值高达38亿元。

38亿元捐赠! 曹德旺豪迈地说:"我曹德旺捐出去的钱是永不回头的,这不是我的,扔掉了!"

"仓廪实而知礼节,衣食足而知荣辱。"无论曹德旺捐出股份的行为是出于什么目的,他的努力都是民间慈善事业一次有意义的尝试。他并没有简单地把慈善等同于捐款捐物的善举,而是试图打造一个独立运作的民间慈善基金会。这个慈善基金并不受哪个个人或部门的控制,独立管理、财务公开、第三方监督,以基金拥有股份分红来从事公益事业。曹德旺希望这样的运作制度能保证慈善事业的持续性、独立性和透明性,也能打消社会上一些质疑的声音。这不单是他一个人的愿望,也是对国内现有慈善事业模式的突破。

(九) 成龙、杨受成的慈善"功夫"

成龙是公众人物、公益人物,很多社会职务和各种头衔集于一身。不过说到底他还是娱乐界人物,是影、视、歌三栖大明星。关于他的成长经历、演艺成就,无须多费笔墨介绍,这里着重强调的就是他作为公益人物为慈善事业做出的贡献。

成龙生于1954年,幼时家境也很贫穷,他出生时父母甚至付不起生产费。他的师父就是著名的京剧大师于占元。他每天的操练包括脚上功夫、打斗方式、特技动作等。另外还有如拉筋、劈腿、翻斗等动作。在一次京剧表演中,于师父选了洪金宝和成龙等人担演京剧《七小福》的主角。从此人们便称他们为"七小福",而成龙也从此获得很多舞台演出的机会。所以,成龙很早就出道了。

在演艺界打拼了几十年的成龙,是第一位打入好莱坞的中国香港影星,也是世界吉尼斯纪录中拍摄动作片最多的演员,共拍摄89部。

　　成龙成名后,曾在 30 多个国家、50 余座城市奉献善举,其强烈的爱国心和无私的奉献精神使其成为演艺圈当之无愧的"慈善之子"。他的行为也为演艺圈树立了良好的榜样,带动了一大批香港艺人投入慈善活动中来。

　　1988 年,成龙慈善基金会成立。

　　1993 年,成龙被任命为微笑行动中国基金会的大使。为了能使更多的唇腭裂患者接受手术治疗,成龙为"微笑行动"捐款 200 万元港币和麻醉机一台。

　　2001 年,龙骑士慈善活动(加拿大多伦多)为住院病童谋取福利并捐助颐康基金会。

　　2002 年,为澳大利亚国立大学 John Curtin 学院的医学调研科捐赠 14.5 万元港币。

　　2003 年,成龙为了抗击"非典"组织义演,并捐款 150 万元人民币。

　　2004 年初,成龙奔赴泰国、韩国、日本等禽流感流行的国家,支持政府和民众抵抗病毒。

　　5 月,在北京对弱视儿童捐赠 200 万元人民币。

　　8 月,成龙与杨受成出资 1200 万元,成立"中国社会工作协会成龙、杨受成公益慈善基金"。

　　11 月,香港雅虎慈善拍卖有成龙签名的物品,所得款项捐助给香港儿童癌症中心——Yam Pak 慈善基金。

　　12 月,捐赠 1000 件厚毛衣给老人。为支援海啸受灾者,向联合国儿童基金会捐款港币 50 万元,并捐赠 300 件 North Face 羽绒服送给老人。

　　2005 年初,成龙赶赴联合国儿童基金会总部,以个人名义捐款 50 万元港币给东南亚受海啸影响的地区。

　　成龙奖学金(2000—2005 年)是与全美泛亚商会联合设立的项目,意在向亚裔美国高中毕业生提供财务援助。在美国申请奖学金的学生不但要出示学校成绩单,而且要热心积极地参与到社会志愿活动中,并且将会进入大学、学院或国家认可的教育机构继续进行高等教育。成龙奖学金每年会为 2 名学生提供经济援助。每位奖学金获得者将得到 10000 元人民币的资助。

成龙、杨受成向灾区捐款 1000 万元

　　1 月,举行爱心无国界募捐义演(大屏幕播放录制片段),为韩国儿童福利机构赠送支票。为支援海啸录制歌曲《We Are The World》,捐资以拯救亚洲黑熊(又名月亮熊)。

3 月，举行由 Action In Mental Health 官方资助人（英国）资助的 Forces of Nure 演唱会，支援马来西亚海啸，将个人集邮赠送给中国儿童慈善活动日。

4 月，以联合国儿童基金会大使身份探访印尼海啸受灾地区，作为联合国儿童基金会大使探访柬埔寨和越南，参与"爱心无国界"筹款——赠予支票，探访乌鲁木齐（拍卖、体检医疗队），参与新疆慈善活动（拍卖、电影放映）。

5 月，艺术家 10 年的荣耀，联合巴迪熊香港展，筹得港币 414 万元，悉数捐给联合国儿童基金香港委员会、香港公益金和成龙慈善基金。

6 月，赠予联合国儿童基金会（UNICEF）港币 100 万元（Mr. Eddie Ho 捐赠），与日本歌星陈美玲（Agnes Chan）录制一曲《It's a Wonder》，所得收益全数捐到 UNICEF。

7 月，参与"龙子心"系列活动，广州慈善拍卖、小学奠基仪式，山东中学奠基仪式，为老人送去羽绒服，参与"充满自信地行走"（为乳癌调研工作募捐）。

9 月，参与成龙慈善周末，在上海举办成龙和好朋友们的慈善演唱会、成龙慈善杯明星赛，募捐慈善晚宴。

10 月，联合国儿童基金会——零钱布施活动启动，参与关爱老人慈善募捐 2005 活动，为香港新光戏院募捐——扶助老粤剧艺术，在新加坡交易所（SGX）开展了慈善奔牛活动。

2006 年 5 月，成龙在中国云南省昆明市参加"天使之翼——百万助学行动"的开幕仪式。这是一项为贫困儿童捐赠书籍、衣物和其他生活必需品以资助孩子们上学的活动。成龙被任命为"天使之翼"行动的大使。

6 月，成龙在香港慈善演唱会上献唱，演唱会由香港著名的作词作曲人兼导演刘家昌主持。演唱会系列所得款项将全数捐给当地儿童慈善基金会。

2008 年 5 月 12 日，为汶川地震捐款 1000 万人民币（合资人杨受成）。

不仅成龙本人，他的很多朋友也都为成龙慈善基金做出了重大的贡献。因此，成龙被福布斯杂志评为"全球十大慈善名人"之一。

"成龙、杨受成公益慈善基金"是由成龙与英皇老板杨受成捐赠 1200 万元创建，经民政部批准成立的一个专项基金。其宗旨就是支持和帮助那些需要救助的社会群体，建立和改善中国社会福利和公益设施，吸引更多的人来关心慈善事业，开展救助活动。该基金吸引了众多英皇旗下公司加盟，并由容祖儿担任基金慈善大使。基金刚刚成立，就开展了孤残儿童助医项目，用 100 万元帮助有先天性心脏病及其他重病的残疾孤儿进行手术治疗和康复。

杨受成，1944 年生，香港企业家，现为英皇集团主席，父亲杨成为英皇集团创办人。杨受成在 1960 年以 20 万元资本在香港市区心脏地带开设钟表店,其后取得名表代理权,不到 30 岁已成钟表大王。1972 年成立好世界集团,经营地产业务。20 世纪 90 年代,杨受成的英皇国际集团成功上市,业务包括酒店、银行、金融、地产等,更建立娱乐王国,亦进军传媒行业。

随着个人事业一步一步走向成功,杨受成对社会公益慈善事业的支持力度也越来越大。

"今天行有余力,就得回馈。"杨受成如是说,也如是做。1991 年华东遭水灾,他捐款 21 万元;1997 年初,他在英皇集团正式成立了英皇慈善基金;1998 年长江流域遭特大洪水灾害,他捐助了 230 万元;2001 年成立新传媒集团,先后捐赠 1700 万元,设立司法部、中国政法大学、北京大学、厦门大学等四个教育基金;2003 年 11 月,他带领英皇所有的明星到北京为"世代无肝炎"募捐义演;2004 年初,又在英皇集团旗下的《新报》成立了新报慈善基金;2004 年 8 月为中国社工协会捐赠 1200 万元,作为"成龙、杨受成公益慈善基金"的创始基金;2006 年,资助社会工作协会主办的"爱心 2008"大型奥运公益活动。

产业横跨钟表业、地产业、酒店和传媒业的实业家杨受成,近年对投资内地十分热心,2003 年,他向北京大学捐资 1000 万元,并在当年 12 月被北京大学聘为名誉董事。

杨受成还被河北省保定市政府授予荣誉市民证书,这一荣誉缘于他在保定的诸多慈善义举。自 2005 年起,成龙、杨受成公益慈善基金平均每年都为保定捐款百余万元,至今累计捐赠 280 万元。在这些资金的帮助下,保定先后兴建了 2350 平方米的儿童福利院和 2379 平方米的老年公寓,这使保定市的孤老残幼弱势群体的生活条件得到了明显改善。

杨受成对公益慈善事业特别敏感,在日常生活中非常注意寻找公益慈善项目。有一次,杨受成和民政部一位工作人员聊天时,了解到我国有 1.4 亿名 60 岁以上的老人,其中有许多人需要资助,他立即叫秘书记下了一些地名和数字,随后,又专程到湖北省慈善总会详细了解这个省孤寡老人的情况,并当即捐出 500 万元,用于解决当地孤寡老人的困难。

对于自己所做的一切,杨受成发自内心地说:"积德行善是我们华人的传统美德,也是高尚的事业,希望更多的人参与慈善事业。"

(十)李连杰和他的壹基金

1963 年李连杰出生在北京一个工人家庭里,2 岁时,父亲就去世了,母亲一个人挑起了抚养 5 个孩子和 2 位老人的生活重担。

7 岁时,李连杰进入北京体校武术班。1974 年的全国武术比赛上,李连杰连夺少年组第一名、全国第一名;1975—1979 年,李连杰连续五年获全国武术比赛的冠军,被北京市体委授予特等功,还被评为勇攀高峰的突击手。他是20世纪70年代武术界的常胜将军,也被称为中华武术的第一高手。1979年,在第四届全运会上创造一人夺得5块金牌的奇迹后逐渐淡出武术圈。

1980年,电影《少林寺》轰动全球,李连杰也由此成为影星。20世纪90年代初,他来到香港拍片,成为第一位成功打入香港电影市场的内地演员。1997年后,李连杰应邀到好莱坞发展,靠拍功夫片成为巨富。2004年12月26日,李连杰在马尔代夫度假时遭遇海啸地震,李连杰淡泊名利、生死,大难之后感悟良多,开始以实际行动号召成立壹基金,以期救助更多需要帮助的人。

"壹基金计划"是李连杰在2007年成立的慈善公益计划。他曾在宣传片中说:"生活在这个地球上,大家就是一家人,所以我就想了一个概念:每一个人每一个月拿出一块钱来,自己人帮自己人,一加一加一等于一,每个人每个月一块钱,大家是一家人。"

李连杰带着他的壹基金计划与中国红十字会联手推行。因此,应该说李连杰壹基金计划是由中国红十字会"博爱大使"李连杰发起,在中国红十字总会架构下独立运作的慈善计划和专案。该计划本着"人道、博爱、奉献"的红十字精神,倡导分担别人的困难,让自己更快乐。旨在向有心灵心理创伤和疾患的青少年提供各种形式的帮助;向在各种灾难和突发事件中遭受创伤的人士提供尽可能的人道援助。

中国红十字会"李连杰壹基金计划"改变了以往发生灾难后再组织捐款进行救援的做法,而是加强防灾备灾的意识,平时积累,一旦灾难发生就可以快速反应,进行紧急救助。同时,该计划关注的青少年心理健康问题,在当前国内的各类公益慈善项目中几乎是空白。青少年是祖国的未来,他们的成长是关乎国家的大事,这个问题已经严重到了不容忽视的地步。

中国红十字会"李连杰壹基金计划"提出"1人＋1元＋每1个月＝1个大家庭"的概念,即每人每月最少捐一元,集合每个人的力量让小捐款变成大善款,随时帮助大家庭中需要帮助的人。

壹基金项目就像是李连杰的孩子,而李连杰从孩子诞生之初,到成长的每一个过程,都从来没有离开过一个求字。李连杰自己曾说:"在我自己心中定位的我,是一个乞丐,是一个全球最大的乞丐。"

壹基金计划推行后,李连杰几乎将全部精力投入进去,精心呵护和运作着这个美好的计划。2008年,汶川大地震发生后,李连杰奔波在汶川抗震第一线,积极参与抗震救灾活动。同时,李连杰壹基金为震后重建以及青少年心理恢复工作起着重要的作用。

2009 年 8 月，台湾发生"八八水灾"。14 日，李连杰紧急赶赴台湾，一下飞机便与台湾红十字组织会合，晚上代表壹基金参加"八八水灾"赈灾晚会。并首次参演慈善电影——《海洋天堂》。在台期间，三天两夜，日夜兼程，深入台南灾区，了解灾情，慰问灾民，并协助当地进行救灾工作。

2010 年 4 月初，南方干旱，李连杰带队到云南、广西考察慰问灾民，带去了大量的饮用水及树苗。

2010 年 4 月，在青海玉树地震后，李连杰率领"壹基金"带着帐篷、饮用水、药品等生活物资第一时间赶往灾区，对灾区进行各方面救援。

2010 年 6 月 10 日，李连杰拍戏前查出患有甲亢，带病免费出场宣传公益性电影《海洋天堂》。

2010 年 8 月 8 日，甘肃舟曲发生特大山洪泥石流灾害，李连杰率先带领演艺界捐款捐物，并组织壹基金救援队向舟曲运送物资，进入舟曲进行人员救助。

壹基金成立一年之内世界上发生的五次大灾难，李连杰都曾积极参与援助。在参与汶川地震的救助中，令李连杰欣慰的是他做成了一个平台，"国内许多 NGO 组织都通过我们来捐款、捐物，这在国内还是第一次"。

宣布息影后，李连杰越来越像专业慈善人士。他发现，"全球的慈善基金大致分两类：一类是大基金，比如洛克菲勒基金，它利用大规模基金每年产生的利息发放善款，这些基金在美国较多，往往有百年历史，如同是一只大'鸡'，每年下蛋；第二类是宗教性基金，如中国台湾慈济与国际上的基督教基金，不用太多的宣扬就能维持，人们的信仰就是它的公信，也能越做越大"。但在中国大陆，这些都不可行。"能不能做到没有鸡，也能自动生蛋？"后来，李连杰找到了自己的方法——在"壹"字上下功夫，每个人每月捐助一元钱。"壹，在中国是神秘的数字，道生一，一生二。九九归一。壹基金是东方的。"

为什么最后要用一元钱？这是有科学依据的。从心理学来说，做事门槛最低，也最容易行动。而一旦行动，行动者会继续在心理上肯定自己。

一个月捐赠一元钱和千万元意义一样吗？答案是肯定的，慈善不在于金额多少，而在于那颗爱心，在于你是否把自己最珍贵的东西捐献出来。

这就是壹基金的模式，一个崭新的慈善模式。

（十一）专职慈善家余彭年

余彭年，又名彭立珊，1923 年生，湖南省娄底地区涟源市蓝田镇（今涟源市杨市镇官庄村）人。1958 年，余彭年到了香港，从做勤杂工开始，两手空空苦打天下。这一番经历，使他尝尽了世间的酸甜苦辣，深刻体会到创业的艰难。

1960 年初，余彭年开始自办公司，以经营房地产业为主，兼营旅游业。几十年来，余彭年艰苦创业，终于闯出自己的一片天地。历任香港元昌置业有限公司总经理、富得发展有限公司董事长、亿朗有限公司执行董事和环亚酒店企业管理公司顾问。他是香港余氏慈善基金会主席、九龙塘护老中心创办人，在港台地区工商业中颇负盛名。

自 1981 年起，余彭年向湖南捐资 2500 多万元，兴建学校、水坝、救护中心、地道工程等社会慈善福利事业项目 20 多个。为管理好他捐资兴建的项目，经湖南省人民政府同意，1988 年 6 月成立了"彭立珊长沙福利基金会"。

20 世纪 90 年代初，商业上快速发展的余彭年做出决定：收缩分布在香港、台湾及海外的投资。能调集起来的资金都集中到了深圳，最后集中在"彭年广场"这座巨型建筑上。"这座大厦全是我真金白银拿出来的，一不要还借款，二不欠利息。我还预留了一部分后备资金。这座大厦就是母鸡，我把它的全部利润永久性地捐给社会，70 年不变。"由于他为深圳市政发展做出的巨大贡献，1995 年，余彭年当选为深圳市人大代表。

2000 年 10 月 12 日，由余彭年个人投资 18 亿元人民币建造的 57 层的五星级酒店——彭年酒店正式营业，余彭年许下诺言：酒店收益的纯利润全部永久地捐献给社会福利和教育事业。同时，他向深圳市人大提出立法请求：自己百年之后，彭年大厦的产权不赠予、不继承，成立专门资产管理委员会负责经营管理，所得利润继续无偿永久捐献。

作为深圳市人大常委，2002 年余彭年向深圳市人大提出请求：要求深圳市人大立法"保护我要捐献的慈善财产的安全和合理使用"。

2003 年 11 月 24 日，余彭年在人民大会堂召开了一个隆重的签约仪式，向外界郑重承诺，要为西藏、内蒙古、甘肃、湖南等九个省、自治区的贫困白内障患者提供免费治疗。此后，余彭年践行诺言，在中国 17 个省区市资助了 3 万多例白内障手术，使 3 万多贫困白内障患者重见光明。2008 年，"彭年光明行"以中国医疗车队形式前往蒙古、朝鲜、越南、老挝和柬埔寨等五国，为周边国家白内障患者免费实施复明手术。在"胡润 2006 中国慈善排行榜"上，余彭年以捐资 20 亿元排在首位。

2003 年，余彭年与中国工商银行深圳分行签署了一份慈善资产托管与监督合同，按照这份协议，银行将安全保管余彭年的慈善资产和监督慈善资产的使用。

2004 年，余彭年辞去酒店董事长职务，成为一位专职慈善家。

"我的钱来之不易，但自己的财产不会留给儿孙。"2005 年 5 月，余彭年委托工商银行公布了自己的财产数额估算,其中包括彭年酒店大楼及其在香港的房产,当时,他的总资产不超过 30 亿元。

2007 年,余彭年与李嘉诚一起被美国《时代》周刊评为全球 14 大慈善家之一。2008 年 4 月 2 日,"2008 胡润慈善榜"在上海发布,被称为"最年长的慈善家"的 86 岁的余彭年以捐赠 30 亿元人民币再次荣获"中国最慷慨的慈善家"称号。这是他第三次问鼎"胡润慈善榜"第一名。

2010 年 4 月 22 日,胡润研究院发布"2010 胡润慈善榜",这是胡润研究院连续第七年发布"胡润慈善榜"。余彭年慈善基金会的资产价值达到 82 亿元,成为中国第一个超 10 亿美金的民间慈善基金会。

2010 年 9 月 29 日,88 岁高龄的余彭年仍精神矍铄,特意从深圳赶到北京,拄着手杖参加"巴比"慈善晚宴。他说:"我的观点与盖茨、巴菲特的观点一致。所以非常高兴接受他们的邀请。"他明确表示,已决定将所有财产共 93 亿元港币,委托香港汇丰银行托管,在他百年以后全部用来做慈善事业。就"真正实现"的角度而论,余彭年已成为我国第一个以实际行动"裸捐"的人。

余彭年表示:"这是我最后一次捐赠。这些财产不会再用于投资,不继承、不变卖,只有一个用途,就是慈善。"他在接受记者采访时说:"我虽然不是第一个说'裸捐'的,但是我却已经做了。我 2007 年即把所有财产委托给香港汇丰银行托管监管,并委托公证处在我百年以后把所有财产都拿出来做好事。我留钱做什么? 如果儿子有办法,他会比我做得更好;如果儿子没有办法,你留钱给他反而害了他。我奉劝有钱的人将钱捐给社会做慈善绝对是正确的,各位慈善家仅做参考。"

(十二)牛根生和老牛基金会

牛根生,1958 年生,内蒙古人。牛根生至今不知生父生母是谁,只知道自己出生不到一个月,就以 50 元的价格被卖给了一个牛姓人家。牛姓父亲的职业是养牛,从此他的生命便与牛结下了不解之缘。

1978 年成为呼和浩特大黑河牛奶厂的一名养牛工人。

1998 年,牛根生从伊利集团副总裁的位子上辞职。

牛根生:财聚人散,
财散人聚

1999 年 1 月,蒙牛正式注册成立,注册资本金 100 万元。他白手起家,在"一无工厂,二无奶源,三无市场"的困境下开拓进取,凭借过人的智慧,实现了高速发展。到 2002 年,蒙牛就赢得了"中国驰名商标"和"中国名牌产品"称号,从行业排名千名之外到跻身四强。

2005年之后,蒙牛的销售额和市场占有率超过伊利成为全国第一。

2005年1月12日,牛根生与家人捐出在蒙牛所持的全部股份,创立了老牛基金会,成为全球华人捐股第一人。

到2007年,牛根生和家人所捐股份的市值已突破40亿元。《凤凰周刊》将比尔·盖茨、巴菲特、李嘉诚、牛根生并称为全球四大捐赠巨头。

老牛基金会的宗旨是:发展公益事业,构建和谐社会。

老牛基金会的公益对象、慈善对象为:教育事业,医疗事业,"三农"事业,环保事业。

基金会采取一种全新的制度设计:股份所有权归老牛基金会(牛根生的家人、家族不能继承),表决权归现任或继任蒙牛董事长,收益权归老牛基金会管理委员会。这既不同于所有权与经营权合一的传统制度,也不同于所有权与经营权分离的现代制度,而是开辟了股权设置上的第三种制度——所有权、表决权、收益权三权分设的创新模式。

牛根生把市值超40亿元的蒙牛股份捐给老牛基金会后,其运作模式是,将每年产生的红利用于社会公益事业、慈善事业。从2005—2007年,已积累牛根生所捐股份产生的红利及蒙牛部分高管的个人捐赠共计2.6亿元,之后还逐年增加。

目前已支出5000多万元,共资助社会公益项目和慈善项目36个,如捐助"革命老区十大名山助学行动",资助贫困大学生、孤残儿童,帮扶农村五保户及贫困农牧民,慰问云南地震灾区并援建学校,在远离城市的草原牧区建立流动医院,资助120医疗急救项目,帮助国家级贫困县改善文化体育教育基础设施建设,与李嘉诚基金、美国NBA合作组织主题为"关爱、健康、未来"的青少年篮球训练营活动并捐建篮球场,参与中央电视台慈善"1+1"活动资助残疾人,推广科技养牛,支持北京大学成立慈善、体育与法律研究中心,支援南方抗击暴风雪灾害,援助四川地震灾区灾后重建项目,等等。

老牛基金会管理委员会为基金的决策机构。其成员由社会贤达人士、政府官员、企业界人士组成。其决策模式采取民主表决制,管理委员会各成员既拥有平等的提案权,又对来自社会各界或其他委员的各类提案拥有平等的审议权、表决权。

老牛基金会成立以后,立即投入了社会公益事业,步伐和力度逐年加大。

2005年,向全国公安系统英模献爱心,捐资200万元。

2005年,向内蒙古自治区贫困大学生捐资助学,捐助20万元。

2006年,向内蒙古扶贫协会捐赠20万元,用于内蒙古扶贫工作。

2006年,向和林格尔生产基地周边特困人群捐赠慰问金82万元。

2006年,对内蒙古境内蒙牛6个生产基地所在地"五保户"老人进行春节慰问,捐助14.38万元。

2007年1月,携手李嘉诚基金会,向汕头市聋哑学校等三所学校的在校生无偿捐助牛奶。

2007年2月,参加由原中国社会工作协会发起的"春暖2007"活动,为贵阳地区所有孤残儿童捐赠20万元的牛奶,保障了孩子们一年的用奶。

2007年7月,向地震灾区普洱市宁洱县捐助50万元援建根生博爱小学。

2007年8月,向中国听力医学发展基金会捐款50万元,用于资助"抢救声音"特别行动中10名需进行耳蜗手术的聋儿恢复听力;向中国医药卫生事业发展基金会捐赠300万元,启动牧区流动医疗车项目,资助内蒙古农村牧区的医疗卫生事业;向呼和浩特市120急救指挥中心捐赠30万元,用于医疗急救事业。

2007年10月,参与由中华民族促进会组织的"山花工程助学行动",资助200万元帮助贫困学生完成特定学历教育。

2007年12月,向北京大学捐赠80万元,支持北大慈善、体育与法律研究中心进行体育、慈善立法研究。

2008年2月,通过中国红十字会总会向遭受雪灾的南方灾区人民捐赠800万元。

2008年3月,向武海滨网球学校捐赠10万元,帮助国家级贫困县发展文化体育事业。

2008年5月,向呼和浩特市红十字会捐赠5万元,资助一名白血病患儿恢复健康。

2008年8月,捐赠40万美元,两度与李嘉诚基金共同和美国NBA合作组织主题为"关爱、健康、未来"的青少年2008篮球训练营活动;向和林格尔县民政局捐赠10万元,资助国家级贫困县贫困大学生完成学业。

2008年5月,向汶川地震灾区捐款1010万元。

2008年8月,捐赠500万元,与中国红十字会共同完成对四川地震灾区灾后重建项目——"三孤"人员(孤老、孤残、孤儿)的安置及基本生活。

截至2008年12月31日,向社会公益慈善事业共捐赠9000多万元。

牛根生曾表示:"我有一个'轮回式财富观'——从无到有,满足个人,这是一种小的快乐;从有到无,回馈社会,这是一种大的快乐。"

为了这个大快乐,牛根生和他的蒙牛,一定能完美地把"中国牛"演绎出"世界牛"的风采!

(十三)"地震孤儿"张祥青的感恩慈善

从白手起家到拥有 35 亿元资产,从名不见经传到中国 500 强企业,天津荣程联合钢铁集团有限公司掌舵人张祥青的企业已经成为一个跨区域经营的民营企业,并成为私营企业纳税百强之一。

张祥青 8 岁时,在唐山大地震中同时失去了父母;12 岁,辍学;为了生计,他捡过破烂、卖过冰棍;15 岁,受政府照顾进入钢厂,成为厂里年龄最小的工人,得到很多呵护与关爱,也受过欺侮。

1991 年,张祥青开始做废钢生意,进入钢铁行业。如今,他和妻子一手创建的荣钢集团已经成为月缴税款 1 亿元的钢铁龙头企业。

2006 年度,"荣钢"位列中国企业 500 强中的第 202 位,在中国制造业企业 500 强中位列第 98 位。张祥青热心社会公益慈善事业,多年来捐款捐物累计达 2.1 亿元,被中华慈善总会授予中华慈善事业突出贡献奖,并荣获天津市劳动模范等荣誉称号。

张祥青成功了,但他从来没有忘记回报社会,他经常说的一句话是"财富是大家的,是社会的"。

2002 年,在家乡唐山市丰南区煤河治理中,他一次就捐款 230 万元,使这一民心工程得以如期完工。如今的煤河水清澈见底,两岸绿树成荫,成为市民们休闲娱乐的最佳去处,以张祥青夫妇名字命名的祥清桥、荣华桥更是成为煤河上一道亮丽的风景。

2003 年抗击"非典"期间,张祥青投入上百万元,为 4000 多名员工购买增强免疫力的药品,还带头向天津市卫生局捐款 10 万元,向津南区卫生系统捐助医疗器械、药品,总价值达 38 万元。

张祥青追捐 7000 万元
为灾区孩子建学校

一次偶然的机会,张祥青得知五粮液集团拍卖"600 年珍藏五粮液",于是就顺便去参加了竞拍,结果他以 50 万元成功拍得这瓶稀世珍品。而令人意想不到的是,他并没有拿走这瓶酒,而是把它继续珍藏在五粮液集团的酒窖里。他说:"这瓶酒虽然被我拍得,但它仍然属于社会,再过 10 年、20 年这瓶酒将再次拿出来拍卖,拍卖所得将全部捐献给慈善事业。"

2008 年,汶川大地震发生后,正在外地出差的张祥青立即通过电话召开董事会会议,在第一时间向灾区捐款 1000 万元。5 月 18 日在央视赈灾晚会

"爱的奉献"现场,张祥青举着 3000 万元的巨款牌,临时决定追加 7000 万元,现场巨款达 1 亿元人民币;加上 13 日捐款 1000 万元,张祥青累积捐款 1.1 亿元。他表示要帮助灾区人民重建家园,建"震不垮的学校"。

2014 年 8 月 9 日,张祥春突发心脏病去世,年仅 45 岁。

(十四)"难民"慈善企业家杨勋

杨勋,旭日集团有限公司副董事长、真维斯国际(香港)有限公司董事长、香港制衣业总商会会长。

杨勋 1952 年出生于广东省惠州市,1972 年移居香港,1974 年与兄长杨钊创办旭日制衣厂,1975 年成立旭日集团有限公司,现有 80 多家直属公司,员工超过 3 万人,业务遍及服装制造、贸易、零售,以及房地产、金融投资等领域,在中国、印尼、菲律宾、孟加拉国、柬埔寨设有服装厂。旗下拥有真维斯等著名服装品牌,在中国及澳洲设有零售连锁店超过 1800 间。

由于生计所迫,1972 年,不满 20 岁的杨勋从惠州下海,游了六个小时到达香港,和先于他游到香港的哥哥一起到服装厂当起了最底层的熨烫工人,"当时我们全身的财产只有一条泳裤"。那时,他们十几个人挤在一间 40 平方米的房子里,被当地人称作"难民"。

凭着一股狠劲,杨勋和哥哥很快从熨烫工做到领班再到厂长。两年后,两兄弟用积蓄创办了一家小小的旭日制衣厂。

杨勋荣膺"中国十大慈善家"

1978 年 3 月,改革开放的春风刚刚吹起,嗅觉敏锐的两兄弟又在广东率先开设来料加工厂,1979 年,旭日又分别在江苏、山东、辽宁开设了类似的加工厂。

1990 年,旭日收购了澳洲服装零售商"JEANSWEST"(真维斯),随后又收购了其旗下 100 多家店铺的经营股权。在杨氏兄弟的经营下,澳洲真维斯连续三年营业额以 60% 的速度增长,成为全澳第二大休闲服装连锁店。

1993 年 5 月 28 日,真维斯在上海开设了第一家休闲服装专卖店,正式进入中国市场。

经过 10 多年的发展,真维斯成为中国最成功的休闲服装品牌之一,2009 年销售额达到 30 亿元。

因为家境贫寒,杨勋 13 岁后就没再念书了。

"我永远记得那一天,我家的米缸里没米了,父亲就领着我到隔壁的婆婆家借2块钱,谁知那个婆婆把她兜里的钱全翻出来,也没找到2块钱,原来她跟我们一样穷。但是她知道我们等米下锅,就把她所剩不多的米借给我们了。从那天起我就发誓,长大了一定不要再过这样的穷日子。"

也许正是由于小时候的境遇,杨勋心怀感恩,把慈善事业做得有声有色。

2008年5月12日,汶川地震发生后,杨勋第一时间向四川灾区捐赠了200万元人民币用于救灾。

2008年,为希望小学快乐运动会捐助130多万元;捐资220万元修建55个贫困小学操场;斥资1800万元和300万元,设立了真维斯大学生助学基金和真维斯希望教师基金;为四川灾区共计捐出超过1000万元人民币的善款。

秉承着"穷则独善其身,达则兼济天下"的企业文化,在积极为社会创造财富的同时,杨勋时刻不忘回报社会,多年来为社会公益事业捐款已超过1亿元人民币。

(十五)肩负社会责任的企业家孙荫环

孙荫环,辽宁省大连市人,高级工程师。现任亿达集团有限公司董事局主席、大连软件园股份有限公司董事长、大连市人大常委。

亿达集团是大连乃至辽宁省名企之一。孙荫环投资创办的产业为本地区高科技产业发展、名牌战略及税收、人员就业都做出了巨大的贡献。到2002年,亿达集团销售收入突破20亿元,实现利税近3亿元。集团涉足房地产开发、建筑装修、组合机床制造、软件信息业服务平台建设及软件人才教育培训、大连软件园综合开发和管理等产业。

大连慈善总会会长孙荫环(左)

孙荫环的人生第一桶金来自建筑业。1984年,他带领着50多名农民来到大连市,到处找活盖房子。那时候,孙荫环最喜欢讲的一句话就是"要想富,搞建筑"。忙忙碌碌干了一年,年底一算,这支小小的村级建筑队竟然盈利350万元人民币。

这次成功的资本积累,让孙荫环认准了建筑行业。第二年,他正式成立了亿达建筑公司。仅用了两三年时间,亿达公司就发展成为下设三家子公司的建筑集团,成为大连本地建筑业的首强,并成为全国第一家具有出国施工资质的乡镇企业。

此后孙荫环又先后投资工业加工、房地产和软件行业。

在事业蒸蒸日上的同时,孙荫环从来没有忘记作为企业家的社会责任,他把这看作是"为人的胸怀,做事的操守"。

"如果不做一个负责任的企业,其他事情很难实现。"这是孙荫环在夏季达沃斯年会上向记者表达的看法。他认为,如今的社会,特别是在国际社会中,如果一个企业不是一个愿意担负起社会责任的企业,那么它很难得到合作者认可,国际社会对企业的信誉、责任要求是很严格的。

亿达集团作为一个成长型企业,已被吸纳为全球首家世界经济论坛成长型企业社区会员。企业在发展,同样没有忘记回报社会。此后亿达集团投入教育、文化、慈善、扶贫、赈灾救济等社会各项公益事业的资金近3亿元人民币,仅2007年,亿达集团慈善公益总投入就高达4200多万元。

2007年11月,在第三届中国优秀企业公民表彰大会暨第三届中国企业公民论坛上,孙荫环成为7位中国最具社会责任企业家之一。亿达集团也光荣入围53家第三届中国优秀企业公民行列。

2007年3月14日,大连市遭遇了50年来罕见的风暴潮,孙荫环捐款300万元。2007年9月16日,孙荫环作为发起人之一,捐赠2500万元的大连天地·软件园IT人才基金及3000万元黄泥川村新农村建设基金。2007年11月1日,孙荫环代表亿达集团向大连市慈善总会捐赠善款2000万元。

2008年5月12日,四川汶川发生了大地震,救灾现场急需大笔资金。亿达公司立即捐款3400万元,这是东北地区捐款时间最早、捐款数额最大的企业之一。

作为大连企业家领军人物,孙荫环积极履行社会责任,为慈善公益事业做出了实际贡献。

(十六)不忘回报的卢小丰

卢小丰,20世纪70年代初出生在浙江金华的东阳市。他初中毕业后即去打工,经历了2年木工、油漆工的学徒生涯。在那个时代,木工和油漆工是很热门的职业,他希望能通过这些手艺实现自己的生活梦想。

1998年,卢小丰创建了浙江春天贸易有限公司,随后,又创办了东阳美金利服饰有限公司、东阳市现代塑胶制品有限公司。2006年,他正式组建了春天集团有限公司,经营业务横跨诸多领域,涉及国际贸易、服装、水上用品、红木进口业务等。

2008年,浙江桐乡在对外拍卖一块土

浙江桐乡世贸中心总经理卢小丰

地——桐乡世贸中心基址。由于国际经济寒流的迅速蔓延,这块土地几经流拍。卢小丰得知这个消息后,毅然决定拍下这块土地。从土地摘牌到桐乡世贸中心开业,仅用14个月。一座恢宏的大厦拔地而起,并且正式对外营业!在创造这个奇迹的过程中,卢小丰得到了各级政府、社会各界、合作伙伴、团队战友及亲人朋友的全力支持。

为了回报这些支持,回报社会,卢小丰一直积极地参与慈善事业,仅这一年就先后向包括嘉兴慈善总会在内的全国多家慈善机构捐赠3000万元。

关心弱势群体是卢小丰心里永远不改的情结,为了扶持生活比较困难的员工,公司共斥资近400万元为30个员工家庭提供无息贷款,并提供商铺、协助组织货源,让这些员工家庭开店致富。民工一直是卢小丰最牵肠挂肚的群体。项目立项之后,从来没有拖欠民工一分一厘的工资,相反,仅增发民工奖金这一项就用去3200多万元。

老年人也是卢小丰心里的一份牵挂。他出资20多万元为海宁的一个村建起了老年人健身中心,让老人们老有所乐。在公司员工大会上,经常会听到卢小丰这样的话:"你们跟着我,就要多做慈善,自己吃得肚子胀的时候,不要忘记这个世界上还有没饭吃的人,没书读的孩子,没人养的老人。这样,我们的生命才有意义!"

(十七)李书福:"为老百姓书写幸福"

李书福,现任吉利集团董事长、台州市人大代表、全国政协委员。

1963年,李书福出生在一个农民家庭。他19岁就试水商海,卖过装修材料,后来生产摩托车,干一行成一行。1996年,吉利摩托车产销量已达20万辆。此后,吉利集团开始生产民用汽车,成为中国第一家生产轿车的民营企业。1999年底,吉利集团员工发展到近万人,总资产20多亿元,年销售收入30多亿元。此外,吉利还投资8亿多元创建了全国最大的民办大学——北京吉利大学。2010年3月28日,吉利汽车以18亿美元的价格收购瑞典汽车企业沃尔沃100%的股权。

李书福曾先后任全国政协委员,荣获全国优秀乡镇企业家、青年改革家、新长征突击手、经营管理大师、十大民营企业家、中国汽车界风云人物、中国汽车工业(50年)杰出人物、浙商年度风云人物、"2009CCTV中国经济年度人物"等荣誉称号。

2008年,四川汶川大地震后,吉利首批向地震灾区捐款1000万元,李书福以个人名义捐款120万元。

从农村走出来的李书福,对办教育情有独钟。他认为"做实业可以报国,而搞教育更可以兴国",为了实现"让中国汽车走遍全世界,而不是让全世界的汽车跑遍全中国"的理想,为中国民族汽车工业培养千千万万的人才,成为李书福慈善捐助及资助教育事业的坚定信仰。

李书福的捐赠大多集中在教育事业,其中最大的一笔捐赠就是用于教育事业的——捐赠中国教育发展基金会 5000 万元,用以支持 1000 名贫困大学生。为此吉利专门成立了中国教育发展基金会,由吉利教育资助专项计划办公室执行这个特殊的活动,计划在 4

热心慈善的吉利集团
董事长李书福

到 5 年内,在全国寻访 1000 名最迫切需要资助的、品学兼优的贫困学子,资助他们进大学深造。

李书福认定,中国最有效的投资就在教育上,如果我们 13 亿人都有文化、有知识,那中国的强大指日可待。

捐赠 5000 万元资助贫困学子并非吉利的一时冲动,而是出于对我国教育事业的一份热爱。李书福希望通过寻找行动能早日帮助贫困学子们圆大学梦。他同时也期望此项计划能够得到社会各界的广泛关注,使这项公益事业沿着一个正确的方向发展,为构建社会主义和谐社会添砖加瓦。

李书福热衷投身教育事业,自他办企业后就有了各种形式的捐助慈善活动:

2003—2004 年,以个人名义捐赠中国慈善总会,捐助工厂周边农村及学校。

2005 年,出资 500 万元成立"吉利未来人才基金",资助 100 名首批来自江西瑞金、山东临沂、内蒙古固阳、呼和浩特武川等革命老区和少数民族地区的贫困学生。

2005 年台风"云娜"肆虐的时候,吉利的供应商遭受了巨大的损失。虽然李书福领导的吉利也遭受了前所未有的损失,但为了供应商的发展,李书福决定资助 2000 万元资金帮助它们渡过难关。

李书福用自己的行动实践着"为老百姓书写幸福"的诺言。

(十八)周庆治的新公民计划

周庆治曾因"文化大革命"辍学,23 岁才得以进入大学继续学习。1991年,他辞去干了 10 年的在浙江省委办公厅的公职,下海到广东经商。在做电子产品和石油贸易中,他获得了第一桶金。1993年,他到杭州开发房地产,随后又拓展至建筑、公路、电池、期货领域。

2007年,周庆治的南都集团有1500名员工,集团出资成立了南都基金会。基金会注册资金1亿元,集团公司还建立了一个规模更大的公益基金,将根据需要继续给基金会捐赠。

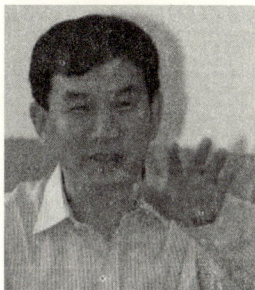

热心资助农民工子
女教育的周庆治

多年来,南都集团参与过各种慈善活动,但周庆治从来不认为填写捐款支票就是慈善的全部。周庆治认为,中国需要一种机制,使得拥有财富的人能够充分利用他们的资源和智慧,用最有效的方法回报社会。"散财"和"聚财"同样需要能力。这也许就是他创立南都基金会的初衷。

"我想得最多的是探索'回报社会'的最佳方式,我把它看作第二次创业。"①周庆治表示:要办一个完全致力于为公众利益服务的基金会。资助改善农民工子女教育环境的公益项目,将是南都基金会的重点选择。

在南都基金会中最亮眼的便是"新公民计划"。

2007年,南都基金会第一届理事会第一次会议确定了"支持民间公益"的使命,通过对中国社会环境进行研究,决定把农民工子女教育问题作为主要关注领域,把核心项目命名为"新公民计划"。"新公民计划"包括新公民学校与新公民公益项目。新公民学校的宗旨是让农民工子女有学上、上好学;新公民公益项目从各个方面帮助农民工子女健康成长,更好地融入城市社会。

2007年7月12日,继"六一"儿童节宣布为农民工子女捐建百所新公民学校后,南都公益基金会开始面向社会公开招标非营利组织承建新公民学校,同时招标资助关心农民工子女成长的公益项目。这标志着南都公益基金会实施的以改善农民工子女成长环境为宗旨的"新公民计划"正式启动。

2008年,南都集团还向基金会捐款1000万元,使基金会该年的总支出达到1800万元。在基金会的资助业务进入良性发展的状态下,南都集团对基金会的捐款将逐步增加。

在浙商中,周庆治低调而不张扬。他是一位怀有社会理想的企业家,做公益慈善是他社会理想的一部分。他无论在经历、经验还是学识方面都是比较全面的。他有过政府工作的经历,也就是说有从"公域"到"私域"的经历。而现在的基金会,恰好是从"私域"到"公域"的跨越。周庆治很早就开始关注

---

① 马海涛主编:《中华慈善大典》,中共党史出版社2010年版,第123页。

公益领域,对国际上非营利组织的情况有所了解,所以对做基金会,他的感觉是很准确,也很到位的。

周庆治对基金会提出要求,在决定大的资助项目时,应调查资助对象的个人背景。他这样要求,是希望把南都基金会做成最好的基金会。他说:"我有这个信心,这会是一个标准化的基金会,标准化的'散财'样本。"

(十九)王振滔:慈善的爱心接力

王振滔,1965 年出生,现任奥康集团有限公司董事长兼总裁,浙江省人大代表。

1988 年,他以 3 万元起家,将一家家庭作坊发展成为中国最大的民营制鞋企业,企业主导品牌"奥康皮鞋"成为中国皮鞋行业的标志性品牌。由于经营有方、业绩突出,他当选为第十五届中国十大杰出青年,在中国民营企业家中第一批荣获全国五一劳动奖章,并荣获中国慈善特别贡献奖等多项殊荣。

王振滔在启动"爱心接力"
仪式上讲话

出身清贫的王振滔曾做过 3 年木匠,跑过 5 年推销。1988 年以 3 万元起家,创办了奥康集团的前身——永嘉奥林鞋厂。经过多年的艰苦创业,他把一个家庭小作坊发展成为年销售收入超过 18 亿元的中国民营百强企业。

王振滔十分关心慈善事业,累计向社会捐款近亿元,位居中国慈善榜第13 位,享有中华慈善大使的美誉。经过国务院和民政部的批准,他还成立了中国民营企业家中的第一个个人非公募慈善基金会——王振滔慈善基金会。他说:"人的一生中,花钱和赚钱同样重要,做企业要赚钱,而成立慈善基金会是为了花钱。只有把钱花到该花的地方,人生才有意义!"[①]

他拿出 2300 多万元资助故乡的教育、扶贫等公益事业。仅 2002 年,他就向浙江省大学生助学基金捐资 1000 万元,用于资助贫困大学生完成学业。

少年命运的多舛,让他深深地意识到学习对一个人成长的重要性。王振滔几年来先后向社会弱势群体捐助 3700 多万元,其中用于助学的捐款达2300 多万元。2006 年年初,王振滔又出资 1000 万元设立了湖北黄冈奥康大学生助学专项基金。

王振滔对比尔·盖茨曾经说过的一句话深有同感:"当一个人拥有的财富超过一个亿的时候,再多的财富只是一个数字问题,没有什么实质意义。"

---

① 毛祖棠:《百年浙商》,贵州人民出版社 2012 年版,第 303 页。

他感慨地说："支持公益事业是我一生的夙愿。我要尽自己的力量,让更多因贫困而上不起学的有志青年完成自己的学业。"

2004年,王振滔得知新修订的《基金会管理条例》颁布了,企业和个人可以成立非公募基金会。这个消息让王振滔非常兴奋,自己寻找的更合适的帮助弱势群体的办法,不就是更专业地去做好一个长远持续存在的基金会么?

2005年,他决定出资2000万元成立一个全国性的个人慈善基金会——王振滔慈善基金会。王振滔也许不是最富有的企业家,但他的基金会却是全国数额最大的以个人名字命名的非公募基金会。与其他慈善组织不同的是,该基金会采用全新理念,即受资助的学生在工作后也要资助一名贫困大学生,使受资助的大学生数量呈几何级数增长。2011年之后每年受助者超过1万名。该基金会自2007年4月6日在北京宣告启动后,已在重庆、温州、黄冈和成都四地进行"爱心接力",使上千名清寒学生受益。

王振滔说:"做基金会跟做企业一样,也需要不断地创新。从某种意义上讲,我认为每一个人其实都是爱心的播撒者。设立基金会的意义也正是通过这样一种形式撬动更多爱心人士加入,并将爱心传递、延伸下去。中国慈善事业不仅仅需要的是捐款,还需要模式上的创新。做慈善事业,我希望不仅仅靠自己,还应唤醒更多的企业家、更多的人。"

王振滔希望受助学子将来能对社会心存一份感激和一份爱心,使"爱心接力"得以不断传递。在王振滔的心目中,这种希望一直酝酿着。他曾说:"奥康不追求企业的规模最大,不在乎财富多少,而是在做强做大企业的同时,愿意承担更多的社会责任,为人类的进步服务。"[1]

(二十)陈逢干四获"中国十大慈善家"荣誉

陈逢干出生在浙江省天台县的一个贫困农家,小时候曾走村串巷要过饭。那时候,他就听说过一个要饭人的故事:有个叫夏雨的财主,派长工春风去收租,春风却把所收租金以夏雨的名义捐出去修桥铺路。后来夏雨家败落了,出去要饭,只见一路上都刻着"夏雨路""夏雨桥"字样,人们争着请夏雨去家里做客……

陈逢干每次听到这个故事都深受感动,暗下决心:长大后一定要挣大钱,也一定要施舍出去做好事。

18岁那年,陈逢干下海谋生。凭着诚信与勤劳能干,他很快闯出了一片

---

[1]　安阳市慈善总会编著:《慈海情深》,中国社会出版社2010年版,第53页。

天地。刚刚有点钱的陈逢干就开始到处施舍，只要家乡有修建桥梁、道路的事，他必定前往捐款。捐出去的虽然是自己的血汗钱，但是换回来的却是由衷的喜悦——毕竟，他已经开始实现儿时的愿望了。

几十年过去了，陈逢干也记不得自己为家乡捐赠了多少钱，但乡亲们却为他记着一笔笔善心账。

陈逢干说："以前自己要饭，全靠乡亲们施舍。现在富起来了，理当回报家乡，回报社会。吃百家饭长大的我，就应该帮助千万人。"

陈逢干四获"中国十大慈善家"称号

在一些人的心里总是想："只要我有了钱就会去帮助人。"但在陈逢干的心里却始终有这样的想法："不管我有没有钱，只要能力允许我都要帮助需要帮助的人。"他常说一句话："我虽不是一个最有钱的人，但我要做最有爱心的人。"

2002年，陈逢干来到宁夏，抓住西部大开发的历史机遇，创办了宁夏石嘴山市大榆树沟煤炭产销公司等企业，他也因此成了亿万富豪。从此，陈逢干的慈善事业也越做越大。2005年4月，陈逢干创立了宁夏陈逢干大学生助学基金会，每年出资300万元资助贫困大学生。

只上过4年小学的陈逢干说："慈善事业是一种压力，也是一种动力，更是人生最大的投资。从我的企业运行情况看，我这辈子基本不缺钱花了。捐出的这笔钱投到生意上，只不过在我的存折上多几个数字。可对我资助的学生来说，他们就可以有机会走进大学，甚至可以从此改变自己的一生。我能赚钱，是国家给的机会。如果我这点小钱能使孩子们成才，将来，他们给国家做的贡献肯定会更大，这要比我把这笔钱用到生意上值得多。"

"我现在把慈善事业当成一个产业来做，越做越想做。这个产业产生的效益比我企业的效益还要好。比如我们每年资助800多个大学生，还有在农村修路，这个所承载的社会价值比我们企业实现的价值多出一百倍、几百倍的效益。"

2010年，陈逢干再次荣获"中国十大慈善家"荣誉，成为当时国内唯一一位连续四年获此称号的企业家。

（二十一）苗族爱书人匡俊英

匡俊英是苗族人，毕业于中央民族大学，是一位颇具商业天赋的实干家。1998年，刚从大学毕业的匡俊英被分配到一家事业单位，然而满腔雄心壮志的他却并不安于现状，整日盘算着如何自主创业。当时，这个24岁的小伙子的理想是开一家书店,理由是:刚刚从学校走出来,他自认为对于图书行业更加熟悉。然而,创业资金从何而来?这是最令他头疼的难题。

不久,匡俊英发现了一个绝妙的商机。他发现大学生军训结束后,迷彩服、军鞋往往直接就被扔了。于是,匡俊英便把北京所有高校的军训服装统一购进,然后转卖给建筑工地的工人,赚得了几万元的创业资金。

有了资金,开书店的梦想终于变为现实。2000年春天,匡俊英在北京西郊创立了北京万国经典书城。

由于地处偏僻,刚开始书城的经营困难重重。然而现在看来,正是当初营销上的难题开启了匡俊英的慈善人生,成就了万国经典书城如今在慈善界的辉煌地位。

为了让外界了解自己的书城,匡俊英向外界发送了大量邀请函,与各单位搞文化共建,建立学习沙龙,把图书免费赠送各个单位,免费赠送给读者。在赠送过程中,人们渐渐记住了这个偏僻的万国经典书城。

随着经营的日益火爆,匡俊英从赠书中体会到了奉献的乐趣,当人们享受到他赠送的书籍,畅游在知识的海洋中时,他才真正体会到自己和书城的价值所在。在不用为经营操心的日子里,匡俊英更加用心地完善他的慈善人生。

于是,匡俊英书城里的免费书籍开始流向社会的各个角落:企事业单位、个人、学校,甚至监狱。他说:"服刑人员因为缺少知识,缺少文化,才走上犯罪的道路,他们可以通过图书去更多地了解外面的世界。"在匡俊英心中,书籍是拯救灵魂、引导人生之路的良医。

自创业以来,匡俊英每年都向社会各界捐赠大量现金、图书和实物,捐赠对象有中国法律援助基金会、中华慈善总会、中华全国妇女联合会、中国儿童少年

匡俊英(右)向黑龙江宝泉岭捐献
图书和医疗器械

基金会、中华全国总工会"职工书屋"工程、新闻出版总署"农家书屋"文化工程、中国残疾人联合会、中国红十字会、首都慈善公益组织联合会等组织机构,为促进首都精神文明建设、支援西部贫困地区、扶助弱势群体做出了巨大贡献。

本着"送书是为了更好地卖书"的理念,2000年至今,匡俊英累计向社会捐赠1.36亿元,成为2009中国慈善排行榜十大慈善家之一。他独特的营销

模式帮助他的企业渡过了一个又一个难关,同时也惠及弱势群体。在企业自身的发展壮大与回馈社会、投身公益事业之间,匡俊英找到了一个完美的结合点,实现了两者的共赢。

身为全国工商联合会书业商会副会长的匡俊英,一直致力于文化交流事业的发展,在重视经济效益稳步增长的同时积极参与社会公益事业,回报社会。他的理念是"整合图书资源,传播优秀文化,更广阔、更准确地把图书传播到最需要的人群中去"。

(二十二)"天王"刘德华:每年拿出近一半收入做慈善公益

身兼一线多栖明星和电影公司老板的"天王"刘德华,其财富可以说是不可计数,也无人能揣测。不过,他每年捐出来做善款的钱,基本上是他当年收入的一半。

与那些成立慈善基金会进行募捐的明星不同,刘德华大笔的善款,大都是自己掏腰包——从他电影公司的版税中支出。

刘德华有多少钱? 其他的都暂且不算,单就电影这一项,从影以来刘德华总共拍摄了120多部电影,他自己的电影公司就握有其中20多部电影的版权,就算他一整年不干活,他都能净收100多万美元的版税。

作为富翁的刘德华,每年拿出收入的近一半用在慈善

刘德华将汶川灾区之水带到海南

事业上。就连每年帮好友剪彩站台所得的红包,他也直接打进自己的慈善基金会,主要用于帮助香港的老人、孩子和智障者。

刘德华认为,出钱或出力帮助贫穷无依靠者,都能广结善缘。身为艺人,可以用自己的身份作为媒介去扬善,劝更多人献出爱心,参与慈善活动。

1991年华东水灾,刘德华捐款500万元。

1999年,刘德华与梅艳芳、张学友参加"伸出你的手,'九二一'震灾捐款"晚会,筹得善款3000万元。

2001年,上海演唱会上,刘德华将150万元演出收入捐献给艺术节组委会。

2001年,内蒙古自治区遭受百年一遇的雪灾,刘德华筹得首批捐助——

约合 40 万元的 2000 件保暖衣。

2004 年，印度洋海啸，刘德华捐款 30 万元。

2004 年，为仁济医院筹款，刘德华筹得 476 万元。

2005 年，刘德华捐善款 1200 万元。

2008 年 6 月 3 日，在海南三亚进行的"爱心呵护阳光行动"爱心大使奥运火炬义拍活动中，刘德华拿出自己在香港传递奥运圣火时的奥运火炬进行现场义拍，拍得人民币 190 万元，拍卖所得全部用于四川地震灾区教育事业。

已经成立了多年的刘德华慈善基金会，帮助过很多贫困儿童及伤残人士，在社会上给予了他们很多的关爱。同时，他还是多种慈善机构的形象大使。多年来，为慈善事业捐款数千万。

（二十三）慈善英雄——"卖菜大妈"陈树菊

在台东市中央市场靠卖菜为生的妇人陈树菊，一辈子省吃俭用，将辛苦赚的钱都存起来行善，至今她捐出千万元（新台币，下同），台东市仁爱小学图书馆便是她捐了 450 万元盖的。2010 年 3 月 5 日，亚洲《福布斯》杂志公布亚洲慈善英雄榜，其中"卖菜大妈"陈树菊最受瞩目。

《福布斯》年度亚洲慈善英雄榜台湾地区有 4 人上榜，包括当时已 60 岁的陈树菊，在莫拉克风灾后捐出 1 亿元的国泰金控董事长蔡宏图，31 年来捐款达 2.4 亿元的阳光电子仪器公司董事长林宏裕，捐款政治大学 1 亿元的美国泛太平洋集团总裁潘思源。其中陈树菊是最不平凡的基层人士奉献典范。她和前述几位亿万富豪并列台湾地区四大慈善家！

陈树菊至今未婚，在台东市中央市场靠卖菜为生，属于社会底层人士。她 12 岁时毕业于台东市仁爱小学，原本要升学，不料母亲难产，因缴不出医院保证金延误救治，母亲和腹中的妹妹都不幸身亡，她只好辍学接下父亲的菜摊。没想到，这摆摊卖菜的生意一干就是几十年。

普通台湾妇女陈树菊慷慨
助学善举感动了世界

几十年来，陈树菊每天清晨 4 时起床批菜到市场卖，经常到晚上 9 时才收摊。她最大的希望是，多挣点钱帮助他人。一名常向她买菜的老太太说："阿菊省吃俭用，经常是吃一碗面就算一餐，赚的钱全拿去做公益，很了不起。"老顾客们都知道她做善事，向她买菜都不杀价，甚至不找零。陈树菊对采访她的记者说，总觉得做得太少，自己一天的饭钱不到 100 元，只吃午饭,一个便当或一碗干面、一碗汤就饱了。节俭了自己,丰富了别人。她说,这都是因为自己小时候家境很苦,连医药费都要人家捐助,读书更不可能。这个善良的老人,自己失学,却希望别人都能有书念。就是这样的信念,支撑她把辛苦赚来的钱几乎都捐了出去。

陈树菊的家里有 3 个不同颜色的塑料袋,是她认养基督教阿尼色弗儿童之家 3 个孩子的费用。她每天把零钱投到袋里,每月存 3000 元,多年来已为 3 个孩子捐了 35 万元。

对于获选为慈善英雄,陈树菊谦虚地说:"我又没做什么大事,没那么好啦!"她说,几十年前她也被救助过,现在能帮别人是应该的,"大家都可以做,就是舍得与不舍得而已,只要有心,一定能做到。"

1993 年父亲去世后,她遵照父亲的遗嘱捐了 100 万元给佛光学院;2004 年,她把多年卖菜积蓄的 100 万元捐给儿童基金会。第二年,她得知仁爱小学要建图书馆,但资金缺口好几百万元,她便把全部积蓄 450 万元捐出。

平凡的人,做出了不平凡的事迹。蝇头小利,积少成多,几十年来竟累计捐出 1000 万元善款。在陈树菊那个坐落在昏暗角落里的菜摊上,却有着足以照亮人类的最耀眼的光芒!

[结束语]

前景可期的中华慈善事业

我国当代慈善事业从 20 世纪 80 年代末开始,经历了艰难起步、缓慢发展的阶段,目前正在逐渐发展壮大。由于受经济发展水平和慈善观念相对滞后等局限,我国慈善公益事业与西方发达国家相比,尚有很大差距。此外,法律法规和政策滞后、慈善体制机制不完善等因素,也是慈善事业发展的瓶颈。

慈善事业是充满人道关怀的崇高事业。发展慈善事业,充分体现了国家发展的价值取向,广大人民群众的根本利益和共同愿望,是人类文明进步水平的标准。

2015 年,我国 GDP 达 676708 亿元。我们面对的是投资、消费需求、劳动力成本、能源消耗、对外经济等方面的显著变化和中产阶级势力壮大、民主意识增强、各种文化思潮泛起、收入分配差距扩大、城乡失衡、环境破坏等变化。我们的经济总量虽已超过英、法、德、日,但我国很多资源人均水平都低于世界平均水平,又是世界第一资源消耗大国,经济增长长期倚靠过度投资,高消耗、高投入。

目前,我国每年有大量的灾民需要救济,近 2000 万城市人口生活在低保线上,此外还有数千万农村绝对贫困人口和低收入人口需要救助。这些贫困的弱势群体如果不能得到及时救助,他们的生存条件不能得到有效改善,就不会有社会的和谐与稳定。这就要求我们在努力发展生产、提高效率的同时,更加注重社会公平、缩小贫富差距,努力建立和完善包括慈善事业在内的社会保障体系,积极推进和谐社会建设。

扶贫济困是中华民族的优良传统。发展慈善事业就是对这种传统的发扬光大。助人意味着自助,爱人等于爱己,慈善应该是每个人的生活方式,这是现代慈善精神的本质。

善良是人类最高贵的品质。仁爱、勤俭、助人为乐的美德,更是中华民族的传统生活准则。慈善事业是人类爱心的生动展现,是社会文明的重要标志。因此,大力弘扬中华民族互助、善良、仁爱、勤俭等扶弱济困的优良传统和慈善文化,对于发展慈善事业具有十分重要的意义。

2001年10月,中共中央发出通知,要求认真贯彻执行《公民道德建设实施纲要》,号召在全社会大力倡导"爱国守法、明礼诚信、团结友爱、勤俭自强、敬业奉献"的基本道德规范;党的十六届四中全会提出"健全社会保障、社会救助、社会福利与慈善事业相衔接的社会保障体系",第一次明确将发展慈善事业作为社会保障体系的重要组成部分,并写进全会的《决定》中;党的十六届五中全会审议通过的关于"十一五"规划建议,更明确提出了"加强社会福利事业建设,完善优抚保障机制和社会救助体系,支持社会慈善、社会捐赠、群众互助等社会扶助活动"的任务;2006年3月4日,胡锦涛总书记"八荣八耻"重要论述中提出了"以团结互助为荣,以损人利己为耻……",为我们弘扬中华民族优良传统、发展慈善事业创造了十分有利的政治思想文化条件和广阔的发展空间。在2012年的党的十八大报告中,我国进一步奠定了慈善事业在社会建设中的地位和作用,明确强调"支持发展慈善事业"。2014年,国务院颁发了《国务院关于促进慈善事业健康发展的指导意见》,指出要进一步加强和改进慈善工作,更好地保障和改善困难群众民生。2016年3月16日,第十二届全国人民代表大会第四次会议通过《中华人民共和国慈善法》,从2016年9月1日起,把每年9月5日定为"中华慈善日"。

在这样的背景下,我们应该抓住机遇,发挥慈善事业在精神文明建设中的重要作用,把发展慈善事业同弘扬传统文化、精神文明建设、公民道德建设和荣辱观教育结合起来,在全社会形成支持慈善事业光荣、参与慈善事业高尚的社会氛围。要把慈善事业作为建设社会主义强国、中华和平崛起的重要组成部分,坚定不移、越好越快地持续发展完善下去。

一个重要的问题是,我国有8亿多农村人口。随着现代化进程的加快,"三农"问题更成为我国社会向现代化过渡和稳步发展过程中不可回避的重大问题。当前,在农村社会保障制度尚未建立和逐步建立的过程中,应当把慈善救助的对象重点放在农村。虽然城市低保人员的低保标准和城镇职工最低工资标准需要提高,有不少特困户需要救助,但大量的贫困农民才是最需要救助帮扶的弱势群体。

我国长期实行向工业过度倾斜和城乡隔离政策,造成了农村产业结构单一化和大量剩余劳动力的积淀,长时间忽视农民权利和应有的社会地位,导致农村教育、科学、文化、卫生较城市严重滞后,农民选举权、被选举权、结社权、劳动就业权、迁徙权、受教育权、社会保障权、社会尊重权等政治权利部分缺失。

同时,农民在初次分配中的经济权利缺失,又没能在二次分配中得到补偿,这就导致了城乡居民收入差距继续扩大。众所周知,没有农村的稳定就没有全国的稳定，没有农民的小康就没有全国的小康。因此，发展慈善救助事业，重点应该放在农村。

应当积极通过发展慈善事业，募集资金，广泛开展助困、助医、助学活动，对农民这一弱势群体给予救助帮扶。同时在户籍制度、社会保障、医疗卫生和义务教育等方面尽可能考虑进城务工农民的利益，为他们创造就业机会和生存条件。这是实行工业反哺农业、城市支持农村、缩小工农和城乡差别的有效途径。

我国慈善事业还处于发展的初级阶段，无论是观念还是实际操作水平，与发达国家还有很大的差距。"死时越有钱，死后越丢脸"（卡内基语）；获得是一种幸福，给予也是一种幸福，而且是持久的幸福；在法律上财富是私有的，但在道德和价值层面，超过生活需要的财富就是社会的。这样先进的财富观和慈善理念，目前还远远未被我国的富人阶层接受。这是我们在观念上最大的落后。

在美国人的眼里，一个人拥有的财富越多，所应承担的社会责任就越大。慈善不仅仅是富翁的天职和义务，也是企业不可推卸的社会责任，更是全社会共同的事业。比尔·盖茨已经宣布将绝大部分财产捐献给社会，并决定淡出微软公司业务，专力从事慈善事业；"股神"巴菲特宣布将85％的个人股份捐赠给慈善基金会，价值达370亿美元。

可是，我国大多数跨国公司对捐赠冷漠，数百家上市公司公益捐赠数据为零。有的企业参与慈善捐赠摆脱不了功利目的；有的企业怕露富而不愿捐赠；有的企业家社会责任感缺失、人生价值观错位，可以一掷千金地豪赌，却不愿救助穷人。这种财富占有与公益贡献的巨大反差，折射出富者们慈善意识的淡薄和社会责任感的缺失。

因此，需要加大宣传力度，在全体公民中宣传慈善事业，普及慈善意识，倡导慈善行为，培育积极健康的财富观念，提高公民特别是富有者的社会责任感，提升中华民族的凝聚力。

我国民政部门登记注册的专门从事慈善活动的各级慈善组织有7万多家，社会捐助站点3万多个，初步形成了社会捐助服务网络。但影响力强、公信度高的慈善机构少，有的慈善组织形同虚设，有的则过分依附政府，缺少志愿性、自发性和独立性。据慈善公益组织调查，国内工商注册登记的企业超过1000万家，但有过捐赠记录的不超过10万家，不足1％。

我国的基尼系数已超过国际警戒线，10％的富人掌握着70％以上的财富。可是近年来我国私人捐赠的75％来自国外，10％来自平民百姓，只有15％来自国内富人阶层，这说明我国富人阶层财富伦理失范、社会责任感缺失。

反观美国,慈善捐赠款85%来自全国民众,10%来自企业,5%来自大型基金会。以2003年为例,人均捐款460美元,占当年人均GDP的2.17%,志愿服务参与率达44%。而我国人均捐赠款仅为0.92元,不足人均GDP的0.02%,志愿服务参与人数仅为全国人口的3%。这样的差距,在某种层面上反映了国民素质,更反映了财富精英们的素质。

慈善事业是一个自觉的、志愿的事业,但更离不开健全的法制环境。公开透明的慈善制度,严谨公正的操作规范,可以激发出更多的同情心和公益热情。但我国慈善法规政策的滞后已经构成了对公益慈善事业发展的制约,现有法律政策尚不足以规范和保护慈善事业的发展。对慈善组织的性质定位和慈善事业运行机制还缺乏完善、系统的法规政策规范。慈善机构的自律机制和社会监督机制不够健全,特别是公益捐赠活动中的"雁过拔毛",捐赠款被集体甚至个人挪用贪污,更是严重伤害捐赠者感情的恶劣现象。这种现象损伤政府的公信力,影响企业和个人捐赠的积极性。

国家税务总局规定,企事业单位和个人公益捐赠可免税。这个规定无疑是对捐赠者的一种社会认可和鼓励机制,但要想实现它,需要办理十分繁杂的手续。制度的滞后,使这种鼓励机制的实际作用大打折扣。因此,我们亟须健全完善慈善法律和政策规定,以期通过依法行政、加大监管力度和使用税收政策的经济杠杆对慈善捐助行为加以引导;亟须规范募捐行为,完善社会捐赠资金物品的管理,健全社会公示制度,强化处罚措施,创造更为有利的慈善法治环境和慈善长效机制。只有这样,才能确保慈善捐赠坚持"扶贫济困、自愿无偿、公开公正、政府推动、民间实施"的原则,全面推进慈善事业健康有序发展。

改革开放近40年来,中国的慈善事业取得了很大发展,"慈善"也正在成为评价企业家的重要指标。胡润的调查数据显示,近年来,中国企业家整体捐赠大幅增长,而且慈善公益事业并不只是简单地停留在捐赠的层面,已逐渐成为其发展战略的重要组成部分。这种转变的重大意义主要体现在两方面:一是企业家的慈善捐赠正在向专业化、组织化的方向转变;二是企业参与慈善事业正在由道德义务向发展战略转变。这也是近年来中国的企业和企业家们参与慈善公益事业的一个可喜的根本性转变。

综前所述,尽管我国慈善事业与发达国家相比还存在明显的不足和差距,但有党和国家的高度重视,有优越的社会主义制度,有中华民族优良传统和慈善文化的丰厚底蕴,有全国公益慈善组织及广大慈善工作者的共同努力,有13亿人民的支持参与,我国的慈善事业一定会得到持续快速的发展!

二〇一六年元月于北京